世界文创产业前沿译丛

The Business of Fashion

Designing, Manufacturing, and Marketing
(5th edition)

时装商务
设计、生产和营销
（原书第五版）

［美］莱斯利·戴维斯·伯恩斯（Leslie Davis Burns）
［美］凯西·K. 玛丽特（Kathy K. Mullet） 著
［美］南希·O. 布莱恩特（Nancy O. Bryant）

夏 申 袁永平 赵 咏 译
赵 咏 校对

上海财经大学出版社
SHANGHAI UNIVERSITY OF FINANCE & ECONOMICS PRESS

E 上海学术·经济出版中心

本书由"上海市促进文化创意产业发展财政扶持资金"资助出版

图书在版编目(CIP)数据

时装商务:设计、生产和营销 /(美)莱斯利·戴维斯·伯恩斯(Leslie Davis Burns),(美)凯西·K.玛丽特(Kathy K. Mullet),(美)南希·O.布莱恩特(Nancy O. Bryant)著;夏申,袁永平,赵咏译. —上海:上海财经大学出版社,2025.1

(世界文创产业前沿译丛)

书名原文:THE BUSINESS OF FASHION Designing, Manufacturing, and Marketing

ISBN 978-7-5642-4326-5/F·4326

Ⅰ.①时⋯ Ⅱ.①莱⋯ ②凯⋯ ③南⋯ ④夏⋯ ⑤袁⋯ ⑥赵⋯ Ⅲ.①服装工业-产业发展-研究-世界 Ⅳ.①F416.86

中国国家版本馆 CIP 数据核字(2024)第 050612 号

□ 责任编辑　石兴凤
□ 封面设计　张克瑶

时装商务
——设计、生产和营销
(原书第五版)

莱斯利·戴维斯·伯恩斯
(Leslie Davis Burns)

[美]　凯西·K. 玛丽特　　著
(Kathy K. Mullet)

南希·O. 布莱恩特
(Nancy O. Bryant)

夏　申　袁永平　赵　咏　译
赵　咏　校对

上海财经大学出版社出版发行
(上海市中山北一路369号　邮编200083)
网　　址:http://www.sufep.com
电子邮箱:webmaster@sufep.com
全国新华书店经销
上海叶大印务发展有限公司印刷装订
2025年1月第1版　2025年1月第1次印刷

787mm×1092mm　1/16　23.25印张(插页:2)　440千字
定价:128.00元

图字:09-2024-0190 号

The Business of Fashion

Designing, Manufacturing and Marketing

Leslie Davis Burns, Kathy K. Mullet, Nancy O. Bryant

© Bloomsbury Publishing Inc, 2016

This translation of *The Business of Fashion*, 5th edition is published by Shanghai University of Finance and Economics Press by arrangement with Bloomsbury Publishing Inc. All rights reserved.

CHINESE SIMPLIFIED language edition published by SHANGHAI UNIVERSITY OF FINANCE AND ECONOMICS PRESS, Copyright © 2025.

2025 年中文版专有出版权属上海财经大学出版社

版权所有　翻版必究

总　序

中国文化产业的发端,恰好处在世界文化产业初兴与我国改革开放开启的历史节点上,可谓生逢其时。根植于五千年的灿烂文化,我国文化产业迅速完成了它的结晶过程,并在全面走向伟大民族复兴的奋斗进程中,历史性地担负起前沿产业的战略角色。

我国的文化产业研究,从敏锐关注文化产业的初生萌芽,到紧密联系与主动指导文化产业的实践发展,可以说,是从默默无闻中孕育产生的一个新兴学科,它凝聚了来自各种学术背景的拓荒者的情怀和心血、信念和执著,走过青灯黄卷般的学术寂寞与安详,迎来春色一片的大好局面,以至于有人戏言文化产业已近乎一门风靡全国的时髦"显学"。我们相信,中国文化产业的发展,将是人类历史贡献至宏的一场实践。我国文化产业的理论探索和建设,也必将负起时代要求,任重而道远。

较之于国际文化产业的全面兴起,我国文化产业的出现并不算太晚。这种特定的发展特征,既给了我们历史的借鉴,又给予我们赶超的机会。策划出版这套"世界文创产业前沿译丛",正是为了帮助人们更多地汲取世界文化产业的研究成果,为促进我国文化产业的加速发展贡献一份力量。这也是本译丛的缘起和目的。

这套译丛注重把握几个方面:一是面向我国文化产业的现实需要,按照行业分类,旨在学以致用,选择实用性强的权威著作;二是选择顺应发展趋势的前沿性研究的最新成果;三是注重选择经典性的基础理论著作。译文力求在忠实原作基础上,通顺易读,尽量摒弃"洋腔洋调"。

一个文明社会的形成,须以无数文明个人的产生与存在为前提。倘若天下尽是熙熙攘攘地为追逐钱财而罔顾其他一切,不仅与马克思所言"人的全面解放"状态相去极远,更与人性完全相悖。现代社会不仅意味着人们在物质生活层面的丰富,更加要求精神生活层面的提高。今天,文化的发展已成为中华民族复兴大业的一项急迫任务,各文化机构、相关院校和专业理应担当攻坚克难的先锋。文化的开放是文化发展的前提之一。为此,当下和未来,我们均需能够大量反映当代世界文化创意产业领先水平和最新进展的教辅与参考资料。围绕着文化创意产业主题,本译丛将精选全球各主要出版公司的前沿专著和教材,从这里眺望世界,犹如登高望远,愿您有别样的视野和收获。

世界文创产业前沿译丛 编委会

目　录

前言 / 001

第一篇　全球时装产业的组织

第一章　时装产业的历史演变 / 003

什么是时尚 / 003

时装产业 / 004

结语 / 028

问题讨论 / 029

案例研究 / 029

参考文献 / 030

第二章　全球时装供应链与价值链 / 031

物料—品牌—零售：供应链与价值链 / 031

营销渠道 / 032

时装品牌策略 / 034

时装品牌授权 / 039

结语 / 045

问题讨论 / 046

案例研究 / 046

求职机会 / 047

参考文献 / 047

第三章　时装公司的商业和法律框架 / 049

商业组织和公司所有权 / 049

创业——创办你自己的企业 / 060

竞争形式 / 061

影响时装公司的法律 / 063

结语 / 072

问题讨论 / 073

案例研究 / 073

求职机会 / 074

参考文献 / 074

第四章　全球原材料工业 / 076

术语 / 076

纺织行业的组织 / 078

纤维加工与纺纱 / 079

纤维的营销与分销 / 087

纺织行业的颜色预测 / 093

面料生产 / 094

面料的营销和分销 / 098

原材料与纺织工业的发展 / 101

结语 / 103

问题讨论 / 104

案例研究 / 104

求职机会 / 105

参考文献 / 105

第五章　时装品牌：公司组织 / 107

成衣的含义 / 107

成衣与高级时装的区别 / 109

时装品牌公司的类型 / 111

时装品牌公司的分类方式与类别 / 112

时装品牌公司的组织架构 / 122

时装公司的市场规划理念 / 126

时装行业协会和行业出版物 / 127

结语 / 130

问题讨论 / 131

案例研究 / 131

求职机会 / 132

参考文献 / 132

第二篇　时装品牌的创建与营销

第六章　创建时装品牌：调研 / 135

创建时装品牌 / 135

市场调研：了解消费市场趋势 / 137

时装调研 / 141

结语 / 148

问题讨论 / 148

案例研究 / 149

求职机会 / 150

参考文献 / 150

第七章　创建时装品牌：设计要略 / 151

设计要略 / 151

制定设计要略 / 155

物料、面料和配饰的选择 / 162

设计草图 / 162

产品管理系统 / 166

产品系列的评审 / 168

结语 / 170

问题讨论 / 170

案例研究 / 171

求职机会 / 172

参考文献 / 172

第八章 设计开发与款式选择 / 173

设计开发 / 173

面料与材料开发 / 175

原型或样品服装的制作 / 181

3D 设计工具 / 184

初始成本估算 / 185

款式选择 / 188

预览 / 190

市场准备 / 190

自有品牌与品牌商店/SPA 产品的开发 / 192

结语 / 196

问题讨论 / 197

案例研究 / 197

求职机会 / 198

参考文献 / 198

第九章 时装品牌的市场营销 / 199

市场中心与大型商场 / 200

市场周与贸易展 / 202

时装品牌的市场中心 / 207

销售功能 / 214

营销策略 / 221

结语 / 228

问题讨论 / 229

案例研究 / 229

求职机会 / 230

参考文献 / 230

第三篇 时装品牌的生产与分销

第十章 试生产过程 / 235

生产订单 / 235

保理融资 / 235

产品生命周期管理 / 238

订购生产物料、面料、配饰和辅料 / 239

裁定订单 / 240

样板定型与文件编制 / 245

生产样板放码 / 248

生产标记制作 / 250

铺布、裁剪、捆扎和染色批次管理 / 252

结语 / 255

问题讨论 / 256

案例研究 / 256

求职机会 / 257

参考文献 / 257

第十一章 采购决策与生产中心 / 259

采购决策 / 259

采购选择 / 269

全球采购备择方案 / 274

全球生产模式 / 274

采购策略：全球采购步骤 / 283

采购策略：恪守行为准则 / 284

采购趋势 / 288

结语 / 289

问题讨论 / 290

案例研究 / 290

求职机会 / 292

参考文献 / 292

第十二章 生产过程 / 293

生产需要考虑的因素 / 293

精益制造 / 294

生产流程与生产成本 / 295

制造环境 / 297

后整理 / 301

生产缝纫与建构系统 / 303

质量保证 / 309

生产辅助代理商 / 310

结语 / 310

问题讨论 / 311

案例研究 / 311

求职机会 / 312

参考文献 / 313

第十三章　分销与零售 / 314

分销策略 / 314

分销配送中心 / 317

企业间联络：产品生命周期管理和供应链管理 / 319

零售与零售商类型 / 324

实体店与非店面零售商 / 340

结语 / 351

问题讨论 / 352

案例研究 / 352

求职机会 / 353

参考文献 / 353

词汇表 / 355

译后记 / 356

前　言

自第4版《时装商务——设计、生产和营销》出版以来,全球纺织、服装、配饰、家纺产品和零售业持续发生了巨大的变化:供应链管理、产品生命周期管理、规模化定制和快时尚不断发展。国际贸易协定继续影响采购选择,全球行业出现了负有社会责任的设计、生产和营销战略。全渠道分销策略整合了实体店和非店面零售策略,为消费者创造无缝体验。本书第5版试图通过强调企业社会责任、技术变革以及时装产业各个子产业的全球性变化,来捕捉当前时装产业发展的动向。

本书分三篇,聚焦于时装产业的组织和运作——时装、服饰及家纺产品如何在全球经济中设计、生产、营销。

第一篇包括5章,主题是全球时装产业的组织。

在检视这个不断变化的行业时,将当前战略置于其历史背景下尤为重要。第一章首先介绍纺织、服装和配饰行业的历史——从18世纪后期开始到供应链管理战略、全球化、快时尚、电子商务和企业社会责任的发展和实施。在了解历史背景之后,我们转向全球时装供应与价值链,以及当前时装产业内公司之间的组织结构和竞争形式。

第二章讨论全球时装产业中的营销渠道类型、品牌管理和时装品牌授权。由于许可的普遍存在,本章讨论了许可合同并分析了许可的优、缺点,概述和解释了行业内的营销渠道(即直接、有限和扩展渠道)以及营销渠道的整合。

第三章讨论时装商务中的公司所有权,包括独资企业、合伙企业、股份公司和有限责任公司。由于企业家精神日盛,本章讨论了创业问题。本章还概述了影响纺织、服装、配饰和家纺产品行业的法律,包括国际贸易协定、保护专利和设计的法律以及与商业运作相关的法律。

第四章概述全球原材料工业的组织和运作,即用于生产服装、配饰和家纺产品的纤维和面料的设计、生产和营销。皮革和毛皮是用于服装和饰物的材料,沿袭与大部分其他面料相似的处理和营销步骤。我们追踪纺织品的生产,从颜色预测、纤维加工到季节性面料系列的营销。举凡行业内的最新发展和问题,如技术发展、环境和可持续问题,为了解全球纺织材料行业的未来趋势提供了基础。

第五章重点介绍时装品牌公司的一般分类和组织结构。这些公司生产男装、女装和童装、配饰及家纺产品。该章对成衣和时装、生产者类型、品牌分类和价格区域进行了比较分析,深化对时装产业复杂性的认识,还介绍了时装品牌公司的商品推销理念和主要部门(研究、设计和产品开发、运营、销售/营销、广告/促销以及新闻和信息技术)。本章还介绍了行业协会及行业出版物。

第二篇共4章,从第六章到第九章,主题是创建和营销时装品牌商品,涵盖了时装系列的研究、设计、款式选择和营销等各个阶段。

第六章侧重介绍开发生产时装系列之前所进行的各种调研:消费者调研、产品调研、市场分析、品牌定位和时装调研。

第七章侧重介绍设计要略的创建和应用。设计要略包括:目标客户分析;颜色、面料和款式考量;物料、面料和配饰;每个产品组件的技术图纸。本章还将讨论设计团队的作用与审核流程。

第八章继续讨论创建时装系列,侧重设计开发和款式选择,包括第一次样板的开发、原型的创建、初始成本的估算以及最终产品系列的款式选择。本章还概述了编写有效的服装/产品规格表的过程,讨论了打造知名商店品牌和自有品牌的异同。本章结尾是将最终产品系列销售给零售买家。

第九章讲述大型商场和贸易会展在促进时装品牌营销方面的地位和作用,以及如何通过公司销售和销售代表来推销商品。本章概述了时装品牌公司在分销和推广其产品系列时所使用的营销策略。

在创建和营销时装品牌的这一系列活动中,第二篇重点介绍了新的技术发展,包括产品生命周期管理、基于网络(含社交媒体)的沟通传播、全球视角以及行业中的组织变革。

第三篇共4章,从第十章到第十三章,主题是时装品牌商品的生产和分销。

第十章介绍试生产过程,包括确定生产订单、保理、订购生产所需的面料/材料、样板定型、样板放码、制作生产标记和生产裁剪。

第十一章概述生产时装品牌商品的采购选择以及公司在制定采购决策时使用的标准。本章还描述了全球生产模式和企业社会责任在评估国内外生产的利弊方面的应用。

第十二章探讨时装品牌商品的各种生产方法。在描述生产缝纫系统和技术发展之后,本章概述了质量保证策略和生产辅助代理,最后总结了产品的加工整理和上架商品的准备。一旦启动生产,商品通常通过分销配送中心分发给零售商。

第十三章总结时装品牌公司使用的分销策略和流程。本章结束于对各类实体商店和非店面零售商以及全渠道分销策略的描述。

在剖析这个多棱面的、充满活力的时装商务活动时,本书结合介绍了其子行业的实际案例。为了让读者了解整个时装行业的诸多职业选择,每章末尾都列有求职机会清单。每章均附有案例研究,以便学生可以将其学到的知识应用到实践中。其他附录可帮助学生为自己参与时装商务活动做好准备,包括结语、关键术语、问题讨论、案例研究、求职机会和参考文献。

第一篇

全球时装产业的组织

第一章 时装产业的历史演变

本章主要内容

- 时装产业的概念以及纺织服装业在其中的位置
- 时装产业的历史演变:从手工业到机器大工业再到全球信息化产业
- 供应链管理、公司责任、科技应用以及聚焦客户的历史根源
- 产业间的协作形态与全球供应链管理的技术条件
- 时装产业和零售业的目标策略

时装产业以所有厂商为主体,以市场消费为导向,设计、生产和销售面料、纺织品、服装以及相关的时尚产品。它是一个全球性产业,属于世界经济的一部分。时装产业缘何产生、如何发展、又何以成为当今生机勃勃的一个重要产业?要全面回答这些问题,并对现代纺织、服装及时尚产业进行充分理解,就有必要对19世纪工业革命之后的时装产业做一个简要回顾,了解它从出现到发展,以及不断演化的历史进程。

什么是时尚

《韦伯大辞典》(Merriam-Webster's Dictionary,2016)对时尚的定义是,在任何特定时期内居于主要地位的流行样态(如穿着)。斯普罗尔斯(Sproles)和伯恩斯(Burns)则进一步把它明确为,"在一定时期的社会群体中,占有较大比重的人们所普遍选择的产品样式或消费行为,代表着当时的时代潮流和社会风尚"(1994:4)。

因此,从汽车到鞋子乃至室内装潢,时尚可以体现在形形色色的各种产品中。但在本书中,我们将使用宽泛的时尚概念,仅仅涵盖时装、鞋袜、服饰和家纺产业的范畴,包括该范畴内的所有生产商和销售商。

如前所述，时尚概念的外延原本非常广泛，通指一切占有主导地位的流行样态。因此，在所有时尚产品的设计、生产和销售领域，都会有人进行时尚研究，其中，时尚趋势预测公司作为专业研究机构，专门追踪流行趋势和消费行为，对未来的时尚潮流做出预测。时尚的演进总是呈现进化式发展，并非改天换地式的革命之变，因此对研究者来说，鉴往知来、了解时尚的历史演进，有助于对未来的流行趋势做出预测。

时装产业

在工业革命前的18世纪中叶，上层社会掌控着对时装的统治。在当时，禁奢法令传统悠久，对社会各个阶层的服装穿着有着等级规定。通常，时装只限于社会的上流阶层，裁缝和成衣工匠们只能制作富裕阶层享用的服装。观察时装的历史，我们通常所关注的是统治阶层之于某个时代风尚的作用，并不是某个设计师或公司与时尚之间的关联。直至工业革命发生以后，伴随中产阶级的崛起，才开始展现出科技带来的影响，出现了对成衣类服装（RTW）的需求。

1789—1890年：机械化生产时期

几千年来，纺纱与织布都是劳动力密集型的手工操作。后来在18世纪中期，英国开始运用机械方式纺纱与织布。当时，在所有西方国家中，英国的棉纺和毛纺行业机械化程度最为发达。为满足国内和世界日益增长的纺织品需求，英国发明家在纺织和编织领域做出了一系列创新，遂将该国工业推向雄霸世界的地位。上述创新主要体现在以下几个方面：

● 1773年，约翰·凯（John Kay）发明飞梭织机；

● 1764年，詹姆斯·哈格里夫斯（James Hargreaves）发明纺织机，亦称"珍妮纺织机"；

● 1769年，理查德·阿克赖特爵士（Sir Richard Arkwright）发明水力纺织机；

● 1785—1787年，埃德蒙·卡特赖特（Edmund Cartwright）牧师发明机械动力织布机。

织布印花也实现了机械化作业。为保护自身的技术发展优势，英国禁止将机器及其部件运出海外，也禁止把制造蓝图携带出境，甚至还限制机械师离开英国，对违反行为施以重罚。当时，英国纺织工业的生产率高居世界前列。然而对于工人而言，这也是最不人道、最不健康的做法。19世纪中期，英国爆发工人运动，要求对纺织产业进行改革（Yafa，2005）。

在美国，棉纺工业的萌芽也开始孕育，然而却苦于缺乏英国那样先进的纺织技术。1789年，一位名叫塞缪尔·斯赖特(Samuel Slater)的资深机械师来到美国，他单凭记忆复制出阿克赖特(Arkwright)发明的水力纺织机蓝图，由此把英国纺织技术带到了美国。1791年，斯赖特创立了一家纺织厂(如图1—1所示)，开启了美国纺织业的发展历程。短短几年之内，纺织厂便如雨后春笋般遍布美国的新英格兰地区，到19世纪中期，更是扩展到马萨诸塞州的沃尔瑟姆、洛威尔、劳伦斯和新贝德福德等地，以及缅因州的比迪福德，形成许多新兴的纺织工业中心。所有这些工厂全部依赖英国的技术发明，但有任何的技术改进，也都亦步亦趋，以模仿英国机器为基础。

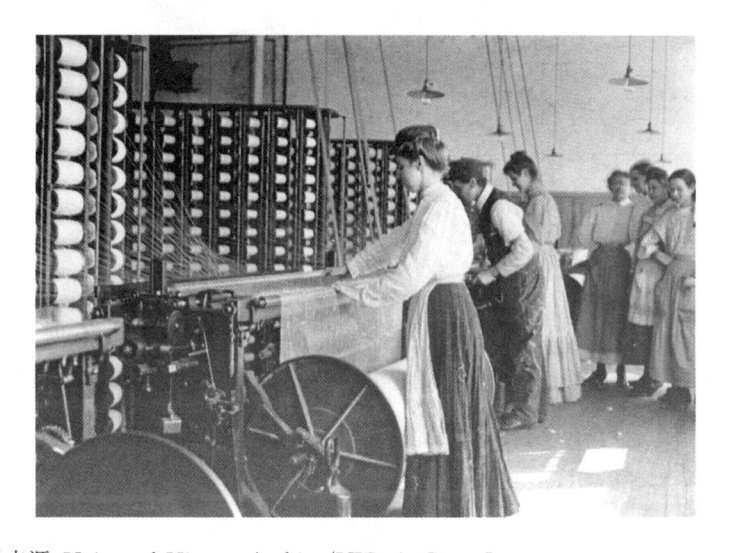

资料来源：Universal History Archive/UIG via Getty Images.

图1—1　由塞缪尔·斯赖特引入，早期的美国纺织厂具有梳理、拉丝、粗纺及纺纱等机械作业

尽管纺纱作业实现了机械化，但编织作业却依然外包给个体手工业者。1813年，弗朗西斯·卡波特·劳威尔(Francis Cabot Lowell)制造出动力织布机，实现了行业内垂直整合的生产方式，率先将机械化作业运用到从纺纱到制衣的所有工序，成为美国采取机械化垂直作业的第一家工厂。1817年，动力织机就已在新英格兰地区普遍使用。不过，从编织行业来看，尽管也取得了一些技术进步，但直至19世纪晚期，比较复杂的编织作业一直采用外包给手工业者的方式。

机械化大大提高了纺织业的生产速度，但南方的棉花生产却囿于人工种植和手工采棉的时间限制，产量越来越跟不上纺织厂商对棉花原料的需求增长。羊毛的情况亦复如此。1794年，伊利·惠特尼(Eli Whitney)发明轧棉机，一台轧棉机的日采棉量可抵15名男劳工(见图1—2)。自此之后，棉花种植者渐渐便能满足新英格兰地区纺织厂商的原料需求。

资料来源：快时尚 RchivePhotos/Getty Images.

图1—2　伊利·惠特尼发明的轧棉机，它提高了采棉效率和质量

在南方各州的重要棉花产地，生产商就近建起很多纺织厂。羊毛的供应则始终来自东北部。到 1847 年，美国纺织业已经发展成为雇用工人最多的工业。不过，令人痛心的是，在美国东北和东南部的工厂中，照例存在英国纺织城镇那样的恶劣生产条件，工人只好组成工会连年争取自己的权益，劳动法的实行也旨在改善纺织工人的工作收入和劳动条件。在市场方面，对棉花的消费需求不断增长。到 19 世纪 90 年代末，在欧洲和美国市场销售的服装中，棉织制品的比例达到 3/4 之高（Yafa，2005）。

工装（亦即成衣，RTW）行业起步于 19 世纪早期。为了满足工装的原料要求，制造商利用定制服装剩余的大量零散布料来生产成本更低的工装。这些早期的工装均由廉价的工装铺子进行裁剪，再交由妇女们在家缝制，最后通过工装铺子进行销售，消费对象主要是水手、矿工乃至奴隶。所以，"工装铺子"（slops）这个词，后来便专指经营廉价成衣的店铺。

1858 年，查尔斯·弗里德里克·沃思（Charles Fredrick Worth）在巴黎创建第一家时装店。"高级定制"（Haute couture）这个术语代表政府制定的一种行业标准，专指符合标准的高级时装店。这类时装店须雇 20 名以上的员工从事服装制作，每年的时装展示会上还要发布两套时装系列，并为客户准备一定数量的款式样板。沃思是把时装设计付诸商业化的第一人。在他的店里，客户可以挑选和订购服装。沃思使用真人模特展示他的设计以及品牌标签，于是成为女士们追求的成功品牌。虽然沃思的设计并不进行大量生产，然而，他对时尚发挥的促进作用影响了服装行业由手工业向制造业的演进。

19世纪早期,中产阶级的扩大推动了成衣需求的增长,他们一方面追求质量更高的服装,但同时却不会接受手工定制那样的昂贵价格。在缝纫制作尚未实现机械化作业之前,多数消费者都无法承受定制成衣的价格。瓦特·亨特(Walter Hunt,1832)、埃里亚斯·哈维(Elias Howe,1845)和伊萨克·胜家(Isaac Singer,1846)分别在上述年份发明制造了缝纫机,并用于服装生产,由此提高了生产效率。1842—1895年,美国批准的缝纫机及其附件的专利申请就多达7 339项。图1—3表明缝纫机已成为很有竞争力的一个产业。缝纫机的应用,让相对缺乏技能的大量移民工能在家里缝制服装,此外,很多的制衣工厂也开始出现(实际上,早在1831年就已有了第一批男式服装的制衣厂),而1851年取得专利的胜家缝纫机,原本就是为制衣工厂的使用而设计的。

资料来源:快时尚 JayPaull/Getty Images.

图1—3 缝纫机的发明提高了服装的生产效率

在美国,最先生产的是男式成衣,继而是童装成衣(而且也是男装先于女装),最后出现的才是女式成衣。之所以呈现这样的次序,原因在于男式成衣比女性服装的生产更为简单。实际上,1822—1860年期间,男式成衣行业就已经超越了传统的定制模式。到19世纪60年代,市面上的男式成衣款式已经丰富多样。成衣行业的增长需求,也有力地促进了缝纫机制造业的发展。

另外,当时出现的许多其他技术进步也推动了服装工业的发展。19世纪末,自动切割刀具和印刷设备的发明以及纸样的产生,都为服装的量化生产带来了便利。1863年,伊丽莎白·巴特里克(Ebenezer Butterick)开办了专门的纸样厂;1870年,杰默斯·麦考尔(James McCall)也同样开办了一家。于是,到19世纪末期,大量的纺织和服装产业的机械化生产工厂便出现了。表1—1概述了美国时装产业的发展对供需状况的影响。

表1—1　　　　　　　　　美国时装产业的发展对供需状况的影响

供给
下列发明满足了对棉纱生产和服装制作的效率需求: ・1764年,纺纱机 ・1785—1787年,动力纺织机 ・1894年,轧棉机 ・1832年、1845年、1846年,缝纫机 移民满足了对劳工的数量需求: ・他们可以从事家庭缝纫制作 ・可以被雇用在制衣厂工作
需求
下列需求推动了服装生产的增长: ・水手、矿工和奴隶对廉价工装的需求(工装铺子) ・崛起的中产阶级对优质服装但价格合理的需求 对量产服装、配饰和家纺产品的分销需求,通过以下系统得以实现: ・邮购目录 ・乡村地区的普通商店 ・城市中的百货商店(19世纪中叶)

随着成衣的出现,城市中面向消费者的批发商店也不断增加。1818年,美国著名的男装公司之一——布鲁克斯兄弟公司(Brooks Brothers)在纽约成立,它主要面向无力购买定制服装的工人阶层,如水手之类。19世纪中期,大城市的纺织品店得到发展,后来逐步成长为大型百货公司。

19世纪后半期,配图商品目录出现,对那些无法进城购物的消费者来说,这成为获取商品信息的好途径。1913年,随着铁路的开拓以及乡村免费邮寄的推出,促进了美国邮政服务的发展,出现了包裹邮递的销售方式。1872年成立的蒙哥马利·沃德(Montgomery Ward)百货公司和1886年成立的西尔斯·罗伯克公司(Sears, Roebuck & Co.)都开创了成衣的邮寄服务,推动了销售的不断增长。表1—2列出了这一历史时期的重要事件。

表1-2　　历史事件：1789-1890年——纺纱机、编织机和缝纫机的机械化作业

1791年	塞缪尔·斯莱特(Samuel Slater)于1788年来到美国,创办美国第一家纺纱厂。
1793年	汉娜·斯莱特(Hannah Slater)(塞缪尔夫人)发明双股缝纫棉线。
1794年	伊利·惠特尼(Eli Whitney)的轧花机取得专利。
1818年	布鲁克斯兄弟衬衣店(Brooks Brothers)在纽约开业。
1851年	伊萨克·胜家(Isaac Singer)取得工业用途缝纫机的专利。
1853年	李维·施特劳斯(Levi Strauss)加入连襟创立的家庭企业戴维·斯特恩(David Stern),后来成为著名的李维·施特劳斯公司(Levi Strauss & Co.)。
19世纪中期至19世纪90年代:纺织品店出现(即百货公司的前身): 1826年,罗德与泰勒纺织品店(Lord & Taylor)成立。 1852年,马歇尔·菲尔德纺织品店(Marshall Field's)成立。 1857年,梅西纺织品店(R. H. Macy & Co.)成立。 1867年,理奇纺织品店(Rich's)成立。 1872年,布鲁明代尔兄弟公司(Bloomingdale Brothers, Inc.)成立。 1898年,伯丁斯(Burdines)百货成立。	
1854年	美国第一家行业协会——汉普顿棉纺协会(Hampden County Cotton Manufacturers Association)在马萨诸塞州汉普顿成立。
1865年	威廉·卡特(William Carter)在马萨诸塞州Needham Heights的家中厨房开始编织开襟羊毛衫。威廉·卡特公司后来成为美国最大的儿童服装公司之一。

1890-1950年:发展中的成衣制造业

虽然在19世纪中期大量的男式成衣就已出现,但直到19世纪晚期,女式成衣才开始发展起来(见图1—4、图1—5、图1—6)。为女性生产的成衣种类,最初是外套披肩、斗篷和大衣,因为这些衣物比时装更为宽松,尺码不必十分严格。与此同时,女性也开始接受机制的紧身胸衣、衬裙以及内衣类物品,或许是因为这些衣物不会穿在外面的缘故吧。到20世纪初,查尔斯·达纳·吉布森(Charles Dana Gibson)推出一款时尚风格的女士罩衫设计,取名为"吉布森少女"(Gibson girl),引发了罩衫的流行,市场上开始出现成衣类女性衬衣和罩衫,女性服装也开始由手工制作转向机械化生产。可见,女性成衣产业的兴起,最初是从分体式服装开始的,主要是外套、衬衣(罩衫)和裙子,这些服装都是城市中年轻的职业女性所流行的打扮。

成衣生产属于劳动密集型产业,所以充足的移民数量也推动了服装的规模生产发展。在20世纪的纽约,生产女式紧身罩衫的厂商大约就有500家。从制造商或批发商那里采购经过裁剪的衣料,再雇用几名员工进行制作,当时仅需50美元左右的投资。此外,采用合同式外包制作的生产方式也非常普遍。成衣生产主要分为如下两大部分:

资料来源：快时尚 Hulton Archive/Getty Imagins.

图1—4　"吉布森少女"，查尔斯·达纳·吉布森1899年的时装设计图

（1）大量移民的家庭式缝纫作业生产低价服装。

（2）数量相对较少的大型制衣厂生产高品质服装。

这部分制衣厂主要集中在纽约市的下东区，那里因其劳动条件之恶劣而臭名远扬。"血汗工厂"一词最初即指在承包商和分包商的劳动制度下工人"汗流浃背"地从事生产。后来，这个词也指劳动时间过长、工作环境肮脏、工作条件危险以及合同制衣厂的工资偏低，或是家庭作坊（也属于合同工人）的工作条件恶劣等诸如此类的情况。

当时，产业劳工多数都由年轻的移民妇女所组成。为了改善她们的劳动条件，国际女装工会（ILGWU）于1900年在纽约召开大会宣布成立。1911年3月25日，纽约三角内衣厂发生火灾。这场火灾造成146名年轻女性死亡的悲剧，引起公众对恶劣劳动条件的关注，也增强了民众对国际女装工会的支持力度。现在，跨越纺织、服装和销售三大行业的工人组成了联合工会，定名为"团结起来"（Unite Here），代表着酒店业、食品业、纺织业、服装业以及零售业的工人权益。

20世纪20年代，纽约的女装产业从下东区迁至第七大道，于是，位于曼哈顿中城的这片地区便被称为纽约服装区，直至今日，仍是女性时装中心。比较而言，男装制造业的集中程度却相对较低，芝加哥、巴尔的摩和纽约是当时的区域性制造中心。

20世纪初，大部分成衣和服装都由棉花和羊毛制成。从法国和意大利进口的真丝面料，品质奢华，备受推崇，但价格却非常昂贵，货源也很有限。因此，人们开始寻求

资料来源:快时尚 HultonArchive/Getty Images.

图1—5　19世纪90年代,多数的男式和女式服装均有成衣出售

资料来源:Lewis WickesHine/Buyenlarge/Getty Images.

图1—6　19世纪90年代儿童成衣已有出售

替代这些天然纤维的合成制品。于是,美国率先研发出"人造丝绸"(由木浆制成的人造丝),并申请到专利。1910年,美国建立第一家人造丝厂。同时期,美国还开发出合成染料,开始用于纺织印染。

这个时期还出现了一系列发明创造,形成了成衣产业的主旋律。1893年,在芝加哥世界博览会上推出了一项发明,名叫"拉锁"(locker),1926年改为"拉链"(zipper)。拉链的发明,对服装产业产生了巨大影响。最初,拉链只是用在靴子上,起到紧固作用,直到20世纪30年代,才开始广泛用于时装。

1892年,《时尚》(Vogue)杂志出版,时装杂志由此出现。这类杂志为消费者提供前沿的时装信息,激发人们对新潮时装的热忱(见图1—7)。1910—1920年期间,各种传播媒介和行业刊物的出现,助推了时装产业的兴盛,如1892年创办的男装报纸《每日交易记录》(Daily Trade Record),1910年创办的《女装日报》(Women's Wear Daily)。

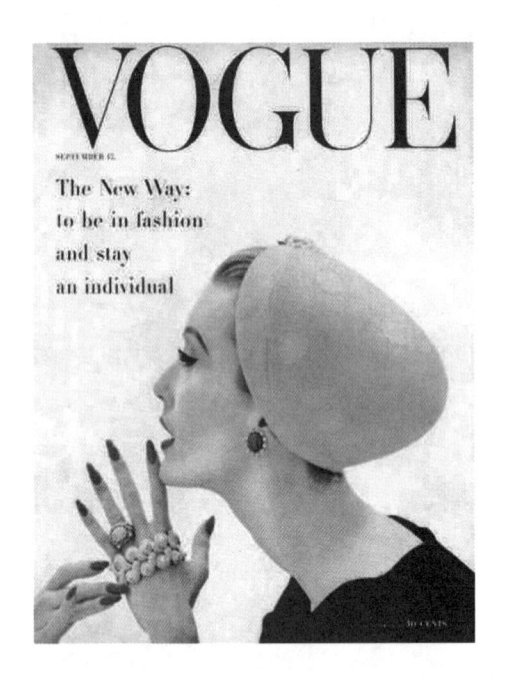

资料来源:Conde Nast via Getty Images.

图1—7 《时尚》是创办最早的时装杂志之一

成衣产业发展的另一个推动力,则来自战时的制造业。第一次世界大战刺激了军用制服的需求和制造,也推动了服装生产方式的优化。战争期间,法国和英国的高级时装店纷纷关闭,这对美国的纺织及服装产业带来重要影响,直接促进了美国时装产业在第一次世界大战期间的迅猛发展。

20世纪早期,虽然多数女装都已属于成衣类型,但20世纪20年代服装产业的持续增长又带来女装风格的简化(见图1—8)。服装的简练风格会推动制造业的发展,但反过来看,制造业的生产方式也会影响服装的风格变化,而且消费者也能接受这种变化。这个时期,很多人都能消费量产式服装,这意味着时装已经迈入大众价格的新时代。对大多数消费者而言,比起价格昂贵的定制服装,他们更喜欢新颖的款式和丰富的品种。为了顺应这一潮流,零售商店也提高了平价服装的进货比例,相应减少奢侈服装的比例。

20世纪20年代,美国零售业出现一个新的变化,那就是购物中心的诞生。1922

资料来源:George Hoyningen-Huene/Conde Nast via Getty Images.

图1—8　简约设计的时装,同时又有"巴黎高级时装店"的气质

年,在密苏里州的堪萨斯城,建立了乡村俱乐部广场。整个建筑都是西班牙风格,还饰有同样风格的喷泉,让人感到西班牙的塞维利亚风情。直到今天,它依然堪称商业购物区的精华。

在美国,纽约依然保持着女性时装的中心地位,"第七大道"也开始成为女性时装的代名词。到1923年,纽约的服装产业蓬勃发展,生产的女装占美国女装产量的近80%。这个时期,各种专门的缝纫机也先后出现,如包缝机(拷边机)和电动裁剪设备。

但是,1929年的美国股市大崩盘,重创美国经济各领域。一夜之间,零售商店和私人客户都纷纷取消订单,并且也波及欧洲的巴黎。由这场股市崩盘而开始的20世纪30年代大萧条,也使纺织和服装业陷入衰退,直到第二次世界大战爆发,才像其他行业一样复苏。据估计,1929年,纽约的服装公司共有3 500家左右;但到1933年,大约只剩下2 300家。

然而在20世纪30年代,完全由化学制品合成的第一代合成纤维产生。因为大多数人造纤维的开发原是为了替代天然纤维,所以都带有明显的模仿特性,也就是模仿丝绸、羊毛和棉花。但是,第一种合成纤维——尼龙,则是杜邦·德·内穆尔公司(E. I. du Pont de Nemours and Company)的独创结晶,最初在1928年形成理论概念,1935年合成取得成功,1938年开始上市销售。1939年,杜邦公司又首次生产出尼龙丝袜。不过，两次大战的爆发，也阻断了面向普通消费者的尼龙生产，因此，直到后来才迎来尼龙的普及。

与此同时，制造商也越来越普遍地采用承包商和分包商的生产方式进行缝纫作业，出现了许多专门从事特定工艺的承包商，如织物折叠。具体做法是：服装制造商按合同数量把布料交给承包商，承包商完成布料的折叠加工后再交还给制造商，这样的话，制造商便可开始裁剪和缝纫作业。

20世纪30年代，纽约成立了很多运动服装公司，而且发展不错；加利福尼亚和其他西部各州的运动服装行业也开始壮大。实际上，加州的运动服装业早在19世纪50年代就已出现，当时，李维·施特劳斯公司开始生产工装裤，不过直到20世纪30年代，才有更多公司开始制作运动衫，如白鹿（White Stag）、詹特森（Jantzen）、加州科尔（Cole of California）、彭得顿（Pendleton）毛纺厂和卡特琳娜（Catalina）（见图1—9）。以克莱尔·麦卡德尔（Claire McCardell）和薇拉·麦克斯韦（Vera Maxwell）为代表的美国设计师，也为运动服装的流行起到引领作用。20世纪30年代末，他们把设计师品牌的休闲式服装推向市场。

20世纪30年代，许多时装杂志纷纷诞生，并面向特定的消费群体。譬如，1935年创刊的《佳人》（Mademoiselle），1939年创刊的《好莱坞魅力》（Glamour of Hollywood，后来更名为 Glamour），面向时髦的大学女生和年轻的职业女性；《绅士》（Esquire）创刊于1933年，则把追求时尚和潇洒的男性作为读者对象。在那个时代，电影也是制造时装理想的一个来源，电影明星成为引领时装潮流的风向标。

20世纪30年代，许多制造商品牌在市场上确立，第一个在全国成为知名品牌的产品是箭牌衬衣。1905年，箭牌衬衣推出一部广告，影响力持续多年。广告为一套系列彩色照片，描绘了一位成熟男性身穿箭牌衬衣从事不同的活动，十分切合男性品位以及休闲穿着。这些广告，直到现在都还是生活方式广告的经典范例。

20世纪40年代的一些形势变化，对美国服装产业带来深刻影响。两次大战一度摧毁了法国的时装业，但在战后，巴黎又重新成为世界时装之都，显示出它是国际时装的永恒主角。尽管如此，也同样由于战争，以麦卡德尔（McCardell）为代表的很多美国设计师开始声名鹊起，继而使美国赢得"运动服装中心"的称号。即便在巴黎的高级时装店重扛世界时装的帅旗，照旧无法撼动美国的全球运动服装中心的地位。

到了20世纪40年代，成衣服装的生产主要集中于现代化的大工厂。但随着纽约的生产成本不断上涨，更多的服装厂开始建在邻近地区，如新泽西、康涅狄格以及纽约州的北部。与此同时，美国其他的许多州也纷纷出现服装制造厂。譬如，在加利福尼亚，服装产业围绕着洛杉矶一带建立起来，并且伴随西部经济的日益活跃，遂使洛杉矶

资料来源：H. Armstrong Roberts/Retrofile/Getty Images.

图1—9　20世纪30年代，运动服装业开始兴起，并给时装业带来影响

一带成为休闲运动服装的中心。再譬如得克萨斯州的达拉斯，在服装制造业中也成为一个领先地区。表1—3列示了这一时期的历史事件。

表1—3　　　　　　　　历史事件：1890—1950年——成衣产业的增长

1892年	美国《时尚》(*Vogue*)创刊。
1892年	成衣男装行业报纸《每日交易记录》出版，1916年更名为《新闻纪事日报》(*Daily News Record*)。
1900年	国际女装工会(ILGWU)成立。
1901年	Walin & Nordstrom鞋店在西雅图市中心开业。
1902年	26岁的詹姆斯·卡仕·潘妮(James Cash Penney)在怀俄明州的Kemmerer创办一家纺织品店，即杰西潘尼(J. C. Penny)。
1904年	纽约女裁缝莉娜·布赖恩特(Lena Bryant)开始生产成衣类孕妇装，为公司冠以自己的姓名，成为第一家超码尺寸的成衣生产商。
1907年	赫伯斯·马库斯爵士(Herbert Marcus)和妹妹嘉莉(Carrie)及妹夫内曼(A. L. Neiman)在达拉斯创立内曼·马库斯百货公司(Neiman Marcus)。
1908年	法林百货公司(Filene's)在波士顿创办"自动廉价交易地下室"。商店的商品按计划每周降价1/4，3周之后即转移至地下楼层廉价出售。这个事件是折扣商店产生的源头。
1910年	女装业的行业报纸——《女装日报》(*Women's Wear Daily*)创刊。
1911年	纽约服装区的三角内衣公司发生火灾，造成146名服装工人死亡。这场悲剧触发了终止"血汗工厂"运动。

续表

1914年	美国联合制衣工人(ACWA)工会成立,这是男性服装行业的主要工会。
1922年	"乡村俱乐部广场"(Country Club Plaza)在堪萨斯州的堪萨斯城开业,标志着美国第一家购物中心的诞生。
1925年	第一家西尔斯·罗巴克百货商店(Sears Roebuck & Co.)在芝加哥开业。
1926年	海格(J. M. Haggar)在达拉斯创办男装公司,开始运用流水线方式生产男式长裤。
1939年	尼龙丝袜面市。
1941年	时装产业的就业人口达到140万的高峰。
1949年	布鲁明代尔(Bloomingdale)百货公司在纽约州的新草甸地区创办第一家分店。

1950—1980年:多样化与并购时期

20世纪50年代,消费者对服装的需求普遍出现增长趋势,而且还出现了一个新的变化,那就是人们对服装的搭配变化产生了强烈要求。由于生活方式的改变,休闲服装和运动服装扩展了时装产业的范围。1947—1961年间,这两类服装的销售量大约增长了160%,而同时期西装的销售量则减少了40%左右。

这个时期,少年时装也发展成一个独立类别(见图1-10),而且,到20世纪60年代,伴随着大众时装的普及以及消费能力的提高,恰又时逢战后出现婴儿潮,于是,少年时装的发展也达到了一个巅峰期。所谓大众时装,它的结构和款式一般都偏重简约,尺码分类也比较简单,通过大规模的工厂进行批量生产,再经由连锁零售店进行销售。1965年,在美国的人口结构中,25岁以下人口的比例占一半,少年服装的消费额达到每年350万美元。

20世纪50年代初,由于军方订单的增长,也推动了纺织服装业的发展。1950年,在《财富》杂志公布的全球500大纺织品制造商的排行榜上,伯灵顿(Burlington)公司位列榜首,它的年销售额超过10亿美元。在这一时期,20世纪40年代开发的丙烯酸和聚酯开始进入美国市场,1954年又推出了甘油酯。相较于之前以醋酸盐为主的合成纤维,它的热敏性大为降低。于是,采用新开发的人造纤维作原料来生产服装,呈现出许多新特点。这些服装不会产生褶皱,易干也易保养,至少使人们摆脱了棉、毛服装在保养方面的麻烦。另外,新纤维制成的服装还有重量轻和成本低的优势。由此,对纺织和服装而言,在流行趋势与技术创新之间表现出明显的互动关系,它们相互结合,又相互影响。此外,纺织厂还开发出纺纱卷曲新工艺,可用于制造弹力丝,于是,1952年便出现了尼龙弹力袜,十年之后,又出现了尼龙弹力裤,震动当时的时装界。

20世纪60年代,合成纤维的应用开始超过天然纤维,像皮埃尔·卡丹(Pierre

资料来源：AlPucci/NY Daily News Archive via Getty Images.

图 1—10　奥奇和哈利特·尼尔森以及儿子里基和戴维

Cardin)那样，时装设计师也纷纷尝试使用所谓的太空时代材料。随着合成纤维的应用日益广泛，一种热熔技术也被开发出来。不过，面对人造纤维的迅猛发展，天然纤维产业界也在强大的行业组织支持下开始逆袭，譬如，棉花理事会(the Cotton Council)和国际羊毛秘书处(the International Wool Secretariat)等终于在20世纪70年代之后又重新赢得公众对天然纤维的青睐。不过，单就整个70年代来看，那确实是一个尼龙产品风靡市场的年代。

　　第二次世界大战之后，克里斯汀·迪奥(Christian Dior)重新焕发新光彩，把消费者的目光再次吸引到巴黎。在20世纪50年代和60年代，巴黎的高级女装始终主导着世界时尚潮流。然而，随着服装的批量生产效率不断提高，也出现对高级女性时装设计的模仿和复制，而制作成本却只有原版正品的微小一部分(见图1—11)。于是，这个时期，成衣类时装在世界范围内开始成为主流，譬如，香奈儿(Chanel)的成衣时装系列，相较其原版产品，价格便不再那么昂贵，可被更多的人所接受。从20世纪70年代开始，随着成衣时装走向大众，巴黎的高级女装便陷入了低迷境况。

　　从20世纪50年代末到60年代，大型股份制公司纷纷在证券交易所挂牌上市，这在服装产业中成为一个最突出的现象。1959年，上市的还只有22家股份制服装公司，但到了20世纪60年代末，便增加到100多家。乔纳森·洛根(Jonathan Logan)、

资料来源：AGIP/RDA/Getty Images.

图1-11　20世纪50年代，仿照巴黎高级服装店样式的女性成衣时装

伯比·布鲁克斯（Bobbie Brooks）和莱斯利·菲（Leslie Fay）都是一些上市较早的公司。

在美国，随着郊区的发展，城区的居住人口日益减少，居民自然希望近处能有购物网点。在这种背景之下，购物商城（shopping mall）终于出现。1956年，第一个封闭式的购物商城南谷购物中心（Southdale Center）在明尼阿波利斯郊区建成开业。到20世纪60年代，几乎各地郊区都有购物商城。所有的购物商城，基本上都由区域性或全国性的大型百货公司担当支柱。

不过，这一时期的美国劳动力成本也节节上升，这导致服装的消费价格上涨。为了降低成本，零售商尝试创新销售模式，创立客户自助式商场，以此降低成本支出，也降低纺织服装产品以及其他各类产品的销售成本。这种零售策略取得了成功，凯马特（Kmart，见图1-12）、塔吉特（Target）、沃尔玛（Walmart）和沃克（Woolco）等折扣商店的发展蒸蒸日上。此外，劳动力成本的不断上升，也迫使时装品牌公司开始寻找更廉价的劳动力。最初，他们的视线还只局限在美国国内，特别是在东南部，然后便逐步扩展到美国以外的全球各地，重点则落在中国香港和东南亚。至于纺织技术，曾几何时这原本属于美国的独门绝技，但从这个时期开始，也越来越多地依靠国外进口。1967年，美国在纺织机械类别上首次出现贸易逆差。

资料来源:Justin Sullivan/Getty Images.

图1—12　基于尽量降低商品成本的零售策略,折扣商店取得发展

20世纪70年代,企业的垂直一体化风潮出现,很多时装公司被大型的股份联合企业集团收购。例如,通用磨坊食品公司(General Mills)收购了伊佐德(Izod)、大卫·克丽丝特尔(David Crystal)和莫奈(Monet)珠宝等公司;联合食品公司(Consolidated Foods)收购了哈内(Hanes)袜子和阿里斯(Aris)手套;海湾与西方工业(Gulf & Western)收购了凯萨·罗斯(Kayser-Roth)。

在纺织工业的技术进步方面,新一代照相印染工艺出现,计算机技术也开始应用到纺织服装的生产领域。此外,涤纶双针织和牛仔布的普及,也提高了纺织业的销售水平。不过,在这个时期,美国面对国外纺织企业的竞争却不断加剧,导致利润减少的现象。1961—1976年之间,美国的纺织服装产品进口增长了581%。表1—4反映了这一历史时期的重要事件。

表1—4　　　　历史事件:1950—1980年——多样化与并购

1952年	腈纶®丙烯酸进入市场。到1956年,腈纶毛衣销售量达7 000万件。
1955年	玛丽·匡特(Mary Quant)在伦敦创办芭莎(Bazaar)精品店。
1956年	第一个封闭式购物商城——南谷购物中心(Southdale Center)在明尼阿波利斯郊区创建,商城的旗舰店为戴敦(Dayton)百货。
1958—1959年	杜邦(DuPont)引进第一个氨纶纤维工艺,有助服装、袜类和泳装公司之间密切关联。
1960年	哈内斯·米利斯(Hanes-Millis)销售公司成为首家通过批发商经销产品的袜类制造商。

续表

1960 年	美国服装制造商协会(AAMA)成立。
1962 年	戴敦(Dayton)百货创立旗下折扣连锁店——塔吉特(Target)。
1962 年	山姆·沃顿(Sam Walton)开设首家沃尔玛折扣店,至 1969 年,以沃尔玛百货公司的名称上市。
1969 年	盖璞(Gap)在旧金山设立商店,销售唱片、录音带和李维服装。商店店名源自"代沟"(generation gap)一词。
1969 年	塔吉特(Target)在明尼苏达州的弗里德利创建第一个配送中心。
1972 年	鞋类品牌——耐克(Nike)面市。
1975 年	约翰·T. 莫莉(John T. Molloy)出版著作《为了成功的穿着》(Dress for Success)。
1975 年	第一家飒拉(Zara)商店在西班牙克鲁纳开业。
1976 年	丽兹·加邦公司(Liz Claiborne)成立,后成为美国最大的女装公司之一。
1976 年	全国首家大型仓储式零售俱乐部——价格俱乐部(Price Club,即 Costco 的前身)在圣地亚哥开业。
1976 年	美国联合制衣业工会、美国纺织工会和美国鞋业工人联合会合并组成服装与纺织工人联合工会(ACTWU)。

1980—1995 年:进口增长与快速反应系统

20 世纪 80 年代和 90 年代,制造商和零售商之间的垂直一体化进程又得到加强。垂直一体化是一种企业策略,公司借此能够实现对产品从设计、生产、销售乃至运输等所有流程的统筹控制,主要内容包括:

● 以时装品牌(如耐克、汤米·希尔费格、拉夫劳伦)为名,创立商店,或扩大零售业务。

● 零售商与制造商之间结成伙伴关系(包括百货公司和专卖店,制造商和分包商),为零售商店生产自有品牌产品。

● 零售商店采用商店品牌概念,店内销售的产品品牌与商店品牌一致,这种形式也被称为自有品牌服装专卖店零售商(SPA),例如,The Limited、盖璞(Gap)、香蕉共和国(Banana Republic)、老海军(Old Navy)、维密(Victoria's Secret)。

20 世纪 80 年代初,纺织和服装进口的持续增长,对产业的某些部门造成了影响。1976 年成立的丽兹·加邦和 1972 年成立的耐克等公司,为取得最低的劳动力价格成本,开始在全球范围进行生产。美国国内的劳动力成本上升,以及产品进口的不断增加,日益引起产业高管阶层的忧虑,迫使他们联合起来,共同探讨提高美国时装产业生产率的出路。

在1984—1985年期间,美国使用国货为荣委员会会同库尔特·萨尔曼咨询公司,以及纺织和服装产业的一些分析师们,对产业生产率低下的原因展开研究。这项工作的一项结果是创立了快速反应系统(Quick Response,QR)的概念,用以拓展提高生产效率的潜在途径。快速反应系统是在过去的供给推动系统基础上转化形成的,在供给推动系统下,运用供应方的策略推动产品生产,随后再出售给消费者。相比之下,快速反应系统是建立在需求方策略的基础上,通过及时收集市场需求的准确信息,向制造商传送消费者的实时需要,所以它也叫作"拉动系统"。

转年,美国使用国货为荣委员会又为某些试点项目提供赞助。这些试点项目是由纺织、服装的制造商和零售商协同开展的,旨在建立产销一体的信息系统,从中考察快速反应系统的可行性,并找出系统实施过程中存在的问题和困难。

这些试点项目的结果表明,实行快速反应系统策略对增加销售、加快存货周转、提高投资回报率等均有积极效果。其中,存货周转是指单位时间内零售店的平均存货量的销售次数。

一般情况下,快速反应系统策略主要包括下列内容:
- 运用计算机技术,提高设计和生产速度
- 建立公司间的信息沟通与业务协调机制,提高生产效率
- 缩短产品的仓储时间和运输时间
- 缩短零售店的补货时间

很快,快速反应系统在试行过程中也把问题显现出来,最大的障碍是由于缺乏业内的统一标准,制造商和零售商的计算机系统各不相同也互不兼容。据此,在20世纪80年代中期,行业共同标准委员会成立,负责制定系统的信息通信标准。在标准确定之后,很多公司开始实行快速反应系统,促进了销售额的增长以及市场份额的扩大。到90年代末,凡是经营不错的公司,几乎全都引入一些快速反应系统。表1—5列出了这一时期的重要历史事件。

表1—5　　　　　　历史事件:1980—1995年——进口与快速反应系统

1980年	[TC]^{2}在纺织和服装产业展开新计算机技术应用的研究和示范。
1984年	美国使用国货为荣委员会(Crafted with Pride in U.S.A. Council)成立。
1986年	五月百货(May Department Stores)并购联合纺织品公司(Associated Dry Goods)。
1988年	塔吉特首家引入通用商品代码(UPC)扫描技术,运用到它所有的商店和配送中心。
1990年	耐克推出"重复再穿"("Reuse-A-Shoe")活动,消费者可以把旧鞋送返耐克公司进行鞋面翻新处理。
1990年	沃尔玛(Walmart)成为美国最大零售商。

续表

1992 年	梅西(Macy)百货公司依据《破产法》第 11 章申请破产保护令。
1992 年	李维·施特劳斯公司(Levi Strauss & Co.)为在全球雇用承包商而制定行为准则。
1994 年	《北美自由贸易协定》(NAFTA)生效。
1994 年	联合百货公司(Federated Department Stores)收购梅西百货。

1995—2005 年：供应链管理与全球化

到 20 世纪 90 年代末，几乎所有大大小小的公司都已采用快速反应系统策略。其中，下列三种类型的服装公司还建立了纺织服装供应链：

● 拥有全产业链的公司，即自己完成从纱线或布料到成品服装或其他纺织产品的所有过程。

● 专业经营利基市场的公司，即专门从事特定的某项生产加工作业，如生产纱线或布料，整理布料，或缝纫加工。

● 只承担服装产品的设计、营销和配送的公司，即把缝纫制造部分分包给其他公司(包括国内外公司)。

无论公司的类型如何不同，实行快速反应系统的关键都在于强化公司之间在各个产业环节的衔接与合作。信息技术的不断进步，也对产品的设计、制造和分销方式产生影响。因此，这就促使纺织服装产业的各个领域建立起信息的共享与合作机制，也称为供应链管理(SCM)，即"协调与管理产品进入市场周期所需要的全部运行，包括原料采购、制造加工、运输分销以及产品销售"(Abend,1998:48)。

供应链管理的目标与快速反应系统相似，也是在于减少库存、缩短产品生产到销售的周期时间，为消费者提供更好的服务。它赖以应用的基础则是公司间的信任、协作和可靠度。不过，相较于快速反应系统，供应链管理更为深入，它甚至包括公司之间在市场预测、销售数据、库存信息以及原料采购或产品供求发生突变方面的信息共享。

到 2002 年，随着威富公司(VF Corporation)等许多大型企业对信息技术基础设施的投资建设，供应链管理也普遍成为一种现实。基于企业间网络平台(B2B)技术，规模较小的公司也能与大企业之间实行有效的供应链管理策略。企业通过保密防护的网站系统，实行有效的信息共享，进行高效的业务合作。

实行供应链管理策略而提高公司效率的事实表明，新技术一直都是强化企业之间沟通和整合的锐利武器。

全球化

全球化是各国之间在经济上相互融合又相互依存的一个发展过程。数十年来，时装产业一直是全球化进程的重要组成部分。然而,迈入新世纪,人们也更加重视时装产业在全球经济演变中的适应与发展问题。在纤维、布料、服装、服饰以及纺织机械等领域的国际贸易,促进了全球化进程。时装产业自形成之始,便成为各个国家增加就业和发展经济的主要产业。因此,为了保护本国的时装产业、改善本国经济,各国都一边鼓励出口,一边建立进口壁垒。可以说,纺织服装国际贸易的监管制度在世界上早已存在几个世纪。

1995年,世界贸易组织(WTO)成立,成为成员国之间谈判贸易协定的工具。相较于两国间的双边贸易协定,世贸组织的宗旨,在于为众多国家共建多边贸易协定而发挥促进作用。按照已经达成的世贸组织协定的规定,许多纺织品服装的贸易壁垒须在10年(1995—2004年)期限内逐步取消。因此,像美国这样通过配额(进口数量限制)和关税(进口税)手段来保护本国纺织品服装生产的国家,就必须按世贸组织的规则要求,逐步降低直至消除相关的贸易壁垒。世贸组织为促进成员国之间的贸易增长所做的一切努力,给纺织服装业的设计、销售和生产各领域都带来了深刻变化。它制定的新规则,促使各国重新调整自我定位,以图在国际经济竞争中发挥自身的最大优势,具体体现在:

- 美国和法国等国家将产业重点移向设计和销售
- 中国和印度等国家主要侧重于生产加工
- 其他国家或地区依其专长和基础条件寻求相应的机遇,例如,日本和中国台湾重点生产高科技纺织品

伴随全球化的深入,发展中国家也正在成为新兴市场。正像19世纪90年代末的美国,由于中产阶级的全面崛起,带来了时装产品的消费增长,于是,也吸引了时装公司向全球市场的扩张。

2005年至今:快时尚、电子商务与企业的社会责任

快时尚

在全球化的背景下和供应链管理的基础上,国际大公司在世界各国都在加强垂直一体化的能力。与此对应的是,各国消费者也不断希望能以合理的价格买到高品质的新潮时尚产品。超快供应链便是顺应某类消费需求而产生的一种生产策略,被称为"快时尚"。快时尚公司不断推出小批量的新产品,很少准备后续补货,甚至根本没有补货。最成功的快时尚公司之一,要算印地纺织集团(Inditex Group)的成员公司飒拉(Zara,见图1—13)。印地纺织集团是一家垂直一体化企业,拥有100多家公司。飒拉(Zara)作为其中之一,它的总部设在西班牙,在欧洲、美洲、亚洲和非洲的76个国家

或地区400多个城市设有1 400多家商店。飒拉之所以获得成功，主要因素是：
- 垂直一体化，即控制供应链的各阶段；
- 生产计划人员和市场专业人员与设计师协同合作；
- 设计和生产决策的制定，一切都以消费需求为准；
- 为市场提供的商品、数量有限但款式丰富；
- 拥有强大的生产能力，产品的生产周期仅为几周时间。

事实上，飒拉甚至还能做到仅用15天的时间，就能完成一件服装的生产周期，包括产品设计、生产加工，直至配送到零售商店。此外，瑞典的H&M、美国的碧碧(Bebe)、永远21(Forever 21)和夏洛特·鲁斯(Charlotte Russe)等公司，也都实施了快时尚理念。

资料来源：Cameron Spencer/Getty Images.

图1—13 飒拉(Zara)是全球快时尚公司的一个成功范例

快时尚的关键在于供应链的全部环节之间都能共享高效、畅通的沟通系统，这包括从客户到商店店员、从商店经理到设计师和销售经理、从设计师到采购商及采购代理、从生产商到承包商、从承包商到仓库经理和分销商。快时尚会为消费者创造一种期待，让他们总能在商店和互联网上不断发现新产品。当然，并非所有的服装公司都想走快时尚路线，也不是任何一家公司都具备快时尚策略的全部要素。然而，全世界大大小小的公司都从这些策略中获得了启示，譬如，产品的生产周期要最大限度地缩短，让最终客户最早买到产品。

电子商务

电子商务进入时装产业,始于20世纪90年代中期,那时,很多公司开始展开网络业务。最初,对于多渠道销售的设想只是实体商店应该也有产品的季节目录,要让公众完全接受网上购物这种全新的零售方式,还要解决太多的问题。从零售商方面来看,它们在传统的商店零售与扩展网络销售之间也一直犹豫不决。不管是零售商还是消费者,对于网络购物是否安全、可靠,都还存在很大的疑虑。

直到21世纪初,网上零售终于发展成为许多零售商多渠道策略的重要一环。今天,网络设计的新技术不断发展,甚至能够模拟客户在实体商店的真实感受。同时,消费者也很期待真正意义上的全渠道购物系统,把实体商店与网上购物融合贯通,做到无缝结合。

很多公司只经营网络零售,像亚马逊(Amazon)和捷步(Zappos)这些公司都没有实体商店,只做在线销售。在网络零售业的不断发展中,"点对点"(P2P)的商业模式也兴起了,如伊蒂斯(Etsy)。这种模式甚至能为个人的手工产品提供销售平台,且使他们不必顾虑网站的技术维护或网店的费用负担。相对于20世纪90年代早期的邮购目录来说,网络渠道可让消费者在任何时间都能随意上网浏览和购物,一经下单,产品会直接邮递上门。

企业的社会责任

回顾百年来的产业历程,也使人反思。像早期英美的纺织城镇那样,非人道的劳动条件仍旧存在于当今世界的许多地方和工厂。这些状况引发公众的疾呼、媒体的关注,甚至学生运动,让各国政府不能再继续回避这些问题。1996年,克林顿总统创立了《服装业伙伴关系协定》(the Apparel Industry Partnership)。这一协定成为服装和鞋业制造商、工会、消费者以及人权组织之间共同的自愿伙伴关系准则,也是约束服装公司的行为守则。继之,1998年,公平劳动协会成立;1999年,工人权利联合体成立。从此,大多数公司都开始遵照行为守则,进行落实,并且定期进行巡视督查。

从各方面来看,企业在供应链中的商业行为都已融入社会责任。一般意义上,企业社会责任(CSR)是指对社会具有正面贡献的商业行为。企业想要担负起社会责任,就要回答这个问题:如何在最理想的生产和销售条件下又要秉持盈利准则,设计、生产和销售品质最高又最环保的产品?诚然,在当今的商业环境中,制造商、营销商和零售商为市场提供的商品既要有价格竞争力,又要以负责任的方式进行产品的设计、制造和销售,由此才能促进环境保护与产业发展的可持续性(见图1—14)。

时装产业的公司社会责任在供应链的全部过程中都能得到印证,在设计、采购和销售等各个环节,只要每项决定对社会、环境和经济都能产生正面影响,便都属于具有

资料来源：巴塔哥尼亚(Patagonia)公司。

图1—14　巴塔哥尼亚(Patagonia)服装公司发起的"同一个主题"运动，
强调服装产业之于环境保护的社会责任

社会责任的供应链管理，具体包括：

● 负有社会责任的产品设计，即可让设计者通过设计方案而对社会、环境和经济产生积极作用的一切做法，包括设计的包容性、环保性、保健性，以及对贸易公平的促进性。

● 负有社会责任的产品生产，即安全健康的工作条件、益于环保的生产方式、公平的薪资水平，以及能够促进贸易公平的生产活动。

● 负有社会责任的产品销售，即要牢记消费者对于产品和服务的共同期望。他们都希望产品及其服务在从生产到销售的全过程中能秉持可持续理念。工人的劳动条件必须符合安全与人道标准，他们的薪资待遇必须公平，收入足以能够维持生活。

● 负有社会责任的产品分销，即采取安全与可持续的方式，把产品配送到消费者手中。

企业的社会责任是时装产业的一种机制，贯穿于企业的政策、实践和商务决策的各个方面，因此，本书在各章中都会伴随相关内容对它进行具体讨论。时装商务要在未来一直保持可持续发展，就必须体现社会责任这一全球性的价值体系。表1—6列出了这一时期的重大历史事件。

表1-6　　　　　　　　　历史事件：1995年至今——全球化、互联网和快时尚

1995年	亚马逊网(Amazon.com)诞生。
1995年	易贝网(eBay)诞生,系在线拍卖网站。
1996年	世界贸易组织成立,是组织多边贸易协定谈判的国际组织。
1996年	克林顿总统创立《服装业伙伴关系协定》(the Apparel Industry Partnership),制订规划,消除"血汗工厂"。
1996年	梅西公司网(www.macys.com)启动。
1996年	巴塔哥尼亚(Patagonia)服装公司的棉制服装全部采用100%的有机棉进行生产。
1997年	谷歌(Google)域名注册。
1997年	沃尔玛(Walmart)成为美国最大的私人雇主,它雇用的美国员工数达68万,另外还有国际雇员11.5万。
1998年	[TC]^{2}实现三维人体测量系统的商业应用。
1998年	丽兹·加邦公司推出品牌与信息网站(lizclaiborne.com),2000年提升为电子商务网站。
2000年	戴敦·哈得逊公司(Dayton Hudson)更名为塔吉特(Target)公司;2004年,联合销售公司(Associated Merchandising)更名为塔吉特采购服务(Target Sourcing Services)公司。
2000—2006年	丽兹·加邦将品牌扩大到40个,销售额达到48.5亿美元。它先后收购了莫奈(Monet,2000)、麦克斯(Mexx,2001)、艾伦·特蕾西(Ellen Tracy,2002)、桔滋(Juicy Couture,2003)、Enyce(2003)和Mac & Jac(2006)等品牌公司。
2002年	贝宝(PayPal)成为易贝的全资子公司。
2003年	塔吉特发布与设计师艾萨克·麦兹拉西(Isaac Mizrahi)的独家许可协议。
2004年	脸书(Facebook)在哈佛大学的学生宿舍诞生。
2005年	从世贸组织成员方进口纺织品和服装逐步取消配额。
2005年	联邦百货(Federated Department Stores)合并梅百货(May Department Stores),并调整为8家商店:1家布卢明代尔(Bloomingdale)、7家梅西(Macy)。
2005年	"网络星期一"(Cyber Monday)术语出现,指感恩节的"黑色星期五"之后的星期一。
2006年	推特(Twitter)诞生,供用户张贴微博。
2007年	柯尔士(Kohl's)发布与设计师王薇薇(Vera Wang)的独家许可协议,推出品牌Simply Vera Vera。
2007年	联邦百货更名为梅西百货。
2008年	苹果公司(Apple)推出第一款智能手机——iPhone。
2008年	耐克(Nike)公司推出"至尊设计系列"(Nike Considered Design),将鞋类的运动创新与可持续原则相融合。
2009年	梅西和布卢明代尔推出社交媒体项目,用于凝聚客户。
2015年	亚马逊的市值超过沃尔玛,成为美国最有价值的零售商。

结　语

　　时尚总是以进化的方式处于不断的演变之中。从历史角度来看,时装产业的演变主要受到两大因素的影响:一是不断变化的技术条件,二是不断变化的消费需求。从工业革命开始,由于实现了纺纱、织造和缝纫工艺的机械化作业,时装产业也从手工业时代进入工业化阶段。大量移民为时装产业的迅猛发展提供了所需劳动力,同时,他们也成为服装产品的主要消费者。

　　到了20世纪20年代,大多数消费者都已能买到成衣类服装。这个时期,两种成衣类服装的生产方式同时并存:一是由大型的现代化工厂进行生产;二是计件分包给家庭作坊进行手工作业。20世纪30年代的大萧条之后,为满足市场需要的日益增长和不断变化,时装产业逐步进入发展阶段。对合成纤维的技术开发,为时装产业创造出新的原料来源。只是,直到第二次世界大战结束之后,这种便于保养的纤维材料才广泛出现在美国市场上。

　　20世纪50年代,服装公司持续成长并日益壮大,很多公司发展成为大型的股份制上市企业。时装产业在战后出现的快速增长,一直持续到60年代。不过,随着美国劳动力成本的持续提高,也由于市场对低成本服装的需求不断增加,致使许多美国公司开始将生产迁往国外。

　　于是,美国开始出现纺织品和服装进口的迅速增长,迫使其时装产业注重研究如何提高生产率,以及加强全球竞争力。作为研究成果,产生了快速反应系统。该系统涵盖整个产业,涉及一系列策略,根本目标在于无限缩短产品的生产周期,即从原料开始直至成为消费产品的全部时间。快速反应系统应用在纺织、服装和零售业的各个环节。

　　信息科学的不断发展,促进了纺织服装产业生产链的深入协作。供应链管理策略包含全部环节的信息共享体系,能够提高产业的生产效率和经济效益。新世纪开始,时装产业既要适应国际贸易的新规则,又要满足市场对产品的新要求,努力提供高品质、新时尚又价格合理的产品。采用快时尚和电子商务等策略,有助于提升产业的整合与沟通。

　　纺织服装产业一如既往还将成为全球化发展和经济增长的重要力量。随着全球化的深入,企业的社会责任也成为重要问题,贯穿于整个产业的供应链,既包括设计和生产,又包括营销和分销。

问题讨论

1. 看一本服装史方面的书,选择至少15年前的一件时装,看看这件时装的生产和销售都需要怎样的社会与技术进步?

2. 用自己的语言定义供应链管理。为什么纺织或服装制造商要采用供应链管理策略?供应链管理赖以产生的技术进步是什么?

3. 对纺织服装企业来说,快时尚具有哪些优势和劣势?它对消费者的利弊是什么?

4. 浏览你最喜欢的服装和服饰网站,你认为网站的哪些特点有助于做出选择和购买、如何改进网站。

5. 用自己的语言概述纺织、服装、家纺产品和零售企业的社会责任。哪些商业活动和决策有助于加强企业的社会责任?

案例研究

时尚品牌的历史背景

为了保持成功,时尚品牌必须不断适应社会相关方面的变化:快时尚技术、消费者需求、政府法规和社会参数。因此,深入分析一个特定时装品牌如何与时俱进,可以揭示和理解历史背景对时装品牌的重要意义。历史分析包括使用主要信息来源,主要来源或原始来源是在研究时创建的。在时装史上,主要来源或原始来源包括文物(实际的衣物或服饰);当时个人的记录照片;报纸、杂志上的文章和/或广告;录像;采访;日志。通常,进行历史分析,可以使用几个主要来源来验证分析的准确性。在本案例研究中,请使用至少三个主要来源对一个至少具有四十年历史的时装品牌进行历史分析。

历史分析

1. 选择一个已经运作了至少40年的时尚品牌。例如,李维斯公司、布鲁克斯兄弟、沃尔里奇、苏格兰普林格尔、阿迪达斯、卡尔文·克莱恩、耐克、古驰、蒂芙尼、彭得顿毛纺厂或博柏利。

2. 至少使用三个主要来源或原始来源,对品牌进行历史分析,包括对品牌的历史概述;主要的技术变化、消费者需求、政府法规和社会因素的重大变化,以及服装品牌如何适应这些变化。注意:你还可以使用有效、可靠的辅助来源(例如,有关这一历史时期的书籍、已发表的有关这一时期的研究报告),但至少有三个引用必须是主要来源。

● 概述品牌的历史,包括何时何地由何人开始,以及随着时间的推移,时装品牌如同里程碑似的重大变化,以及它目前的组织和运作。包括和引用至少五个时装品牌的图像,随着时间的推移,它们有效地代表了品牌发生的变化。

● 描述随着时间的推移而影响时装品牌的技术、消费者需求、政府法规和社会参数的重大变化,并解释时装品牌如何适应这些变化。

3. 根据这一历史分析,你认为为什么该品牌能在这么长的时间内一直流行?提供至少三个理由和论证。

4. 分别列出分析中使用的主要的和次要的资料来源。

参考文献

Abend,Jules(1998). SCM is Putting a Buzz in Industry Ears. Bobbin,May,pp. 8—54.

Sproles,George B.,and Leslie Davis Burns(1994). Changing Appearances: Understanding Dress in Contemporary.

Society. New York: Fairchild Publications. Merriam-Webster Dictionary. (2016) http://www.merriam-webster.com/dictionary(accessed March 31,2016).

第二章　全球时装供应链与价值链

本章主要内容

- 有效的供应链网络和物流对时装品牌公司成功的重要性
- 时装行业主要营销渠道的特点，以及商品、商品所有权、信息、支付和促销如何通过这些渠道流动
- 营销渠道整合策略，包括传统、垂直、多渠道和全方位分销策略
- 品牌定义、品牌认同、品牌定位、品牌形象
- 成功的时装品牌的定义
- 在时装行业获得品牌许可的重要性和成功品牌许可取得的策略

物料—品牌—零售：供应链与价值链

在详细探索时装商品的设计、开发、制造、销售和分销之前，我们必须首先描述全球时装供应链与价值链所涉及的整个业务过程。供应链网络包括从商品到最终消费者之间所有相互关联的个人、企业和过程。

在这些供应链网络中，每一个为顾客服务的过程都为产品增加了价值。与其他行业一样，时装业依靠供应链和价值链网络将产品从物料（如纤维、布料）变成通过一个或多个类型的零售场所销售给最终时装消费者的时装品牌。在今天的全球经济中，有效协调物料和部件到工厂的采购和运送，以及产品从工厂到分销中心和零售商，对公司的成功至关重要。物流是用来描述协调这些相互关联的活动的过程的术语。可以想象，确保面料、线料、拉链、各种规模的生产方式、施工指导和熟练工人都在工厂同时到位，以满足零售商对商品的最后期限要求，这无疑是一项艰巨的任务。

时装公司往往在供应链网络的效率和有效性方面展开竞争,因此,供应链管理是成功的时装公司运作的一个重要因素。例如,根据行业分析师的观点,生活方式品牌比拉邦(Billabong)扭亏为盈的一个关键就是重组品牌的全球采购组织,减少品牌销售渠道,分析重组的物流系统,以实现质量的改善和降价(Barrie,2015)。

营销渠道

供应链网络中的营销渠道或产品到最终用户的途径,由从事制造、批发和零售功能的企业组成,以便使消费者得到商品。营销渠道的结构系统包括直销渠道、有限的营销渠道、扩展的营销渠道(见表2—1):

表2—1　　　　　　　　　　　　　营销渠道

营销渠道
直销渠道
制造商→消费者
有限的营销渠道
制造商→零售商→消费者
扩展的营销渠道
制造商→批发商→零售商→消费者
制造商→批发商→中间批发商→零售商→消费者

在直销渠道中,时装公司将产品直接出售给消费者。例如,消费者可以通过邮购目录或互联网直接从时装公司购买商品。随着时装企业直接向消费者销售商品的增加,直销渠道在服装行业中越来越盛行。然而,消费者得不到直接在时装公司购买他们所有的时装的资讯,也不是所有的时装公司都有直接销售其产品的资讯给消费者。因此,消费者还得依靠零售商来挑拣和筛选时装品牌和商品。

在有限的营销渠道中,零售商考察各种时装品牌公司,并根据判断,选择(即购买)自己客户需要的各种商品。零售商还具备一种"把关者"的身份,通过缩小消费者的选择,同时为他们提供渠道(零售网点),接触了解商品,从而为消费者提供重要的服务。零售商还可以通过安排生产特定商品(自有品牌商品)来为顾客服务。在某些情况下,时装品牌公司通过自己的零售店销售商品(如拉夫劳伦、耐克、艾琳·费舍尔)。由于零售商店参与了这个过程,因此这种形式的营销属于有限的营销渠道,而不是直接的营销渠道,即使产品是通过时装品牌公司自有的零售商店进行销售也是如此。有限的营销渠道是时装品牌最典型的营销渠道。

扩展的营销渠道包括以下内容之一：

● 批发商从制造商那里取得产品，随时可以提供给买家（通常是零售商）。

● 中间商以特殊的价格购买批发商的产品，并将其提供给零售商。中间商也被称为二级批发商。

扩展的营销渠道用于许多基础产品的销售，如 T 恤衫、内衣和袜子。例如，某公司可以生产白色无图案 T 恤衫，并出售给批发商。批发商把 T 恤卖给那些在衬衫上设计丝网印刷图案的制造商，或用中间商进行丝网印刷后再把这些衬衣卖给零售商。然而，由于加工时间的增加，这种类型的营销渠道很少用于那些急于将时装产品上市的企业。

营销渠道一体化

营销渠道一体化是各个层次的营销渠道相结合的过程，通过共同协作，以精确的数量，在正确的地点、适当的时间，为消费者提供合适的产品。这种一体化可以通过传统的营销渠道或垂直的营销渠道实现。

传统的营销渠道包括各自独立的公司，分别执行设计、制造和零售业务。例如，总部在俄勒冈州波特兰的凯恩公司设计了户外鞋类，交由承包商制造，并通过各种实体商店和在线零售商进行销售，它们分属不同的独立公司。垂直营销渠道（也称为纵向一体化）包括作为一个联合集团的公司，拥有设计、生产、市场和销售商品部门。垂直营销渠道的例子包括以下几个方面：

● 服装制造商只通过自己的（或连锁）零售店销售商品。

● 一家纺织品生产商同时生产和销售成品（如袜子、床单和毛巾），供给零售店。

● 自有品牌（如 JCPenney 的 Arizona 品牌、Nordstrom 的 Caslon 品牌）和自有品牌服装的专卖店零售商（SPA）/商店品牌商品（如 Crate and Barrel、The Limited、盖璞、老海军）是专门为零售商生产的商品。

袜业/裤袜行业由大型公司（如 Kayser-Roth、金脚趾品牌、汉佰公司）主导，它们通常又是生产针织面料以及成品袜和裤袜产品的垂直一体化公司的一部分。例如，考陶尔兹袜业是萨拉·李·考陶尔兹公司的一部分，后者是一个主要的垂直一体化袜业供应商，为英国零售巨头马克和斯宾塞及其他英国百货店和超市提供产品。通过垂直一体化企业的先进设计和生产技术，这些袜子公司通过加强供应链管理，提高了生产效率和节省了成本。

在某些情况下，时装品牌公司既通过自己的商店又通过其他零售商销售商品，这种销售策略称为双重销售。许多制造商，如汤米·希尔费格、拉夫劳伦、彭得顿、艾琳·费舍尔(Eileen Fisher)和耐克,同时通过它们的零售网点和其他零售商的店铺销售商品,从事双重销售。一些品牌还为不同的零售客户开发了单独的品牌系列。比如,耐克为 Foot Locker、JCPenny 和自己的耐克商店开发了不同的商品系列。

随着非商店零售业的增长,其中包括网络和手机零售的形式,许多时装公司已经转向多渠道销售方式。在多渠道销售中,公司通过不同的零售场所提供商品:实体商店、邮购目录和/或网站。例如,J.吉尔通过实体商店、邮购目录和网站提供商品。近来,时装品牌公司纷纷采取全渠道销售方式,结合零售方式,为消费者创造一个无缝的购物体验。例如,消费者可以使用智能手机研究时装,通过笔记本电脑在公司网站购买时装产品,并在公司的实体商店提取商品。我们将在第十三章进一步探讨多渠道和全渠道零售。

营销渠道流通

营销渠道通过包括物品流通、所有权流通(或物主流通)、信息流通、支付流程和促销流程连接企业间的商业关系。每个过程都与公司在整个营销渠道中执行的特定功能有关。

● 物品流通:从工厂到零售商或终极消费者的时装商品的行踪。它包括仓储(或储存)、处理和运输商品,以便在适当的时间、适当的地点为消费者提供合适数量的商品。

● 所有权流通(或物主流通):从一个企业到下一个企业的所有权或产权转让。例如,当商品离开工厂、制造商的配送中心,或者当零售商实际收到商品时,零售商是否拥有商品?制造商和零售商磋商何时所有权应该转让。

● 信息流通:营销渠道系统内公司之间的沟通。由于供应链管理战略的实行,制造商和零售商之间的信息流越来越多。

● 支付流程:在公司之间为交付的商品和服务提供资金支付,包括用于支付的方法和支付的公司。

● 促销流程:促进商品销售的沟通传递,以促进与其他公司(贸易促销)或消费者(消费者促销)的销售。

时装品牌战略

什么是品牌?

我们都会想到著名的时装品牌,如香奈儿、拉夫劳伦、李维斯、耐克、H&M 和

Zara。这些品牌名称在消费者心目中创造了形象,影响他们购买品牌的决定。因此,有效的品牌管理策略对于时装品牌公司的成功至关重要。品牌是"一个由一系列功能和体验特征表达独特理念的实体,具有对最终用户价值回报以及对其生产者的经济回报(通过股权)的承诺。一个成功的品牌具有强大的精神上和物质上的特征,是创新的、一致的和有竞争性的,并在消费者心目中有一个相应的正面形象"(Hameide,2011,pp.5—6)。Hameide(2011)确定的品牌关键特征包括品牌特征、价值承诺、品牌标识、创新、一致性、定位和形象。联系到你最喜欢的时装品牌,这个品牌的名称是如何反映这些关键特征的(见图2—1)?

资料来源:Mathias Kniepeiss/Getty Images for H&M.

图2—1 一个成功的时装品牌,如H&M,具有强烈的品牌标识和品牌定位

品牌标识、品牌定位与品牌形象

品牌之所以对消费者有意义,包括赋予该品牌产品的功能和体验方面(Davis,2009;Hancock,2009)。时装公司努力通过营销和广告创造正面和强大的品牌标识。品牌标识是由时装品牌公司控制的,包括公司塑造品牌和与消费者沟通的一切手段。这一品牌标识是通过品牌定位的过程确定的,或者是公司通过其品牌与竞争对手的对比,在关键特征上定位。时装品牌公司的销售商将使用品牌定位过程来比较分析他们

的品牌与竞争者的产品。更重要的是,他们的品牌在关键特征上与竞争对手的品牌不同,对目标顾客具有重要意义。品牌差异化的结果是在消费者心目中创造出鲜明的品牌形象。例如,图2—2显示了女性泳装的品牌位置。

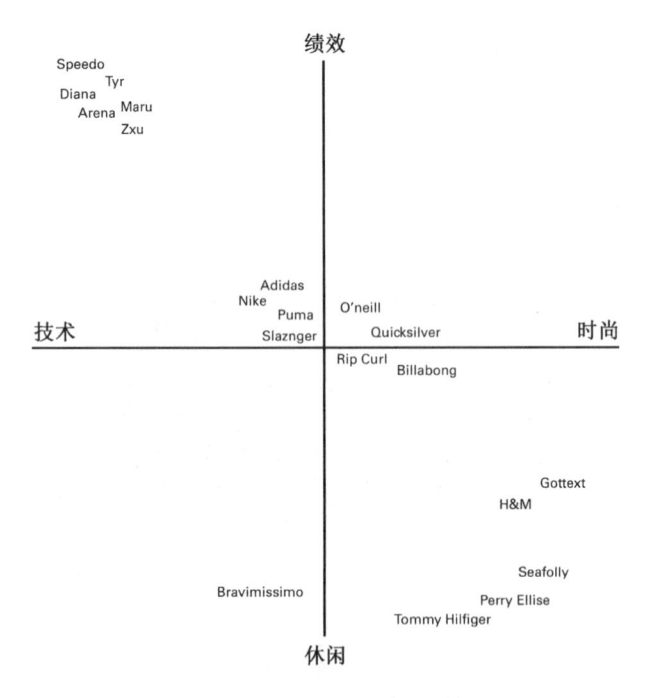

```
                        绩效
                         │
          Speedo         │
            Tyr          │
         Diana           │
           Arena  Maru   │
              Zxu        │
                         │
                         │
                         │
                    Adidas
                    Nike      O'neill
                       Puma                                    时尚
    技术 ─────────────Slaznger────────────────────────────────
                              Quicksilver
                           Rip Curl
                                Billabong
                         │
                         │
                         │
                         │              Gottext
                         │              H&M
                         │
                         │              Seafolly
                         │           Perry Ellise
                 Bravimissimo    Tommy Hilfiger
                         │
                        休闲
```

图2—2 女性泳装品牌定位图例

消费者基于对品牌的体验及对时装公司的营销和广告的努力的关注和理解,在自己的头脑中树立一个品牌形象,因此,品牌标识和品牌形象不一定是一回事。再考虑一下你最喜欢的时装品牌,这个品牌的形象是什么?你认为这个品牌与竞争对手的差异是什么?

时装品牌分类

时装品牌可列为以下一个或多个类别。这些类别不是互斥的,即奢侈品品牌也可能被认为是一种生活方式品牌。

● 国际设计师或奢侈品品牌:一些设计师获得国际认可,并通过精品店或其他高端零售场所(如阿玛尼、香奈儿、路易威登、杜嘉班纳)销售其特许商品。此外,许多品牌已经定位于奢侈级别的设计师品牌(如博柏利、蒂芙尼)。设计师品牌和其他奢侈品牌都与高价格、高品质和独特的信誉联系在一起。顶级奢侈品品牌有一长串名单,以下品牌始终列于其中:路易威登、爱马仕、古驰、香奈儿、普拉达、博柏利、蒂芙尼、杜嘉班纳、阿玛尼和芬迪。

● 国家/地区设计师或奢侈品品牌：一些设计师得到更多的国家或地方的认可，通过在他们的国家或社区的精品店销售商品。这些品牌也具有高价格和高质量，但一般不具有国际设计师品牌或奢侈品品牌的声誉。例如，豪华品牌米歇尔·莱斯尼亚克(Michelle Lesniak)，以《天桥骄子》(服装设计师真人秀节目)第11赛季的冠军姓名冠名，这个设计师的工作室和精品店位于俄勒冈州的波特兰大，该品牌在当地众所周知。

● 国际名牌：一些公司已确立了国际公认的品牌名称，例如，耐克、阿迪达斯、Roots 和天伯伦(Timberland)等公司。

● 自有品牌：一个自有品牌是专指一个特定的零售商监督设计和营销的品牌。

◇ 百货公司自有品牌：例如，JCPenney 的华盛顿公司标签、Nordstrom 的 Classiques Entier 和 Treasure& Bonds 品牌。

◇ 独家授权品牌：

◆ 贾克琳·史密斯(Jaclyn Smith)服装系列授权给凯马特。

◆ 维拉王的独家品牌"简单王薇薇"婚纱设计授权给科尔。

◆ 塔吉特的国际计划具有独家授权，包括卢厄拉·巴特利(Luella Bartley)、特雷西·费斯(Tracy Feith)和扎克·波森(Zac Posen)等设计师。

◆ 肖恩·瓦特(Shaun White)鞋类和衣服通过塔吉特独家授权。

◇ SPA 零售品牌：一种类型的自有品牌是 SPA 零售品牌，SPA 代表"自有品牌服装的专卖店零售商"。在这些情况下，零售商和品牌是一体和同义的，所以有时被称为商店品牌，诸如盖璞、香蕉共和国、维密和 A&F。

◇ 快时尚零售品牌：一种类型的 SPA 零售品牌是快时尚零售品牌。其特点是价格低廉，时尚潮流，快速地从概念到零售，如优衣库、Zara(见图 2-3)、H&M 和永远 21(Forever 21)。表 2-2 是位于前三位的快时尚 SPA 品牌的比较。

表 2-2　　　　　　　　位于前三位的快时尚 SPA 品牌的比较

品　　牌	飒拉(Zara)	优衣库	H&M
公司	印地纺织	快速零售公司	H&M Hennes & Maruitz AB
总部（成立日期）	西班牙(1975年)	日本(1984年)	瑞典(1947年)
商店数量	2 000 多家，分布于 88 个国家	1 486 家，分布于 16 个国家(2014 年)	3 700 家，分布于 61 个国家

续表

品　牌	飒拉(Zara)	优衣库	H&M
设计和产品开发	200多名设计师从事趋势分析和顾客反馈	研究和设计团队从事趋势分析、顾客反馈和新材料研究	内部设计师团队从事趋势、质量、价格和可持续研究
供应链管理	·确保面料供应 ·公司拥有14家工厂	·确保面料供应 ·公司不拥有工厂	·合作公司确保面料供应 ·公司不拥有工厂

资料来源：Adapted from Yuntak Cha(2013, September 6). "The Big 3: Fast Fashion(SPA) Brands and Strategies". Maeil Business Newspaper(www.mk.co.kr).

资料来源：Stephen Ehlers/Getty Images.

图2－3　快时尚品牌,如飒拉(Zara),着重于低价,时尚趋势,快速地从概念到零售

●生活方式品牌：与特定目标客户的活动和生活方式相关联的品牌。汤米·巴哈马(Tommy Bahama)是生活方式品牌的典范,因为商品与热带地区居住或度假的人们的生活方式有关。马球·拉夫劳伦也是一个生活方式品牌,体现了上层阶级的情感和活动。

●所有其他品牌：除了这些品牌之外,还有特许商品和专业品牌,包括威尔逊(Wilson)、米奇公司(Mickey & Co.)和乐一通/华纳兄弟(Looney Tunes/Warner Bros)等。

表2－3展示了基于公司盈利、未来盈利潜力和品牌形象的最高价值服装品牌(Millward Brown & WPP 2015)。

表 2—3　　　　　根据公司盈利排列的最有价值的服装公司品牌　　　单位：美元(百万)

品　　牌	品牌价值(2015 年)
1. 耐克	29 717
2. 飒拉	22 036
3. H&M	13 827
4. 优衣库	8 074
5. Next	5 973
6. 拉夫劳伦	5 643
7. 阿迪达斯	4 615
8. Hugo Boss	4 320
9. Lululemon	2 898
10. 汤米·希尔费格	2 580

时装品牌授权

许可是时装公司用来在他们的产品中创造感知差异的一种方法。由于许可在时装界广泛使用，因此了解它在创造时装品牌中扮演的角色是很重要的。许可是由所有者(许可方)出售给另一方(被许可方，通常是制造商)，使用特定名称、图像或设计的权利，出售方获得版税。购买方购买在商品上使用名称、图像或设计(即产权)的权利，以增加商品价值。随着企业认识到已确立的品牌名称、特征和品牌扩展的价值，许可的发放也急剧增加。以下是一些许可产品的示例。

● 切诺基全球品牌(许可方)与 5Horizons(被许可方)签订许可协议，生产"日常加利福尼亚"品牌的背包、箱包和行李，并与 NTD 服装(被许可方)协议在美国和加拿大销售某些服装及饰物系列。

● 在佩里·埃利斯国际(许可方)和伊藤忠美国(被许可方)之间的许可协议，以生产佩里·埃利斯和原装企鹅品牌男装衬衫，通过美国百货商店销售。

● 肖恩·约翰(许可方)和加利福尼亚伊芙公司(被许可方)签订许可协议，生产肖恩·约翰儿童运动服和外衣。加州的伊芙还持有儿童服装的许可证，如凯蒂猫、我的小马、变形金刚、DC 漫画和史努比。

● 正版品牌集团(许可方)与全球品牌集团之间的许可协议，设计、生产和销售"琼斯·纽约"品牌的女装、男装、童装、饰物和鞋类。

● 服装织物批发公司 Richloom 纺织集团(许可方)和 Christie Brinkley(被许可

方)的许可协议,生产的 Christie Brinkley 家庭装饰面料系列。

有些公司的产品是完全许可的,如美国汉登(Hang Ten);其他一些公司只许可某些产品系列,如维拉王香水、唐娜·凯伦太阳镜、拉夫劳伦男童服装公司的 Poly。许多从服装开始的设计师/奢侈品品牌使用许可协议逐渐将产品许可扩展到皮带、袜子、鞋类和眼镜等配件。同样,从饰物开始的设计师/奢侈品品牌也使用了许可协议来扩大它们的产品。例如,肯尼斯·科尔成功地签约了广泛的商品许可协议,包括公司除手袋外的所有非鞋类产品。许多名牌品牌使用许可协议来扩大在其他国家的生产和销售。例如,香港品牌埃斯普利特(许可方)最近与零售商集团 Zannier(被许可方)签署了一项许可协议,在欧洲和中东地区开发、生产和销售埃斯普利特儿童系列。

许可的名称、图像和设计的类型

许可的名称、图像和设计的类型有很大的不同,但其中大多数属于以下类别。

- 名人姓名许可:正如特里·阿金斯在《劫持走秀台:名人是如何抢走时装设计师风头的》一书中指出的:"一个品牌上名人的名字可以有效地快速建立一个时尚品牌,在得到广泛的承认方面减少了十年光景。"名人姓名许可包括:

◇ Camuto 集团与杰西卡·辛普森(Jessica Simpson)和托利·伯奇(Tory Burch)的许可协议,以名人姓名命名鞋类品牌。

◇ 兰卡斯特集团(科迪公司的子公司)与萨拉·杰西卡·帕克(Sarah Jessica Parker)和珍妮弗·洛佩兹(Jennifer Lopez)签订的香水许可协议;科迪美容(科迪公司的另一子公司)与席琳·迪翁(Celine Dion)和伊莎贝拉·罗西里尼(Isabella Rossellini)签订的香水许可协议。

◇ 凯西·爱尔兰(Kathy Ireland)和公司签订的一系列许可协议,包括马丁家具(凯西·爱尔兰家居)、罗特蜡烛公司(凯西·爱尔兰家庭蜡烛)、RFA 集团(凯西·爱尔兰鞋类)、阿洛科(凯西·爱尔兰家庭床用亚麻布和浴巾)。

- 设计师姓名许可:设计师包括香奈儿(Chanel)、克里斯汀·狄翁(Christian Dior)、伊夫·圣洛朗(Yves Saint Laurent)、拉夫劳伦、卡尔文·克莱因(Calvin Klein)、乔治·阿玛尼(Giorgio Armani)、维拉·王(Vera Wang)、唐娜·凯伦(Donna Karan)和其他许多人,许可他们的名字作为产品的品牌,包括围巾、珠宝、香水、化妆品、家纺产品、鞋子。例如,Camuto 集团与托利·伯奇(Tory Burch)签订了一份关于鞋类的许可协议。

- 零售商独家授权:零售商经常与名人和设计师合作,创立在特定零售商独家销售商品和独特的自有品牌商品形式。无论是 H&M 的亚历山大·王(Alexander

Wang)独家系列、塔吉特的米索尼(Missoni)独家系列,还是英国零售商 Topshop 的凯特·莫斯(Kate Moss)系列,独家授权计划可以强化零售商的品牌身份。

● 角色形象和娱乐许可:卡通角色、电影或电视角色、虚构角色等形象,通常都是在睡衣、背包、床单和毛巾等一系列商品中出现,例如,迪士尼角色、奇迹漫画书和电影角色、南方公园卡通人物。

近年来,与电影和电视角色有关的许可商品非常受欢迎,特别是婴幼儿服装和其他儿童商品。

● 企业许可:IBM、哈雷·戴维森(Harley-Davidson)、可口可乐等公司的品牌名称和商标的许可也很常见。这种类型的品牌扩展许可扩大了一个品牌,是在大家熟知的一个特定产品区域延伸到不同的产品区域。例如,保时捷太阳镜、酷悦手机保护套、可口可乐北极熊填充玩具和哈雷·戴维森摩托扶手椅。

● 怀旧牌:制造商许可的名称和图像的传说,如玛丽莲·梦露(Marilyn Monroe)、詹姆斯·狄翁(James Dean)和巴比·鲁斯(Babe Ruth),以及老电影和广播、电视节目,如独行侠、超人和金刚。

● 体育和大学许可:专业运动队和大学徽标被许可出现在与体育相关的商品上,如绿湾包装工人队标志的运动衫、波士顿红袜标志的夹克、巴塞罗那足球队徽标的连帽衫,以及密歇根大学标志的帽子。运动鞋公司与专业和大学体育联盟(如大联盟棒球)或单个队专门的个别许可。在这些协议中,鞋类公司向联盟或球队购买并出售带有联盟或球队徽标商品的许可,也向联盟或球队购买穿着该公司运动鞋或/及印有公司徽标运动衣的许可(见图2—4)。

资料来源:Doug Pensinger/Getty Images.

图 2—4 大学和专业运动队的许可具有世界范围的增长趋势

● 活动和节日许可：活动的名称或标志，包括肯塔基·德比、印第安纳波利斯500、温布尔登、奥运会和世界杯，大师高尔夫锦标赛也被用作产品上的名称许可。

● 艺术许可：制造商被许可在其商品上复制伟大的艺术品。

许可的成功程度取决于消费者对商品与品牌名称、商标或形象差异的感知以及对商品的追求程度。特许商品的多样性证明了它们在消费者心目中创造特色差异的有效性。

特许产品的开发

任何特许的产品要取得成功必须有一个良好的、可视化的产权（图像或设计）。如果存在此类产权，开发特许产品时则会经历以下阶段：

（1）创建通常称为产权的图像或设计，例如，汤米·希尔费格创立的红色、白色和蓝色三色标志。

（2）消费者通过媒体接触到产权，汤米·希尔费格的名称和商标用于广告、标签和出版物等。

（3）该产权由许可方销售，以建立商品名称或图像识别。汤米·希尔费格在消费者中树立了时尚、品质和价值声誉。在消费者心目中，名称和商标与这些特征有关。

（4）附有产权的商品交由不同厂商生产，汤米·希尔费格特许了名称和商标给一些服装、配饰和香水制造商。

（5）商品由零售商销售，已经成功与汤米·希尔费格运动服合作的零售商也想销售该公司的其他许可商品，如配饰和香水。

（6）消费者对商品的需求，消费者认同汤米·希尔费格的名字，因为汤米·希尔费格的名称和商标贴在商品上，所以该产品具有附加值。

特许合同

合同规定了被许可方与许可方之间的协议条款。通常，许可协议包括以下内容：

● 时间限制：对于许多特许产品，时间就是一切。例如，当前受欢迎的影片角色的图像的协议可能比古典设计师姓名的协议的时间短。

● 版税支付：通常情况下，被许可方向许可方支付版税，约为其所售出货物的批发价格的 7%—14%。

● 图像：合同条例指定图像的显示方式，使许可方控制图形、颜色和其他设计细节。例如，太平洋公司（Ocean Pacific，OP）控制其许可商品上所有图形的设计。

● 营销和批发：许可方经常希望控制其许可商品的市场一致性。此外，许多设计师不希望他们的许可商品通过折扣或低价的零售商进行销售,他们在合同中设有条款,防止这种情形发生。

- 质量:关于商品材料和制造的条款,以及提交商品样品予许可方批准,保证许可方对产品质量的控制。
- 预付款:合同条款规定预付款项的金额,然后从版税支付中扣除。
- 保证金:合同通常规定被许可人支付最低数额,哪怕版税低于此金额。
- 向海关部门发出协议通知:如果货物是在境外制造,或在美国境外生产,则需要此通知,以便货物能顺利清关,不会作为冒牌货物予以没收。合同条款向被许可方保证,许可方将在必要时提供通知。

特许的优势

许可协议对被许可方和许可方都具有一定的优势。对于被许可方来说,以许可名称、图像或设计添加到商品上的价值将通过许多相互关联的形式表现出来,被许可方会自动获得品牌标识(见图 2—5)。例如,一个印有 2015 年电影"星球大战:力量唤醒"角色的 T 恤会接受孩子和父母的自动认可。

资料来源:Ethan Miller/Getty Images.

图 2—5 特许商品能在顾客意识中立即创建品牌标识

在许多情况下,许可的产品品质受到信赖,这源于许可方的产品(如印有一个设计师的名字的手提包)会增加其时尚信誉。对于制造商来说,特许产品也可以成为新产品营销的捷径。通过购买设计师或名人姓名的权利,香水公司可以推出一种立即获得商品信誉的新的香水商品。

许可方也从许可协议中获益。许可允许品牌延伸到其他类别的商品,而不用向消费者透露商品不是许可方生产的。这种安排使公司能够利用其他公司的制造与销售专长和设施,扩大其产品系列。

例如,耐克决定扩大其产品类别到女性泳装,它特许世界上最大的女性泳装制造商之一的詹特森(Jantzen)公司使用耐克品牌而不是花费资源去开发专门技术。该协议允许耐克利用詹特森的专门知识,同时也使詹特森公司通过为新的目标市场生产女性泳装扩大其业务。

再举一个公司之间许可合作的例子:哈特马克斯(Hartmarx)是一家人们熟知的、受尊敬的男装定制服装商,该公司是汤米·希尔费格(飞利浦泛优逊公司的子公司)的被许可方之一。哈特马克斯为汤米·希尔费格生产定制服装、商务休闲服装和休闲裤。汤米·希尔费格控制产品的设计、分销和可视化演示,哈特马克斯公司负责生产。在贴身服装和裤袜方面,设计者和生产者的特许合作是常见的。例如,在过去的25年里,卡尔文·克莱因的袜子已被凯塞-露斯(Kayser-Roth)公司授权。汉佰公司(HanesBrands Inc.)持有唐娜·凯伦(Donna Karan)及DKNY袜子公司的许可。对于已建立好的品牌或形象,许可协议可能是有利可图的。像卡尔文·克莱因和拉夫劳伦这样的设计师,每年在特许上可以赚上百万美元的版税。

许可的弊端

许可也对许可方和被许可方有一些不利之处。对于许可方,过度使用许可安排可能会导致市场上的品牌属性饱和,消费者无法感知该品牌的独特属性。例如,由于数以百计的许可协议,皮埃尔·卡丹的名字可以从行李箱、炊具和童装等商品上看到。正因为如此,这个名字失去了一些声望。

当被许可产品销售良好时,许可方必须依靠被许可人迅速扩大生产货物的反应能力。根据许可合同,许可方也对许可商品的质量或销售的控制负有风险。为了保证质量的一致性,许可方必须通过持续地检查样品或生产设施来保证生产质量。

失去对许可品牌的控制将涉及一系列的风险,设计师霍斯顿(Halston)就是这样的一个可悲例子。20世纪60—70年代,霍斯顿成为名人穿戴昂贵服装的知名设计师。1973年,霍斯顿特许出售他的品牌给诺顿西蒙工业(NSI)。1982年,诺顿西蒙工业要求霍斯顿为杰西潘尼(JCPenny)百货店设计价格低廉的大众化服装系列。在霍斯顿设计这一系列之后,高端零售商不再销售他的名牌系列商品。虽然霍斯顿到1990年他去世之前一直获得版税,但他从来没有重新得到霍斯顿品牌使用的控制权。在近40年里,该品牌所有权至少8次易手。霍斯顿传统品牌在2011年推出,其旗舰店在纽约市于2013年开业,霍斯顿品牌才重获尊贵。

对于被许可人来说,许可证的主要缺点是不容易预测品牌名称或图像的受欢迎程度,这方面存在一定的风险。时间对于许多被许可产品的成功极为重要,被许可方必须是了解和预测消费者需求的专家。然而,有时许可并不像预期的那样,这通常发生在大预算的电影过气时。

被许可方还必须负担管制分销渠道的费用,并设法防止他人伪造被许可的品牌产品。根据许可方的规章制度,被许可方负责生产许可产品方面的额外费用。例如,许多许可方都有规则来管理产品的制造位置,这可能会使生产成本高于其他地方。尽管存在这些缺点,但对于许多时装公司来说,许可将继续是一项重要的商业战略。

结　语

时装产业领域的供应链网络,涵盖所有为最终消费者获得时装产品所必需的互相关联的个人、企业和过程。由于时装公司的成功往往取决于供应链网络的有效性,因此有效、高效的物流和供应链管理是必不可少的。这些供应链网络是产品在到达最终消费者时所经过的营销渠道或途径。

时装产业使用直销渠道、有限的营销渠道和扩展的营销渠道。对时装产品来说,有限的营销渠道是最常见的。随着传统营销渠道的一体化,时装公司将在营销渠道中分别执行功能。然而,时装公司也可以通过执行不止一个功能来实行营销渠道的垂直一体化。此外,时装公司可能会从事双重或多通道的营销策略,从而导致全渠道营销策略,使多种分销策略对消费者来说显得天衣无缝。

时装品牌是具有一整套功能和体验特性的实体,它们在消费者心目中分别创建了不同的形象。时装品牌公司力争通过品牌定位的过程创造出一个正面而又独特的品牌认同,通过各种公司控制的沟通策略和品牌体验,在消费者心目中树立起品牌形象。时装品牌可以按品牌类型进行分类,如设计师品牌、奢侈品品牌、国际名牌、自有品牌和生活方式品牌。

通过时装品牌许可策略,许可方(资产所有者)出售使用的品牌、形象或设计权利给被许可方(以制造商为典型)以取得版税。在时装产业,许可协议是常见的,包括名人姓名许可、设计师姓名许可、与零售商的独家授权、角色和娱乐许可、企业许可、怀旧许可、体育和大学运动队许可、事件许可、艺术许可。许可协议或合同涉及若干要素,包括时间限制、版税支付、形象控制、市场营销和分销控制、质量标准、版税预付款和版税保证金。要成功运用这些策略,时装品牌公司必须彻底比较和分析许可的利弊。

问题讨论

1. 在你的衣柜中选择一个时装品牌,产品的品牌名称是什么?检视商品标签,它是在哪个国家生产的?描述此产品的供应链与价值链,包括物料、品牌和零售方面。

2. 考虑你最喜欢的三个时装品牌。它们是哪一类的品牌?时装品牌公司是如何为每一个商品表达其品牌定位的?什么是它们的品牌形象?

3. 你拥有哪些授权生产的时装商品?列举部分商品,说明它们列入哪一类许可商品。作为消费者,商品或产权的哪些方面吸引了你?为什么?

案例研究

品牌定位:假小子风格品牌

在过去的5年里,一些假小子风格的品牌已经作为生活方式品牌出现在市场上。"假小子",一个在俄勒冈州波特兰的假小子风格的品牌,正在扩大其产品系列,并开设了一家实体商店。现在是"假小子"分析其品牌地位的时候了。

背景资料:

9 Androgynous Clothing Labels You Should Know by Lily Hiott-Millis

http://www.buzzfeed.com/lilyhiottmillis/9-androgynous-clothing-labels-you-should-know#.wemNklqyA

10 Tomboy Clothing Companies You Didn't Know Existed

http://askatomboy.blogspot.com/2014/10/10-tomboy-clothing-companies-you-didnt.html

Tomboy Style Brands

Wildfang http://www.Wildfang.com

TomboyX http://tomboyx.com

TomboyBKLYN http://tomboybklyn.com

All Saints http://www.us.allsaints.com

OAK NYC http://www.oaknyc.com

VEER NYC http://veernyc.com

1. 选择6个假小子风格的品牌来对这个品牌定位的案例进行分析研究。其中一个品牌必须是"假小子"。到品牌网站回答以下关于每个品牌的问题:

- 品牌名称。
- 零售组织：网络、实体店和/或其他？
- 自有品牌还是自有品牌和其他品牌的混合？
- 商品的价格范围/价格点？
- 声明的或推论的目标客户？
- 查看所提供的商品：品牌形象是什么？（当你看到商品、网站和/或商店时，你会想到什么单词或词组？）

2. 定义品牌差异化。为什么品牌差异对这些"假小子"风格的品牌很重要？

3. 建立品牌定位图，以说明每个品牌或零售商的定位。（提示：使用品牌产品分类目录来分辨品牌差异。）

4. 在比较6个"假小子"风格品牌标识差异时，有哪些难点？品牌之间的共同点和区别是什么？品牌如何尝试与其他类似品牌（如款式、价格、规格、服务和产品分类等）有所区别？

5. 试比较分析"假小子"与其他品牌的定位？基于这一分析，"假小子"如何变得更具竞争力？换言之，在未来3年内，这个品牌需要做些什么来将自己与其他品牌分开？试述至少三种"假小子"产品定位自身可能采取的策略，并详细说明每个方法的优、缺点。

6. 你建议"假小子"采取何种行动方案以加强其竞争优势？为什么？

7. 列明你在本案例研究中使用的资源/参考资料，附上参考文献目录。

求职机会

- 品牌经理
- 专注于品牌形象和品牌定位的营销研究员
- 从事品牌标识传播的营销专业人员
- 专注于视觉品牌传播的平面设计师
- 授权代理

参考文献

Agins, Teri. (2014). *Hijacking the Runway: How Celebrities Are Stealing the Spotlight from Fashion Designers*. New York: Penguin Group.

Barrie, Leonie. (2015, September 2). "Supply Chain Improvements to Save Billabong ＄30m." http://www.just-style.com/analysis/supply-chain-improvements-to-save-billabong-30m_id126107.

aspx(accessed September 8,2015).

Davis,Mellissa. (2009). *The Fundamentals of Branding*. Lausanne,Switzerland:AVA Publishing SA.

Hameide,Kaled K. (2011). *Fashion Branding Unraveled*. New York:Fairchild Books.

Hancock,Joseph. (2009). *Brand Story*. New York:Fairchild Books.

Millward Brown & WPP(2015). *BrandZ Top 100 Most Valuable Global Brands* 2015. http://www.millwardbrown.com/BrandZ/2015/Global/2015_BrandZ_Top100_Report.pdf(accessed September 10,2015).

第三章 时装公司的商业和法律框架

本章主要内容

- 企业可以在美国拥有和经营的方式：独资、合伙、有限责任公司和股份公司
- 与企业所有权、公司扩张和多样化有关的术语
- 企业在时装产业领域的竞争方式
- 可能影响时装品牌公司的美国联邦法律

商业组织和公司所有权

时装产业包括纺织品、服装、鞋类、家纺产品的各种规模类型不一的公司，有些是雇用成千上万名雇员的大公司，有些是仅有一两名雇员的小公司。无论规模和组织结构如何，服装行业供应链中的每一家公司都是通过向客户提供他们所渴望和需要的产品与服务来赚取利润的。由于许多人在这些行业中谋求职业是希望有朝一日能拥有自己的企业，因此了解各种类型的企业组织是研究这些公司运作方式的重要前提。此外，有关企业组织的信息对于规划职业和评估公司在就业和晋升机会方面很重要。根据目标、需求和规模，时装产业公司可以多种方式拥有和组织。在美国，四种最常见的企业所有权形式是独资企业、合伙企业、有限责任公司和股份公司（见表3—1）。这些企业形式都可以在时装产业的公司中找到。本章重点介绍美国的企业所有权。

表 3—1　　独资企业、合伙企业、有限责任公司和股份公司的比较

企业组织形式	独资企业	合伙企业	股份公司	有限责任公司
组建的难易	容易组建 要求营业执照	容易组建 要求营业执照 建议有书面合同	难以组建 要求有章程 上市公司要求在美国证券交易委员会注册	容易组建 要求营业执照 要求经营合同
运作策略	业主同时经营业务	合伙人可以为生意带来各种专业知识	董事会雇用专业人士经营业务	业主成员可以带来各种专业知识
责任	无限个人责任	每个合伙人都负有无限责任	有限责任,股东对公司债务不负责任	成员有限责任
税务考虑	业主的所得作为个人收入课税	合伙人的收入作为个人收入课税	双重课税(公司收入被课税,个人股息作为个人收入再被课税)	根据经营协议,可能作为独资、合伙或公司被课税
员工晋升的潜在可能	有限,取决于公司规模	存在员工成为合伙人的一些激励	员工可以通过职级晋升	存在员工成为业主一员的可能
范例	自由设计师、独立销售者	中小型公司、设计师和营销人员联手组成时装公司	大型公司,可能是私有或是上市公司,有些是跨国公司	大、中、小公司均有

独资企业

独资是一种常见的企业所有权形式,在独资企业里,个人是唯一的所有者,拥有企业及其财产。事实上,从法律的角度来看,唯一的东主或业主与公司本身是无法区分的。唯一的所有者通常经营公司的整体,即每天的业务,但可能有员工帮助进行具体方面的业务。员工可能是全职、兼职或受雇从事某些任务。企业的任何利润被视为独资经营者的个人收入,并据此纳税,业主对业务可能招致的任何债务负个人责任。

独资企业的优势

独资企业有许多优点。首先,申请和/或获得所需商业许可证的过程相当简单。例如,要在洛杉矶开设服装制造企业(包括承包商),唯一的东主需要联邦政府许可证(如联邦雇主识别号码 EIN)、加利福尼亚州的许可证(如州 EIN、零售证书、服装业登记证)、洛杉矶郡的许可证(如洛杉矶郡营业执照、公共卫生许可证),以及洛杉矶市的许可证(如洛杉矶商业税证书)。

独资也容易解散。当独资经营者决定停止做生意时,独资企业本质上就结束了。独资企业的另一个好处是,给予唯一业主掌控企业,具有灵活性,他们往往感觉到自己是老板,自我满足,并可以自行做出有关企业发展方向的决定。这种自我满足是独资

形式的商业所有权的特征,为大多数个人所冀求。

独资企业的弊端

独资企业也存在一些弊端。最大的一个弊端是:独资业主对任何商业债务负有个人责任。这意味着如果企业负债,债权人则可以取走所有的商业和个人资产(如业主的住宅)以支付企业的负债。这种无限责任是唯一的所有者承担创业的最大风险之一。

独资企业的另一个缺点是:由于没有合作伙伴,独资经营者需要在经营业务的所有领域拥有专门知识。例如,想要开始自己的业务的服装设计师必须进行以下操作:

- 处理与业务有关的设计
- 与面料供应商、承包商和零售商打交道
- 处理会计账目
- 管理员工
- 对潜在买家的营销

同时,处理这些问题往往是一个新的独资经营者的头等要务。在某些情况下,一个独资经营者会雇用在业主不熟悉的特定领域有专门知识的员工,例如,设计师可以雇用会计来管理企业的财务。

在独资企业中,筹集资本(资金或资源)用于创业或扩大业务可能是困难的,可以通过以下途径获得资本:

- 利用所有者的个人资金
- 通过信贷方式购买商品和服务
- 向银行、朋友、家庭成员或其他投资者借钱

一份写得好的商业计划对唯一的东主从银行和其他投资者那里获得资金至关重要。与其他形式的企业所有权一样,独资企业必须为联邦、州、市所得税和其他监管目的保留账目纪录,税后利润构成个人收入。

独资企业的例子

独资企业往往是小公司,其资源和种种复杂问题均由一个所有者处理。个人可以独资形式开始经营,随着公司的发展,再改变所有制形式为合伙企业或公司形式。在纺织、服装和家纺行业的独资企业可能包括:

- 向大型纺织或服装公司销售设计的自由职业的纺织或服装设计师
- 向零售商销售服装系列的独立销售代表
- 拥有一家小型专卖商店的服装零售商

美国劳工统计局估计,每四位时装设计师中至少有一人是自雇者(美国劳工部,2015)。

合伙企业

有时,两个或更多的人想联合起来拥有一单生意,在这种情况下,可以建立伙伴关系。根据《统一合伙法》(ACT),合伙是一个"两个以上的人的联合体,他们作为企业的共同所有者从事赢利活动"(国家统一法律委员会全国大会,1997)。通过订有合伙条款的书面合同,两个个人之间或三个以上的个人之间可以建立伙伴关系。虽然合同会有所不同,但它们通常包括:

- 伙伴关系的名称
- 伙伴和职员的姓名
- 伙伴关系的意图或目的
- 每个伙伴投资的数额和形式(如金钱和不动产)
- 伙伴的维持时间
- 增加和消除合作伙伴的程序
- 如何在合作伙伴之间划分盈利或损失
- 每一个伙伴的管理权限
- 指定哪些合作伙伴可获得薪金
- 如果合作伙伴死亡或丧失工作能力,则如何处理合伙关系

盈利根据合伙合同中规定的条件,在被称为一般合伙人的合伙人之间共享。合伙企业的利润作为每个合伙人个人收入的一部分纳税。与独资业主相似,合伙人有无限责任。这意味着,它们共同承担合伙合同中所述合伙企业的全部债务。合伙关系的解散可能来自以下方面:

- 合伙人的退出
- 新合伙人的加入
- 合伙人的死亡
- 合伙人的破产
- 合伙人失去工作能力或合伙人的不当行为
- 业务目标过时

有限合伙制

有时个人希望加入或投资合伙企业,但他们不希望对可能大于其投资的合伙债务承担无限责任,这可以通过有限合伙制实现。在这种合伙关系中,有限合伙人的责任有限,他只对他投资于该企业的资本数额负有责任,任何利润均按有限合伙合同的条件分摊。建立有限合伙关系可以成为一般合伙人筹集资金发起或扩大业务的一种吸

引人的方式。通常,有限合伙人在管理业务方面不发挥积极作用,业务由一般合伙人处理。

合伙企业的优势

合伙企业相比独资企业具有一定的优势。与独资企业相似,合伙企业相对容易建立。如同独资企业,需要相同的营业执照才能开始合伙经营。与独资企业不同,后者只有一个人拥有该业务,合作伙伴可以汇集其专业知识和资源来管理公司。例如,一家服装公司的一个合伙人可能具有设计方面的专门知识,另一个合伙人可能拥有商业和会计方面的专业知识。

为合伙企业筹集资金也比单一的东主容易得多,因为可以利用一个以上的人的资源,而在借款时,合作伙伴的组合资源可以用作抵押品。通过有限合伙企业,还可以筹集资金及资源来启动或扩大业务。与独资企业一样,合作伙伴需要一个高质量的商业计划来保证投资者资金的安全。

合伙经营相比独资企业的另一个好处是,员工的晋升机会更大:员工可能会有机会成为企业的合作伙伴。当招聘和雇用员工时,这可能是一个有吸引力的激励因素。

合伙企业的缺点

合伙企业也有缺点。与独资企业一样,合伙企业的主要劣势是责任无限,这意味着无论哪个合伙人造成债务,每一个合伙人都要对合伙的任何债务负有个人责任。除了账簿之外,《统一合伙法》(UPA)还要求合伙企业保留会议纪要和业务记录。

合伙企业的另一缺点是合作伙伴在经营业务或确定业务未来方向方面可能存在分歧。由于这种分歧,伙伴关系往往会解散。与独资企业一样,合伙关系依赖于其所有者,在合伙人离去时易于解体。虽然有人将合伙企业易于解散视为一种优势,但也可能导致其业务运作缺乏连续性。

合伙企业的例子

合伙企业通常是中小型公司,需要专门技能的结合才能成功。例如,两个或两个以上的个人开办一家服装公司,每一个人都给企业带来独特的技能(如设计、营销和经营管理)。卡尔文·克莱恩、Esprit de Corp. 和丽兹·加邦这些时装品牌公司都是以合伙企业起步的。

● 克莱恩向他的朋友巴里·施瓦茨(Barry Schwartz)借钱,开设了他的设计公司。在1973年企业被出售给PVH公司前,两人一直保持合伙关系。

● 在20世纪60、70年代,道格·汤普金斯(Doug Tompkins)、苏茜·汤普金斯(Susie Tompkins)和简·蒂斯(Jane Tise)拥有一家服装公司,称为普莱恩·简(Plain Jane)。1979年,汤普金斯夫妇收购了简的部分,更名为 Esprit de Corp. 公司。汤普金斯夫妇于20世纪90年代初离婚,公司现已由中国香港投资者拥有。公司总部设在中国香港和德国,1993年在中国香港股票交易所上市。

● 伊丽莎白"丽兹"加邦在1976年与丈夫亚瑟·奥登伯格(Arthur Ortenberg)和制造专家兼合伙人伦纳德·伯克瑟(Leonard Boxer)合作,开始了他们的生意。后有杰罗姆·查仁加入。企业在一年之内赢利,1981年成为公开交易的公司,取名为丽兹·加邦公司。丽兹·加邦公司在2012年改名为第五和太平洋公司,在2014年改名为凯特·丝蓓公司。丽兹·加邦品牌时装由杰西潘尼百货店独家销售。

股份公司

股份公司是最复杂的企业所有权形式,无论谁拥有公司,均作为法人存在。股份公司是通过向州或联邦政府提交企业章程(也称为组织章程或章程)来创建的。公司章程的一般要求包括:

● 公司名称
● 公司的宗旨和权力
● 时间范围或存在时期
● 股份数量/所有者
● 股份类型
● 其他经营条件

Corporation、Corp.或Inc.这三个英文单词都是指股份公司。虽然公司也可能拥有建筑物或设备等有形资产,但其本身被认为是无形的。

与独资或合伙企业不同,股份公司的所有权由股东(或股票持有者)持有,他们拥有公司股票。每股股票代表公司的百分比:如果某人拥有公司50%的股份,他就拥有公司的50%。公司的股东只对其股票支付的金额负有责任。因此,如果公司倒闭,股东除公司股票的投资之外不会对公司的债务承担责任。

股东选举公司董事会。在选举董事会时,每个股东所占的选票百分比反映了他拥有的股票的百分比。董事会是公司的主要决策机构,规划公司的经营方向,为公司设定政策。董事会还雇用公司管理层(如总裁、首席执行官和首席财务官),负责日常经营业务。股东可能参与管理,但实际上许多公司的股东很少或根本不参与日常运营。

利润以股息的形式付给股东,作为个人收入须纳税。股东也可以增加股票的形式取得股息。

股份公司类型:C公司、S公司和B公司

最常见的公司类型是C公司或一般公司,此类公司通过股息将利润分配给股东。

因此,股份公司的收益被征税两次,首先是在公司层面上,然后在个人层面上再次纳税。这就是所谓的双重课税。对个人股东数量有限的小型国内企业来说,S公司越来越普遍。国税局给予S公司特殊地位:收入仅在个人层面征税,从而消除双重课税。B公司亦称福利公司,包括一般公共利益的目的,如社会或环境利益。B公司作为传统公司来经营,但除了财务业绩外,其目标包括社会和环境绩效。巴塔哥尼亚(Patagonia)是服装行业B公司的典范,总部设在美国加利福尼亚州的文图拉,该公司是许多环保事业和组织的主要贡献者。

公开上市公司与私人控股公司

公开上市公司与私人控股公司之间的差异,主要见于股票的所有权和转让。在公开上市的公司(或公开控股的公司)中,一般公众至少拥有部分股票。上市公司通常有大量的股东在公共市场上买卖它们的股票,或通过美国纽约证券交易所、美国证券交易所和全国证券交易商自动报价系统协会(纳斯达克)交易,或通过经纪人"在场外交易"。上市公司必须向证券交易委员会(SEC)提交财务信息,以便后者监管证券市场。表3—2列出了部分美国上市的纺织公司。表3—3介绍了部分美国时装和家纺产品上市公司。表3—4展示了部分美国自有品牌专卖零售商、专卖店零售商和折扣商店上市公司。

表3—2　　　　　　　　　　　　部分美国上市的纺织公司

Celanese Corporation	(NYSE:CE)
Culp,Inc.	(NYSE:CFI)
E. I. du Pont de Nemours & Co.	(NYSE:DD)
International Textile Group	(OTC US:ITXN)
The Dixie Group	(NASDAQ:DXYN)
Unifi,Inc.	(NYSE:UFI)

表3—3　　　　　　　　　　部分美国时装和家纺产品上市公司

Carter's,Inc.	(NYSE:CRI)
Cherokee,Inc.	(NASDAQ GS:CHKE)
Coach Inc.	(NYSE:COH)
Columbia Sportswear Company	(NASDAQ GS:COLM)
Decker's Outdoor Corp.	(NYSE:DECK)
Ethan Allen Interiors,Inc.	(NYSE:ETH)
Fossil Group Inc.	(NASDAQ GS:FOSL)

续表

G-III Apparel Group Ltd.	(NASDAQ GS:GIII)
Guess Inc.	(NYSE:GES)
Hanesbrands,Inc.	(NYSE:HBI)
Kate Spade & Co.	(NYSE:KATE)
La-Z-Boy Inc.	(NYSE:LZB)
Michael Kors Holdings Ltd	(NYSE:KORS)
Mohawk Industries Inc.	(NYSE:MHK)
Nike,Inc.	(NYSE:NKE)
Oxford Industries,Inc.	(NYSE:OXM)
Perry Ellis International Inc.	(NASDAQ GS:PERY)
PVH Corp.	(NYSE:PVH)
Ralph Lauren Corp	(NYSE:RL)
Tiffany & Co.	(NYSE:TIF)
Under Armour,Inc.	(NYSE:UA)
VF Corporation	(NYSE:VFC)

表3—4　　部分美国自有品牌专卖零售商、专卖店零售商和折扣商店上市公司

American Eagle Outfitters	(NYSE:AEO)
Buckle	(NYSE:BKE)
Chico's FAS Inc.	(NYSE:CHS)
Dillards Inc.	(NYSE:DDS)
Foot Locker Inc.	(NYSE:FL)
Gap Inc.	(NYSE:GPS)
JCPenney Co Inc.	(NYSE:JCP)
Kohl's Corp	(NYSE:KSS)
L Brands Inc.	(NYSE:LB)
Macy's Inc.	(NYSE:M)
Nordstrom Inc.	(NYSE:JWN)
Target Corp.	(NYSE:TGT)
TJX Companies Inc.	(NYSE:TJX)
Wal-Mart Stores Inc.	(NYSE:WMT)

私人控股公司(也称为私营企业、不上市控股公司或不上市公司),是指少数个人拥有股份的企业,即该股票在股票市场上不可交易,而且尚未发行,以供公众购买。通常情况下,私人公司的股东都高度参与公司业务。在时装产业中,私人控股公司的例子有:戈尔公司(WL Gore & Associates)、九西控股(Nine West Holdings, Inc.)、新平衡(New Balance)、永远21(Forever 21)、J.克鲁(J. Crew)、运动权威(Sports Authority)、L. L. Bean, Inc.、彭得顿毛纺厂(Pendleton Woolen Mills)和零售品牌联盟(Retail Brand Alliance)。

跨国公司是在若干国家经营的私人公司或上市公司。在当今全球经济中,随着世界上服装、配饰和家纺的生产和贸易的增加,跨国企业的数量和重要性都在增加。跨国公司可以通过以下方式建立:

- 水平一体化公司,世界各地的业务都参与生产相同或类似的产品。
- 垂直一体化公司,在世界范围内参与供应链的某些特定生产环节。
- 多元化公司,包括既有水平一体化又有垂直一体化的某些方面的公司。

跨国公司的典型有耐克和沃尔玛(Walmart)等(见图3—1)。

资料来源:Justin Sullivan/Getty Images.

图3—1 沃尔玛是跨国公司的一个例子

股份公司的优势

股份公司相比其他形式的企业所有权具有一定的优势。它的主要优点是所有者(股东)的有限责任。如果公司倒闭,债权人则不得扣押股东的个人资产来支付公司债务。这是两个或更多个人创建私人公司而不是合伙企业的主要原因。

另一个优势是股份公司转让所有权的灵活性和便利性。与独资或合伙企业不同的是,如果股份公司的一个所有者退出或死亡,则股份公司也不会消亡。股票只是转移到继承人或出售。在大多数情况下,股东可以随时出售自己的股票。因为转让所有权是如此容易,所以股份公司很少由于所有权问题而解散。

与管理独资或合伙企业不同,股份公司的管理并不取决于所有权。管理者运作公司的业务,而不在乎当天谁拥有该公司。这种结构允许董事会雇用最合适的人来管理公司的专业领域。

此外,大型企业为公司员工晋升提供了巨大的空间。员工可以在公司的专业领域工作,并通过提级晋升,这样的晋升潜力将激励员工努力工作。

对公开上市的公司而言,上市或成为上市公司的举措有利于企业筹集资金,用以扩展业务或使业务多样化。当一家公司上市时,投资者根据他们预期公司未来的表现来购买股票,这些投资可以用来扩大企业或改进业务。

股份公司的缺点

既然股份公司的优点多多,为何不是所有的企业都组成股份公司呢?尽管股份公司的优势显而易见,但也有许多缺点。成立一家股份公司比独资或合伙企业要复杂得多。如前所述,一家股份公司围绕一部法律章程或组织章程,规范其范围和活动。因此,股份公司成立所涉及的法律费用和其他费用高于其他形式的企业所有权。如果一家公司想成为一家上市公司,或者通过向公共投资者出售股票来上市,费用则更高。据估计,首次公开募股(IPO)的成本可能高达公司财产(公司资产与负债的差额)的25%。

股份公司的章程也限制了它可以运作的业务类型。换言之,一家公开上市的服装公司的董事会或职员在不提交新的公司章程的情况下不能从生产服装转为生产汽车。

股份公司须根据所在州的法律创建,每个州都有管理公司的法规,还有联邦法律(1933年《证券法》、1934年《证券交易所法案》)监管上市公司的股票发行和出售。本章后面将介绍其他管理企业(包括股份公司)的联邦法律。

股份公司的另一个缺点是缴纳较高的公司所得税。因为它们是法人实体,公司的收入以高于个人收入的税率纳税。此外,对于C类公司,付给股东的股息被视为个人收入,将被课征个人所得税。

股份公司通常都是大企业,拥有数以千计的员工,有些员工认为股份公司是不人道的、官僚主义的。此外,与其他形式的企业所有权不同,股份公司(特别是上市公司)的所有者一般不参与企业的日常运营。那些并非股东的雇员,不像独资企业和合伙企业的所有者那样对企业具有认同感。

尽管存在这些缺点,但与公司相关的有限责任和转让所有权的便利性,对希望拥有特定的股份公司的部分所有权的投资者仍具有吸引力。因此,私人控股和上市公司是时装产业最强有力的企业形式。

有限责任公司

有限责任公司(LLC)企业形式于1977年首次获准,1988年开始扩展,为企业主提供税收优势(如合伙企业)以及有限责任(如股份公司)。所有有限责任公司均被要求以简略语LLC或"有限责任公司"的字样体现在公司名上。这些公司可以由单个个人或少数参与管理公司的成员所拥有。LLC公司的所有者即公司成员,创建一个经营协议,列明公司的税务身份、如何经营公司、若有成员离开公司的结果。

LLC既有小公司,如PFW有限责任公司,一家为波特兰时装周生产的企业;甜脸有限责任公司(Sweetface Fashion Company)、珍妮弗·洛佩兹(Jennifer Lopez)的合资企业,从事设计和销售当代女性时装;又有大公司,如斯图尔特·维兹曼有限责任公司(Stuart Weitzman Holding,奢侈手袋和鞋工厂)、Maidenform Brands有限责任公司(生产贴身衣物)和艾迪堡(Eddie Bauer)有限责任公司。

有限责任公司的优势

如"有限责任公司"的名称所指,LLC为成员提供有限责任,从而在财务上为企业主提供一个相比独资企业或合伙企业更安全的选择。美国国税局(IRS)不把LLC作为税收目的实体。因此,根据有限责任公司的建立方式,它可以选择独资企业、合伙人或股份公司其一纳税。此外,有限责任公司成员的数目是无限制的,它可能只有一个成员或100个成员。LLC的文书和手续也比股份公司少,因为他们不需要董事会、年度会议和会计要求。

有限责任公司的弊端

如前所述,经营协议是创建LLC的一个重要环节。若无经营协议,则有限责任公司的运作欠透明。此外,建立一个有限责任公司的费用可能高于独资企业,而且有限责任公司添加成员需要额外的文书工作。最后,有关LLC的规则因州而异,业务扩展到其他州可能需要其他形式的企业所有权。

公司扩展和多样化经营的相关术语

当你阅读有关公司组织和运营的文献时,会遇到一些与公司组织有关的术语(如合并、收购、兼并和集团公司),对这些术语有一个基本的理解是很重要的。

合并和收购经常被同时提起,看似同义词,其实含义略有不同。合并是一家公司与另一家公司的混合。如果A公司和B公司合并,结果将组成一个更大的C公司,合并通常发生在规模大致相等的公司之间。收购则是 A 公司购买 B 公司,并承担 B 公司的所有资产和负债。一个公司或个人通过购买大部分股份来控制另一家公司,此谓兼并。兼并可以是合并或收购,如果被接管的公司同意结合,则它们是友好的,反之,则是敌意的。

在时装产业,大公司经常收购一些品牌,合并、收购和兼并是比较频繁的。例如,PVH 在 2003 年收购了卡尔文·克莱因,2010 年收购了汤米·希尔菲格,2013 年收购了 Warnaco 集团。通过收购和兼并,路威酩轩集团(LVMH)拥有的品牌包括路易威登(Louis Vuitton)、纪梵希(Givenchy)、DKNY、克里斯汀·迪翁(Christian Dior)、贤三(Kenzo)、芬迪(Fendi)和席琳(Celine)。Kerring/巴黎春天集团拥有古驰(GuCCI)、圣劳伦(Saint Laurent)、亚历山大·麦昆(Alexander McQueen)、斯特拉·麦卡尼(Stella McCartny)、巴黎世家(Balenciaga)、宝蝶家(Bottega Veneta)和美洲狮(PUMA)。日本迅销(Fast Retailing)拥有优衣库(Uniqlo)、海尔穆特朗(Helmut Lang)和希尔瑞(Theory);西班牙印地纺织(Inditex)拥有飒拉(Zara)、飒拉家居(Zara Home)、Massimo Dutti、Oysho 和巴适卡(Bershka)。

典型的集团公司是多元化的企业,涉猎明显不同的多样化生产。集团公司最大的优势在于,它们能够调整公司间的资产配置,以提高生产效率,支持发展,并尽量减少损失带来的影响。例如,LVMH 是一家企业集团,业务涵盖葡萄酒和烈酒(如 Moet & Chandon 香槟)、时装和皮具(如路易威登、席琳、纪梵希、芬迪)、香水和化妆品[如娇兰(Guerlain)、Parfums、克里斯汀·迪翁、贝玲妃(Benefit)化妆品]、手表和珠宝[如豪雅(TAG Heuer)、真力时(Zenith)、德比尔斯(De Beers)、弗雷德(Fred)]以及零售业[如 DFS、Franck et Fils、赛普拉(Sephora)]。

创业——创办你自己的企业

有些在时装产业谋生打拼的人,希望有朝一日拥有自己的事业,成为研究者、设计师、制造商或零售商,也就是说,他们想成为一个企业家。企业家是"一个组织和管理任何事业,特别是企业,通常具有相当的主动性和能承担风险的人"。企业家往往会创建一个新的企业,无论是独资、合伙或有限责任公司,取决于参与创建企业的人数和业主承担的财务风险。由于自我满足感和发展潜力,创业是一个令人追求的奋斗过程。一般来说,企业家具有以下特点:对企业的热情、毅力和耐心,足智多谋,开放的意识和孜孜不倦地学习(Resnick,2014)。

许多网站、书籍、培训科目和高等教育学位课程都可以帮助创业者寻找投资者,从零开始建立企业。在服装行业,制造商行列网站(makersrow.com)协助品牌厂商和设计师开办自己的企业,协助他们在整个供应链中寻找美国承包商,展示美国制造的产品。

竞争形式

在时装产业,每一个独资企业、合伙企业、股份公司和有限责任公司的目标都是通过提供给最终消费者所期望的产品或服务来赚取利润的。然而,争夺消费者的公司大有人在。因此,公司之间存在着竞争,无论它们是独资企业、合伙企业还是股份公司。成功竞争的公司将赚取利润,利润要么再投资于公司,要么付给公司的所有者或股东。

竞争战略

公司以多种方式竞争,对其经营战略也产生了一定的影响。公司通常在以下某个方面开展竞争:

- 给予零售商或消费者商品的价格
- 设计、布料和制衣质量
- 创新:商品的独特性或时尚性
- 提供给企业用户或最终消费者的服务
- 商品的社会效益:公司或品牌如何通过商品的设计、生产和/或销售,创造出持久的环境或社会效益
- 上述因素的结合

一家生产童装的公司的价格可能比竞争对手低,或能提供更优质的商品,或能生产更具创新性的童装,或能提供接受和捐赠轻微磨损儿童服装的服务,或能为消费者提供免费送货或其他服务。由此可见,公司的业务实践是以竞争战略为基础的。

例如,位于俄勒冈州波特兰的儿童服装品牌和多渠道零售商汉娜·安德森(Hanna Andersson),以其创新的优质商品以及富有社会责任感的商业实践而闻名(见图3—2)。该公司的使命是:我们提供独特的风格、耐用、舒适的衣服,与你分享我们对高质量的热忱和对儿童的关爱,也让孩子们享受童年,传承我们的瑞典传统,培养社会责任感。

这种企业哲学体现在许多方面:使用有机种植棉制作睡袋、睡裤和T恤衫;测试服装是否含有有害物质;雇员选出那些关注儿童生活的非营利组织,由公司给予资助;在全国各地商店收集衣物和图书,捐赠给帮助儿童的当地团体。这是汉娜·安德森有

资料来源：Alamy NetPhotos/Alamy.

图3—2 汉娜·安德森产品的竞争优势之一是质量、功能、耐用和设计上注重环保

别于其他竞争对手并吸引公司顾客的一种方式。

竞争态势或市场形式

美国公司之间存在五种主要竞争态势或市场形式：(1)完全垄断；(2)寡头垄断；(3)买方寡头垄断；(4)纯粹或完全竞争；(5)垄断竞争。

在完全垄断下，一个公司主宰了市场，从而可以在任何程度上为其产品和/或服务定价。由于垄断实质上消除或大幅减少了竞争，因此联邦法律禁止公司收购它们的竞争者从而导致垄断。只有公用服务（如电力业）才能在今天的市场上合法地经营垄断，它们收取的电费受到政府的严格管制。

在寡头垄断下，少数几家公司主宰并基本上控制了市场，从而使其他公司难以进入。这些主导公司通过彼此之间的产品和服务的轻微差异化与广告进行竞争。虽然寡头垄断不是非法的，但主要公司之间不得设定人为价格。从许多方面来说，运动鞋业可以被认为是寡头垄断，因为它是由少数几家公司主导的。比如，耐克（含乔丹品牌和匡威）和阿迪达斯集团（含锐步），占世界运动鞋的最大份额。因此，这些公司对它们的货物有一定的定价权。

在买方寡头垄断下，只有少量买家存在，而产品和服务由许多卖主提供。这种类型的竞争在农产品（如可可）中最常见，许多种植者出售给数量有限的买家。

在纯粹或完全竞争中，有许多类似产品的生产者和消费者，所以价格是由市场需求决定的。棉花或羊毛等农产品，是纺织品和服装行业中最接近完全竞争状态的产

品,棉花或羊毛的价格基本上由供求关系决定。例如,棉花的供给和需求两年前会作一个预估,但棉花供应经常受到天气条件、产量、贸易谈判和立法等因素的影响,因此影响到棉花的实际产量。当供应量高而需求稳定或低时,棉花价格会下降;当供应量低而需求高时,棉花价格就会上升。

服装行业最常见的竞争形式是垄断竞争。许多公司在某种产品类型上展开竞争,但任何一家公司的特定产品在消费者看来都是独一无二的。例如,许多公司生产牛仔裤的不同品牌,包括列维·李、牧马人、塞文·佛奥曼德、赤裸牛仔裤、乔、盖璞、真实信仰和 AG。但是,通过产品的差异化、广告、分销策略和定价,每家公司都创造了独特的形象。通过在消费者心目中创造出这种独特的形象,每家公司在某个方面都对其特定产品拥有垄断权,因此有一定的定价权。一个消费者如果只想要塞文·佛奥曼德牛仔裤,他就愿为这一特定品牌支付溢价。

在垄断竞争中,每家公司都必须在自身产品和竞争对手的产品之间创造出一种可感知的差异,这种差异可采用以下方式实现:

- 产品被设计特征所区别
- 公司使用广告来树立公众对其品牌名称或商标的认知
- 公司通过购买许可权,使用许可方的现有品牌、商标或其他形象
- 零售商创建自身商店的专有品牌,如亚利桑那(JCPenney)、Classiques Entier and Halogen(Nordstrom)和特许俱乐部与国际公司(梅西)
- 专卖店只提供专有品牌商品,从而成为自有品牌的专卖零售商(SPA),例如,阿伯克龙比(Abercrombie)和惠誉(Fitch)、盖璞、香蕉共和国、优衣库、飒拉、H&M 和安·泰勒。
- 制造商可以为消费者扩展其服务,如开设零售店[如马球·拉夫劳伦、耐克、阿迪达斯、卡尔文·克莱恩、天伯伦(Timberland)],或者通过网站、邮购目录和其他非商店的场所提供商品。

经由以上各种方式,公司产品在消费者心目中便与特定的独特形象联系起来。

影响时装公司的法律

这一节,我们将简要回顾一下影响全球时装产业公司的美国联邦法律和国际条约。显然,并非所有这些法律都会影响到所有公司,但重要的是注意美国联邦法律和国际条约所涵盖的各个领域——从保护个人财产到保护消费者,直到保护公平贸易。除这些美国联邦法律外,不同的州和市的法律也可能适用于时装公司。时装行业的专

业人士必须了解并遵守这些法律,其细节可以在联邦、州和市政府的文件中找到;了解每个国家的法律不在本书的讨论范围之内。但是,当一家公司有国际业务或与其他国家的公司有合同时,它的成功取决于了解和遵循这些特定国家的法律。

保护时装发明和设计的法律

许多时装产业公司都参与了创造、发明或设计新的工艺和产品。有关专利、商标、版权和商业秘密的法律均已建立,以保护发明和创造这样的知识产权(IP)(Jimenez & Kolsun,2010)。

保护服装原创设计的法律,在每个国家都有所不同。与欧洲国家不同的是,美国对具体的服装设计不予保护。美国所抱持的理念是,保护工业设计(包括服装)的法律将阻碍设计创新。发明、纺织品印刷设计和徽标分别受到专利、商标和版权法的保护;然而,服装设计不受美国法律的保护。一些人认为,美国对设计保护的缺失阻碍了美国服装设计的创新,并导致许多美国时装设计师去欧洲工作(Keyder,1999)。欧洲的法律比美国现行法律提供了更多的设计保护。正如一位设计法的律师弗吉尼亚·布朗·凯特(Virginia Brown Keyder,1999)所指出的:

欧洲设计法,虽然不同国家在细节方面有很大的不同,但是会对设计者继续提供有力的保护,并迅速地在欧洲范围内统一化。此外,EU(欧盟)设计法正日益被用作世界各地法律改革的典范。

专利

根据美国专利商标局(2015)的说法,专利授予发明者的财产权,包括"禁止他人制造、使用、出售产品或在美国销售发明的权利,或将发明导入美国"。专利允许发明者或生产者专有的权利在 20 年的时限内使用、制造或销售产品。从法律的角度来看,产品必须是新发明或产品设计中的技术进步。在纺织、服装和家纺产品行业,专利可以从纺织加工工艺、服装生产过程中的技术进步或产品本身中获得。例如,耐克在 2013 年获得了 544 项新的专利,2014 年获得了 541 项(其中 43 项是服装创新,281 项是鞋类创新)。这些专利授予耐克独家使用这些创新的权利(见图 3—3)。如果另一家公司使用专利产品或工艺,专利所有者则有权向侵权者提出法律诉讼。

商标和服务商标

商标或商品名称是"词、词组、符号或设计,或词、词组、标志或设计的组合,以此辨认、区分一个商品的来源方和其他来源方"(美国专利商标办公室,2015)。服务标记类似于商标,但指的是服务而不是产品的标记。《拉纳姆法》(《联邦商标法》)规定了联邦商标注册和商标保护。尽管任何公司都可以通过使用 TM 或 SM 标志来索取商标或

资料来源：洛迦诺国际外观设计分类表（LOC）.

图3—3 专利法授予耐克等公司有使用、制造和出售创新产品的专属权

服务商标的权利，但商标通过美国专利商标局注册，或者州内流通的商品，也可以向所在州的州秘书长注册。只要联邦商标被使用和登记更新，它就是一直有效的。注册商标后，使用®符号，其他用户未经许可不得使用。商标或服务标记的合法转让（允许使用）可以通过许可合同来完成，在这种情况下，支付版税给商标或服务标记的所有者。如果商品在未经商标或服务标记合法转让的情况下生产和销售，生产或销售商品的实体会因商标侵权而被起诉。商标和专利搜索由专门负责商标、商品名称、专利或企业名称的律师进行，以确保它们可以被申请。

商标和商标名称不能是一般用语，如精彩或令人兴奋，在服装行业，如裤子或礼服等通用术语。在20世纪90年代初，鲜果布衣（Fruit of the Loom）商标声称有"鲜果"一词的所有权，并且起诉了另一家公司以鲜果为服装商标侵犯了商标所有权。鲜果布衣没有赢取案件。另外，2013年冲浪生活方式品牌Quiksilver在VSTR品牌上被诉讼而败诉，被认为侵犯"世界行销"的Visitor商标。在时装行业，注册商标和商品名称广泛存在：

● 用于制造服装和家纺产品的纤维的商品名称（如Dacron®聚酯、Lycra®氨纶）

● 天然纤维协会和公司的商品名称（例如，棉花公司的棉花标志、羊毛企业的羊毛标志）

● 时装品牌名称（如李维的Dockers®、7 for all Mankind®、Westponit Stevens Vellux®）

● 时装品牌商标（如耐克的旋风、在李维的牛仔裤背面口袋的缝合、博柏利独特的格子图案）

建立知名的、受人尊敬的商品名称和商标需要经过多年的努力，致力于设计满足消费者需求的商品、质量控制和广告。对拥有知名商品名称和商标的商品,消费者对它的质量和/或形象拥有信心(见图3—4)。

资料来源:Justin Sullivan/Getty Images.

图3—4 商品名称和商标可以得到消费者的迅速认同及防止非法仿制

消费者对知名的、可视的商标和商品名称的追求,导致许多商标侵权和假冒商品(带有未经授权的注册商标或商品名称的货物)泛滥。通常,假冒商品的质量远远低于正宗商品并以低价出售。造假者通过生产低品质的商品来利用消费者对品牌形象的认知和信任,也不向花费巨资来建立这种认知和信任的公司支付版税。

向法院投诉商标侵权行为,原告必须证明下列几点:

(1)其商标已达到第二含义(即消费者将商标与公司或产品关联)。

(2)商标不起作用(即商标是装饰性的或不利于产品的功能)。

(3)消费者对"著名"商标有可能混淆,或者商标因与侵权产品的关联而被削弱。

根据《世界商标评论》(Elings, Keith & Wukoson, 2013),全球假冒的时装商品销售额高达5 000亿—6 000亿美元。电子商务的增长(如拍卖网站、B2C网站、B2B网站)和社交媒体为任何人从事假冒商品的销售创造了机会。除了假冒奢侈品品牌之外,假冒商品也出售国际名牌,如耐克、乐斯·菲斯(The North Face)和马球·拉夫劳伦。

鉴于世界各地造假者的盛行,防伪法律的执行难度很大。然而,服装行业的商品名称所有者正在使用《拉纳姆法》(包括1984年的《商标假冒法》和1996年的《防伪消费者保护法》),在美国法庭上制止网上出售假冒商品。帮助公司的一些非立法措施已出台，其中包括国际防伪联盟。该联盟是一个非营利性组织，其任务是"通过促进法律、法规、指令和协作来打击假冒和盗版行为，目的是使盗窃知识产权的行为变得不可取和无利可图"(IACC, 2015)。此外，2012年的广告诚信联盟是谷歌、美国在线、脸书和推特的联合倡议，目的是禁用那些促销假冒商品的付费广告。

公司还通过以下方式阻止商标侵权：

● 与承包商签订合同时规定其使用紫外线棉纱、紫外线油墨、全息标签、全息纱、水印和二维码等严格的安全标准，以区分真伪。

● 与美国国土安全部、海关和边境保护局合作，阻止假冒货物流入美国。在2014年，美国国土安全部没收了超过8.8亿美元的假冒手表、首饰、手袋、服装和鞋类，占缉获量的72%。

商业外观是商标法的一个子集。除了保护商品识别词或徽标之外，商业外观保护产品本身的整体外观及产品的包装，提供整体外观及特征的组合与产品制造商的一致性。2000年，美国最高法院基于《拉纳姆法》确定商业外观分为两类：产品包装保护和产品设计保护。可口可乐瓶子和蒂芙尼公司(Tiffany & Co.)产品的绿松石式样包装属于产品包装范畴，因为这些包装本身已经获得了第二意义。产品设计的保护要求设计本身具有第二意义，消费者可以将设计与品牌联系在一起。为保护产品设计，提供证据是服装行业的难点。不过在2012年，美国法院裁定，法国鞋类设计师克里斯提·鲁布托(Christian Louboutin)的独特的红底鞋已经是消费者心目中的品牌代表，因此根据商品外观法得到了适当的保护。

版权

版权保护了一些图书、画报和表演作品，包括文学、音乐、电影、电视节目、艺术品、戏剧作品和广告。根据1976年的《版权法》(定期修订)，版权持有人拥有使用、发行或复制作者寿命加上70年的独有版权；如果作品(如迪士尼卡通人物)的作者是公司，该公司享有从出版起95年的保护期或从创作起120年的保护期，两个年限以先到期的为准。所有1923年之前出版的作品均已开放。根据公平使用原则，受版权保护的作品可以在有限的基础上用于教育或研究。未经许可，擅自复制受著作权保护的材料被视为侵权行为。

在美国时装行业，虽然服装或产品款式不受版权保护，但原创的纺织品印刷和图形设计受保护，即使成为服装或者家纺产品也是一样。为了便于统计受到侵权的损失，版权必须在美国国会图书馆的版权办公室登记。纺织品设计师也可以在织物的边上打印版权声明©，尽管这一通知不是必需的。如果设计师是公司的受薪雇员，则雇主持有版权，否则设计师拥有著作权。任何未经授权复制受版权保护的纺织品印刷或

设计,均被视为侵犯版权。一旦版权注册,版权持有人可将侵权者告上法庭。以下是纺织行业版权侵权的一些案例:
- 不诚实的纺织品加工批发商购买零售服装或家纺产品,用以复制纺织品印花。
- 不道德的服装或家纺产品制造商,与一个批发商开发新的印花,然后将样品与另一个批发商合作,让其在更便宜的价格下生产。
- 有欺诈行为的零售商复制纺织品印花,用于其自有品牌产品。

在《伯尔尼公约》规定下,美国的版权在国际市场上受到部分保护。《伯尔尼公约》是一项旨在帮助打击跨国界侵权行为的国际条约。

与商业实践和国际贸易有关的联邦法律

许多联邦法律涉及公司必须如何经营其业务,包括公平竞争、国际贸易、世界贸易组织、美国的贸易政策和协定、环境法规、消费者保护和员工雇用。

公平竞争

联邦已建立了一些保证公平竞争的法律。表3-5列举了洲际商务活动中禁止垄断、不公平或欺骗性做法的主要法律。任何跨州营销产品或服务的时装品牌公司都受这些法律的管辖。这些法律都是由联邦贸易委员会(FTC)管理的。

表3-5　　　　　　　　　　美国联邦关于竞争的法律

联邦法律	对竞争的影响
《谢尔曼反托拉斯法》(1890)	宣称垄断及尝试形成垄断为非法
《克莱顿法案》(1914)	以下修订补充了谢尔曼反托拉斯法: • 禁止卖方对同一商品的不同买家制定价格歧视 • 禁止排外交易及搭卖合同 • 禁止引致垄断的公司财产和股票的合并 • 禁止员工为竞争对手的董事会服务
《联邦贸易委员会法》(1914)	宣布非法不公平的竞争或影响商业的方法,以及在洲际商业活动中不公平的或欺骗的行为或做法。FTC的竞争委员会调查潜在的违法行为并成为相关竞争政策制定的资源(http://www.ftc.gov)
《罗宾逊—帕特曼法》(1936)	对克莱顿法案的修订,防止大企业在本地市场利用巨大的经济力量排除较小的竞争者
《塞勒—凯弗维尔法》(1950)	认定通过合并和收购来排除竞争、实现垄断为非法
《惠勒里亚法》(1938)	修正了《联邦贸易委员会法》,允许FTC在消费者受到欺骗行为损害的情况下停止不公平竞争,哪怕竞争者尚未受到伤害

国际贸易

国际贸易法律不断变化,服装公司和零售商必须及时更新对贸易问题的认知。国际组织、法律和条约适用于参与国际商品贸易的国家和公司,包括时装商品在内(见表3-6)。这些法律和条约的主要目的是建立各国之间的公平贸易。由于国际关系的变化,这些法律和条约会定期审查和修订。任何进出口服装商品的时装品牌公司都将受到这些法律和条约的影响。

表3-6 与国际贸易活动有关的法规、协定和组织

法规、协定和组织	对贸易的影响
《关税和贸易总协定》(GATT,1947)	关于全球贸易政策的多边协定。在纺织品和服装的国际贸易领域,GATT允许美国使用关税(进口税)保护国内工业,以及对特定国家特定时期的特定纺织品及服装设定进口配额
《多边纤维协定》(MFA Ⅰ:1947—1977;MFA Ⅱ:1977—1981;MFA Ⅲ:1981—1986;MFA Ⅳ:1986—1991;延期到 MFA Ⅳ:1991,1992,1993)	在关贸总协定的授权下运作的国际纺织品贸易总框架,并允许在贸易伙伴之间建立双边协定。2005年,纺织品、服装和家纺产品行业的国际贸易均置于世界贸易组织的管辖之下,MFA逐步结束自己的使命
世界贸易组织(WTO,1995)	世贸组织《纺织品和服装协定》(ATC)规定,在1995—2005年期间,从世贸组织成员方进口的纺织品和服装配额分三个阶段逐步减少以致取消。1994年12月,美国国会通过了作为《乌拉圭回合协定》部分的ATC,并于1995年1月1日生效。2015年,世贸组织有162个成员国
与美国签订自由贸易协定的国家及履行日期	澳大利亚(2005) 巴林(2006) 中美洲及多米尼加与美国自由贸易协定(CAFTA-DR,2005):哥斯达黎加、萨尔瓦多、危地马拉、洪都拉斯、尼加拉瓜、多米尼加共和国和美国 智利(2004) 以色列(1985) 约旦(2001) 美韩自由贸易协定(2012) 摩洛哥(2006) 北美自由贸易协定(NAFTA,1994):美国、加拿大和墨西哥 阿曼(1985) 秘鲁(2009) 新加坡(2004) 跨大西洋贸易与投资伙伴关系协定(T-TIP,协商中) 环太平洋伙伴协定(TPP,至2015年,已被认可,尚未被批准)

世界贸易组织

世界贸易组织(WTO)于1995年成立,是一个制定成员国间贸易规则的全球贸易组织。截至2015年,成员国有162个。WTO关于纺织品和服装的协议规定,在1995—2005年期间的十年间分阶段废除由多边纤维协定(MFA)规定的配额及减少纺织品和服装的关税。分阶段废除配额(2005年后,中国、俄罗斯、乌克兰和越南等国几个产品类别的配额仍然存在)给了各国更开放的进入消费市场的机会。世贸组织管

理其制定的贸易协定,充当贸易谈判的论坛,监督贸易政策,解决任何贸易争端。它还协助发展中国家建立从事国际贸易的能力。

美国的贸易政策和协定

在美国,贸易政策由政府行政部门制定,由美国贸易代表实施。贸易法的执法部门包括:

- 美国商务部监督纺织品协定执行委员会(CITA)和纺织品办公室(OTEXA)。
- 美国海关和国土安全部边境保护局负责监控物品的进口和关税(进口税)的征收,防止假冒商品进入该国。

美国已经与特定国家或地区就自由贸易协定(FTA)进行了谈判。这些自由贸易区的目标是减少各国之间的贸易壁垒,鼓励经济发展,促进商业关系。这些目标将通过下列措施来实现:

- 消除或降低关税率
- 改进知识产权条例
- 开放政府采购机会
- 放宽投资规则

美国自由贸易协定的完整清单见表3—6。

美国还颁布了若干贸易和投资框架协定(TIFAs),为美国和其他国家政府之间的贸易和投资问题对话提供了一个论坛,此外,还制定了贸易优惠方案,以扩展与世界特定地区的贸易和经济发展机会。例如,《非洲增长和机会法》(AGOA)支持撒哈拉以南非洲39个合规的国家。该计划允许免关税和免配额地处理一些合规的服装产品,即在撒哈拉以南非洲制造的使用美国纱线和织物的服装(纺织品纱线原产地规则),或在美国不为商业目的生产的产品以及某些手工或民俗产品。

环境法规

联邦环境法规范了与环境污染有关的商业活动,旨在保护环境不受有毒污染物的污染。在时装行业,这些法律特别影响生产纤维的化工公司。这些公司生产的过程往往产生或要求使用有毒物质,它们的工厂可能会排出具有污染性的有毒物质。表3—7概述了由环境保护局(EPA)管理的主要环境法。

表3—7　　　　　　　　美国有关环境保护活动的联邦法规

联邦法规	对环境的影响
《1969年的国家环境政策法》	建立保护环境的国家章程
《清洁空气法》(1970)	通过空气质量标准控制空气污染,以保护公众健康

续表

联邦法规	对环境的影响
《濒危物种法案》(1973)	规定保护受威胁或濒临灭绝的动植物及其生活环境
《1976年的资源保护和恢复法》	控制固体废物的管理,鼓励资源保护及再生
《有毒物质管理法》(1976)	允许对有毒物质的制造、使用和处置进行管制
《清洁水法案》(1977)	通过将污染物从湖泊、河流和溪流污染中排除,控制水污染
《污染预防法》(1990)	侧重于通过成本效益高的生产、运营和原料使用变化来减少污染

消费者保护

20世纪30—40年代,美国颁布了一些法律来保护消费者的健康和安全(见表3—8),后又陆续增加了许多额外的保护措施。这些法律规定,公司必须如实标明产品的纤维含量和护理程序,禁止公司出售易燃产品。它们由联邦贸易委员会或消费品安全委员会管理(CPSC)。

表3—8　　　　　　　　美国有关消费者保护的联邦法规

联邦法规	对消费者保护的影响
《羊毛制品标签法》(1939),《毛皮制品标签法》(1952),《纺织纤维产品识别法》(1958年、1960年生效,2006年最后修订)	FTC要求在纺织品和毛皮产品标签注明特定的信息,要求在邮购目录和促销材料中注明原产国
《关于美国原产地产品的政策声明》(1997)	规定了美国制造(Made in the U.S.)的标签,必须是"全部或几乎全部"在美国制造
《易燃织物法》(1953、1990年最后修订)	对服装和织物(包括地毯、小块地毯和床垫)的制造进行管制,因为衣服和布料高度易燃,穿着有一定风险,对此设置可燃性标准和试验方法;设置儿童睡衣易燃性标准。最初由FTC管理,1972年移交给消费者产品安全委员会(CPSC)管理
《消费产品安全法》(1972)	成立消费者产品安全委员会(CPSC),以减少或消除某些特定商品对消费者的风险和伤害
《纺织服装和特定布料的护理标签法》(1971、2000年最后修订)	要求将护理标签贴在大多数服装上,并附在零售布料上,由FTC管理
《联邦危险物质法案》(1960、1995年最后修订)	解决儿童窒息、摄取、吸入小物品的问题,以及对儿童使用的商品尖锐的边或角对儿童的危害,要求在儿童服装上使用装饰性按钮或其他装饰物品,必须通过使用和过度使用的测试程序,禁止在儿童用品(包括衣物)上使用含铅涂料,由CPSC管理执行

员工雇佣

为确保公司之间的公平雇用和就业,法律规范了童工和居家工作(在自己家中干外包的计件工作),禁止基于种族、性别、年龄或身体残疾的歧视。任何雇有员工的公司均受以下法律规管(见表3—9)。

表3—9　　　　　　　　　　　美国有关员工雇用的联邦法规

联邦法规	对员工雇用的影响
《1938年公平劳动标准法》	通过制定最低工资标准、童工限制和其他就业条例来保证公平的就业状况
《1963年公平工资法》	修订《公平劳动标准法》,要求雇主实行男女同工同酬
《反就业年龄歧视法案》(1967)	禁止雇主因年龄关系存在的就业或其他雇用方面的歧视,由平等就业机会委员会(EEOC)管理
《1970年的职业安全和健康法》(2004年最后修订)	设立了职业安全和卫生管理部门(OSHA);制定一般职业安全和健康标准,并要求雇主准备和保存工伤和疾病记录,确保雇员的安全和健康的工作条件,由劳工部/OSHA管理
《1972年的平等就业机会法》	禁止雇主在雇用、晋升、解雇和就业条件方面存在基于种族、肤色、宗教、性别或民族出身的歧视
《1990年的美国残疾人法案》	禁止在就业的所有方面歧视有资格的残障人士;通过规定公共设施和商业设施的设计、建造和修改应符合辅助功能标准的做法来禁止对残障人士的歧视,由司法部及ADA的办公部门管理
《1993年的家庭和医疗假期法案》	出于一个或多个家庭和医疗方面的理由(如儿童出生、照顾直系亲属等),授予合格雇员多达12周的无薪假期
《移民和国籍法》(2000年最后修订)	规定了非美国公民在美国临时就业的条件
《2015年的贸易调整援助法案》	重新确立贸易调整援助计划(1974年第一次设立),为就业受到国际贸易不利影响的工人提供援助

结　语

根据企业的目标、需求和规模,时装品牌公司分为独资企业、合伙企业、股份公司和有限责任公司。在分析每种形式的企业所有权的利弊时,主要看企业是否易于组建和解散(独资和合伙的优势、股份公司的劣势)、业主对企业债务的责任程度(股份公司的优势、独资及合伙的劣势)和经营策略(每种所有权的优、缺点)。

无论独资企业、合伙企业、股份公司还是有限责任公司,均基于商品价格、质量、创新、服务、社会效益或这些因素的综合作用而与其他公司开展竞争。在时装产业,竞争战略包括独家垄断、寡头垄断(如运动鞋业)、买方垄断、完全竞争(如纺织品)和垄断竞争(在五种形式中最为常见)。在垄断竞争条件下,公司就同一产品类型(牛仔裤)展开竞争，但任何一个公司的特定产品属性（塞文·佛奥曼德的牛仔裤）均不同于其他公司的产品属性（列维·李的牛仔裤、盖璞的牛仔裤）。公司通过产品差异、广告、许可计划、自有品牌商品或提供的服务来创造这种可感知的差异。在时装行业，合并、收购和兼并相对频繁，因为大公司往往通过这些战略获得品牌。

美国一些联邦法律对纺织、服装和家纺产品行业的企业产生了影响。有关专利、商标和版权的法律保护商品、发明与设计师和公司的设计。例如，纺织品设计师的织物设计受到版权法的保护，其他人不能合法地复制，此外，还制定了有关企业经营活动的法律法规，涵盖竞争、国际贸易、消费者保护、环境保护和员工雇佣等领域。

问题讨论

1. 在你的社区面试一个小企业所有者。了解该企业是否为独资企业、合伙企业、有限责任公司和股份公司。问：业主为什么选择了这种形式的商业所有权，以及他认为这种所有权形式的主要利弊是什么。了解业主开设公司所需的营业执照，将此信息与班里其他人搜集的信息进行比较。

2. 假设你想在一家上市公司投资（购买股票），在哪里可以找到有关公司的信息？选择一家纺织、服装和家纺产品行业的上市公司，并找到有关公司的信息。

3. 目前，纺织品设计和印花受到版权保护，禁止非法复制，但服装设计（服装本身的设计）在美国不受保护。你认为版权法也应涵盖服装设计吗？为什么？请说明理由。

案例研究

保护时装设计中的知识产权

根据行业分析，预计全球儿童服装、鞋类和饰物市场将在未来5年内继续增长。童装的一个最新发展趋势是，将制作男女高性能运动服所使用的高性能材料和技术应用到儿童运动服行业。因此，大型和小型公司都在探索如何将新的运动服技术运用到儿童服装系列上。

玛丽亚·罗德里格斯（Maria Rodriguez）是一位服装设计师，最近被美国一家小型童装公司雇用，设计技术创新的儿童运动服。她的专业是材料科学，她是这个公司的理想雇员，她的设计将高性能面料的使用与优质儿童运动服的功能结合起来。公司计划将新设计投入生产，非常希望新设计中的知识产权能够受到保护。

(1)试述该公司可用于保护玛丽亚新设计中的知识产权的各种策略。
(2)这些策略的优、缺点是什么?
(3)如果你是这家公司的决策者,则你会使用哪一种策略?为什么?

求职机会

与全球时装业的所有权和法律方面相关的职业机会包括:
- 独资业主(如自由职业设计师、独立销售代表)
- 合伙关系(如设计师和销售经理共同创办一家新公司)
- 时装品牌的法律专业人士
- 律师事务所中专注于全球时装业的法律专业人士

参考文献

Committee for the Implementation of Textile Agreements(CITA), U. S. Department of Commerce. (2015). http://otexa. trade. gov/(accessed March 21,2016).

Elings,Roxanne,Lisa D. Keith,and George P. Wukoson. (2013). Anti-counterfeiting in the Fashion and Luxury Sectors: Trends and Strategies. http://www. worldtrademarkreview. com/Intelligence/Anti-Counterfeiting/2013/Industry-insight/Anti-counterfeiting-in-the-fashion-and-luxury-sectors-trends-and-strategies(accessed March 2,2016).

Fisher,Bruce D. ,and Marianne M. Jennings. (1991). *Law for Business*(2nd ed.). St. Paul,MN: West Publishing Co.

International Anti-Counterfeiting Coalition(IACC). (2015). History & Mission. http://www. iacc. org/about/history-mission(accessed March 2,2016).

Jimenez, Guillermo C. , and Barbara Kolsun. (2010). *Fashion Law: A Guide for Designers, Fashion Executives,and Attorneys*. New York:Fairchild Books.

Keyder,Virginia Brown. (1999,November 12). *Design Law in Europe and the U. S*. Presentation at the Annual Meeting of the International Textile and Apparel Association,Santa Fe,NM.

National Conference of Commissioners on Uniform State Laws(1997). Uniform Partnership Act (1997). http://www. uniformlaws. org/shared/docs/partnership/upa_final_97. pdf(accessed March 21,2016).

Office of Textiles and Apparel(OTEXA), U. S. Department of Commerce. (2015). Trade Agreements. http://otexa. trade. gov/(accessed March 21,2016).

Resnick,Nathan. (April 22,2014). 5 Key Characteristics Every Entrepreneur Should Have. http://www. entrepreneur. com/article/232991(accessed March 2,2016).

U. S. Department of Homeland Security. (2014). Intellectual Property Rights Seizure Statistics: Fiscal Year 2014. http://www. cbp. gov/sites/default/files/documents/2014%20IPR%20Stats. pdf (accessed March 2,2016).

U. S. Department of Labor. (2015). Bureau of Labor Statistics, Occupational Outlook Handbook. http://www. bls. gov/ooh/(accessed March 2,2016).

U. S. Patent and Trademark Office. (2015). U. S. Department of Commerce. http://www. uspto. gov/(accessed March 2,2016).

World Trade Organization. (2015). About WTO. http://www. wto. org/(accessed March 2, 2016).

第四章　全球原材料工业

本章主要内容

- 原材料知识对时装产品的成功设计、生产及销售的重要性
- 纺织品和纺织品制造的术语
- 纺织工业的组织及其运作
- 天然纤维和人造纤维、棉纱及面料:从加工到销售的步骤
- 纺织品和原材料工业的发展现状,包括如何顺应环境条件及新材料与生产技术革新

全世界都在使用和开发生产用于时装产品的原材料,因此了解原材料的知识对时装的设计、生产和分销非常重要。纺织品及其他原材料是时装产品的基石,所有有关专业人士都应该了解纺织行业的组织和运作过程。本章将探讨纤维、棉纱及其他材料行业的组织形式、生产过程与销售方式,以及这些原材料的发展趋势。

术　语

所有与生产及销售时装产品有关的人士,都需要了解纺织和原材料行业的术语。这些术语是了解时装产品制作原材料的基础。

首先,什么是纺织品?纺织品这个术语用于任何纤维制成的产品。纺织品的生产包括以下四个基础部分:纤维加工、棉纱纺织、面料生产、面料整理。

纤维是生产纺织品所需的棉纱和面料的基本成分。纤维按照其化学组成可归入纤维标准分类,具体分为两大部分:天然纤维和人造纤维。

天然纤维包含所有来源于动物的蛋白质纤维(如羊毛、羊绒、骆驼绒、马海毛、安哥

拉兔毛和丝)和植物纤维素的纤维(如棉花、亚麻、黄麻、竹子和剑麻);皮革和皮毛来源于不同动物的皮毛、兽皮。皮革和皮毛被认为是没有经过纺织过程的独特纤维产品。与此不同,生皮是经过鞣制过程而形成的耐用性纤维。

天然纤维用于制作纺织品已有数千年的历史,而人造纤维用于纺织品仅有120年左右的历史。19世纪中叶,科学家开始致力于开发天然纤维的替代品。

- 1891年,源于纤维素的合成,"人造丝"在法国开始商业化生产。
- 1924年,这种纤维被改名为人造丝。
- 1939年,杜邦·德内穆尔公司(E. I. du Pont de Nemours and Company)发明了第一种完全由化学品合成的纤维——尼龙。

自那以后,许多人工合成纤维被开发出来:

- 纤维素基纤维(如莱赛尔、乙酸酯)
- 合成纤维(如丙烯酸、芳纶、聚丙烯腈、烯烃、聚酯和氨纶)
- 矿物基纤维(如玻璃、黄金)

纱线是将纤维或丝集成或缠绕在一起形成连续的、有一定强度的线,用于制作面料。纱线是由人造短纤维制成的细纱,或由连续的长纤维制成的长丝纱。长丝纱线又分为平纹和纹理两种。所选纱线类型会影响面料的性能、触觉、品质和外观。

面料的构建或制造工艺有以下几种:

- 溶液(如薄膜、泡沫)
- 直接使用纤维(如毡、非织造布)
- 纱线(如编织面料、针织面料、梭织面料和花边)

使用何种构建过程,决定了面料的名称(如缎、毛织、花边和毛毡)。请注意,纤维名称不能与面料名称互换。

面料的染色和整理是纺织品生产过程中的最后一步。"整理"是指"在制造之前或之后对纤维、纱线或织物进行的任何工序,以改变其外观(可见的)、手感(触觉)或性能(织物所表现的)"(Kadolph & Langford,2002,p. 270)。坯布产品(也称为灰色、灰暗色或织机状态商品)是指没有经过整理(如漂白、剪裁、刷布、压花或染色)的织物。一旦完成,织物就被称为加工货物或成品。整理方式可分为:

- 一般的或功能性的
- 机械的或化学的
- 耐用的(永久性)或可再生的(非永久性)

坯布产品和成品面料都有各自的最后用途,如用于服装、家纺产品、其他缝纫产品(如睡袋、旗帜)以及工业用产品(如导线和软管的衬垫)。

纺织行业的组织

纺织行业中的公司或多或少地参与了纺织生产的四大块：纤维加工、纺纱、面料生产和整理。图4—1说明了纺织工业的结构。一些公司专门从事纺织品生产的某个或某些方面：

- 捻丝为最终用途加工长丝纱线，如通过改变纱线来增加光泽或质地
- 纺织厂专注于面料的生产阶段（如织造、针织、无纺布、花边）
- 专门从事加工面料的公司称为纺织品加工商
- 成品面料出售给服装和家纺产品制造商、出售布料的零售商或出售过剩商品的批发商
- 销售自有品牌商品的零售商也可以直接与纺织品加工商和/或纺织厂合作

纺织工业包括一些通过垂直一体化的营销渠道运作的大型公司。每个公司都在其自己的组织内处理所有步骤——从处理纤维到面料整理。一些垂直一体化的公司也参与生产最终用途产品，如毛巾、床单或袜类。垂直一体化公司包括生产由天然纤维和人造纤维制成的纺织产品的公司。虽然垂直一体化的公司可能会处理纤维，但是它们一般不会实际生产自己的纤维。例如，生产棉针织面料的垂直一体化公司可能不参与种植棉花，而可能会从棉花种植者那里购买原棉。有些公司实行部分一体化，集中搞几个生产步骤。例如，一些针织作业（如袜类、毛衣）不仅针织、染色并裁剪面料，而且也为零售商生产销售编织外衣。

美国最古老的垂直一体化的纺织公司之一是总部位于俄勒冈州波特兰大的彭得顿羊毛厂。彭得顿羊毛厂是由克拉伦斯和罗伊主教在俄勒冈州的彭得顿于1909年建立的，经历了四代主教的管理。公司现在生产羊毛男装、女装、毛毯、非羊毛服装和柜台销售织物。它涉及以下方面：

- 羊毛的选择和加工
- 面料的设计和编织
- 服装的开发
- 服装的运输和销售，柜台销售服装和毯子等

这种垂直一体化使得所有生产步骤彼此协作成为可能，也加强了所有生产过程的质量控制。例如，彭得顿纺织品设计师与服装设计师在技术上密切合作，使百褶裙的设计有了最合用的格子呢面料。

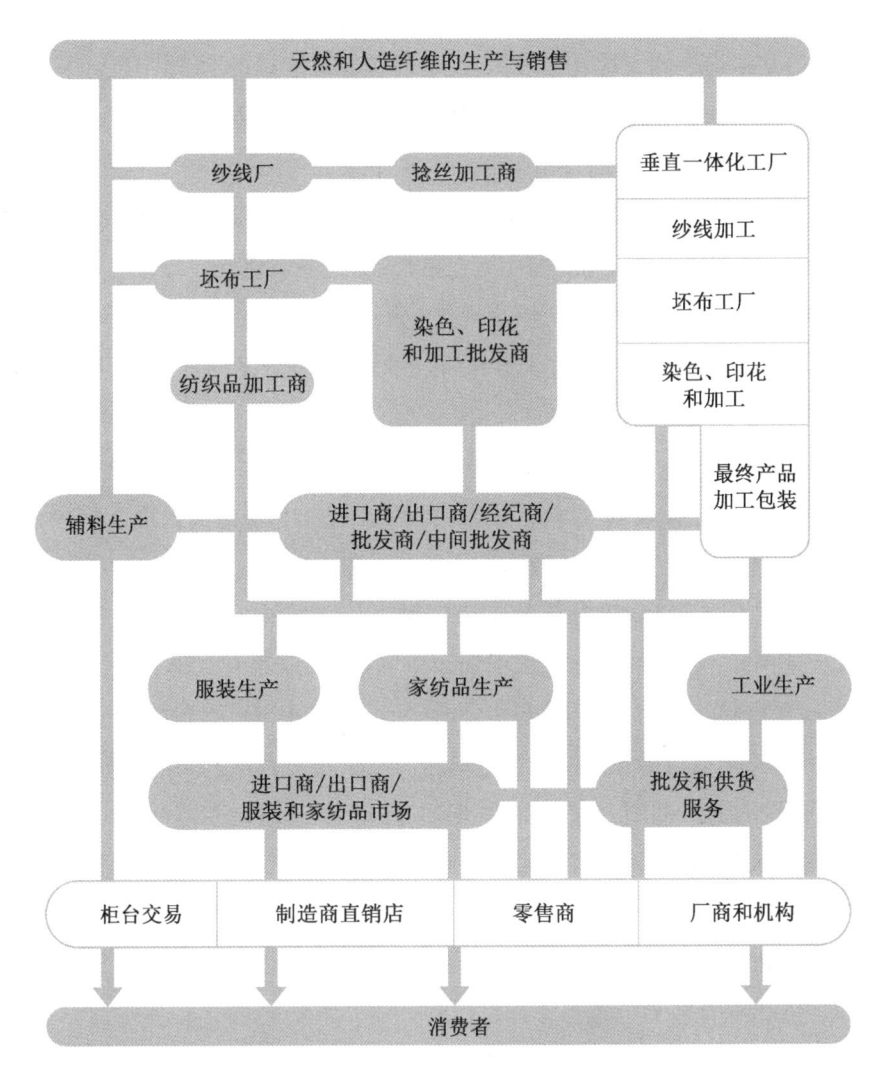

图 4-1　描述纺织工业结构的流程图

纤维加工与纺纱

天然纤维与人造纤维的开发和销售有很大的差别。一般而言，天然纤维作为农业的一部分，是种植和收割的作物或饲养的动物的产物；而人造纤维是由大型非农业公司通过研发活动创造出来的。

天然纤维加工

在美国生产的天然纤维中，棉花是最大的产品，羊毛位居第二。棉花是棉种周围的纤维,在温暖的气候条件及充足的灌溉条件下生长得最理想。从全球来看,中国、美国、印度和巴基斯坦是四大棉花生产国,占世界棉花总产量的 2/3。

棉业的"环保清洁"进程包括天然彩色棉、有机棉、清洁染色和减少用水。例如,棉花生产商莎莉·福克斯(Sally Fox)开发了各种绿色、棕色和红色的天然彩色棉花。天然彩色棉花的开发运用了现代棉花培育技术。由于彩色棉花的纤维太短且薄弱,不能适应自动化的纺织生产,因此,福克斯将更长、更强的白色棉花纤维与彩色棉花杂交出福克斯纤维棉花,这是第一种可以用现代纺织设备加工处理的天然彩色棉花(Foxfiber.com,2013)。除了省掉染色步骤外,彩色棉花还有更多的优越性:洗涤后彩色棉花的色彩加深而不是褪色;福克斯纤维棉有柔滑的手感和羊毛般的弹性。福克斯纤维、天然色彩和有机色彩都是彩色棉花的注册商标。

福克斯还致力于有机棉生产,尽量少用或不用化肥和杀虫剂。福克斯并不是唯一对有机棉感兴趣的棉花生产者。根据有机贸易协会的数据,在过去的 5 年里,有机棉的销售额稳步上升,预计未来几年的年销售量将持续增长 15%。有机棉纤维现在被用在最终产品中,从棉花粉扑和耳拭子到床单和毯子、尿布和家纺产品。企业所面临的挑战是找到足够优质的有机棉,有些公司(如巴塔哥尼亚)只使用有机棉,而另一些公司则使用有机和普通棉花的混合品。

传统种植的棉花,使用合成肥料、杀虫剂、除草剂、杀菌剂和落叶剂,大量的化学杀虫剂和肥料及大量用水已引致社会各界的批评。种植有机棉花是一种种植棉花的环保方法,现在棉花种植者不再使用合成化肥和杀虫剂,而是使用以下有机技术:

- 粪肥等可生物降解的天然肥料
- 手工农田除草或种植覆盖作物以控制杂草
- 通过农作物轮种来控制病虫害
- 引入有益昆虫来控制有害昆虫
- 收获后,经认证的有机棉储存不使用化学灭鼠剂和杀菌剂

根据有机行业协会(2015)的数据,有机棉已在世界范围内种植,前十大生产国中印度居首,依次(按产量顺序)为中国、土耳其、坦桑尼亚、美国、布基纳法索、埃及、马里、乌干达和秘鲁。由于消费者的喜好,许多时装品牌公司(如耐克、巴塔哥尼亚)都有有机棉项目,因此增加了对经认证的有机棉的需求。美国农业部(USDA)制定标准并认证棉花和其他有机农产品,美国农业部的有机认证相当于为使用有机棉的最终产品打了广告。在传统棉花生产中,棉花采摘后,使用轧花机从种子中分离纤维,得到皮棉(种子是棉业的一种宝贵副产品,可用于生产牛饲料和棉籽油)。皮棉被包装成大包,运往纱线和纺织厂。棉纱纺纱工艺高度自动化,棉纤维被清洗、粗梳和精梳,然后

拉伸和纺成纱线。对混纺纱线来说,在纺纱过程中需将其他纤维如聚酯、尼龙或羊毛与棉花进行混纺。图4-2展示了一个棉花加工厂。

资料来源:WWD/© Conde Nast.

图4-2 棉纱纺纱生产包括粗梳、精梳、拉伸到纺线等多个过程

羊毛纤维来源于绵羊、山羊、羊驼和骆驼的绒毛。全世界最大的羊毛生产国是澳大利亚、新西兰和英国。中国和意大利是世界上最大的羊毛买家。虽然羊毛生产在美国各州历史悠久,但目前在美国纺织品生产中所占的比重并不大。

大多数羊毛来自特定品种的绵羊,包括美利奴(Delaine-Merino)、布朗布(Rambouillet)、汉普郡(Hampshire)和萨福克(Suffolk)。某些品种的绵羊可以在极端气候地区放牧,而这种极端的气候并不适合于其他牲畜。农场羊群生产(动物饲养在一个密闭区域)最适合其他品种的绵羊,因为羊毛生产者生产的羊毛较少,所以羊毛合作社或联营和共用仓储是常见的。

羊毛织物通常由加工纤维的同一公司处理。羊毛与其他纤维一样,可以在生产过程中选择某一阶段进行染色:

- 在洗涤和混纺后立即进行(染色和还原染色)
- 纺成纱线后进行(染纱)
- 经编织或针织成面料后进行(件染)

羊毛均匀地吸收许多不同的染料。一些羊毛生产者销售原色羊毛,而不是染色羊毛,分类和出售天然颜色的羊毛,从奶油色到棕色、黑色和灰色。

马海毛是安哥拉山羊的羊毛。几乎所有在美国生产的天然马海毛纤维都是为出口而加工,主要销往中国,这是因为美国大多数纺织厂的设备是专门生产棉花和羊毛的设备,而马海毛生产在美国属于小产业。棉花和羊毛纤维长度为 2 英寸或更少,而马海毛纤维通常长 4—6 英寸,用于加工棉和羊毛的机械不能用于马海毛。随着其他奢侈品纤维逐渐受到青睐,马海毛的全球产量也在下降。

羊绒是亚洲克什米尔山羊的内层毛绒。世界上大部分的羊绒来自中国、中国西藏和蒙古。中国、意大利和英国是世界上最大的羊绒买家。羊绒属于一种奢侈的纤维,因为它的成本过高,往往与其他较便宜的羊毛混合使用。但近年来,随着博柏利、古马也、阿玛尼等高端设计者在其系列产品中加入了羊绒产品,加之消费者对软纤维的偏爱,对羊绒的需求也在增长。

皮革生产

皮革是从牛、山羊、绵羊以及各种爬行动物、鱼类和鸟类的皮肤和皮层中取得。大多数皮肤和兽皮是饲养动物的副产品,因为饲养主要是为了取得它们的肉类或纤维。因此,皮革产业是在肉类加工业(皮革是其副产品)与生产鞋子和服装这些非耐用消费品的原料厂商之间的一座桥梁。毛皮按以下重量分类:

- "皮"是指在运往制革厂时重量为 15 磅或更少的毛皮
- "幼兽皮"是指 15—25 磅的毛皮
- "兽皮"是指超过 25 磅的毛皮

动物毛皮转化成皮革前要经历许多过程:首先是清洗除毛,然后进行鞣制、上色或染色,并加工整理(如光洁、压花、拉毛或磨面)。

鞣制是加工兽皮与使皮革柔韧和防水的过程。鞣制过程可以使用多种药剂,包括植物材料、油脂、化学物质和矿物质或使用多种类型的药剂组合。植物鞣法利用树皮提取物中的天然单宁酸,由于植物鞣制极为缓慢,属于劳动密集型,因此很少用于商业鞣制。油鞣法用鱼油(通常是鳕鱼)作为鞣剂,油鞣是用来加工羚羊、母鹿皮和鹿皮。最快的鞣制方法之一是使用化学物质,通常是甲醛。

有两种使用矿物(明矾和铬)的鞣制方法,现在已很少使用明矾鞣制。使用铬鞣制是最便宜和最常用的方法,需要使用重金属和酸,这是有毒的。铬鞣工艺还会产生酸性废水,pH 值达到 4.5 到 5.0(酸性)。因此,该行业受到环境保护署(EPA)的严格管制,必须满足其对空气、液体和固体废物的排废标准,这是美国很少有皮革制革厂和皮革加工者的原因;反之,在劳动力成本较低、环境标准要求宽松的发展中国家,制革厂在增长。然而,包括减少铬使用量的制革系统已经开发,有助于美国公司减少废物中的铬含有量。

与其他纺织品相比,皮革生产是一个相对缓慢的过程。由于从皮革到成品所需的生产提前期更长,皮革生产商必须比其他纺织品生产商更早做出造型和颜色决策,因此也更热衷于趋势预测和市场调研。

毛皮生产

由于动物的皮毛(如貂皮、兔子、海狸和麝鼠皮毛)价值不菲,因此毛皮纤维属于奢侈品。毛皮是这些动物和其他动物未剃毛的兽皮。毛皮分为两类:农场饲养的毛皮和野生动物毛皮。农场饲养的毛皮来源于繁殖、饲养和圈养的毛皮动物的毛皮收割。水貂和狐狸是毛皮养殖场最受欢迎的毛皮。龙猫、艾鼬、海狸鼠和其他毛皮兽饲养的数量较少,一些国家生产大量的绵羊、山羊和兔子毛皮(作为肉类生产的宝贵副产品)。野生毛皮来自有选择、有控制地猎获的野生毛皮动物。这些动物不属于濒危或灭绝物种,也不是圈养而又过剩的动物。毛皮交易发生在毛皮拍卖商和毛皮加工者之间。主要毛皮拍卖场所位于哥本哈根、法兰克福、赫尔辛基、香港、莱比锡、纽约、西雅图、圣彼得堡、多伦多和温哥华。

毛皮的鞣制过程称为 tawning,不同于皮革的鞣制。毛皮的鞣制需要盐、水、明矾、苏打灰、木屑、玉米淀粉和羊毛脂。每种成分都是天然和无毒的,tawning 过程产生中性废水,pH 值为 7(中性是指既不是酸性又不是碱性)。许多毛皮也被漂白或染色,以改变其自然颜色或赋予其非天然的颜色(如蓝色或绿色)。毛皮也上光,使之美观和有光泽。

毛皮生产和毛皮的穿着多年来一直是政治上的热辣话题。1973 年,在动物权利组织和其他机构(如世界野生动物基金会、美国毛皮保护研究所)的大力推动下,制定了濒危物种保护法,该法案在世界 80 国范围内保护濒危动物物种。最近,动物权利组织发起了反毛皮运动,引起了人们对毛皮生产所用动物的人道待遇和毛皮业环境要求的激烈争论。美国毛皮委员会(2016)对致力于人道待遇的毛皮养殖商给予认证。这些待遇包括"注意营养需求,清洁、安全和适当的住所,及时的兽医护理,以及考虑到动物的性情和生殖需要与消除外部压力"。然而,即使有这样的保证,反毛皮活动家仍在继续反对以生产奢侈品为目的而杀害动物。

人造纤维生产

1939 年,纺织工业引进了第一种合成纤维(尼龙),对合成材料的需求量随后便稳步提高。亚太地区,特别是中国和印度,成为人造纤维的最大生产国。2015 年,中国占全世界聚酯纤维产量的 69%,印度和东南亚占 17%。

美国最大的合成纤维纺织品公司是英威达(INVISTA),一家世界上最大的尼龙和氨纶生产商及跨国公司。它最初是杜邦的纺织品和内装饰部门,于2004年更名为英威达。英威达生产和销售的纤维品牌有莱卡氨纶和安特伦尼龙地毯纤维。表4—1列出了部分美国纤维生产商和纤维商品名称。据称,其中许多公司实行了水平一体化,因为它们在同一生产过程(纤维加工)中生产了几种纤维或纤维的变种,比如,英威达生产了若干不同类型的尼龙。

表4—1　　　　　　　　　　部分美国纤维生产商及纤维商品名称

American Fibers and Yarns Co.	Cordura Nylon 6.6
• Impressa Olefin	• TACTEL Nylon 6.6
• Innova Olefin	• Lycra Spandex
Celanese Corporation	Lenzing Group
• Celanese Acetate	• Tencel Lyocell
• Celstar Acetate	Nylstar, Inc.
DAK Americas	• Meryl Nylon
• Dacron Plus Polyester	Solutia, Inc.
DuPont Performance Materials	• Acrilan Acrylic
• Kevlar Aramid	• Duraspun Acrylic
• Nomex Aramid	• SEF Modacrylic
• Tyvek Olefin	• Ultron Nylon 6.6
FiberVisions, Inc.	Sterling Fibers, Inc.
• Herculon Olefin	• Creslan Acrylic
Honeywell Nylon, Inc.	• Creslite Acrylic
• Anso Nylon 6	• Cresloft Acrylic
• Caprolan Nylon 6	Wellman, Inc.
• Zeftron Nylon 6	• Wellon Nylon
Honeywell International	• Fortrel Polyester
• Spectra Olefin	• ComFortrel Polyester
INVISTA, Inc.	• Ultra Polyester
• Antron Nylon 6.6	

新制造的纤维是通过研究工作开发的,有时需要长达5年的时间才能市场化。根据《纺织产品识别法》,当一个属于新类别家族的纤维被发明出来时,美国联邦贸易委员会(FTC)会为它配上一个新的类别名称。目前,FTC承认了25类纤维。表4—2

列出了这些纤维的名称。

表 4—2　　　　　　　　　　　　　　　纤维分类名称

acetate	Olefin(polypropylene)
acrylic	PBI(polybenzimidazole)
anidex	POB(polyphenylenebenzobisozazole)
aramad	PEN(polyethylene naphthalate)
azlon	PLA(polylactic acid fiber)
elastoester	polyester
glass	rayon
lyocell(subcategory of rayon)	saran
melamine	spandex
metallic	sulfar or PPS(polyphenylene sulfide)
modacrylic	triacetate
nylon	vinal
nytril	vinyon

纤维产品可以根据形状(横断面)、分子结构、化学添加剂或纺纱程序加以改良,以创造更好质量或更多功能的纤维和纱线。多类纤维也可集成在单股纤维或纱线之中,以利用特定纤维的特性。纱线的变化包括单丝和复丝纱线、弹力纱、纹理纱线、纺纱纱线。公司持续投资于科学研究,开发创新的纤维和纱线,以满足消费者的需求。

一些人造纤维公司开发了更环保的生产流程,包括回收利用。例如,1988 年英国 Courtalds 纤维公司开发了莱赛尔,这是一种利用回收的无毒溶剂处理木浆后生产的纤维素纤维(即人造丝的子类别)。在其生产中,几乎所有溶剂都被回收,废物排放量(空气和废水)也低于其他人造纤维生产,由此产生的纤维可以机洗,比棉花或羊毛更为结实,同时具有丝绸般的触感。目前,唯一一家在美国制造莱赛尔的公司是总部位于奥地利的 Lenzing 公司,产品的商标是 TENCEL,是一种由 100% 莱赛尔或各种纤维混合而成的面料,用于生产服装、饰物和家纺产品。

除了莱赛尔,一些公司正在用竹纤维制造人造丝。由于竹子的生长速度快,可再生,且能吸收温室气体,因此为环保主义者所提倡。竹纤维制成的人造丝有丝绸般的手感,因而成为流行的服装和家纺产品材料。Linda Loudermilk 公司的奢华生态系列将竹子和其他可再生植物制成的面料在纽约高级时装走秀台上展示。

涤纶短纤维也是从回收的塑料苏打瓶中生产的,这些瓶子由聚对苯二甲酸乙二醇

资料来源:TIMOTHY CLARY/AFP/Getty Images.

图4－3　Fortrel Ecospun ® 品牌产品100%用回收塑胶瓶制成各种最终产品

酯或PET原料制成。再生聚酯纤维的生产过程如下：

(1)移除瓶子上所有的瓶盖、标签以及其他材料制成的底座

(2)按颜色(透明和绿色)分拣瓶子

(3)切碎瓶子

(4)洗涤和烘干碎片

(5)加热、净化碎片,形成颗粒状

(6)纯聚酯以细纤维状态被挤出,可纺成线、纱线或其他材料

平均需要25个塑料汽水瓶来制作一件衣服,Foss Manufacturing公司生产的Fortrel Ecospun® 聚酯,是100%再生纤维,被许多服装公司使用(见图4－3)。据估计,通过制造Fortrel Ecospun® 纤维,每年有24亿个回收瓶免于埋入垃圾填埋场。

有些公司还回收废旧纱线和织物,以减少堆填区的废料数量。废旧牛仔布被用于各种产品,包括布料、铅笔和纸。米利肯(Milliken)地板公司承诺重新归还给它们所有旧地毯,如再生、捐赠给慈善机构和回炉,或在能源热电联产(一种保护环境的发电方式)时使用。根据米利肯的网站,1999年以来,该公司的地毯制造厂没有把任何废料送到垃圾填埋场。

马丁·彼得(Martin Bide)在"纤维可持续性:绿色不是绝对的"一文中指出,开发或使用可持续纤维并不是完美无缺的,所有做法都带有一些环境优势或劣势

(AATCC Review,2009)。彼得预见到,未来的消费者将更加务实,对可持续性会有更长远的看法。未来的消费者将购买更少的衣服,避免棉花/聚酯混合产品,用冷水和用更少的水洗衣,阴干衣服,并在服装生命周期后予以再生。

纤维的营销与分销

天然纤维的营销

天然纤维被视为商品,可根据市场需求在全球市场上进行买卖。20世纪90年代中期,随着消费者需求的上升,加上中国(世界最大的棉花生产国)和其他主要生产国(如印度和巴基斯坦)因自然灾害和虫灾引起的农作物歉收,造成供给下降、棉价飙升。美国最大的棉花商品市场在达拉斯、休斯敦、孟菲斯和新奥尔良,羊毛市场在波士顿,马海毛市场则是整个德州的仓储系统。这些天然纤维被卖到生产纺纱品和面料的工厂,毛皮在公开拍卖中出售。

20世纪40年代末50年代初,随着人造纤维受欢迎的程度不断增长,每个特定天然纤维的行业协会相继发起了营销活动。这些行业协会,如美国棉花公司、美国羊毛理事会、美国马海毛理事会与羊绒和骆驼毛制造商协会(CCMI),得到了天然纤维生产商的支持,并促进了天然纤维的使用。通过研究、教育项目、电视广告、贸易和消费者出版物等活动,天然纤维行业协会已成为时装产业的重要支撑力量,与使用天然纤维的厂商建立了牢固的关系(见表4—3)。

美国棉花公司成立于1961年,这是一个由美国棉花种植者和棉花产品进口商支持的研究和推广组织。美国棉花公司的成员接受技术服务、颜色和趋势预测服务及促销服务。2000年,美国棉花公司在北卡罗来纳州的凯里开设了一个新的研发总部,研究设施包括纺织品测试、产品保养和彩棉实验室。棉花公司的棉花商标印章(见图4—4)连同公司的口号"我们生存的织物"被用于商品标签牌及广告。近年来,在纽约春季时装秀期间,棉花公司资助了一些新的设计师展览。棉花公司也参与了一些市场调研,调研结果发表在《生活方式考察》的出版物和网络报道上。该报告包括消费者细分、零售商赞助、消费者态度概述和预测。

羊毛行业协会分为两类:
- 专注于羊毛生产(如加州羊毛生产者协会、蒙大拿羊毛生产者协会)
- 专注于产品开发、营销和教育(如美国羊毛理事会、澳大利亚羊毛创新有限公司)

美国羊毛理事会成立于1955年,是美国绵羊工业协会的分部。它的项目涉及羊

资料来源:美国棉花公司。

图 4—4　100％陆地棉制品的注册商标

毛营销的各个方面,从羊毛营销、产品开发到注册商标程序、广告和宣传。美国羊毛理事会参与羊毛质量水平的标准化活动,同时与羊毛纺纱工、织布工、针织工、设计师、制造商和零售商一起促进羊毛的应用。

国际羊毛局成立于1937年,时名是国际羊毛秘书处(IWS),现为澳大利亚羊毛创新有限公司的子公司。1964年,纯羊毛标志计划及其著名的纯羊毛标志(见图4—5),被用来创建那些可识别的新羊毛制成的优质产品。羊毛混纺标志于1971年推出,以识别那些至少用50％新羊毛制成的产品。国际羊毛局的服务还包括趋势和颜色预测、纺织品测试、授权使用纯羊毛标志和全球市场分析。

图 4—5　羊毛标识、国际羊毛局的注册商标用于羊毛产品标签及广告

美国马海毛理事会成立于1966年,宗旨是"致力于促进马海毛行业的总体福祉"(美国马海毛理事会,2015)。该理事会侧重于市场调研和开发活动,包括广告、讲习班和研讨会。美国生产的马海毛大部分供出口,理事会进行国外及国内市场的调研和推

广,理事会的商标见图 4－6。其他专注于天然纤维的行业协会包括羊绒和骆驼毛制造商协会、国际亚麻促进委员会、全国棉花理事会和国际丝绸协会。

图 4－6　美国马海毛理事会的注册商标

行业协会在皮革和毛皮市场营销中也发挥了重要的作用。美国皮革工业和美国毛皮信息委员会等协会参与了促销活动,包括广告和消费者教育项目。在水貂行业,美国毛皮委员会和加拿大水貂饲养者协会参与了推广工作。

上述行业协会专注于特定的天然纤维行业(见图 4－7),全国纺织组织理事会(NCTO)则拥有更广泛的使命,代表整个纺织部门,包括纤维生产者、纺织厂和其他纺织供应商。NCTO 代表纺织业积极参与华盛顿特区的游说工作,其网站声称:"NCTO 动员全球资源,努力保护美国纺织业。通过新的、强大的国际联盟传播我们的声音,让我们的影响力遍及华盛顿特区、日内瓦及北京(全国纺织组织理事会,2015)。

人造纤维的营销

人造纤维通常由垂直一体化的公司生产,价格主要由开发和生产纤维的成本来确定,制造的纤维以商品纤维或品牌名称纤维出售。

● 商品纤维是不附品牌标记而出售的一般纤维(母纤维)。例如,标有"100％"尼龙的地毯可能是用商品尼龙纤维制造的。

● 加工后的纤维也会按制造商给定的纤维品牌名称(或商标)出售。品牌名称区别于同一类属中的纤维。特殊的特性人造纤维通常以品牌名称出售(见表 4－3):

● 莱卡氨纶(英威达)
● TENCEL 莱赛尔(Lenzing 纤维)

资料来源：Cotton Inc.

图 4—7　天然纤维行业协会通过广告宣传促进天然纤维的使用

- 涤纶聚酯(英威达)
- 福特勒尔聚酯(韦尔曼公司)
- Ascend 尼龙(首诺公司)
- 安特伦尼龙地毯纤维(英威达)

表 4—3　　　　　　　　　　部分纺织品行业协会

American Association of Textile Chemists and Colorists (AATCC) P. O. Box 12215 Research Triangle Park, NC 27709 Tel: (919) 549-8141 Fax: (919) 549-8933 www.aatcc.org	Fur Information Council of America (FICA) 8424 A Santa Monica Blvd. #860 West Hollywood, CA 90069 Tel: (323) 848-7940 Fax: (323) 848-2931 www.fur.org
American Fiber Manufacturers Association (AFMA) 1530 Wilson Blvd. Suite 690 Arlington, VA 22209 Tel: (703) 875-0432 Fax: (703) 875-0907 www.afma.org	Industrial Fabrics Association International 1801 County Road B W Roseville, MN 55113-4061 Tel: (651) 222-2508 Fax: (651) 631-9334 www.ifai.com
American Wool Council c/o American Sheep Industry Association 9785 Maroon Circle Suite 360 Centennial, CO 80112 Tel: (303) 771-3500 Fax: (303) 771-8200 www.sheepusa.org	Leather Industries of America 3050 K Street, NW, Suite 400 Washington, DC 20007 Tel: (202) 342-8086 Fax: (202) 342-8583 www.leatherusa.com
Australian Wool Innovation Limited (Woolmark Company) 1120 Avenue of the Americas, Suite 4107 New York, NY 10036 USA Tel: (212) 626-6744 www.wool.com	National Council of Textile Organizations 910 17th Street NW, Suite 1020 Washington, DC 20006 Tel: (202) 822-8028 Fax: (202) 822-8029 www.ncto.org
Cotton Incorporated 6399 Weston Parkway Cary, NC 27513 Tel: (919) 678-2220 Fax: (919) 678-2230 www.cottoninc.com	Synthetic Yarn and Fiber Association 737 Park Trail Lane Clover, SC 29710 Tel: (704)-589-5895 Fax: (803)746-5566 www.thesyfa.org

要建立消费者对品牌纤维的认可,推广活动的重点是公司、品牌名称和特定的纤维品质(见图 4—8)。公司花大量的金钱在消费者中建立品牌识别,而名牌纤维的价

格通常高于商品纤维。广告还将名牌纤维与特定的终端用途连接起来,纤维生产公司与服装和家纺产品制造商之间的合作广告是常见的。

资料来源:Neilson Barnard/Getty Images for Mercedes-Benz Fashion Week/Getty Images.
图4—8 品牌纤维通过广告增加品牌在顾客中的认可度

授权品牌项目或受控品牌项目,对商标纤维的织物性能设置了最低标准。借助定期的纺织品测试达到标准,是质量保证的一种形式,与特定的最终用途有关。商标纤维的最低标准如下:

● 首诺公司(Solutia, Inc.)生产的 Wear-Dated 品牌的尼龙地毯纤维,设有磨损、抗污、抗污点、色泽、耐光度、簇绒结合的最低标准(含地毯背衬的黏附度)。

● 特雷维拉公司(Trevira,信实集团下属公司)的聚酯计划为具体末端用途的布料质量建立最低标准。

● 酷马士(Coolmax)是英威达的注册商标,它认证英威达公司的高性能面料,有时也为其他公司的纤维进行认证。

遵守上述项目所制定的标准,对服装和家纺产品制造商把好产品质量关、促进最终产品的营销工作很有帮助。

纤维制造厂商还设计和制造概念服装,以便向纺织厂推广其新纤维。例如,当首诺公司向纺织厂介绍一种新产品时,经常将新纤维制成服装形式来展示。在创建概念服装时,纤维公司要么在自己的机器上创建面料和服装,要么与纺织厂和生产厂家一起生产少量的概念服装。譬如,作为其营销计划的一部分,英威达展示了酷马士面料制成的服装样品。

与天然纤维一样,行业协会对人造纤维产业也很重要。美国纤维制造商协会(AFMA)始于1933年,时名为人造丝研究所,后改为人造纤维生产者协会,目前的名称是1988年采用的。AFMA专注于国内生产的合成纤维和纤维素纤维,项目包括政府关系、国际贸易政策、环境、技术问题和教育服务。AFMA的统计部门是纤维经济局,负责收集和公布人造纤维的生产与贸易数据。

纺织行业的颜色预测

颜色是消费者选择服装和家纺产品的一个重要标准,了解消费者的颜色偏好对成功推销某种特定的纺织品至关重要。经典颜色已流行多年,但时装色彩的生命周期较短。由于颜色用于纺织品生产阶段,纺织公司经常参与确定最终产品使用何种颜色。通过颜色预测过程,纺织公司为特定的时装季节产品选择色彩模板或颜色故事,服装制造商通常也进行颜色预测。

美国的颜色协会(CAUS)是一个非营利服务组织,自1915年以来从事颜色预测,其700多家会员公司包括纤维生产商、纺织公司、服装制造商和家纺产品生产商。来自这些公司的志愿者委员会决定未来18—24个月的色彩模板。一年两次(3月和9月),色彩样本卡(见图4—9)被发送到会员公司,供其确定自己产品的色彩模板。

资料来源:Color Association of America.

图4—9 色彩预测服务机构的色彩样本卡帮助纺织厂做出色彩决策

国际颜色管理局(ICA)是国际色彩预测服务组织。来自成员公司和颜色专家的小组代表每半年会面一次,决定未来22—24个月后厂商所生产的供消费者使用的产品的一般颜色模板。ICA服务提供了业界最早的一些预测,分别为男装、女装、皮革、家纺产品和油漆进行颜色预测,然后将预测结果发送给会员公司使用。

其他颜色预测服务机构也向公司销售颜色预测报告。这些预测可能针对特定的目标市场和产品(如女装、童装)。通常,这些服务还包括款式和材料预测。"颜色盒子"(The color box)每年为男装、童装和女装的用户提供四色和设计预测。颜色预测服务包括以下内容:

● Trendstop.com是一个广受重视的在线全球颜色和趋势预测服务商,为订户提供当前各种国际流行趋势的研究。

● 总部设在巴黎的Promostyl是一家国际性的颜色、面料和款式预测服务机构,为男装、女装和童装提供未来12—18个月的时尚潮流分析。

● Peclers Paris提供时装、工业设计和家纺产品的色彩和趋势预测。

● 行业协会也可为其成员公司进行颜色预测。比如,棉花公司为其成员提供颜色预测服务。

时装公司自身也进行颜色预测,比起颜色预测服务商,它们更专注自己的产品和目标市场。具体做法如下:

● 分析颜色预测服务机构所做的颜色预测

● 检查以前季节最好的和最差的销售颜色,跟踪颜色趋势

● 观察可能会影响目标市场的颜色偏好的一般趋势

● 查看色板中缺少的颜色,从中选择可能冒尖的新的颜色

面料生产

纺织厂

纺织厂侧重于纺织品的构建或制造阶段。根据北美产业分类系统(NAICS,2015)313章节的定义,纺织厂是将基本的(天然或合成)纤维转化产成品(如纱线或面料),并进一步制成可用物品(如服装、床单、毛巾和编织袋),以供个人或工业消费的公司。两种最常见的织物构建方法是机织和针织。除了生产机织和针织产品的垂直一体化公司外,纺织厂还通常专门生产一种面料。除了面料生产,机织纺织厂往往纺自用的纱线(见图4—10),而针织生产者通常购买其纱线。所有纺织厂都出售坯布商品。坯布商品可以直接使用或由加工商买来完成加工过程。除了销售坯布产品外,垂

直一体化公司还可以自行完成货物的其余生产过程,制造出最终产品,如家纺产品(床单和毛巾等)。

资料来源:Cultura RF/Getty Images.

图 4—10　纺织过程高度自动化

工厂销售短纤维面料和/或特殊(新颖)面料。短纤维面料,如牛仔布或斜纹布,每年都在生产,其过程和结果几乎没有变化。新颖面料则具有设计特色(如表面纹理、专业编织),是时装的基础,并伴随着时装生命周期而变化。正因为如此,时装面料的生产过程更短,灵活性更大。

针织行业有两个主要部门:
- 针织产品行业,生产 T 恤衫、袜类、毛衣等终端产品。
- 针织面料行业,生产针织匹头布销往服装和家纺产品的制造商与零售商。

纺织厂遍布世界各地,东亚国家和地区(中国大陆、中国台湾、日本)和印度占世界纺织品的大部分。许多跨国公司在不同的国家设有纺织厂。例如,国际纺织集团(ITG)总部设在北卡罗来纳州格林斯博罗,下辖六家公司:圆锥牛仔、伯灵顿全球服装、锥形装饰面料、Narricot、安全部件和卡莱尔加工。ITG 在中国内地、中国香港、越南、墨西哥和尼加拉瓜都有业务。同样,Springs Global 是美国 Springs Indusitirs 和巴西 Coteminas 合并的产物,在阿根廷、巴西、加拿大、墨西哥、土耳其、印度、中国、越南和美国都有业务。

纺织品设计

纺织品设计涉及以下过程之间的相互关系:

- 颜色(如染色、印花)
- 面料结构(如机织或针织面料)
- 加工(如拉绒、压花)

纺织品设计师除了解颜色和面料结构外,还必须具备计算机辅助设计或图形软件的专业知识,并知晓纺织品的生产技术。通过使用计算机辅助设计或图形软件,纺织品设计师可以尝试不同的颜色和面料结构,然后打印和准备准确的指令,以复制面料设计(见图4-11)。

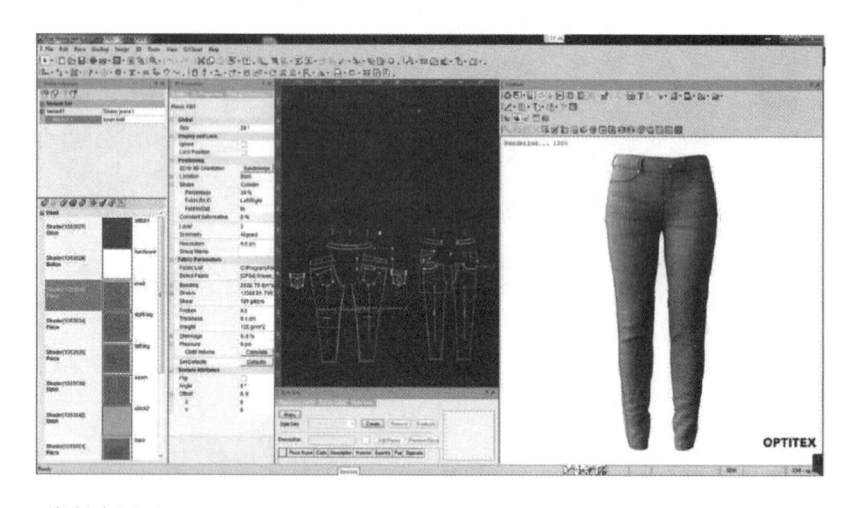

资料来源:Optitex.

图4-11 计算机辅助设计帮助设计师看到一个新的纺织品或设计如何反映在服装上

纺织品设计师根据印花方法和面料结构进行设计,他们或是自由职业设计师,或为纺织品设计室、纺织厂或加工商工作。例如,一个纺织品设计师可以在纺织厂工作,专做直接辊印工艺;另一个纺织品设计师则是设计T恤衫图案的自由职业者,专做丝网印刷工艺。纺织品造型师是指在纺织品的设计、制造及市场方面具有专门知识的个人。造型师的设计、技术和消费者/商业专长的组合,对纺织品设计反映消费者的偏好非常重要。设计师和造型师可以直接与服装和家纺产品制造商合作,制作特殊的印花图案,或者与零售商一起制作专用于自有品牌商品的印花图案。

纺织品加工商

纺织品加工商从工厂购买坯布物品,对面料进行染色、印花或加工,然后出售加工成品。纺织品加工商的工作包括:

- 美观处理(如上光、皱纹)
- 性能完善(如固色、防污、耐水性和熨烫耐久性)

● 面料染色或印花

纺织品加工商是颜色预测专家,了解消费者对纤维含量、面料结构以及面料成品的美观和性能的喜好。通常,纺织品加工商与漂染商、印花商和加工商签订合同,为服装和家纺产品的制造商、批发商和零售商提供面料。某些加工商专门设计加工某种特殊类型的面料,其他加工商则设计加工几种类型的面料。大多数的加工商使用旋转印花机印制面料,目前喷墨打印的数字印花方式得到了越来越广泛的应用。由于面料是在接近消费者购买最终用途产品的时候完成的,因此加工商在分析和反映消费者偏好变化方面起着重要作用。

虽然加工商做大部分的面料加工,但是他们并非做所有的织物加工。羊毛和精纺毛织物就很少通过加工商销售,经常由工厂进行加工和销售。此外,工业面料为了满足买方的规格,需要做一些特别的性能测试,通常由工厂直接销售。毛衣和其他针织品加工也很少假手于加工商,这通常是由同一公司编织并制成服装。

其他面料来源

纺织品批发商和面料零售商不参与任何面料的生产和加工过程,只购买和出售面料。纺织品批发商从纺织厂、加工商和大型制造商那里购买,然后卖给较小的制造商和零售商。通常情况下,批发商会购买工厂超产部分(纺织厂生产的布料超出订购部分)或停产的颜色或图案面料。例如,纺织品批发商可以从纺织厂购买多余的或停产的布料,并将其出售给不需要大量布料的小型服装制造商。零售布店可以从购买了大量工厂布匹的批发商那里进货,通过柜台将布料出售给居家缝纫者。

纺织品经纪人是纺织品销售商和纺织品买家之间的中介。经纪人可以将一个小纺织厂想出售的坯布推销给一个想进货的小型批发商,经纪人与批发商的区别在于他从不拥有纺织品。

纺织品测试与质量保证

纺织行业和质量保证计划离不开纺织品测试。纺织品测试主要检查和测量纺织品在整个生产加工过程中的织物特性(如强度、可燃性、耐磨性及不褪色程度)。美国试验和材料学会(ASTM)与美国纺织化学家和颜色专家协会(AATCC)制定了标准测试方法,公司用以测试所使用纺织品的材料质量和具体性能要求。

虽然"质量控制"和"质量保证"有时可以互换使用,但它们具有不同的含义:

● 质量控制:检查纺织品成品,用各种纺织品测试方法来测量,以确保它们符合特定的质量标准(见图4—12)。

资料来源：Cultura RF/Getty Images.

图4—12 受过培训的专业人士检验纺织品，以确保其符合质量标准

● 质量保证：这是一个更广泛的概念，不仅涵盖织物的一般功能和性能（质量），而且满足消费者对特定用途的需求。譬如，用于儿童服装的纺织品不仅要达到功能和性能的最低标准，还必须符合不褪色等重要指标。虽然纺织厂可以测试面料的一般功能和性能，但是服装和家纺产品的制造商或零售商还必须测定对消费者来说很重要的产品指标，这就是以下厂商参与面料测试的理由。

  ○ 服装和家纺产品制造商（如耐克、彭得顿毛纺厂）
  ○ 经营这些商品的零售商（如杰西潘妮、塔吉特）
  ○ 制造商或零售商委托的独立的纺织品测试公司

面料的营销和分销

季节性系列产品的营销

纤维生产者、纺织厂和加工商均参与面料的营销。多数人造纤维生产商设有陈列室，展示其纤维制成的面料和最终用途产品。纽约是纺织厂、加工商和纺织品制造商的主要市场中心，纺织品陈列室也遍布于美国其他的主要城市（如洛杉矶、达拉斯、亚特兰大和芝加哥）。综观全球，那些拥有大量纺织厂及大型营销总部的主要城市（如巴黎、米兰、台北、香港、上海和东京）也都普遍设有纺织品陈列室。展厅内的面料样品将由纺织厂或加工商销售给设计师、服装或家纺产品制造商。

纺织厂和加工商按照秋/冬和春/夏季节系列来销售纺织品面料,每个系列包括一组具有类似主题或颜色故事的面料。纺织公司的销售或营销人员的职责是在陈列室或纺织品贸易展览会上向潜在买家展示面料样品。每年的10月或11月,秋/冬季节的面料系列样本将展示给潜在的买家,这大约是在最终用途产品(如服装)上市的9—12个月之前。春/夏季节的面料系列在3月或4月展示。在这些展示中,服装和家纺产品公司将为其样品购买面料。一些大型制造商也会在这个时候订购他们最终用途的面料,但大多数厂商会等到零售商下达订单后才会订购。对大客户而言,面料样品是排他性的,这意味着纺织公司不会出售这些面料给其他生产商。

面料公司还通过网站和其他在线服务推广其产品系列,网上营销面料为其提供了向潜在的面料买家做广告的有效方法。一些互联网公司专门为面料/纺织品的销售商与服装行业的面料/纺织品买家牵线搭桥。

纺织品贸易展

纺织品贸易展览会展出了纺织厂最新的季节性时装面料,通常每年举行两次,分别在春季(3月)和秋季(10月/11月)。纺织品贸易展览会为参观者提供颜色、纹理、印花和制作的一般趋势(见图4—13)。例如,2016年3月举行的纺织品贸易展览会将展出2017年春/夏季节的面料。

每个服装系列均从面料开始,纺织品展示为设计师和制造商的下个服装系列提供了灵感,因此,展会成为新材料出现的重要场所。下面列举一些重要的纺织品贸易展览会:

● "方向"(Direction):在纽约举行的国际纺织品设计展览会,侧重展示来自世界各地的新潮纺织品。

● "在MAGIC采购"(Sourcing at MAGIC):拉斯维加斯与MAGIC市场部合作举办的展会,为世界各地的服装和饰物制造商与面料和辅料供应商牵线搭桥。

● Interstoff:由法兰克福会展中心管理,是世界上最大的纺织品贸易展览组织之一,包括以下机构:

○ Interstoff 亚洲(香港)

○ Interstoff Rossija(莫斯科)

○ Intertextile 北京

○ Intertextile 上海

○ Source It(香港)

资料来源：Sardella/WWD/© Conde Nast.

图4—13 纺织品贸易展为纺织品公司向制造商推销产品系列提供了机会

　　○ Texworld（巴黎）
　　○ Texworld 印度（孟买）
　　○ Texworld 美国（纽约市）
　　○ 纱线博览会
● 首映视觉（Premiere Vision）：在巴黎附近的维勒班特举行，重点是高质量和创新的面料。设计师们经常从首映视觉中展示的纺织品中获得服装设计的灵感。首映视觉已扩展到世界范围：
　　○ 首映视觉上海
　　○ 首映视觉纽约
　　○ 首映视觉莫斯科
　　○ 首映视觉东京
● 纽约材料世界（Material World New York）：由美国服装和鞋业协会赞助，是一个在美国不断发展的纺织品贸易展。
● Ideacomo：在意大利科莫（米兰附近）举行，1975年由科莫附近的丝绸服装生产商创建，重点展示成员公司中高端市场的豪华和创新的面料系列。
● 洛杉矶国际纺织品展览会（L. A. International Textile Show）：在加利福尼亚市场中心举行，由洛杉矶纺织协会赞助，是美国最大的纺织品贸易展览会之一，重点展示国内的创新面料、欧洲设计师面料及辅料系列和其他纺织品资源。

● 台北创新纺织品应用展(TITAS):专注于高科技和创新性纺织品(主要来自亚洲国家)及其最终用途的各种产品。

皮革生产商也每年举办两次贸易会展来推销产品。最著名的展会是 LE CUIR A PARIS、中国国际皮革博览会、莫斯科国际毛皮交易会、毛皮和时装法兰克福博览会。

原材料与纺织工业的发展

技术进展

为了在全球经济中成功竞争,纺织业投资于新技术,以提高纺织厂的生产率,加强纺织厂、供应商和客户之间的联系和沟通。这些技术投资是供应链管理和产品生命周期管理的一部分。

供应链管理通过加强行业各部门之间的沟通和伙伴关系,缩短从纤维生产到向最终消费者销售的时间。在材料行业,供应链管理战略包括计算机辅助纺织品设计、电脑化针织机和电脑控制机器人。纺织公司、供应商及其客户之间沟通和联系的加强,也使供应链管理战略更加行之有效。

更重要的是,服装制作方式的变化改变了人们对衣服和饰物的看法。根据"2015—2022 年智能纺织品市场规模、市场占有率、应用分析、区域展望、增长趋势、竞争态势和部门预测"(2014),由于纺织纤维和导电材料很容易与电子技术结合,智能纺织品市场将快速增长。集成电子的光纤已经被开发,能够感知、加工和存储数据的纤维可以编织成面料。这些智慧或智能材料的初步应用包括军用制服、医疗器械、极端环境下的防护服和高性能运动服(见图 4—14)。

得益于功能需求、健康和安全、成本效益、耐用性及高强度等优势,这些智能纺织品已成为全球纺织业的一个主要部分。传感、监测、计算、通信和热能管理有望成为未来智能纺织产品的主要功能(Sinclair,2014:374)。

在研究、开发和实施新战略以提高生产率和竞争力方面,纺织业也发挥了重要作用。对技术先进的设备和工艺进行的投资,如纺织品数字印花,重塑了面料的设计过程。油墨是技术创新的一个有前途的领域,因为它能获得更好的纤维渗透性,也能打印更多类型的面料。全球印刷行业估计为 1 万亿美元,其中,纺织品占总价值的 15%(Fashionatingworld.com,2016)。

与数字印刷一起出现的是 3D 打印。设计师们正在寻找新的方法,利用这项技术来为顾客打印定制的和既定尺码的服装。Van Herpen 开发了一个创新的新纺织

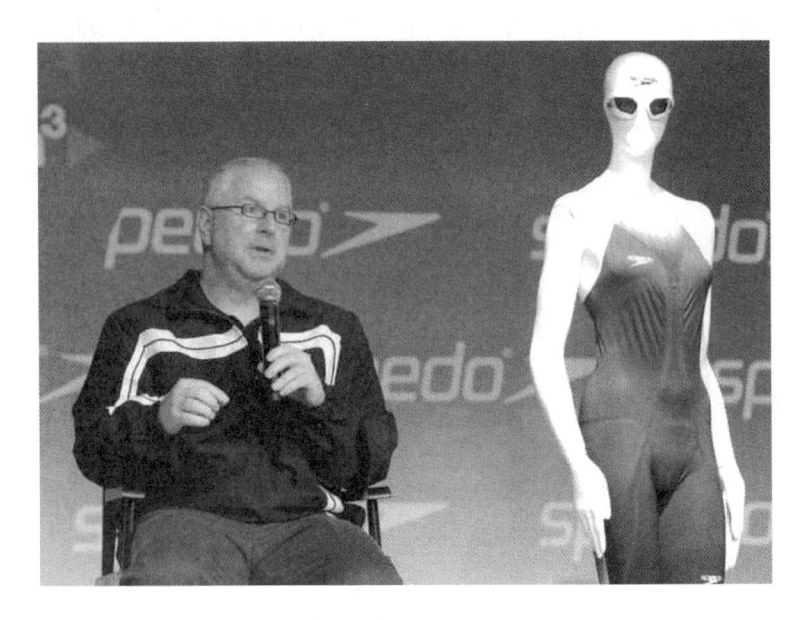

资料来源:Mike Stobe/Getty Images for Speedo.

图 4—14　智能纺织品的例子:Speedo 紧身衣

品——TPU 92 A-1,这是第一款可打印的、可弯曲的、耐穿的并可机洗的材料(Rietveld,2013)。这种纺织品在可用性方面迈出了巨大的一步,赋予时装界更大的发展潜力。

环境与可持续性问题

对环保产品的需求,过去仅限于年轻的消费者和具有社会责任感的消费者,现已成为主流意识。纺织品生产商也在努力改善环境条件,展示自己的环保意识。它们正在加入对环境负责的进程,包括:

- 制造有机或再生材料的产品
- 使用毒性较低的材料,如低副作用的染料
- 在生产中使用较少的水

服装制造商也纷纷向纺织品生产商施压,要求后者供应环保型纺织品。因此,一些有利于环保的纺织生产工艺已付诸使用,包括种植有机棉花、清洁染整工艺和减少废物。

每年,纺织品公司花费数十亿美元,努力节水、节能、节电、回收产品(如纸和塑料)和自然资源(如水和能源),以确保其生产工艺符合环保要求。纺织厂的建立和经营需考虑环境的影响。

在可持续性发展方面,重大的创新是节水节能,以利于环境和降低成本。环境和经济并重,甚至在纺织品整理环节也是如此。用水和环境污染一直是整理工序的棘手问题(Fashionating world.com,2015)。不用水的数字印花不仅是一种环境友好技术,而且有助于高效生产小批量的印花面料。

结 语

纺织品生产分为四个基本阶段:纤维加工、纺纱、面料生产和面料整理。为这四个阶段做出贡献的公司构成了纺织工业。有些公司专门从事一个或多个生产流程,垂直一体化公司一手处理所有四个过程。

美国生产天然纤维和人造纤维,天然纤维包括棉花、羊毛、马海毛和其他特种纤维。美国也生产皮革和毛皮,皮革和毛皮也是天然纤维产品。天然纤维产品可在国际市场上买卖,各种天然纤维行业协会通过市场调研、广告和消费者教育项目等活动,鼓励业界和消费者使用天然纤维。

人造纤维通常由垂直一体化的大型公司生产,它们不是按商品纤维销售,就是按品牌(商标)纤维销售,如莱卡氨纶纤维或涤纶聚酯纤维。品牌纤维是由公司用广告来创造消费者意识和偏好的特定纤维,行业协会也参与人造纤维的促销。

纺织公司经常参与选择和确定最终产品使用的颜色,通过颜色预测过程,为特定时装季节的面料挑选颜色模板。非营利性服务组织(如美国颜色协会)或色彩预测专业公司进行颜色预测。纺织公司也可自行做颜色预测。

纺织厂注重面料生产和销售坯布产品,有的纺织厂也做面料整理。纺织品设计涉及颜色(如染色、印花)、面料建构(如编织、针织)和整理(如拉绒、压花)之间的彼此作用与互动。纺织品加工商专门从事面料加工,它们购买坯布,并按照纺织厂、服装制造商和零售商的规格完成面料的加工过程。其他的面料来源包括纺织品批发商、纺织品经纪人和面料零售商店。通过质量保证计划,纺织厂、服装制造商和零售商根据最终产品的标准对纺织品进行测试。每年秋/冬和春/夏两季,纺织厂和纺织品加工商都会通过陈列室和世界各地的服装贸易会展销售季节性产品系列。

为了在全球经济中成功地开展竞争,美国纺织业持续投资于新技术和环保型产品,以提高纺织厂的生产率,加强纺织厂、供应商与客户之间的沟通和联系。这些技术投资是实行供应链管理战略的一部分,旨在缩短从纤维到成品的时间。纺织业正在通过制造和提供环境友好的新产品,来表明其对环境问题的关注和对环保责任的担当。

问题讨论

1. 水平一体化和垂直一体化的纺织公司各有何利弊？对于不同类型的纺织公司来说，实行水平一体化和垂直一体化各有何优、缺点？

2. 天然纤维与人造纤维的生产和销售之间有什么区别？为何存在这些差异？

3. 行业协会对天然纤维和人造纤维的促销发挥什么作用？举例说明行业协会举办的活动，说明行业协会和最终产品生产者之间进行合作广告的例子。

4. 选择一件服装（如夹克或外套），有多少种不同的纺织品和纤维可以用于制作？

5. 小组讨论：就棉花与聚酯纤维而言，何者对生态系统的危害更大？就一次性尿片或布尿片而言，如果综合考虑生产成本、用水、能耗和丢弃，则何者是更好的选择？

案例研究

布鲁克斯兄弟公司：定制衬衫的面料选择

布鲁克斯兄弟公司（Brooks Brothers）是美国最早的成衣零售商之一，第一家商店于1818年在纽约开业。1896年，该公司推出带有领扣的男士成衣衬衫，继而通过零售商店和网站推出了经典男女装。布鲁克斯兄弟提供的一项独特的服务是量身定制计划：顾客可以从商品目录中选择西装、运动服和衬衫的设计，从面料目录中选择布料，并按照该公司提供的独特组合定制服装。布鲁克斯兄弟的量身定制衬衫一直受到那些想要经典的礼服衬衫设计兼有定制细节的顾客欢迎。目前，布鲁克斯兄弟为礼服衬衫提供的纤维/面料选择有四种，即100％棉布、100％亚麻布、经过防皱处理的100％棉布以及经过透气性处理的100％棉布（BrooksCoolR®）。

布鲁克斯兄弟的设计师和销售团队继续评估这些纤维和面料的选择，并将决定是否为量身定制礼服衬衫计划增加任何纤维/面料新组合的材料选择。设计人员和销售团队正在考虑将下面两种纤维制成的面料添加到顾客定制衬衫的选项中：100％丝绸和100％Tencel®莱赛尔纤维。

1. 登录布鲁克斯兄弟公司的网站，考察其礼服衬衫的款式、面料和价格，试述该公司礼服衬衫的主要目标客户。

2. 列出布鲁克斯兄弟公司目前使用的各种纤维选择的三个优、缺点，同时列举该公司拟增加的两种纤维选项的三个优、缺点。研究一下每一种纤维/面料组合的特点，评估其优、缺点，或两者兼而有之。

3. 假如设计师和销售团队已经确定，为量身定制计划的客户提供四种纤维/面料选择,请你自行评估并提出四种纤维/面料选项。你为什么推荐这四种选择?你为什么不推荐其他选项?

资料来源:http://www.brooksbrothers.com/(accessed March 3,2016).

求职机会

全球纺织原材料工业可以提供以下就业机会:
- 纺织品设计师
- 纺织品造型师
- 为时装品牌公司、独立的或政府的测试机构工作的纺织品测试专业人员
- 为时装品牌公司或独立的材料博物馆工作的材料馆员
- 材料/面料销售代表
- 材料/面料采购商或采购分析员

参考文献

Bide, Martin. (2009). Fiber Sustainability: Green Is Not Black + White. *AATCC Review* 9(7): 34—37.

Foxfiber.com(2013). http://foxfibre.sites.musicwell.org/about/ (accessed March 31, 2016).

Fur Commission USA. (2016). http://www.furcommission.com (accessed March 31, 2016).

Kadolph, Sara J., and Anna L. Langford. (2002). Textiles(9th ed.). New York: Fairchild Publications.

Mohair Council of America. (2015). http://www.mohairusa.com (accessed March 3, 2016).

National Cotton Council of America. (2015). World of Cotton. http://www.cotton.org/econ/world/detail.cfm(accessed March 3, 2016).

National Council of Textile Organizations. (2015). About NCTO. http://www.ncto.org (accessed March 3, 2016).

North American Industry Classification System. (2015). Definitions: 313 Textile Mills. https://www.osha.gov/pls/imis/sic_manual.display?id=15&tab=group (accessed March 28, 2016).

Opportunities: New Innovations, Technologies to Drive Industry in 2016 (January 6, 2016). http://ashionatingworld.com/new1-2/item/4490-new-innovations,-technologies-to-drive-industry-in-2016.html(accessed March 3, 2016).

Organic Trade Association. (2015). http://www.ota.com/organic/environment/wool.html (accessed March 3, 2016).

Rietveld, Fira. (2013). 3D Printing: The Face of Future Fashion? http://tedx.amsterdam/2013/

07/3d-printing-the-face-of-future-fashion (accessed March 3,2016).

Sinclair, Rose. (2014). *Textiles and Fashion: Materials, Design and Technology*. Cambridge, MA: Elsevier Science. Smart Textiles Market Size, Market Share, Application Analysis, Regional Outlook, Growth Trends, Competitive Scenario and Segment Forecasts 2015 to 2022. (February, 2014). http://www.hexaresearch.com/research-report/smart-textiles-industry/ (accessed March 3,2016).

Sustainability: Global Business to Continue Focus on Green Initiatives(December 31, 2015). http://Fashionatingworld.com/new1-2/item/4445-trendspotting-2016 (accessed March 3,2016).

第五章　时装品牌：公司组织

本章主要内容

- 成衣与高级时装的区别
- 各类时装品牌公司
- 时装品牌公司的组织结构
- 时装品牌公司的市场规划理念
- 时装行业的主要行业协会和行业出版物

正如前几章所述，时装品牌公司以不同的规模和所有权形式出现。然而，所有这些公司都有一些共同点——它们设计、生产并出售成衣(RTW)，以及可供消费者立即使用的服饰或家纺产品。本章将探讨成衣行业和家纺产品公司的特点、组织和营销理念。

成衣的含义

大部分生产与销售的服装和配饰被称为成衣。顾名思义，成衣已经完全完成生产过程，消费者购买后即可穿着（除了加工整理的细节外，比如量身定做裤子的卷边）。在英国，这种商品被称为成品；在法国，它被称为成衣；在意大利，它被称为快时装。成衣时装品牌的商品源自大批量的规模化生产，一般不需要或仅需少量的手工缝制。

许多时装公司生产季节性的时装系列和精品组合。时装系列和精品组合是为特定时装季节设计的款式组合。时装系列和精品组合之间的主要区别在于商品的成本，精品组合通常指的是更昂贵的商品。著名设计师创建并提供精品组合，其他服装公司则提供服装系列。

时装品牌公司通常每年生产4—6种新的精品组合或产品系列以对应时装季节：

春季、夏季、秋季Ⅰ（初秋）、秋季Ⅱ、假日、度假或游轮。这些时装季节对应消费者可能穿着服装的日期，而不是公司设计或制造商品的日期，也不是商品送达商店的日期。例如，一家公司可能会在9月开始设计一个秋季时装系列，在翌年3月销售这一系列，从3月到4月实际进行生产，6月把商品配送到商店。

并非所有的公司都生产所有6个时装季节的产品系列。公司生产的产品系列数量取决于产品类别和目标市场（所设计的系列针对的客户群）。例如，一家生产男士西服的公司每年可能生产2个产品系列（秋季和春季），而男士运动服公司每年也许上市5个产品系列（秋季Ⅰ、秋季Ⅱ、假日、春季和夏季），有些公司每年生产6个以上的产品系列。一些服装和服饰公司生产更细小的产品系列，更频繁地运往零售商，源源不断地上市的新产品，以吸引顾客。像飒拉、H&M和永远21这样的快时装公司，每隔几周就会创建一种新产品系列送到商店。还有许多公司是销售自有品牌的专卖店（SPA）或是生产商店品牌[如维密、阿伯菲奇（Abercrombie Fitch）、安·泰勒、盖璞]的厂商，或是其他形式的自有品牌商店（如杰西潘妮的沃辛顿），它们也频繁运送货物到零售店。第六和第七章将更详细地讨论时装产品系列和精品组合的发展。

如第一章所述，尺码规格的标准化是成衣行业发展必需的前提。成衣的规格大小源自人体身材尺寸、公司尺码标准、穿着和设计的便利性诸因素的综合考量。服装尺码是根据一个具有平均身高的大群体，测量其胸围及腰围而分成特定尺码类别来标定的。例如，男性的尺码规格42相对应男性的平均身高范围区间（5英尺10英寸到6英尺），其胸围42英寸和腰围36英寸，这些身体测量尺码称为标准尺码。在美国，不同体型的标准人体尺码表可从美国的测试和材料学会（ASTM）提供的数据中查获。

时装产业并不严格遵守设定的标准尺寸。一家公司可能会根据目标客户的身材来拟定其"公司尺码"，比如，比同样臀围更小的腰围，或者比同样腰围更大的胸围。"运动型"指的是一种男性西装。此体形比标准尺寸的胸围与腰围的比例大（如42尺码的"运动型"是42英寸的胸围和35英寸的腰围）。由于体型种类不一，时装公司专注于开发最适合其目标客户的"公司尺码"，这就是为什么许多消费者发现某个品牌的服装比其他品牌更合身的原因。

随着时装商品的非店面零售业（如网店）的增加，从事直接营销的时装公司一直致力于为公司生产的所有款式制定一致的人体测量标准及相关尺码。顾客可以从公司产品目录或网站中的身体尺码图表中找到合身的产品，这样做能减少退货，提高客户对产品和公司的满意度。

尺码表列出了公司服装的身材尺码，各公司将穿着舒适和设计便利因素加入身体测量中以创建自己的服装尺码。每家公司决定如何融入穿着舒适和设计便利的因素以创建公司特有的形象,某些款式的设计比其他款式更宽松,公司尺码将反映这些款式的特点。每个公司的尺码范围是根据其预先确定的身体测量加上舒适度,再从基本尺码或样本尺码中增加和减少不同的尺寸,以创建特定的尺码范围。后面的章节将详细讨论用于创建各种尺码大小的尺寸增减量。

成衣与高级时装的区别

时装设计师名牌,如香奈儿(Chanel)、克里斯汀·迪奥(Christian Dior)和伊夫·圣罗兰(Yves Saint Laurent),首先成为著名的法国高级时装,后来与昂贵的成衣结合在一起。由于这些设计师名牌一直保持了卓越性和重要性,因此了解高级时装和成衣的区别与关系是很重要的。法语中的"时装"一词,其字面含义是"缝纫"。高级时装的特点如下:

- 小批量生产
- 使用大量的手工缝制技术
- 为顾客量身打造

一般来说,比起成衣,高级时装使用更昂贵的材质。当高级时装技术被应用到定制的西装或满足其他特殊的个人需求时,通常使用术语"定制"(bespoke)。

"时装"一词来源于高级时装,其字面意思是"高级缝纫"。正如第一章所述,19世纪,高级时装产业曾在巴黎蓬勃发展。当时,服装是由成衣匠和裁缝制作的。这些成衣匠和裁缝给顾客量身定做每件衣服,与顾客一起选择及决定服装款式和面料,为顾客测量身材尺寸,在成衣过程中还要试衣一次或多次。对于没有个人裁缝或衣匠的人,服装由家庭中会缝衣的成员缝制。

20世纪初,法国工业部成立了高级时装协会,这是一个时装行业的组织架构,为设计师提供专利保护,以防他们的设计被盗用。目前,高级时装协会具有以下功能:

- 安排每年两次时装秀日程
- 为参加时装秀的媒体和商家发放认证
- 协助每一家时装公司获得尽可能多的新闻报道

2015年,高级时装协会的14名正式委员分别是:Adeline André、Alexandre Vauthier、Alexis Mabille、Atelier Gustavo Lins、Bouchra Jarrar、Chanel、Christian Dior、Frank Sorbier、Giambattista Valli、Givenchy、Jean Paul Gaultier、Maurizio Galante、Maison Martin Margiela 和 Stéphane Rolland。成为高级时装协会的会员需要具备以下资格:

- 使用自己的高级时装定制屋
- 每年展示包括日装和晚装至少 35 件秋/冬季和春/夏季精品组合
- 遵守高级时装协会设置的展示日期
- 注册原创设计以防盗版

每个设计师所在的企业被称为高级时装定制屋,如迪奥屋、纪梵希屋、香奈儿屋等。设计高级时装的设计师被称为高级时装设计师(或 couturière,即女性高级时装设计师),或"屋主"。虽然一些服装设计师拥有自己的企业,但许多时装屋是由服装公司拥有并提供资金支持。近年来,一些金融大亨后台经常雇用和解雇时装屋主。巴黎的高级时装设计师通常会在几条时尚大道之一拥有一个精品店。该精品店销售设计师的高级时装精品组合,以及化妆品、围巾、首饰、其他饰物和家纺产品等特许商品。

时装沙龙是时装设计师的陈列室,通常位于建筑物的二楼,是设计师的精品店。仅有那些受邀参观精品收藏的宾客有幸进入二楼沙龙。时装工作室或工作间,通常位于沙龙的楼上或某个单独的建筑物内。

巴黎一年两次的高级时装精品秀开幕式在时装界依旧是盛事,时装出版业以巨大篇幅详加介绍(见图 5—1)。秋/冬季高级时装精品系列通常 7 月展出,春/夏季高级时装精品系列通常 1 月展出。新闻界、采购商、其他设计师、社会名流和富豪客户都是座上嘉宾。展出设计代表设计创意的构思蓝图,以高级时装引领整个时装业的兴衰起伏。

资料来源:Feugere/WWD/© Conde Nast.

图 5—1　迪奥品牌等高级巴黎时装吸引了广泛的媒体关注

除高级时装协会的服装设计师成员外,还有其他自认是高级时装设计师的设计师。一般情况下,高级设计师的标志如下:

- 使用优质面料
- 创建原创设计(区别于抄袭他人的设计)
- 高质量的成衣过程和手工加工细节
- 符合服装顾客身材尺寸的试衣

高级时装设计师可以完成所有的定制工作(由特定客户订购),也可以通过时装精品秀展示,然后在时装精品秀上得到订单。高级时装设计师遍布纽约、洛杉矶、东京、伦敦和世界各地城市。

时装业有时会利用高级时装的尊贵氛围点缀时装精品系列。事实上,巴黎高级时装屋也生产成衣精品组合,并在高级时装屋的精品店、独立精品店、高档百货商店或专卖店出售。如果利用大规模生产技术制作时装商品,而且不为顾客量体裁衣,那么该时装系列应称为成衣,而不是高级时装。

时装品牌公司的类型

从大公司到小公司,从生产创新、时髦的商品到经典品牌时装的公司,他们以各种不同类型和规模存在,组织形式上也有很大的不同。由于时装公司组织的多样性,任何对时装品牌公司进行分类的尝试都是困难的。然而,行业分析师认为,时装品牌公司的主要类型是:制造商、品牌许可方、出售自有品牌的零售商,包括 SPAs(专卖自有品牌的服装零售商)。

制造商连续不断地履行创建、营销和分销服装系列的所有功能。历史上,制造商在自己的工厂生产商品,至今,少数时装品牌公司仍拥有自己的工厂,如飒拉,但多数制造商都会使用外部公司或承包商来执行制造功能。"制造商"一词不够确切,因为这些时装品牌公司通常不参与它们监督的时装品牌的实际生产,但这一历史术语仍被用于这些时装品牌公司(第二章描述了时装品牌公司的类别)。在家纺行业,制造商也经常担当装饰性面料的加工商和批发商(仓储和配送功能)的角色。例如,罗伯特·艾伦(Robert Allen)设计公司为社区居民和服务业提供面料、面饰、裁剪和设计咨询。制造商创建的时装品牌的零售分销因制造商而异,分销零售将在第十三章进一步阐述。

品牌许可者是那些已经开发出著名设计师品牌的时装公司(如迪奥、卡尔文·克莱恩、拉夫劳伦);名人品牌(如杰西卡·辛普森、凯西·爱尔兰);品牌名称(如汤米·希尔费格、唐娜·凯伦);卡通角色(如米老鼠、哈利·波特、钢铁侠)。它们出售这些名称或角色的使用权,授权其他公司用于其产品。如第二章所述,成功的授权取决于已知的名称或图像(产权)。但是,这些类别并不是互斥的。例如,制造商可以使用承包商,或者将其品牌名称授予生产不同于其自身产品类别的公司。这些不同类型的时装品牌生产的细节将在后面的章节讨论。

出售自有品牌时装的零售商创建只在他们的商店出售的独特时装商品。对于百货商店来说,这些时装品牌是商店整体商品组合的一部分,其中也包括国际、全国和地区品牌。在百货公司出售的自有品牌时装商品包括阿尔法尼(Alfana)、宪章俱乐部(Charter Club)、梅西百货公司的国际概念、诺德斯特龙(Nordstrom)百货公司的财富和债券(Treasure & Bond)及Classiques Entier。

一种销售自有品牌时装商品的零售商是SPA或专卖店零售商。这种类型的商店只创建和销售自有品牌商品,由于商店名称和时装品牌是相同的,因此这些商品有时被称为商店品牌。SPA的例子包括如飒拉、永远21、H&M这些快时装公司和A&F、维密、盖璞、香蕉共和国这些专卖店。

所有类型的时装品牌公司(制造商、品牌许可者和自有品牌的零售商)都可以在设计和生产时装商品的过程中聘用承包商。承包商是专门从事设计、缝纫或加工商品的公司。使用承包商的情况如下:

● 制造商没有任何制造工厂,将所有的缝纫和加工整理工作外包
● 制造商的工厂没有足够的产能或有急迫完工的特殊需要,需要使用承包商来满足这些需求
● 品牌许可者将设计、缝纫和/或加工整理的某个特定部分外包
● 自有时装品牌的零售商,包括SPA

大多数承包商专门从事某产品类别(如针织上衣、牛仔裤)的生产,拥有专门的设备(如绣花机)和熟练技工。专门制造一种产品的承包商称为专品承包商。比如,生产棒球帽的专品承包商,为客户提供快速周转。全包承包商(FP)在与零售商合作的同时也提供材料采购和设计服务,承担传统上由制造商完成的部分业务。

有些承包商只为某零售商(或零售公司)生产自有品牌商品或零售商店/直销品牌商品。一些承包商既为国际/国内品牌生产商品同时又为自有品牌生产商品,其他承包商只为一个国际/国内厂商或仅仅是自有品牌时装品牌进行生产。

时装品牌公司的分类方式与类别

时装品牌公司的分类方式主要有:
● 按产品种类
● 按商品或品牌的批发价格(价格点)

- 按政府制定的行业分类系统

对这些分类系统进行考察,可以更好地了解时装品牌公司的多样性。

性别/年龄、规格范围、产品类别/最终用途

时装业分为男装、女装、童装及饰物(包括鞋类)和家纺公司这些主要类别。一些公司生产其中一个类别的服装或饰物,其他公司则生产一个类别以上的服装与饰物。有的公司从生产一个类别开始,然后在公司成长时扩展到一个或更多其他类别。例如,李维·施特劳斯公司(Levi Strauss & Co.)从制造男装开始,后来扩展到妇女和儿童的服装。耐克公司从生产运动鞋开始,后来扩大到服装和运动器材。

不同的性别/年龄分类源于美国时装产业早期历史,时装品牌生产者由于各种因素而专门从事某一品类。比如,用于生产男式服装的机械种类往往不同于生产妇女服装所需的机械。男性、女性和儿童的服装与鞋类的规格标准不同,各品类服装每年生产的季节性产品系列数量也有不同,因此,生产周期也不相同。

零售商店的组织结构与服装分类也有关联,这是时装产业仍分为男性、妇女和儿童服装、饰物、鞋类和家纺产品等类别的另一个原因。零售采购商通常负责一个类别的时装品牌。例如,男装采购商为零售商店从男士服装制造商那里进货,这使得制造商和零售商能够建立和维持有利可图的工作关系。

在每个主要类别中,时装品牌公司又有子类别。例如,服装或家纺生产商通常专门从事一个或几个子类别。这些子类别与服装或家纺产品的分类有关。服装的分类则是按生产的服装类型(产品类型)进行。妇女服装产品类型的传统分类如下:

- 户外外衣(外套、夹克和雨衣)
- 礼服
- 衬衣
- 职业服装(西装、单件和职业礼服)
- 运动装和专项运动服(单件,如长裤、毛衣和裙子;专项运动服,如泳装和网球装)
- 晚装和特别场合服装
- 新娘和伴娘礼服
- 产妇穿着
- 制服
- 毛皮
- 饰物
- 贴身服装,进一步分为以下几类:

○ 衬底(腰带或塑身衣、胸罩和其他形体装)
○ 内衣(衬裙、背带衬裙、内裤、背心、睡袍和睡衣)
○ 便装(家居便装、长袍和夹克)

在其他衣物下穿着的衬底和内衣有时被称为女内衣。此外,内衣和便装有时分为日装和晚装。

各子类别是按照尺码规格和服装分类来安排(见表5—1)。例如,有些服装公司仅仅生产女性普通尺码(也称姑娘尺码)或少女尺码规格。一些公司生产女性普通尺码和妇女尺码规格,而其他公司生产少女、妇女、苗条、大号和/或高个尺码(见图5—2)。在一个尺码规格内,服装生产商可以在以前列出的一个或多个产品分类中制造衣物。

表5—1　　　　　　　　　童装、男装和女装的分类和规格

童装	
子类:根据性别和年龄段	
婴儿	尺寸按体重/身高尺码确定 0 至 3 个月(或新生儿,3 个月),6 至 9 个月(或 6 个月,9 个月),12 个月,18 个月,24 个月,或 S—M—L—XL
学步儿童	尺码 2T,3T,4T,5T
男孩	尺码 4,5,6,7 和 8 至 20(仅限偶数)。还有修长体型尺码 4S,5S,6S,7S 和 8S 至 20S(仅限偶数),哈士奇尺码 8H 至 26H(仅限偶数),或 S—M—L—XL—XXL
女孩	尺码 4,5,6,6X 和 7,8,10,12,14,16,18。还有修长体型尺码 4S,5S,6S,7S 和 8S 至 16S(仅限偶数),或 S—M—L—XL
女孩加大号	尺码 8 1/2 至 20 1/2(仅限偶数),或 7+,8+,10+,12+,14+,16+,18+,20+,或 M—L—XL
青春期前女孩	尺码 6 至 16,或 8PT 至 16PT(仅限偶数)
青少年	尺码 3 至 13(仅限奇数)
男装	
子类:根据服装分类	
定制服装	套装、运动外套、晚装(燕尾服)、大衣: 尺码(按胸围):36,38,39,40,41,42,43,44,45,46,48,50,52,54,56,58,60 长度:常规款、短款、长款、超长常规款、运动款和宽松版型分体裤:尺码按腰围(29 至 44) / 在零售商处缝边
运动服	运动衫:尺码 S—M—L—XL—XXL—XXXL 裤子:尺码按腰围/内缝(29 至 44 腰围,28 至 34 内缝),或尺码 S—M—L—XL 休闲夹克:尺码 36 至 50 或 S—M—L—XL。还有高型、超常规型、大号和高型
居家服饰	衬衫:尺码按领口/袖长(如 16/34),或 S—M—L—XL—XXL 毛衣:尺码 S—M—L—XL—XXL 内衣:尺码按腰围 长袍和睡衣:尺码 S—M—L—XL—XXL 领带:常规、长、超长尺码 袜子:按鞋子尺码

续表

活力运动服、泳衣、运动服、风衣	尺码 S—M—L—XL—XXL—XXXL,可能含高大和高个尺码
制服和工作服	工作服、工作裤:尺码按腰部/内缝,或 S—M—L—XL—XXL—XXXL 工作衬衫:尺码 S—M—L—XL—XXL—XXXL 常规、高个、高大尺码
女装	
子类:根据户外外衣、礼服、衬衣、职业服装、运动服和专项运动服、晚装、新娘装、产妇装、制服、皮毛、贴身内衣和饰物分类	
少女	尺码 0 至 18(仅限偶数:2、4、6、8、10、12、14、16、18),或尺码 XS—S—M—L—XL
女式(大号、加大号、定制)	尺码 14W 至 26W(仅限偶数),或加大尺码 1X、2X、3X
体型娇小少年(身高 5 英尺 4 英寸以下)	尺码 0P 至 16P(仅限偶数)
女式小号	14WP 至 20WP(仅限均码)
高个(身高超过 5 英尺 4 英寸)	尺码 10T 至 18T(仅限偶数)
青少年	尺码 1 至 15(仅限奇数)
体型娇小少年	尺码 1JP 至 15JP(仅限奇数)

资料来源:TORSTEN BLACKWOOD/AFP/Getty Images.

图 5—2 女性服装尺码分类包括普通妇女、少女、苗条和大号和/或高个尺码

除了不同尺码类别中的女性普通尺码和少女服装有所不同以外,还有款式的差异

资料来源：Michael Stewart/GC Images.

图 5—3　少女服装与姑娘服装有细微差别，在尺码和时尚上更适合青少年

（见图 5—3）。少女尺码规格是为 16—22 岁的客户设计的，而女性普通尺码类别是为大约 22 岁和以上的目标客户设计的。女性普通尺码服装的造型、面料和剪裁比少女服装更成熟。

传统男装分类包括：

- 定做的服装（结构化或半结构西装、外套和单件，如运动夹克和礼服长裤）
- 运动服（休闲裤，包括牛仔裤）
- 服饰（礼服衬衫和休闲衬衫、毛衣、领带、手帕等饰物项目、内衣和睡衣、袜子、帽子和便帽）
- 专项运动服（包括高尔夫球服、网球服、泳装）
- 制服和工作服（工作衫和裤子、工装裤）

男装每年生产的季节性产品系列数量随服装分类而异。量身定制服装生产商倾向于推出一个较大的秋季系列和一个较小的春季系列，而大多数运动服装生产商每年推出 4—6 个季节性系列。

在童装方面，子类别按年龄大小类别和按性别组合（见表 5—1）。许多童装制造商都生产婴儿和幼儿规格的服装。儿童类别中，服装公司通常专门从事男童或女孩的服装。儿童服装生产的季节性产品系列通常包括开学季节（最大的产品系列）、假日、春季和夏季系列。

生产家纺产品的公司通常按最终用途类别进行分类：
- 家具软垫覆盖物和填料
- 窗户饰物
- 墙面覆盖物
- 地板覆盖物，包括区域地毯、小块地毯和长条地毯
- 房间和墙毯
- 床上用品，包括床单、枕套、棉被、毯子、被套、枕头和被子
- 浴室纺织品，包括浴巾、毛巾和浴帘
- 桌面纺织品，包括桌布、餐巾、餐垫、长桌布
- 厨房纺织品，包括毛巾、抹布、热垫和围裙
- 其他家用饰物，包括纺织挂毯、装饰枕头和罩巾

服饰制造商按产品最终用途进行分类：
- 鞋类
- 袜和裤袜
- 帽子和头饰
- 围巾
- 皮带
- 手袋
- 手套
- 首饰

鞋类子类包括：
- 运动鞋
- 礼服鞋和靴子
- 休闲型凉鞋
- 工作鞋和靴子
- 西式/休闲靴
- 远足鞋、狩猎和钓鱼靴
- 专业运动鞋（如滑雪靴等）

许多服饰公司专门生产一种产品，也就是说，有些公司只生产运动鞋，或者，只生产领饰。例如，许多被认为是专品承包商的帽子和头饰生产商，可能专门从事某一品种的产品，如棒球帽。软织物帽子和便帽通常使用类似于服装的加工技术缝制。昂贵的带沿帽一般需要手工制作，而更便宜的带沿帽和头饰则是机器生产。传统风格的羊

毛毡帽和草帽通常是在帽模上形成的,使用蒸汽把帽子塑造成形(见图5—4)。女帽(millinery)是指女性用的帽子,其制作过程通常有手工参与其中。

资料来源:Ron Mullet © 2010.

图5—4 毡帽在帽模上塑造成型

在这一类别中,男帽的规格大小,从6.5—7.5(以1/8英寸的间隔),对应于头围,或者,对于较浅的帽子,尺码分为小、中、大、特大。便帽可以用一个尺码生产。大多数妇女的帽子是由一个尺码生产,然而,一些设计师品牌的有沿帽是以几种尺码制作的。幼童的便帽和帽子尺码可以按年龄大小来制作,而较大的儿童可以按特小、小、中号和大号的不同规格来生产。

皮带行业分为两部分,即分割交易和货架交易。分割交易是指皮带制造商生产的皮带,由服装公司添加到裤子上,或作为裙子和礼服的组成部分供应给零售商。货架交易是指由制造商设计、生产和销售给零售商的皮带。

饰品分为三类,即精品首饰、桥段首饰和服装首饰。

● 精品首饰是最昂贵的首饰类别,包括由贵金属(如银、黄金和铂)单独或与珍贵和较珍贵的宝石一起做成的首饰。精品首饰公司通常是垂直一体化的厂商,设计师、生产者和零售商在一起工作。

● 桥段首饰包含几种类型的首饰,如,银、黄金(通常是14K、12K或10K)和较便宜的宝石(如玛瑙、象牙、珊瑚或淡水珍珠)。由艺术家设计的使用不同材料的独一无二的首饰也被认为是桥段首饰。从零售价看,桥段首饰通常介于精品首饰与服装首饰之间。

● 服装首饰是最便宜的首饰类别,使用塑料、木材、黄铜、玻璃、有机玻璃和其他便宜的材料大规模生产。虽然服装首饰行业也有莫奈(Monet)和潘多拉(Pandora)等大公司,但却由小公司主导,这些小型企业通过各种零售网点销售,包括非店面零售商。

一些公司倾向于多样化生产,涉足一个以上的服饰类别(见图5—5)。杜尼和伯克(Dooney & Bourke)和蔻驰(Coach),两者都是传统的手袋和小型皮革制品生产商,进而扩展到鞋类,蔻驰则进一步将多样化经营扩展到特许时装系列。

资料来源:Centeno/WWD/© Conde Nast.

图5—5 蔻驰拥有从鞋类到特许精品服饰的多样化产品

价格区域

时装品牌公司通常专注于一个或多个价格区域或价位点。这些价格基于商品的建议零售价或商品的近似批发价。

● 豪华或设计师价位:豪华或设计师价位是最昂贵的价格区域。它包括设计师品牌的精品系列,如路易威登、卡尔文·克莱恩、维拉·王、阿玛尼和香奈儿,也包括名牌系列,如博柏利及圣约翰(St. John)针织和蒂芙尼(Tiffany)首饰品牌。

● 桥段价位:桥段系列产品介于设计师和更佳价位之间,包括设计师的较便宜的系列,有时称为扩展系列(如阿玛尼精选系列),或者介于设计师和更佳价位之间的品牌(如艾琳·费舍尔、爱德丽安·维特汀妮)。

● 更佳价位:在更佳价位的产品系列通常是全国知名品牌,如爱姆普里奥·阿玛尼、DKNY女装、诺蒂卡(Nautica)男装或耐克运动鞋。许多SPA/商店品牌(如香蕉共和国)和自有品牌商品(带有零售商名称的商品)也在这个价格区[如诺德斯特龙(Nordstrom)的自有品牌 Classiques Entier]。

● 适中价位:中等价位的产品系列包括全国性的运动服装品牌(如码头工人、盖斯、琼斯纽约运动)或商店品牌(如盖璞、A/X 阿玛尼交换)和其他价格适中的系列(如卡斯帕西装)。适中系列还包括生产较便宜的产品但同时也生产更佳商品的公司(如卡尔文·克莱恩体育)。自有品牌和商店品牌商品也可能在这个价格区(如杰西潘妮的亚利桑那品牌和梅西百货公司的国际概念品牌)。独家许可协议的时装商品,如塔吉特的 Mossimo 品牌则居于更佳和适中两个价格区间。

● 经济或大量价位:该产品系列主要在大型超市和折扣店销售,经济系列位于最便宜的价格区域,包括以低价格作为竞争战略的零售商的 SPA/商店品牌(如老海军,见图 5—6)。折扣店的自有品牌商品也处于经济价格区域(如凯马特的杰克林·斯密斯品牌)。

需要注意的一点是,除了分类原因外,价格区域其实是连续的。例如,有些系列介于经济和适中价位之间,而另一些介于适中和更佳价位之间。一些公司涉足若干价格区域或品牌,乔治·阿玛尼公司就有乔治·阿玛尼品牌、爱姆普里奥品牌和 A/X 阿玛尼交换品牌,每个品牌对应着不同的价格区域。

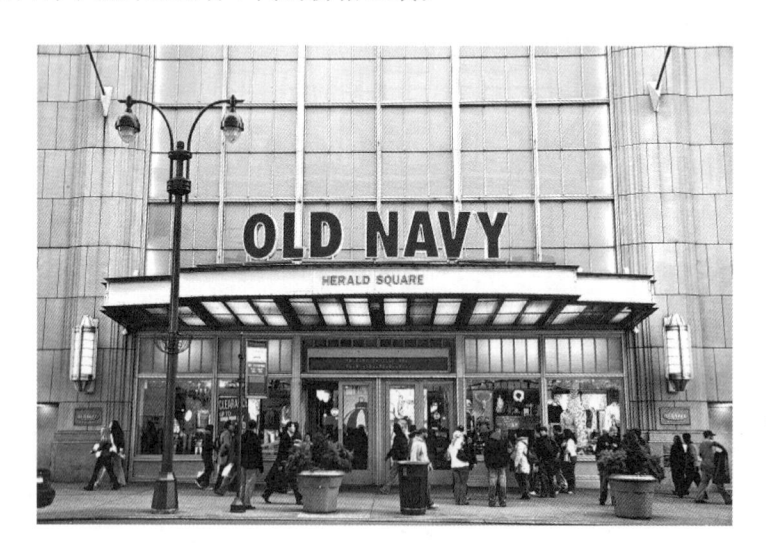

资料来源:Ericksen/WWD/© Conde Nast.

图 5—6 "老海军"(Old Navy)提供经济价格区域的商品

北美工业分类系统

美国商务部根据其主要工业活动对公司进行分类,根据这些类别编制和报告行业数据。以往使用的是标准工业分类(SIC)编号。随着 SIC 系统被逐步淘汰,北美工业分类系统(NAICS)问世。在这个分类系统中,美国、墨西哥和加拿大的工业部门可以互相比较。以下是该分类系统中主要的纺织业和服装业组别:

- NAICS 313:纺织厂
- NAICS 314:纺织制品厂(生产非服装纺织品)
- NAICS 315:服装制造业
- NAICS 316:皮革和相关产品制造业

在这些主要的组别中,附加的数字表示更具体的产品(比如,31521 组是指裁剪和缝纫承包商)。表5-2列出了纺织品和服装的 NAICS 类别。

表 5-2　　　　　　　　　　北美工业分类系统(NAICS)

主要组别	主要工业活动
313 纺织工厂	纺织工厂是工业中将基本纤维(天然或合成)转化为产品的分部门,如纱线或织物,以进一步制成可供使用的物品,如服装、床单、毛巾和编织袋,作为个人或工业消费。进一步制造可在同一设施内进行,并在该分部门内进行分类,或可在另一机构进行,并在其他制造业进行分类。 该分部门的主要工序包括纤维的准备及纺纱、织物的针织或织造,以及织物的加工。NAICS 机构跟踪并记录此流程。这一流程的主要部门,如纤维的准备、织物的编织、织物的针织、纤维和织物整理,可以明确界定。纱线的处理、织丝、捻、缠绕等方面均含有纤维的准备和加工整理,但被分类为纤维的准备而不是加工整理。
314 纺织制品厂	在纺织制品厂分类别的工业是制造纺织制品(除了服装)的设施。除了少数例外,这些行业中使用的过程通常是裁剪和缝纫(即采购织物进行裁剪和缝纫,以制造非服装纺织产品,如床单和毛巾)。
315 服装制造业	服装制造业界分类别的行业有两个截然不同的制造工序:(1) 裁剪和缝纫(即采购面料,裁剪和缝纫制衣);(2) 一些生产服装的设施,它们首先编织面料,然后裁剪和缝纫成服装。服装制造子类别包括制造全系列的成衣及定制服装的各种机构;服装承包商,对他人所拥有的面料进行裁剪或缝纫操作;加工商,从事服装制造的企业功能;为个别客户制作定制服装的裁缝。针织业在独立进行业务时被分类在纺织制品厂分部门,但当针织与服装的生产结合时,被归类为服装制造。
316 皮革和相关产品制造业	皮革和相关产品制造业分类别的设施通过鞣制、反腐处理及制作将兽皮转化为皮革并制成最终消费的产品。该分类别亦包括使用其他原料进行生产同类产品的设施,包括由"皮革替代品"制成的产品(除成衣),如橡胶、塑料或纺织品。橡胶鞋、纺织原料皮箱、塑料钱包或皮夹是包括在这个类别里的"皮革替代品"的例子。由皮革替代品制成的产品之所以被包括在这个分类别中是因为它们是以类似于制造皮革制品(如皮箱)的方式制成的。它们是同一个设施制造的,所以要分离它们是不现实的。 这个分类别包括皮革制作,部分原因是皮革鞣制是一个相对较小的行业,在其他行业几乎没有相似的生产过程;部分原因是皮革是本分类别中其他一些产品的原料;部分则是历史原因。

时装品牌公司的组织架构

图5—7勾勒了典型的时装品牌公司的组织架构。尽管公司组织可能有所不同，但它们通常包括以下活动：
- 调研和市场规划
- 设计和产品开发
- 营销和分销
- 运营
- 广告与销售推广
- 金融与信息技术

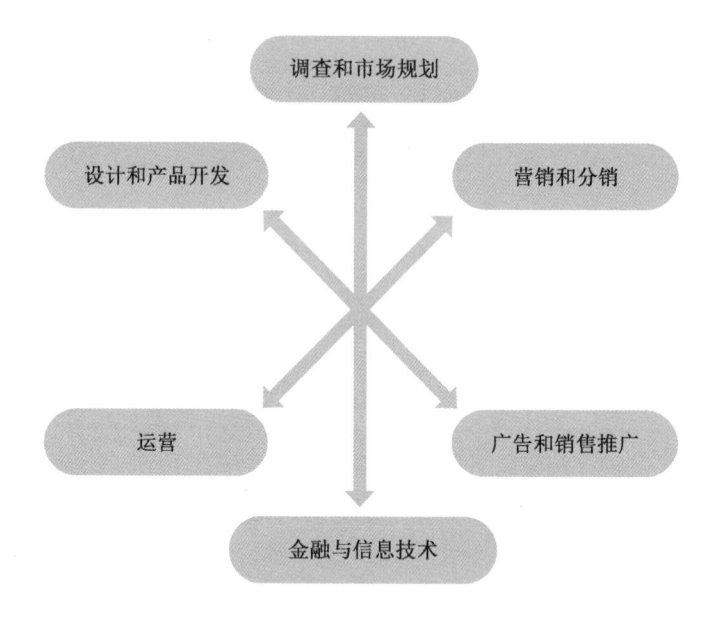

图5—7 典型的时装品牌公司组织结构图

大公司可能有不同的部门或科室及众多处理这些活动的雇员。在小公司，雇用较少员工，处理其中的不同活动。

在查看图5—7时，必须注意所有区域或部门之间的联系，各活动之间的沟通对公司的成功至关重要。市场规划必须与设计师沟通；设计师必须与生产管理和营销人员沟通；信息技术人员必须了解所有领域的计算机需求。各领域之间有效的沟通对大公司是个考验。

调研和市场规划

市场规划通常指的是综合信息的过程,用以决定公司制造和/或销售的商品的特点(如产品类别、价格、促销和零售场所等)。这一过程包括进行必要的趋势调研和市场调研,制定发展战略,以适当的商品、适当的价格和适当的数量,在适当的时间和适当的场所,来满足目标消费者的愿望和需求。

时装品牌公司的市场规划部门包括商品经理、商品协调员和时装总监。这些人员调研和预测时装及消费者购买行为的发展趋势,以便为公司的商品颜色、面料和服装轮廓提供发展方向。在进行这些预测时,规划者诠释公司目标市场的这些趋势,如客户年龄、性别、收入和生活方式的特点。市场规划者在时装公司中的角色可能会有所不同。在一些公司,他们促进了服装系列的创建;在其他公司,他们监督公司的时尚方向。以后的章节将更详细地讨论时装品牌公司的市场规划功能。

设计和产品开发

设计和产品开发部门的人员预测趋势,并创建出由企业生产的商品的设计。市场规划部门要与他们紧密合作。一般来说,市场规划部门和设计师一起规划季节性时装系列。设计和产品开发部门的人员包括时装设计师、助理设计师、产品开发师、款式开发师、样板制作师和样品缝纫师。那些有自己工厂的公司,设计和产品开发领域也可能涉及工厂的管理和经营,包括雇用和培训缝纫工。

"交叉销售规划"是指时装品牌公司在其提供的产品中将服装和饰物相结合的策略,一些服装制造商创建自己的饰物来搭配其服装系列。例如,耐克为特定的运动项目设计、规划和出售"健身套装",其女性跑步套装包括鞋类、袜子、跑步上装、紧身裤、运动胸罩及可以放置智能手机的臂带。有些公司订立协议,生产配套的时装商品。例如,有的公司生产滑雪服,有的公司生产配套的针织毛衣、帽类和手套。总之,每种产品都由拥有所需专业知识和最好资质的公司来制造。第六—八章将侧重介绍时装品牌公司的设计和产品开发活动。

营销和分销

时装品牌公司的营销和销售部门进行营销研究,将结果应用到更好的设计及商品上,并出售公司的商品给零售购买商和/或最终消费者。营销和销售部门含有为公司进行市场调研的人员以及区域销售经理和销售代表。市场推广周和展会期间,营销和销售人员还向公司展厅内的采购商或零售买家展示本公司的商品(见图5—8)。一些公司雇用自己的销售人员,另一些公司则与独立的销售代表签订合同来推销它们的商品。第九章将探讨时装品牌公司的营销与分销活动。

资料来源:Maitre/WWD/© Conde Nast.
图5—8 营销和分销:设计师安东尼奥·马哈斯在高田贤三陈列室指导模特

运营

运营部门执行试生产、材料管理、质量保证、采购、生产、分销和物流功能。时装品牌公司的试生产、材料管理和质量保证领域包括参与材料的检验和采购、生产(见图5—9)和质量保证的那些人员,有些公司将这些活动称为产品工程。如果有公司外包缝纫业务的话,这一领域则还包括那些鉴定和监督国内和国外的缝制承包商。一旦生产完成,商品就会被运送并分发给零售商。以后几章将探讨时装品牌公司的生产、规划、控制和分销策略。

广告和促销

广告和促销部门的人员与设计和产品开发人员及销售和营销人员一起工作。广告和促销部门的重点是创建促销、广告和利用社交媒体的策略和工具,以销售商品给零售购买商或最终消费者(见图5—10)。这些服务通常与专门从事这些活动的外部广告机构签约。

资料来源：Ye Aung Thu/AFP/Getty Images.

图5—9 时装公司的运营部门包括采购、生产和质检

资料来源：Skip Bolen/WireImage/Getty Images.

图5—10 品牌时装公司销售和促销部门从事时装秀和时尚杂志广告等推广活动

金融与信息技术

所有企业皆以获利为目标，有效的财务管理对公司的成功至关重要。一家服装公司的金融部门不仅仅是简单的"捯饬数字"，而是要为公司财务的全面健康负责，并与所有其他部门密切合作。

由于计算机系统在设计、生产、分销和零售方面及产品数据管理方面具有重要性，因此公司的信息技术(IT)部门在监管公司的电脑操作方面发挥着关键作用。其中工作的人员必须具备技术专长，还必须了解时装行业的运作。一些时装公司选择将信息技术工作外包出去。

时装公司的市场规划理念

市场规划部门的目标是通过提供满足消费者需求的商品来赚取利润。因此，市场规划人员为产品组合设定整体方向，并与服装公司的其他部门密切合作，后者进行产品的设计、生产、营销和分销。有效的市场规划和产品开发取决于以下因素：

- 公司的产品类别(如男士运动服、女装、童装或家纺产品)
- 其商品的价格区域或价格点
- 营销、广告和促销策略

根据公司商品在产品生命周期中所属的位置及其市场规划理念，时装公司可以分为以下类别：

- 设计或技术创新者：设计或技术创新者通常是时装创新者，依赖创新设计来吸引目标客户(见图5—11)。其目标市场是一个小的顾客群，设计创新者之间的竞争非常激烈，公司成功的概率可能小于1%。这些时尚前沿公司的设计者往往依靠他们的技术、声誉和广告来吸引顾客。设计创新公司的品牌包括亚历山大·王、贝齐·约翰逊(Betsey Johnson)、薇·瑞特伍德(Vivienne Westwood)和安娜·穗(Anna Sui)。设计创新者也有年轻设计师创办的小公司，他们通过精品店和小型专卖店提供商品，并迎合时尚创新者的顾客。一些时装品牌公司在技术和功能特征的融合方面是创新者，例如，耐克通常是运动服技术性能的创新者。

- 设计或时尚跟风者：一些时装品牌公司追随其他公司的成功创新趋势，而不是创造自己的设计创新。这种跟风行为要取得成功，其关键因素仍然是设计技巧和声誉，但无须冒不成功创新的风险。

- 设计或时尚模仿者：模仿者生产价格低廉的仿冒品，或生产与倍受媒体关注的时装产品类似的复制品。时机对于模仿者来说至关重要，他们必须立即对市场的新趋势做出反应，那些迅速生产颁奖典礼上明星衣着的公司(如奥斯卡奖)堪称模仿快手。

无论公司商品如何创新，所有成功的公司都必须进行某种类型的市场调研，通过产品系列的款式测试等过程获得消费者的直接反馈。为了在当今全球经济中领先胜出，公司必须根据市场调研、款式测试和零售销售趋势分析，准确评估消费者的喜好。

资料来源：Antonio de Moraes Barros Filho/Film Magic/Getty Images.

图 5-11　像亚历山大·王这样的设计创新公司依靠设计创新来吸引目标客户

公司通过自己的零售场所或与其他零售商的合作伙伴关系获得销售信息，然后在几周之内快速地生产和运送商品。如前所述，像飒拉和 H&M 这样的时装公司就采用各种方法来预测和摸准消费者的喜好，成为提供快时尚服装的翘楚。

时装行业协会和行业出版物

时装产业的各个行业协会都在积极促进行业细分，开展市场调研，赞助贸易会展，开发和分发与时装行业的各个部门有关的教育培训材料。在服装和鞋类行业中，最大的行业协会是美国服装和鞋业协会（AAFA），该协会的会员公司和其他专业人士代表在许多委员会中都很活跃。其活动内容有：
- 编制与服装制造、行业预测和趋势预测有关的统计信息
- 发布教育培训材料和信息，供行业分析人员和公司主管使用

其他行业协会聚焦成衣行业的特定部门，如贴身内衣、男士运动服或针织品，纺织、服装和饰品行业的部分行业协会见表 5-3。

表 5-3 纺织、服装和饰品行业的部分行业协会

服饰理事会	www.accessoriescouncil.org
美国服装和鞋业协会（AAFA）	www.wewear.org
美国服装生产者网络（AAPN）	www.aapnetwork.net/
美国纺织化学家和染色家协会（AATCC）	www.aatcc.org/
美国纺织机械协会	www.atmanet.org/home.aspx
加拿大服装联合会（CAF）	www.apparel.ca
美国时装设计者协会	www.cfda.com
纽约时尚鞋业联合会	www.ffany.org/
时装集团国际公司	Newyork.fgi.org
袜业协会	Hosieryassociation.com/
国际服装联合会	www.jafnet.eu
国际服装设计师和行政人员协会	www.iacde.net
国际时尚珠宝和饰物协会	www.ifjag.com
国际正装协会	www.formalwear.org/
国际手套协会	www.iga-online.com
国际泳装/运动服市场	www.isamla.com
MAGIC 国际	www.magiconline.com/
全国鞋类零售商协会	www.nsra.org
有机产品协会	www.ota.com
美国缝纫产品设备供应商协会	www.spesa.org/default.html
运动及健身行业协会	www.sfia.org
时尚俱乐部	www.underfashionclub.org

部分家纺产品行业协会见表 5-4。

表 5-4 部分家纺产品行业协会

美国家庭家具联盟（AFHA）	www.ahfa.us
地毯和垫子协会（CRI）	www.carpet-rug.org
国际家纺产品和装饰协会（IFDA）	www.ifda.com
国际家纺产品代表协会（IHFRA）	www.ihfra.org
国际床上用品协会（ISPA）	www.sleepproducts.org
北美家纺产品协会（NFFA）	www.nahfa.org
软垫家具行动委员会（UFAC）	www.ufac.org
美国窗帘协会（WCAA）	www.wcaa.org

与其他时装产业一样，家纺行业也得到了一些有关行业协会的支持，这与纺织工业有一定的重叠，例如，美国棉花公司为所有使用棉花的行业服务。一些行业协会推广一般的家居用品和家纺产品。其他行业协会，如地毯和垫子研究所（CRI）侧重于该行业的具体方面。表 5-5 列出了时装和饰物行业出版物。

表5-5　　　　　　　　　　　　　时装和饰物行业出版物

出版物	内　容	网　址
Apparel Magazine	目标是服装和软商品工业，注重业务及科技	apprael. edgl. com/home
California Apparel News	涵盖时装行业新闻，重点关注西海岸地区公司和市场	www. apparelnews. net/
Earnshaw's Magazine	服务于售卖婴儿和儿童服装及饰物的零售商	www. earnshaws. com/
FN	报道鞋类新闻、时尚趋势以及鞋类制造商和零售商的商业策略	footwearnews. com/
Just-style. com	报道国际纺织及服装业的一般新闻、市场研究报告和分析	just-style. com
Stores	提供公众感兴趣的信息，以及有关电子商务、止损、计算机软件和硬件的报告	nrf. com/connect-us/stores-magazine
WWD	为制造商和零售商提供男装、女装和童装的国际新闻，也涉及纺织品、饰品和化妆品	www. com

部分行业协会出版物侧重于时装行业，供该行业专业人士使用（表5-6列举了时装行业的部分出版物）。许多出版物起源于日报、周刊或月刊（见图5-12），现在大部分有数码形式，其中有些仅仅有电子格式。

表5-6　　　　　　　　　　　　　时装行业的部分出版物

出版物	内　容	网　址
Bed Times	有关床上用品行业的商业期刊	www. bedtimesmagazine. com
Floor Covering Weekly	关注有关地板和内墙装饰工业的主题，提供有关新闻给行业零售商、分包商、分销商和制造商	www. floorcoveringweekly. com
Furniture Today	有关家具零售业的新闻、趋势、调研和运营信息	www. furnituretoday. com/
HFN	针对家居用品行业的产品和零售趋势进行深入的新闻报道和分析	www. hfnmag. com
Home Accents Today	关注家居饰物行业的营销和趋势，侧重装饰品、特色家居用品和礼品顾客	www. homeaccentstoday. com/
Home and Textiles Today	专注于家居用品和纺织品的市场营销、销售和零售	www. homeandtextilestoday. com/
Interior Design	面向办公场所、商家及家庭内部装潢的专业设计师	www. interiordesign. net/

资料来源：Monica Schipper/Getty Images.

图 5—12　时装媒体的数码化可以即时链接时装秀等营销工具

结　语

当今设计、生产和销售的大多数时装产品都是成衣或家纺产品，随时可供最终消费者使用。也就是说，商品是彻底完成的，一旦购买，便可以穿戴或使用。由于服装和服饰行业使用了标准尺码和规模生产技术，使得成衣和饰品的商品化生产成为可能。时装品牌公司通常对应时装季节生产 4—6 个服装系列或精品组合：春季、夏季、秋季 I（初秋）、秋季 II、假日和度假或邮轮。快时尚公司每年可以生产服装多达 12 个系列。

要分清成衣和高级定制服装的区别，高级定制服装根据顾客的个体尺寸量身定做，成衣则使用标准尺码。此外，高级定制服装通常使用一些手工缝纫技术，使用的材料也比成衣昂贵。高级定制的时装精品系列每年（1 月和 7 月）向媒体、时装业的其他人士和富有的客户展示两次。

成衣品牌公司按其组织和运作可分为以下几类：制造商、许可方和销售自有品牌的零售商，后者包括 SPAs（销售自有品牌的专卖店）。时装品牌公司也根据其生产的产品类型、产品或品牌的价格区间以及政府建立的北美工业分类系统进行分类。

一个典型的时装品牌公司设有以下从事不同业务的部门：调研和市场规划、设计和产品开发、营销和分销、运营（含生产、计划、控制和分销）、广告和促销以及金融与信息技术。市场规划者在为产品系列设定总体发展方向的同时与企业的其他部门密切合作,进行商品的设计、生产、营销和分销。各公司的市场规划理念不同,分为创新者、追随者或模仿者。所有成功的公司均依靠客户调研、市场调研和销售数据来确定时尚方向。

时装产业的行业协会积极推广促销,开展市场调研,赞助贸易展览,开发和分发与该行业各部门有关的教育培训资料。

这些行业协会包括美国服装和鞋业协会(AAFA)和地毯与垫子协会(CRI)。许多行业出版物都专注于服装行业,供行业内专业人士使用,如 WWD、just-style.com 和 Apparel。

问题讨论

1. 列出你所喜欢的三个时装品牌,哪些公司生产这些品牌?对于这些品牌,你如何按产品类别和价格区域进行分类?

2. 分析一些时装业行业出版物或网上版本,每个出版物的读者对象是谁?(即出版物的目标市场是什么?)行业出版物包含哪些信息,这些信息如何供业内专业人士使用?

3. 分别讨论每年生产4个、6个和12个季节的时装系列的优点和缺点,举例说明哪些产品适合每年4个、6个和12个系列?为什么?

4. 在时装品牌公司中,以下部门分别扮演什么角色:调研和市场规划、设计和产品开发、营销和分销、运营(含生产、计划、控制和分销)、广告和促销、金融与信息技术。你想投身于哪个领域?为什么?

案例研究

拉夫劳伦:增添另一个扩展品牌

根据2015年拉夫劳伦公司(Ralph Lauren Corporation)的投资者关系网站,该公司是高级生活方式产品的设计、营销和分销领域的引领者,主要产品有四大类:服装、家纺、饰物和香水。47年来,随着产品、品牌和国际市场的不断扩展,拉夫劳伦这个奢侈品牌声誉日隆,独特形象深入人心。拉夫劳伦在其数十年的历史中研究了添加扩散品牌的利弊:公司曾在"桥段"和"更佳"两个价格区域取得成功,包括 Polo Ralph Lauren、RRL & Co 和 RLX 品牌,也在2013年削减了扩散品牌 Rugby。现在是公司通过在其品牌家族中增加另一个扩散品牌来检验机遇和挑战的时候了。

1. 拉夫劳伦公司目前有哪些品牌？简要描述每个品牌、价格区域和目标客户。以下拉夫劳伦公司网站将非常有用：投资者关系网站（http://investor.ralph lauren.com/phoenix.zhtml? c＝65933&p＝irol -irhome）和 Ralph Lauren merchandise（http:// www.ralphlauren.com）。

2. 公司品牌系列目前的缺口是什么？也就是说，鉴于其作为生活方式品牌的定位，什么样的生活方式品牌适合增加到品牌家族中？

3. 拉夫劳伦公司增加另外一个扩散品牌有哪些优、缺点？

4. 如果你是拉夫劳伦公司的市场规划者，那么你会建议拉夫劳伦公司添加另一个扩散品牌吗？为什么？

求职机会

全球时装行业的就职机会包括调研和市场规划、设计和产品开发、营销和分销、运营（含生产、计划、控制和分销）、广告和促销以及金融与信息技术等。第六—十三章将详述相关的求职机会，这里举一些例子：

- 市场经理
- 服饰设计师
- 产品工程师
- 零售买家
- 时装行业出版物记者
- 时装行业协会的营销和公关专业人士

参考文献

American Society for Testing and Materials(ASTM). http://www.astm.org/(accessed March 4,2016). Fédération Française de la Couture du Prêt-à-Porter des Couturiers et des Créatures de Mode.

http://www.modeaparis.com/(accessed March 4,2016).

North American Industry Classication System(NAICS). http://www.census.gov/eos/www/naics(accessed March 24,2016).

第二篇

时装品牌的创建与营销

第六章 创建时装品牌：调研

本章主要内容

- 创建时装品牌的重要性
- 锁定目标消费者的各种市场调研
- 对时装品牌市场的调研和分析
- 时装、颜色和面料/材料的趋势预测及其信息来源

创建时装品牌

时装品牌的创建和开发过程涉及一系列的步骤，每个步骤之间紧密相关，彼此互动。接下来的几章将依次讨论这些步骤。第二篇一开头，有一张设计过程的流程图，分为八个步骤展示设计的全过程。第二篇和第三篇将详细讨论设计过程中的每个步骤。第六章先讨论步骤1——调研，包括市场调研和时装调研。本章首先列出步骤1的流程图（见图6－1），列出若干调研的内容。请注意，这只是一般的流程图，企业出于各种原因会调整步骤次序。时装产业不断地发生变化，如计算机集成技术、生产速度、生产区位、外国市场管理法规、每年新产品推出的数量及其分销渠道等，这些变更都会影响设计过程的步骤顺序。况且，时装品牌的开发过程中还可能同时发生多种变动。

接下来的几章将讨论时装品牌的创建、营销、生产和分销，涵盖从产品开发直至最终客户手中的全过程。在公司实际运作时，这个过程的某些次序会有所变化。为避免混淆，我们在大多数情况下会按照传统的设计和生产次序来展开，在适当之处也会讨论变通的次序。

步骤1：调研与销售

```
步骤1：调研与销售

市场调研：              时装调研：
 消费者调研              时装趋势调研
 产品调研                颜色趋势调研
 市场分析                面料和配饰调研
 目标客户资料

季节产品系列规划
```

↓

步骤2：设计要略

↓

步骤3：设计开发与款式选择

↓

步骤4：时装品牌营销

↓

步骤5：试生产

↓

步骤6：采购

↓

步骤7：生产过程、物料管理和质量保证

↓

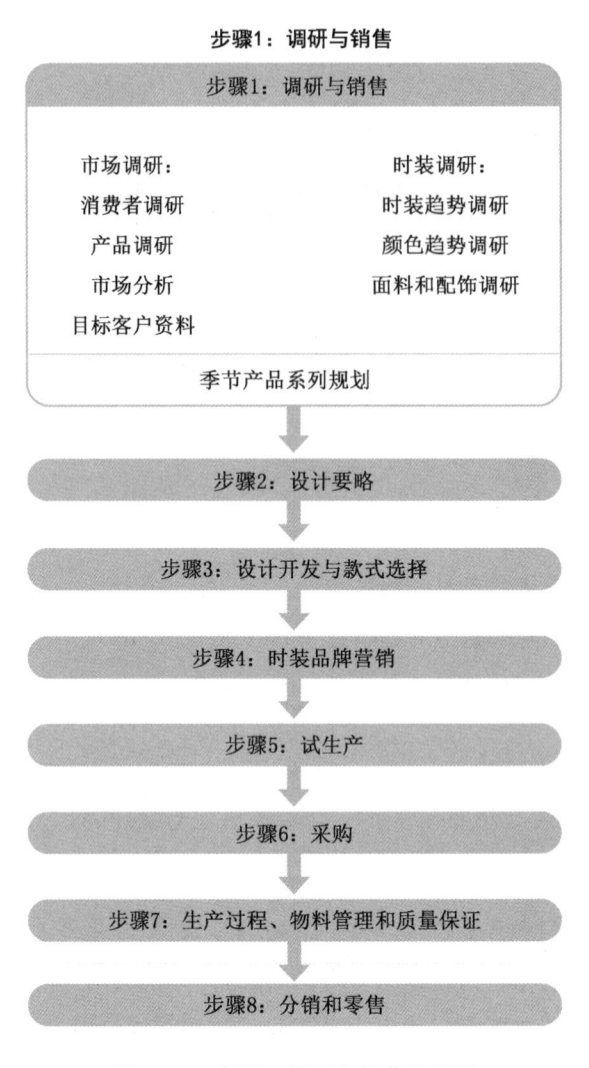

步骤8：分销和零售

图6—1　步骤1：调研与销售流程图

　　一般来说，社会时尚遵循着渐进发展的模式，时装公司也是如此。时装设计师通常会以持续的、渐进的方式开发新一季产品系列，创造新的时装产品。新产品总是基于以前的产品开发，可能会复制或改进那些曾获成功的款式。在规划和开发时装品牌时，企业要充分考虑目标客户、市场走向、时装趋势、颜色趋势、面料趋势和零售商的需求。每个成功的企业都会进行上述调研，以确定生产何种产品、为谁生产以及将产品销售到哪里。本章介绍一家公司如何开展这些调研工作。

市场调研：了解消费市场趋势

一家公司要在时装行业获得成功，最重要的无非是了解目标市场，为客户提供所需的商品种类，知晓消费者何时需要、在何处购买。换言之，消费者的需求就是时装产业的驱动力。时装界一直流传着这样一句话："唯有卖出，方可制造"，强调的就是消费者导向的市场概念。时装公司的功败垂成取决于能否确知消费者的欲望和需求。为了确定客户的欲望和需求，了解其何时何地需要时装，市场调研是不可或缺的。

所谓市场调研，是指"为营销管理决策过程提供相关信息的系统而又客观的方法"(Kinnear and Taylor, 1983：16)。市场调研分为以下两大类（同上，第 17 页）：

1. 基础研究：扩展营销体系的知识
2. 应用研究：帮助管理者优化决策

作为规划过程的一部分，公司高管、销售经理和设计师需对产品的应用市场进行调研。

应用市场调研包括以下三类：

● 消费者调研：提供消费者特征和消费者行为的信息
● 产品调研：提供首选产品的设计和特性方面的信息
● 市场分析：提供市场总体发展趋势的信息

本章将讨论所有这三类市场调研。

这三类应用市场调研为公司高管、销售经理和设计师提供了关于目标市场客户需求的有价值的信息。有的市场调研需要相当长的时间来运作、分析和诠释。由于时装市场的节奏很快，时装产品的研发阶段往往很短，时间因素对时装产品在市场上的成功销售至关重要，因此，企业通常会持续不断地进行市场调研。

美国服装和鞋业、美国棉花公司等行业协会也进行市场调研，为服装制造商和零售商提供有用的信息。本章还将提供其他各种有关市场调研的信息来源。

消费者调研

消费者调研主要是提供消费者特征和消费者行为的信息，有的消费者调研则是关注市场的一般趋势。人口统计学的研究，侧重了解消费者群体的以下特征：

● 年龄
● 性别
● 婚姻状况

- 收入
- 职业
- 种族
- 地理位置

消费者调研也关注消费者群体的心理特征,包括:
- 购买习惯
- 人生态度
- 价值主张
- 动机
- 偏好
- 个性
- 休闲活动

人口统计学信息有助于企业确定客户群体,而心理学信息有助于解释客户为何如此选择产品。客户的人口和心理特征将在本章"市场分析"一节做进一步讨论。

许多公司从事消费者调研和市场调研,1928年成立的AC尼尔森公司(AC Nielsen)是该领域的先驱者。有的市场调研公司下辖时装部门,例如,隶属于NPD集团的NPD时装世界(NPD fashion world)就是位于马萨诸塞州剑桥的一家服装市场调研公司。

有的时装品牌公司自行开展和解读消费者调研。例如,梅西百货(Macy's)与咨询公司dunnhumby合作,通过现场调查、焦点小组、用户问题处理及客户采购日志来收集数据,以确定客户的需求。梅西百货的营销总监彼得·萨奇斯(Peter Sachse)认为:"我们并不需要新客户,我们要做的就是照顾好那些喜爱我们的老客户"("NRF零售创新",2010年,第22页)。

公司在扩展新市场时需要了解当地消费者群体的偏好,因而也会进行消费者调研。譬如,美国的运动服公司进入亚洲市场,若想在当地顺利销售运动服,就必须研究亚洲的运动服消费者。亚洲女性喜爱的运动服格调明显不同于美国热销的运动服,不了解这一点就会水土不服。

颜色偏好因国别和文化而异,这些偏好与一国气候、居民肤色或文化遗产有关。一家公司向新市场进军,需要专门研究该市场消费者的色彩偏好,这对扩张的成功十分重要。

消费者调研的工作颇具挑战性。消费者的购买决策取决于多种因素,包括心理、社会因素和财务考虑,但他们却往往意识不到。事先询问时,消费者也许表示愿意购买某件时装,但市场调研结果表明,其实际购买行为却是南辕北辙。

产品调研

产品调研主要是提供首选产品设计及产品特性的信息。当开发新产品或改进现有产品时,评估新产品或改进型产品的市场表现大有裨益。为了确定客户的喜好,公司经常采用的调研方法是:

- 对潜在的消费者进行口头调查
- 在线发送调查问卷或邮寄查询

有时候,一家时装品牌公司会在引入新的产品系列前进行大量的市场调查,开发新产品的公司更是如此。杰西潘尼(JCPenney的自有品牌)和威富(VF)等大型时装品牌公司,多年来一直在测试消费者对时装款式的偏好。

试问,能否预测消费者对时装款式变化的反应?一些著名的时装品牌公司采用时装款式测试技术,用于预测消费者的购买行为。有的公司利用直销店收集消费者对各种时装款式及其定价的反应,听取销售代表、零售商和客户关于畅销产品的反馈意见,以维持热销;也有公司使用内部视频测试来引导买家决策。借助社交媒体(如脸书和推特),则是一种收集客户数据的新方式。公司不仅设立网站宣传产品,还利用社交网络征询客户想要的产品。舍勒(Schoeller)公司发言人香农·沃尔顿(Shannon Walton)认为:"用户每周7天、每天24小时都可以使用社交网络,我们应为最终用户提供更多的社交方式"(Walzer,2010:18)。

市场分析

市场分析主要是提供市场总体发展趋势的信息。提前做好规划、满足消费者未来的需求,是服装行业持续获得成功的关键所在。服装、配饰和家纺行业的市场分析分为长期预测和短期预测两种。长期预测提前预报1—5年的市场走势,而短期预测关注1年或1年以内的市场动向。这两种预测策略均用于市场分析。长期预测主要研究有关消费者支出模式和营运环境变动,研究的主要问题有:

- 服装生产商购买面料的借款利率会提高吗?
- 公司税会增加吗?
- 通货膨胀引起的生活费用上升,会不会使消费者减少服装方面的支出?
- 劳动力成本上涨会不会导致原材料采购价格大幅上涨?

所有这些趋势都会影响公司的生产计划和消费者未来的购买行为。

长期预测还涵盖社会的、心理的、政治的和全球的趋势。例如,国际贸易政策的变化会影响长期预测；在规划海外生产时，东道国的政治波动可能会影响采购选择；世界各地的货币贬值、经济下滑和金融震荡都会影响时装行业。

有些长期预测关注时装产业正在发生的变化，这方面的信息来源有：

● 服装策略师网站（www.apparelstrategist.com）和聚焦款式网站（Just-style.com）：发布时装行业的市场分析报告

● NPD集团（NPD Group, www.npd.com）：在线发布服装业和鞋业的市场调研

● 嘉思明咨询公司（Kurt Salmon Associates, KSA）：专门发布纺织品业务知识和市场分析

许多公司依据长期市场预测来进行短期的时装预测。许多趋势预测公司提供短期的和长期的趋势预测。例如，Mudpie公司首席执行官菲奥娜·詹威杰（Fiona Jenvey）认为："当前存在着一种追求经典和恒久的趋势，宁缺毋滥是理性消费和可持续性的反应。时装行业的这股趋势演变成复古、设计再版或'复古启示'。零售商和设计师应学会利用趋势信息来制作承载品牌价值的原创产品"（Fibre2 Fashion, 2010）。

此外，企业的社会责任感正在增强。消费者对全球社会问题的意识也在不断增强，他们在选择购物场所时对企业社会责任的重视程度也越来越高（Taylor, 2015）。

亚历克西斯·麦格能－卡拉威（Alexis Magnan-Callaway）认为："技术强化了全球性沟通，人们更有意识保护置身于其中的社会环境。"他所在的时装公司Pax Cult将10%的利润捐赠给客户选择的组织。"'千禧一代'正在重新定义技术之于环保的意义。这不仅是一个回收计划或生产一种可持续性的产品，人们希望自己支付的美元还能促进环境保护。"（Taylor, 2015）

短期预测对时装品牌获取成功也很重要。设计师、规划者和销售经理都要参与规划会议，共同探讨公司的短期预测和战略规划，确定公司的销售增长率。例如，公司经理确定了5%的销售增长率，那么每种服装系列的设计师都会被要求确保5%的销售增长因素。设计师（和销售经理）可以根据当季行销态势，选择一个或几个卖得特别好的款式，改进后添入新一季产品系列。短期预测时还要仔细研究竞争对手的动向。如果你的竞争者正着手扩大某种产品系列，如水上运动服，那么你的公司就要机敏地追踪研究该领域的增长是否可行。时装公司时刻都在留意市场的竞争状况。

品牌定位

每个时装品牌公司的目标是将自己的产品定位与竞争对手区别开来，以吸引潜在的客户。设计师和销售经理的目标是，在适当的时间为公司的目标客户开发正确的产品，此即品牌定位。总部位于西雅图的埃迪·鲍尔公司（Eddie Bauer）的品牌定位

如下：

> 创新、品质和对户外活动的激赏——公司创始人埃迪·鲍尔(Eddie Bauer)的这种激情至今仍是我们企业的基石。借由创新设计与卓越的客户服务，埃迪·鲍尔公司为今天的男性和女性提供高品质的服装、配饰和装备，充实其现代生活方式(Eddie Bauer, 2016)。

一家具有市场品牌地位的公司，它的每个产品系列都需要定义明确的目标客户（见图6－2）。

(a) Marc 产品系列　　　　(b) Marc Jacobs 女士产品系列

资料来源：(6.1a) Chinsee/WWD/© Conde Nast；(6.1b) Aquino/WWD/© Conde Nast.

图6－2　Marc产品系列(a)与Marc Jacobs女士产品系列(b)的目标客户类似，但后者售价更昂贵，这两个市场的主要区别在于价格

时装调研

时装调研除调查市场外，重点是调研款式、颜色、面料、材料和配饰方面的趋势。与市场调研类似，时装调研通常由专业的时装调研或预测公司来承担和解释。时装预测依赖于如何理解当下流行的款式和时尚演变的过程。预测人员持续追踪时装演变的轨迹来辨识下一代的发展趋势。大众文化活动及其精神风貌可能会以新的时尚体现出来，这个社会的"时代内涵"被称为时代精神。

时装趋势调研

趋势调研的工作主要是阅读或浏览行业出版物。时装产业的每个细分行业都有专门的行业性媒体，分别研究细分行业的时装潮流，例如：

- WWD.com：提供时尚、美容和零售方面的新闻报道
- Earnshaw's(earnshaws.com)：专注于童装和少儿产品行业
- FN(footwearnews.com)：专注于鞋业
- 国际运动服装(http://www.sportswear-international.com/)：专注于男士、女士和儿童的牛仔服和其他运动服装

这些行业出版物的在线版本提供一般的信息，时装专业人士则更认同那些与其所在行业相关的出版物。

目标客户阅读的流行时尚杂志，提供了对客户偏好的洞察，是时装趋势信息的一大来源。设计师和销售经理会瞄准目标市场，细读对口的出版物。主要的流行时尚杂志包括时尚(Vogue)、她(Elle)、时尚芭莎(Harper's Bazaar)、W、魅力(Glamour)、魅力(Allure)、名利场(Vanity Fair)、精华(Essence)、风度(In Style)、17岁(Seventeen)、箴言(Maxim)和GQ(见图6—3)。这些杂志随时可供公众在线阅读，印刷版的新闻杂志供书摊和书店出售。欧洲的时尚杂志，如法国版的时尚杂志(French Vogue)、意大利版的时尚杂志(Italian Vogue)、优雅(Elegance)、Book Moda Alta Moda(女装)；ModaUomo 和 Vogue Homme(男装)；以及 Vogue Bambini(童装)，都是时装潮流的重要指向。

时装品牌公司和零售商经常订购时尚预测服务。有的预测服务涵盖广泛的时装趋势，有的专注于颜色趋势，有的提供双重分析。美国时装趋势预测服务的机构有：

- 纽约的道尼格集团(Doneger Group)为服装、配饰市场提供商品咨询、时装趋势和颜色预测。该集团为零售商提供时装咨询刊物《托比研究》(*Tobe Report*)。
- Doneger 集团旗下的马尔吉特出版公司(Margit Publications)出版各种趋势和颜色预测。
- 《这里和那里》(*Here & There*)提供趋势和颜色预测，以及资料汇编、零售报告和纺织品报告。
- "趋势联盟"位于巴黎，提供时装趋势、面料和颜色趋势方面的预测服务，除提供预测出版物外，每年还在纽约、西雅图、旧金山和洛杉矶等地举办时装和面料趋势研讨会。
- Promostyl 总部设在巴黎，提供男装、女装、运动服、街头服装、青年服装和配饰趋势的书籍，如款式、颜色和面料趋势方面的书籍，并在全球许多主要城市举办专业会议。

资料来源：JOEL SAGET/AFP/Getty Images.

图 6—3　流行时尚杂志是时装趋势信息的一大来源

● 时尚资讯网（Worth Global Style Network，WGSN）是在线订阅的时装信息资源，向在线订户提供研究报告、趋势分析和日常的新闻服务。

目前，时装秀是时装趋势信息的另一个来源。这些时装秀（包括其网站在内）提供了米兰、巴黎、伦敦和纽约 T 型台上最新设计的款式图像。时装秀展示的是当前的时装样式，而不是预测未来的趋势，但许多新款式的展示为中等和大众价位的生产商设定了新趋势，指引着新方向。有些信息来源可以免费获取，而其他信息来源则需要在线订阅，订阅之前可以免费观看介绍性预览，供订户评估其有用性。在线时装秀和在线杂志一样，其优势是便于上网观赏。

设计团队经常参加特定细分市场的时装贸易展。从拉斯韦加斯到北京，贸易展在世界各地举办。出席贸易展的人们各怀目的：参展公司常常在贸易展上陈列样品；设计师和销售经理专程前来察看最新的时装趋势；参展者还有机会参加针对特定产品市场（如户外用品）的时尚潮流和颜色预测研讨会。

消费者导向的时装预测软件已经开发出来，有些软件程序不仅能够预测总销售额，且能帮助服装公司确定谁在购买、购买什么、在哪里购买，还将天气、区域性特定事件以及商场促销等因素一并考虑在内。

时装趋势调研还涉及购物市场。这听起来颇为有趣，实际上却需要用心关注和保持警觉。销售经理和设计师随时都在寻找可能会影响下一季产品系列发展方向的新趋势，例如，泳衣的设计细节可能会启发晚装的设计。走访那些出售本公司产品的零售店,与零售商们探讨产品如何销售,可以为时装趋势预测提供有用的信息。观察零售店里的客户对本公司产品的反应,也是很有用的信息反馈。研究零售店货架上的竞争对手产品,对于预测趋势也很重要。

进行趋势调研时,观赏巴黎、米兰、伦敦、东京和纽约的时尚女装和成衣系列最为赏心悦目。一些服装公司派遣设计师和销售经理前往观看每年两次的展会。新奇梦幻的时尚女装充斥着目标客户不大会穿的前卫风格,不过,可以从中提取重要的时装趋势,以适中的价格加以改进,随后应用到某个产品系列中去。

有的设计师和销售经理会细心观摩街头来往的顾客,运动服设计师则前往滑雪场或海滩,观察参与特定运动项目的潜在客户。时装反映了人们所处的时代及其社会生活方式,而时装本身何尝不是这种社会生活方式的创造者?趋势调研强调从多个来源持续收集信息。设计团队不是在真空中创造,他们每天都要体验和感受真实的世界,参观艺术博物馆、聆听音乐会、观赏电影、参与各种时尚新潮的活动,这一切对设计团队来说都非常重要。

颜色趋势调研

如果检视服装、配饰或家纺产品的颜色流行趋势,那么你会发现时装周期中经常出现几种主流色彩。在服装生产中,黑色、藏青、白色和米色是各季产品系列交替使用的颜色,每个服装系列都包括一种或多种主要颜色。彭得顿毛呢公司(Pendleton-Woolen Mills)的经典服装系列通常采用若干种主要色彩。藏青格子呢和绿色格子呢就是颜色换季更替的例子。如果顾客从经典系列中购买了一件藏青色的彭得顿夹克,那么若干年后添置的藏青休闲裤仍可与夹克颜色相配(除非夹克因穿着不当或过度磨损而弃之)。该公司按照服装的销售额和颜色类别来跟踪研究市场行情,以确保每个服装系列都能采用畅销的、恒久不衰的色彩。塔尔伯茨(Talbots)是另一家提供颜色换季调配的职业女装零售商,♯25纯红和♯26樱桃红都是其颜色换季更替的例子。

一些公司在服装换季交替时略微改变主色调,以表现时装的变化。在这一季服装系列,藏青可能偏紫;在下一季系列,藏青则会偏黑。这种细微的变化为主色调带来了新的时尚外观。如果服装系列使用的面料含有藏青色,那么这种藏青色就要与纯正的藏青相呼应。

其他的颜色则被称为时尚颜色,出现的频率少于主要颜色。时尚颜色经常循环变幻,从一个时装季节变换到另一个时装季节,并以不同的色调、色明度或强度重现。比如,橙红可能演变成蓝红色,也可能嬗变为蓝紫色。人们每隔几年就会重回某种时尚色彩,这一点颇为有趣。紫红色(茄色)等颜色每隔数年就会再现一次,这个时装季节可能稍微偏红,下一个时装季节又会稍微偏蓝。对于那些试图匹配上一季时装或上一年购物颜色的人来说,时尚颜色的生命周期变得非常短暂。有的顾客已经学会一次购买所有颜色匹配的服装系列,以免日后买不到货,因为他们想买的衬衫颜色很可能无法搭配其一年前买的裤子颜色。

某些时尚颜色的时装受到消费者追捧,因此会比其他颜色更频繁地出现。设计师和销售经理一直紧盯流行色趋势,将其目标客户心仪的颜色牢记在心。例如,暗红色和葡萄酒色调在美国会一再重现。蓝色会使个人色彩偏好变得模糊,也在色彩循环轮换中经常出现。

时装品牌公司也采用纺织品生产商常用的颜色预测服务。颜色预测服务主要研究纺织品、服装、家纺产品及其相关领域的颜色趋势。这类服务一般会提前 18 个月预测颜色趋势,若要提早更长的时间进行预测,收取的订阅费用则会更高。服装公司通常根据产品的类别(如男士西服或外套)和提前预报时间的长短来订购颜色预测服务。大多数颜色预测服务公司每年发布两次关于时装商品的颜色预测(见图 6—4)。

资料来源:Image Source/Getty Images.

图 6—4 颜色预测服务公司发布色彩趋势报告

美国的颜色预测服务机构如下:

● 美国颜色协会(CAUS):每年发布两次供季节性预测用的面料色板,涵盖女性、男性、青年、室内和环境。协会成员的年费从 650 美元到 1 350 美元不等。

● 彩通(Pantone):位于新泽西州 Carlstadt,每年两次出版 Pantone View Color

Planner，针对家纺行业，提前24个月指示季节性颜色方向，并提供颜色咨询服务。

- 这里与那里（Here&There）：本章前面提及这家公司，该公司提供时尚潮流和颜色预测服务。

- Huepoint Color：该公司主要预测不同形式的纺织品（如棉纱、棉织物）的最佳季节性颜色，并提供颜色标准，如CMYK（青色、洋红、黄色和黑色）与RGB（红色、绿色和蓝色）。

以上机构只是色彩预测领域的一小部分。大多数时装公司订阅了若干种色彩预测服务机构的出版物，以拓宽自己对颜色流行趋势的视野。

颜色趋势是如何测定的呢？假如有的机构预测红宝石的颜色将成为秋季流行色，那么是否所有的设计师都会在其产品系列中采用这种颜色呢？虽然情况并非如此，但颜色预测服务所做的色彩调研确实有助于时装界人士评估色彩趋势。有些美国预测机构十分留意欧洲面料生产商的颜色趋向，观察这些颜色是否被美国超前的时装设计师和消费时尚先锋人士所采纳。其他颜色预测服务机构侧重于通过销售数据来分析消费者颜色偏好的趋势。

色彩预测服务机构从各种可能的流行色中识别出最能反映下一波颜色趋势的色调、色明度和强度的色板。许多服装公司订购好几种颜色预测服务，比较同一季节的各种颜色预测结果的异同。

颜色预测机构用螺旋式装订的笔记本或杂志来展示颜色流行趋势，里面有一组颜料色卡、面料色板或纱线绒球。色板图表上的颜色往往多达数十种，涵盖了一系列的明暗、中性和时尚色彩。一次颜色预测预测不了所有的暗色，而另一次却又尽显所有的浅色，但设计师和销售经理总能辨识各种颜色预测服务中反复出现的某种总体趋势。

经过对颜色趋势的一番调研，设计师和销售经理将为新一季时装系列择定一个色板，同时，他们也会考虑许多其他有助于成功的重要因素。譬如，一位设计师注意到许多颜色预测中出现了不同的紫色色调，显示出紫色即将流行的趋势。有的颜色预测服务机构将各种紫色命名为紫罗兰、李子、大丽花、紫藤、非洲紫罗兰和薰衣草。时装品牌公司可以用这些名称或新名称来命名自己选定的流行色。产品系列的主题也可与颜色名称相关联，例如，选择土坯、仙人掌、鼠尾草和砂岩之类的颜色名称来突出西南方的主题。

面料和配饰调研

除研究时装和色彩趋势外，设计师和销售经理还注意研究面料和配饰市场。设计师所做的面料调研，既关注其一般的发展趋势，如将氨纶与羊毛混纺用于职业服装，或将微纤维用于男士西装和雨衣，又留心采用金属纤维的特殊面料趋势或采用雪尼尔纱线的套装用料趋势。这类面料研究的信息，来源于设计师和销售经理预测时装趋势时经常阅读的那些行业出版物及纺织品行业出版物。

纺织厂、纺织行业协会和面料生产商都迫切希望设计师能够了解最新的纤维、特殊的面料及其质地。面料生产商聘用销售代表，由其向设计师提供面料布样，回复设计团队成员的咨询电话。设计师需要的面料样品也向销售代表订购。许多面料生产商在纽约和其他城市设有展厅，展示其最新的面料。纺织行业协会总会也是极好的面料信息来源处。设计师可以走访棉纺公司的纽约办事处，探询各种机织和针织棉制品。

调研面料资源的捷径之一是参观每年春秋两季举办的纺织品贸易展。许多美国织物制造商都会参加纽约和洛杉矶举办的纺织品贸易展，展示其最新和最诱人的面料。芝加哥和西雅图等城市也举办此类小型展会。

一些欧洲面料厂商将其产品系列带到纽约和洛杉矶，向那些无法前往欧洲的美国设计师展示。纽约第一视觉面料展（Première Vision Preview）主要展览意大利、法国、西班牙、奥地利和葡萄牙的面料；洛杉矶国际纺织品展览会（Los Angeles International Textile Show）则以进口和国产的面料、配饰、辅料和工具为特色。

有的设计师前往每年举办两次的欧洲纺织品贸易展览会，观看欧洲面料制造商生产的最新产品。引人瞩目的国际纺织品贸易展包括：

资料来源：Stan Honda/AFP/Getty Images.

图 6—5　设计师参观纺织品贸易展，察看面料，激发灵感

设计师可以向纺织品生产商订购面料样品，每种样品长 3—5 码，足够制作原型服装，设计师据此评估该面料各种可能的用途。服装公司可在贸易展下样品订单，也可展后直接向销售代表订购。不过,对许多设计师来说,参观纺织品展览与时装设计展览的最大意图如出一辙,即从各种面料趋势中寻找灵感,为自己公司的目标客户挑选最合适的衣料。

某些服装类型特别适合使用专门的饰物和扣件,户外运动服便是一个例子。一个新的设计理念可能会由一个新奇的饰品或纽扣引发。调研新产品是设计师和销售经理的一项重要工作。产品贸易展、行业出版物和特种配饰物的销售代表是这类新产品信息的来源。

有了市场调研、时装调研和颜色趋势调研以及时尚预测方面的信息,时装公司的设计团队或创意总监打造新产品系列的工作就算准备就绪。

图6—5为设计师参观纺织品贸易展,察看面料,激发灵感。

结　语

一个时装产品或品牌的创造始于调研。公司为下一个销售季节筹划时需要考察当前销售季节的销售数据。须知,一个只会重复出售以往热销产品的时装品牌公司绝不可能长久存活,市场调研可以帮助公司预测下一季特定产品或总体趋势对客户的吸引力。时装公司重视长期预测和短期预测。长期预测主要考察社会、经济、零售、服装生产和客户的发展趋势,短期预测还要考察政经态势、资源可得性和客户需求。创建时装品牌,应与时俱进,仔细考察目标客户,如目标客户的年龄、生活方式和目标价格区等。

问题讨论

1. 长期预测(如5年后)预测哪些趋势？这些趋势如何影响公司的产品？

2. 举例说明男装、女装和童装的短期趋势预测(如6个月后),这些趋势如何影响公司的产品？

3. 描述瑜伽服露露柠檬(Lululemon)、拉夫劳伦马球衫(Polo Ralph Lauren)和汤米·希尔费格(Tommy Hilfiger)这些品牌产品的目标客户。

4. 目前女装和男装流行何种颜色趋势？预计下一季女装和男装会流行哪种或哪些颜色？请说明理由。

5. 当前的时装周期中哪些面料趋势正在冒头？

6. 举例说明设计师和销售经理进行调研工作的具体信息来源,你如何找到这些信息来源？

案例研究

卡特公司和有机棉

卡特公司（Carter's, Inc.）是一家总部位于美国佐治亚州亚特兰大的上市公司，是美国、加拿大婴幼儿服装及相关产品的最大的品牌营销商。该公司的品牌系列包括Carter's和Oshkosh B'gosh，通过百货公司、专卖店在北美拥有的实体店和网络商店全球销售。此外，卡特公司还与塔吉特（Target）品牌（Just One You、Genuine Kids和Precious Firsts）以及沃尔玛（Walmart）品牌（Child of Mine）签署了自有品牌商品的独家许可协议。

棉花原料在卡特公司的所有品牌产品中扮演着重要的角色。采购那些合乎社会道德规范种植和收获的棉花，是卡特公司履行企业社会责任计划的组成部分。例如，乌兹别克政府准许强制使用童工收获棉花，卡特公司遂决定禁止在其产品中使用来自乌兹别克的棉花。为了制止乌兹别克政府的这种做法，卡特公司还与其他公司共同签署了《关于采购乌兹别克棉花的责任公约》。

卡特公司应使用有机棉吗？

随着企业社会责任战略的推行，卡特公司正在考察在其产品中使用有机棉的问题。一些与卡特公司Carter's和Oshkosh B'gosh品牌竞争的对手已经在其婴儿服装和配件（如毯子）中添加了有机棉选项。对卡特公司来说，现在是考量和权衡生产有机棉婴儿服装和配件的优、缺点的时候了。

1. 以Carter's或Oshkosh B'gosh品牌的婴儿服装为例，回答以下问题：
（1）该品牌瞄准哪些目标客户？
（2）试述该品牌的主要零售商和销售点。
（3）列举该品牌的三个竞争对手，描述其产品和目标客户。
2. 何种预测服务可帮助卡特公司分析婴儿服装和配件使用有机棉生产的问题？
3. 有机棉用于婴儿服装和配件有哪些优、缺点？分别列举至少3个使用有机棉生产婴儿服装和配件的优、缺点。
4. 你认为卡特公司是否应在其Carter's或Oshkosh B'gosh品牌的婴儿服装和配件中添加有机棉产品？试述赞成或反对的理由，证明你的建议并引用相关的参考文献。

资料来源：Carter's, Inc. (2016), http://corporate.carters.com/corporateHome.html (accessed March 6, 2016).

求职机会

时装调研领域里的求职机会有：
- 消费者调研员
- 导购员
- 调研助理
- 时装预测师
- 趋势分析师
- 生活方式分析师

参考文献

Eddie Bauer(2016). "About Eddie Bauer." http://www.eddiebauer.com/company-info/company-info-about-us.jsp(accessed March 22,2016).

Fibre2Fashion. (2010). "Face2Face：Ms. Fiona Jenvey,CEO and Founder,Mudpie Ltd."http://www.fibre2fashion.com/face2face/mudpie-ltd/ms-fiona-jenvey.asp(accessed March 6,2016).

Kinnear,Thomas C.,and James R. Taylor. *Marketing Research：An Applied Approach*. New York：McGraw-Hill Book Company,1983：16—17.

"NRF Retail Innovation and Marketing Conference Highlights."(2010) Stores,April 4,pp. 22—23.

Taylor,Nicole F. (2015,June 19). "What is Corporate Social Responsibility?",http://www.businessnewsdaily.com/4679-corporate-social-responsibility.html(accessed March 6,2016).

Walzer,Emily(Ed.)(2010a). "Consumer Connections." Textile Insight,January/February,p. 18.

第七章 创建时装品牌：设计要略

本章主要内容

- 设计要略的制定和应用
- 以设计要略为纲，开发时装产品系列
- 设计和销售团队在产品系列设计中的职责
- 计算机辅助设计和图形设计软件在设计过程中的使用方式
- 产品生命周期管理体系：按照设计、款式选择、市场营销、试生产、生产和分销的流程跟踪管理服装款式的开发

设计要略

创建时装产品系列的第二个步骤是制定设计要略（见图7－1）和实际创造产品。如图7－2所示，设计产品是设计师和销售经理的工作职责。本章将探讨如何制定和运用设计要略来创建一个时装品牌。

时装品牌公司将撷取调研资料的精粹，撰写和制定设计要略。设计要略是统领公司全盘业务的总纲，使企业在设计策略上形成共识和聚焦点。

设计要略是公司创意总监批准的、设计师和销售经理开发产品系列的文件，是设计人员的工作指南，涵盖整个公司业务，由此制定统一的品牌形象和策略。该文件包括目标客户的信息、设计主题或灵感、可交付成果、日程表及预算。设计要略的制定为公司所有产品系列的开发提供了一个纲要。如第六章所述，设计师和销售经理通过调研来确定设计要略的内容。这种调研和预测通常是在公司层面进行的，并为设计要略的形成奠定基础。

许多时装品牌公司专门生产某类产品，如休闲服、泳装、鞋类或晚装。服装公司的产

步骤2：设计要略

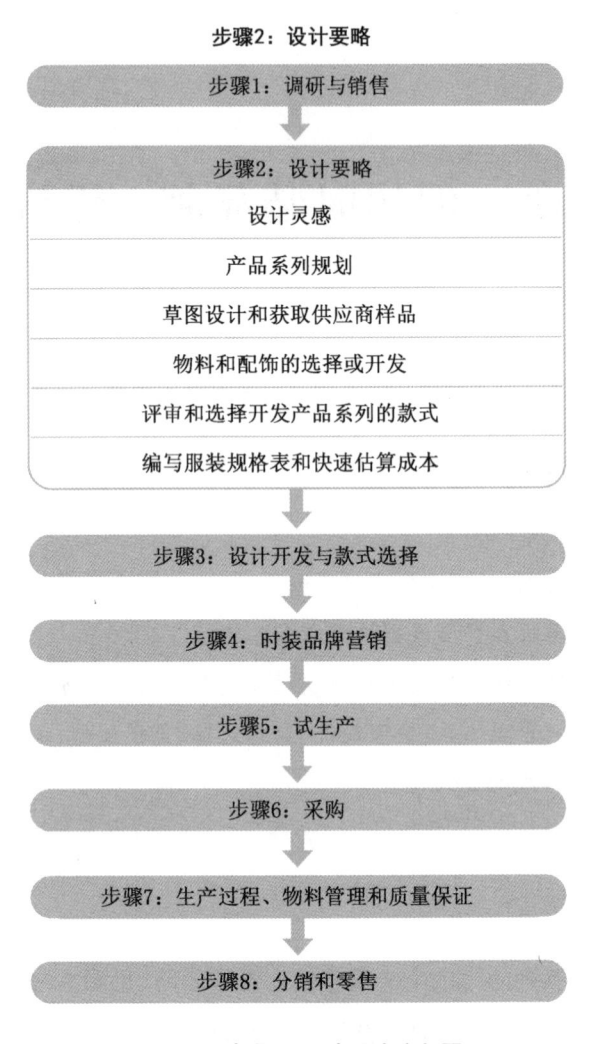

```
步骤1：调研与销售
      ↓
步骤2：设计要略
  设计灵感
  产品系列规划
  草图设计和获取供应商样品
  物料和配饰的选择或开发
  评审和选择开发产品系列的款式
  编写服装规格表和快速估算成本
      ↓
步骤3：设计开发与款式选择
      ↓
步骤4：时装品牌营销
      ↓
步骤5：试生产
      ↓
步骤6：采购
      ↓
步骤7：生产过程、物料管理和质量保证
      ↓
步骤8：分销和零售
```

图7—1　步骤2：设计要略流程图

品类型或产品系列构成了其发展时装品牌的基础。例如，鳄鱼公司（Lacoste）以打马球的针织衫而闻名遐迩。人们一提起"鳄鱼"，就会联想到这种产品类型（见图7—3）。保持产品类型的一致性，可以使客户加深对公司品牌的认知度，建立产品忠诚度，招揽回头客。设计人员、产品开发人员和销售经理组成的设计团队，将基于产品类型开发新一个销售季节的产品系列。

对一个时装品牌公司来说，设计要略产生的实际成果就是在特定季节向消费者提供的产品组合。所谓的产品系列、精品组合和产品集成这类术语皆可描述这个组合。"产品集成"是指巴黎、米兰、纽约、伦敦和东京等地的高级时装设计师在每年春秋两季的时装秀中展示的服装和配饰。对女装系列设计师来说，时装秀通常包括泳装、连衣

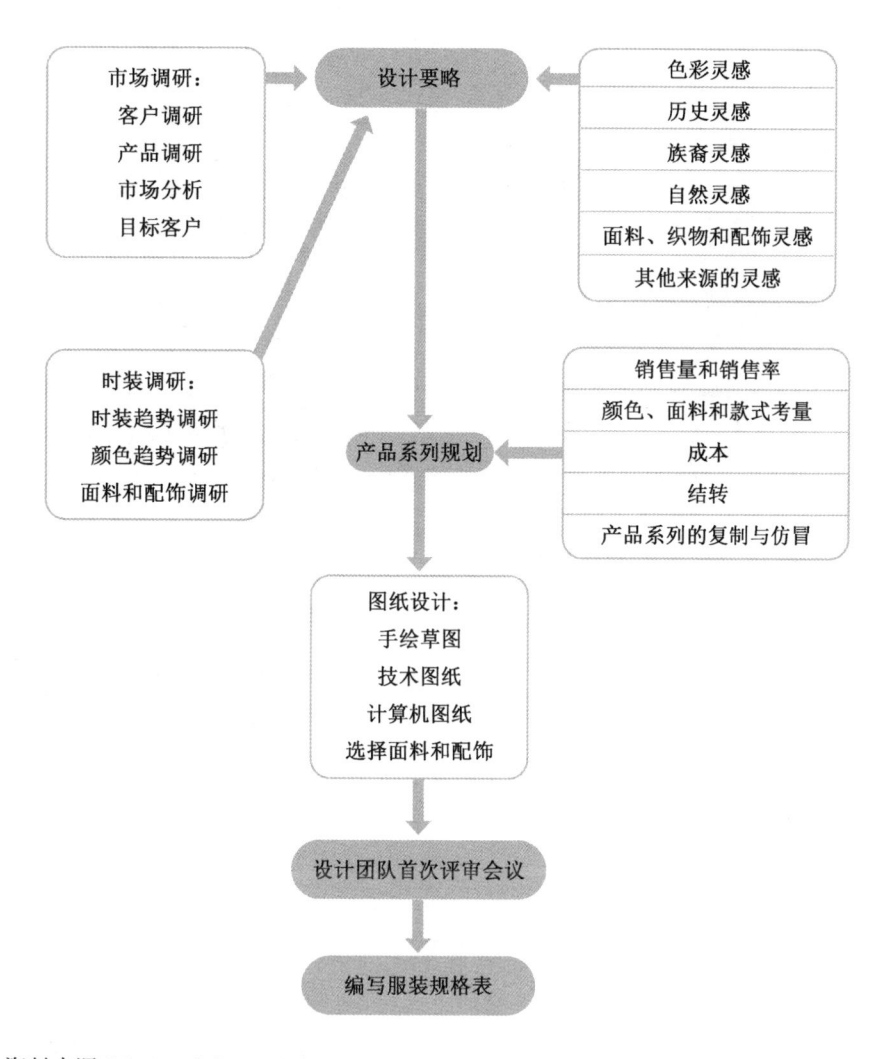

```
┌─────────────┐      ┌─────────┐      ┌──────────────────┐
│ 市场调研：  │─────▶│设计要略 │◀─────│ 色彩灵感         │
│  客户调研   │      └─────────┘      ├──────────────────┤
│  产品调研   │           ▲           │ 历史灵感         │
│  市场分析   │           │           ├──────────────────┤
│  目标客户   │           │           │ 族裔灵感         │
└─────────────┘           │           ├──────────────────┤
                          │           │ 自然灵感         │
                          │           ├──────────────────┤
                          │           │ 面料、织物和配饰灵感│
                          │           ├──────────────────┤
                          │           │ 其他来源的灵感   │
                          │           └──────────────────┘
┌─────────────┐           │
│ 时装调研：  │           │           ┌──────────────────┐
│  时装趋势调研│──────────┘           │ 销售量和销售率   │
│  颜色趋势调研│      ┌──────────┐    ├──────────────────┤
│  面料和配饰调研│───▶│产品系列规划│◀──│ 颜色、面料和款式考量│
└─────────────┘      └──────────┘    ├──────────────────┤
                          │           │ 成本             │
                          │           ├──────────────────┤
                          │           │ 结转             │
                          │           ├──────────────────┤
                          │           │ 产品系列的复制与仿冒│
                          │           └──────────────────┘
                          ▼
                    ┌──────────────┐
                    │ 图纸设计：   │
                    │  手绘草图    │
                    │  技术图纸    │
                    │  计算机图纸  │
                    │  选择面料和配饰│
                    └──────────────┘
                          │
                          ▼
                    ┌──────────────────┐
                    │设计团队首次评审会议│
                    └──────────────────┘
                          │
                          ▼
                    ┌──────────────┐
                    │ 编写服装规格表│
                    └──────────────┘
```

资料来源：Meiβner/ullstein bild via Getty Images.

图7—2　运用步骤2：设计要素创建新产品系列的过程

裙、西装、运动装和晚装，压阵的婚礼服更是不可或缺。设计师的产品系列有100—150件，集中反映了首席设计师的设计理念。高级时装设计师会为产品系列设定主题，并向零售商和消费者大力推销这一主题。设计师的主题往往基于历史或民族灵感，史上流行过的时装造型或服饰细节是设计灵感的源泉。

产品系列通常由一大组或几小组的服装、配饰，或按照设计要略的要求开发款式组成。一个主题可以用来指导颜色、面料和细节设计，也可以用于某一特定目的（如高尔夫或网球服）（见图7—4）。一个产品系列由某种产品类型的各种产品或款式组成，如衬衫、裤子、夹克、背心和毛衣。每个产品系列可能多达50、60件，都是为特定的目

图7—3 消费者将鳄鱼公司的名称(Lacoste)与特定的时装形象联系在一起

标客户开发的。设计师通常与设计助理和产品开发人员组成一个团队,负责创建产品系列。有的设计师同时负责若干个产品系列的开发工作。有时,一个产品系列还会开发一些小组合,每个小组合也有各自的主题。比如,一个小组合可能会用到3—5种不同的面料组合,大约含有一打精致配套的服装产品。

资料来源:WWD/© Conde Nast.

图7—4 产品系列是围绕一个共同主题开发的一组产品

许多时装品牌公司致力于开发季节性的产品系列(每年约有4—6个销售季节)。有的时装品牌公司不断开发新的产品组合,每4—6周便发货一次。在这种销售策略下，新产品频繁地出现在零售店中，诱使顾客沉迷于购物。另一种销售策略侧重于持续提供全新产品。飒拉（Zara）公司运用快速运作的方式进行设计－生产－分销，既设计产品，又拥有零售店。它可以快速地设计、生产和分销新产品，几乎每周都有新款式运抵下属的零售店。

如同时尚的渐进发展模式，时装品牌公司的设计师也是以持续、渐进的方式来创建新一季的产品系列。新的产品线会在原有产品线的基础上进行开发，对曾经获得成功的款式略加重复或修改。从上季产品线到下季产品线的款式重复被称为结转。在规划和开发时装品牌系列时，企业会仔细地考虑目标客户、市场总体趋势、时装趋势、颜色趋势、面料趋势以及零售商的需求，并一一体现在设计要略中。

制定设计要略

设计团队将以设计要略为纲，为一个产品系列赋予共同的目标。它们负责保持当下各时装品牌的外观之间的平衡关系，其创新之作既要体现时尚新潮，又要讨目标客户的欢心。设计要略锁定了目标客户，也描述了设计特点，如主题或灵感、颜色和面料。

目标客户

在创建产品系列时，设计团队必须在整个设计过程中将目标客户时刻牢记心头。各种产品类型都要与公司的目标客户紧密相连，产品类型与目标客户的这种契合被称为市场利基。针对利基市场来开发和维护产品系列，对产品系列的成功至关重要。新一季产品系列的某些款式会发生变更，以满足利基市场中客户的不同需求和品位。根据目标客户不断变化的需求和偏好，公司的产品系列也将发生改变，设计要略须反映这些变化，及时采取应对之策。

如果产品系列不作丝毫改动，久而久之，顾客则便会心生厌倦，不再购买与自己已购物品雷同之物。企业更改产品系列的例子有：

● 公司察觉到女性不再追求职业套装的外观匹配，遂将产品开发方向从专注于职业套装转向衣裙裤分件的协调搭配。

● 运动服公司在产品系列中增加高尔夫运动服装，因为打高尔夫球正在成为目标客户热衷的运动项目。

设计要略要有目标客户的详细资料，包括典型客户的照片，设计师、产品开发人员和销售经理视其为模特。设计团队将利用目标客户的形象和资料来做以下几件事：

● 识别市场趋势，特别是与目标客户有关的市场趋势；

- 制定产品系列开发的初始方向;
- 绘制款式图纸(概念性草图),提炼色彩概念。

对目标客户的生活方式进行调研,调查的内容包括:
- 职业类型
- 职业场所
- 社区的地理位置和人口规模
- 社会或政治倾向
- 受教育程度
- 人生态度
- 价值主张
- 对时装的兴趣(喜欢经典外观,或时尚引领者等)
- 价格意识

弄清目标客户爱好何种生活方式,可以确定其属于娱乐型人士抑或技术舒适型人士,这样的调研结果有助于企业确定不同的目标群体。

"生活方式营销"这个词的问世,说明引导目标客户对生活方式进行选择的重要性。激增的时尚杂志、直邮目录和网站均在吸引顾客关注生活方式。健身市场大量发行宣扬某种生活方式的杂志,时装品牌公司以新设计的产品吸引特殊生活方式的爱好者比比皆是。

主题

市场调研、设计灵感以及设计师与销售经理的对话,可能会引发某个主题思想,进而纳入设计要略。并不是每个产品组合或系列都有主题,但有了主题,能帮助公司向零售商和消费者推销产品组合或系列。针对选定的主题开展广告业务更是屡见不鲜。例如,户外钓鱼用品公司可能会用娱乐性垂钓作为主题,在钓具上绘图予以诠释。

颜色、面料和款式考量

设计团队在调研阶段获知了颜色趋势,将讨论新产品系列的颜色主题,可能采用的颜色组被称为色彩故事。主题往往会反映在为某些新款服装挑选的颜色上。譬如,对金鳟鱼的着色可能会引发一个钓鱼服组合的色彩故事,钓鱼服的衣料颜色可以使用金鳟鱼的各种色彩、色调和明亮度,其中的T恤可以印上一条金鳟鱼跃出水面捕捉蜻蜓的图形。这条跳跃的小鳟鱼还可用作该组合中其他产品的绣花或印花图案。又如,春季服装系列中"乡村风光"组合可选美洲作为主题,运用红宝石、藏青和黄褐色,制成纯色、小印花面料和格子花呢。

设计团队的任务是在颜色调研的基础上开发一组合适的色彩，编好一个色彩故事。产品系列的主要颜色与时尚颜色之间应保持平衡，形成连贯统一的外观，因此，设计团队会花费很多时间来调整正确的颜色平衡。它们在产品系列中使用的颜色组也可能使用某些不太好销的颜色，因为买家希望看到的是协调、和谐的色彩组合（比如，色彩故事需用浅色来平衡中等色和深色）。

绝大多数的时装款式将使用多种颜色来生产。一种特定的款式可能用三四种不同的纯色，同一种印花也可能有三到四种颜色的变化。可用于某种款式的各种颜色称为配色。以多种颜色生产相同的款式可以降低开发成本，比每种款式仅以一种颜色生产所需的样板、规格、原型和成本都要少。一款多色也为零售商提供了更多的选择，它们可以在产品系列中挑选部分产品，避免与当地竞争者的零售店发生色彩冲突。零售商还可以选择最适合其客户的配色。

设计师们经常参观纺织品贸易展，了解可用的新颜色和新面料。面料和材料供应商将为设计团队正在设计的新产品提供面料与其他材料的样品。在确定服装款式之前，设计师要择定颜色和面料，新产品系列需要在颜色、款式和价格之间取得平衡。

设计要略的实施

市场调研（时装、颜色和面料/配饰趋势调研）与触发灵感将贯穿全年设计过程的始终，但在当年的某个时点，设计团队必须按照设计要略的要求付诸实施。根据每年新产品系列的生产数量，每家时装品牌公司都有一个项目时间表，规定每个产品系列的调研、设计和生产诸阶段的完工日期（参阅前述设计流程的八个步骤）。设计团队设定产品系列的截止日期，然后倒计时确定何时从调研阶段转到设计阶段。

设计团队的作用

每个产品系列的创建要依靠一个团队。在创造每一种新的时装款式时，设计师通常会与产品经理和开发人员一起工作（图7-5是服装公司设计团队的组织结构的一个例子）。许多大型时装品牌公司聘请创意总监或总经理来负责监督和指导设计要略的开发，该设计要略将决定生产什么、在什么时候、以何种价格、制作多少产品。

在一些公司，尤其是较小的公司，设计师同时充当产品经理的角色。公司雇用设计师和产品开发人员。产品开发人员根据设计师的理念开发产品，其工作职责如下：

- 查找各种可供使用的面料和配饰
- 向供应商采购制作款式所需的全部物料

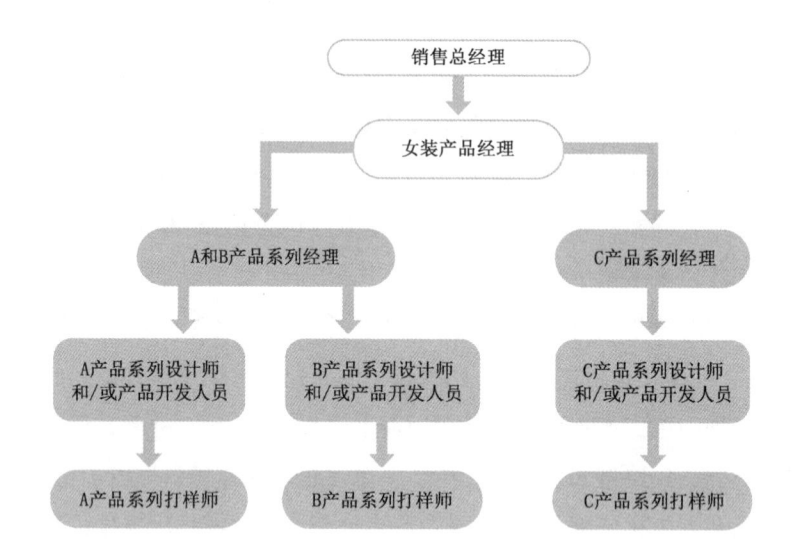

```
                    ┌──────────────┐
                    │  销售总经理   │
                    └──────┬───────┘
                           ↓
                    ┌──────────────┐
                    │ 女装产品经理  │
                    └──────┬───────┘
                ┌──────────┴──────────┐
                ↓                     ↓
        ┌──────────────┐      ┌──────────────┐
        │A和B产品系列经理│      │ C产品系列经理 │
        └──────┬───────┘      └──────┬───────┘
          ┌───┴───┐                  │
          ↓       ↓                  ↓
    ┌─────────┐┌─────────┐    ┌─────────┐
    │A产品系列││B产品系列│    │C产品系列│
    │设计师和/││设计师和/│    │设计师和/│
    │或产品开 ││或产品开 │    │或产品开 │
    │发人员   ││发人员   │    │发人员   │
    └────┬────┘└────┬────┘    └────┬────┘
         ↓          ↓              ↓
    ┌─────────┐┌─────────┐    ┌─────────┐
    │A产品系列││B产品系列│    │C产品系列│
    │打样师   ││打样师   │    │打样师   │
    └─────────┘└─────────┘    └─────────┘
```

资料来源：Chinsee/WWD/© Conde Nast.

图7—5　服装公司组织结构图

- 在创制时装款式的过程中协调企业各部门的工作

一些小公司的设计师也负责产品的开发。

设计师和销售经理参加规划会议，制定设计要略。在规划会议上，他们将检查上季销售数据（包括销售量和销售率），对新一季销售情况进行预测，并讨论下季产品系列的总体规划和时间表。总体规划的讨论通常包括以下内容：

- 特定产品系列中目标款式的制作数量
- 夹克与背心的比例，或裙子与裤子的比例
- 上一季款式的复制数量（结转量）
- 各种款式的形状
- 是否为该产品系列增添新元素
- 需要使用的颜色和面料
- 该产品系列所需全部材料的成本

销售量与销售率

时装界流传着这样一种说法："最后的产品线是你的价值刻度。"它意味着，一个公司的成功标尺就看上一季产品系列的销售结果。产品系列成功与否，一般用零售销售量和销售率来衡量。销售量是实际销售水平，即每种时装款式出售的总量，或消费者在该款式上支付的美元总数。时装品牌公司倾向于以销售总量来衡量产品系列是否

成功,而零售商则以销售量的价值总量作为衡量尺度。

一般来说,设计师和销售经理采用重复、修改和创新款式三管齐下的方式来达到目标销量。由于不能及时获悉产品系列的年产量及销售量,尤其是上季出售的确切产品件数,因此很难准确预测尚在开发中的产品系列的销售策略。即使产品系列在零售市场上热销,但延迟交付仍会减少零售商店的销售额,这是促使服装公司使用销售率这一测量工具的一个原因。销售率是指商品的零售数量与零售商从制造商处购买的商品数量之比率,是衡量产品系列成功与否的一个很好的指标。例如,某产品系列有300件品牌时装交付到零售商店,其中有250件商品被售出,销售率就是83%。即便降价出售,仍可视为整个产品系列获得成功。高销售率是生产商和零售商共同的目标。在规划新产品系列的服饰数量和类型时,当季和前季的销售数字都有很重要的参考价值。

成本估算

在整个设计阶段,产品系列中每种款式的生产成本是设计师重点考虑的问题。许多公司在召开设计要略的规划会议时都将成本会计师列为设计团队的成员。在开发新款时装时,成本会计师将提供成本分析。与成本计算有关的诸多因素是决策者必须牢记在心的。甚至在估算初始成本前,每家公司都有定价策略来指导成本计算。定价策略的要点如下:

● 销售同一产品系列的服装不得相互竞争。生产商遵循的定价策略是,衬衫款式不同,其价格也不同,款式差异支撑价格差异。如果用较贵的面料制成的衬衫,服饰细节较少;用较便宜的面料制成的衬衫,服饰细节较多,那么,两者可以近似(但不同)的价格出售。

● 定价策略的合理性。顾客比较同一产品系列中的两种价格不同的衬衫时,要让他们了解高价衬衫是由更贵的面料制成的,或者高价衬衫有更多的款式细节,以此来证明定价的合理性。

● 价格均等化。这种定价策略让使用较贵面料制作的衬衫价位,趋近于使用较便宜面料制作的衬衫。在这种定价策略下,生产商会设法使这两款衬衫的成本旗鼓相当,大致拉平两者的价格。其结果是较贵面料制成的衬衫价格稍微降低,而较便宜面料制成的衬衫价格略有升高。如果更多的衬衫是由较便宜面料制成的,那么公司就会赢利;而如果更多的衬衫是由较贵面料制成的,那么公司就会丢失一些利润;如果这两种款式均等销售,那么公司就可以保持平衡。

● 目标成本法。在创制一款新时装的设计-生产-销售周期中,企业所处的服装行业可能会发生重大变动,因此,应根据材料和劳动力价格的变化来计算成本。新款式的决策是由价格驱动的,尤以预算/大众价格区间的适当价位及自有品牌和商店品牌的商品价位为准。首先是设定目标成本,然后确定所需面料的码数及其价格,再估算其他组件(如拉链或纽扣)的成本,最后以小时工资率来估算生产新款式所需要的时间和人工费。例如,设计团队决定生产一种夹克,零售价为 75 美元(批发价为 37.50 美元)。该团队从前几个销售季节的成本核算中得知,缝制一件普通的夹克需要花费 30 分钟和 1.5 码面料。对面料和其他组件的单位成本进行估算后,设计团队便可计算出总成本。如果这个总成本低于目标成本,设计师就有余地增添更多的设计细节(即增加人工成本和材料费用),或采用更贵的面料或配饰,从而赋予新款式更多的特色,但仍未超出目标成本的范围。

目标成本法用于特定类型的商品已有一段时日,例如,为连锁零售店生产的款式和自有品牌商品。推行目标成本法的另一个原因是,除了时装和某些设计师价格区间外,当今服装市场的价格上限均取决于目标客户愿意支付的价格。

结转

一个时装系列并不是只有新款式。新问世的产品系列中,既有新设计的款式,又有好卖家的改良版,还有结转品。所谓结转,是指复制上季成功款式的风格,但会使用某种新的面料、材料或颜色。结转为产品系列升级换代提供了一条便宜易行的路径。如果新面料的纺织特性与先前使用的面料完全相同,那么,开发成本将会很小,因为这种款式的生产样板可以重复使用。但若新面料的纺织特性不同,如收缩率不同,则需要制作新的样板和原型。

在每个产品系列中,各公司生产的新款式数量与结转品数量的比率有所不同。以中等价位生产服装的公司,约有 1/3 是结转品,1/3 是以前款式的改良版,1/3 是新设计的产品。处于大众价位到中等价位区间的公司,其生产新款式的比例可能低至 10%,且多为设计师品牌的产品。在新产品系列中,有的款式属于上季款式的改良版,可能会对一个或多个设计细节(如衣领或口袋)略作改进。这一过程缩短了开发时间,节省了成本,有助于改良版产品走俏市场。

产品系列复制与仿冒

新款式通常发轫于设计师的草图,但也可另辟蹊径。有时,设计师或销售经理光顾购物市场或浏览时尚杂志时会发现一件很理想的服装,颇得设计理念之精髓。于是,设计团队决定据此创建一件复制品。服装复制有几种方法。譬如,一个独特的设计（设计细节有所创新的衬衫）可能会成为下一季完美的产品系列。设计师将要求打样部门使用类似的面料制作全系列的衬衫复制品。新衬衫精确复制了原先的产品，故被称为全系列复制。又如，复制高价服装，但以低价出售。制造商只需选择便宜的面料，取消或修改一些设计细节，便可完成仿制。这些仿冒品抄袭原创，却不是精仿。一旦新款式热销，售价低廉的仿冒品往往会将设计师的原创产品淹没殆尽。

对既有的时装设计进行复制是否合法呢？在美国，有防止侵犯版权和商标的法律，一件服装的特定"发明"（如无缝内裤的独特成型工艺）可以获得专利。然而，在包括美国在内的一些国家，已出现的服装设计是不受版权保护的，故美国服装界抄袭和仿冒的现象比比皆是。欧洲亦然。1994年，法国设计师伊夫·圣·罗兰（Yves Saint Laurent）就一件燕尾服的设计复制问题（见图7-6）将拉夫劳伦（Ralph Lauren）告上了法庭（"Tuxedo Junction"，1994）。

(a)伊夫·圣·罗兰的燕尾服　　(b)拉夫劳伦的燕尾服

资料来源：图7.5b：Aquino/WWD/© Conde Nast.

图7-6　燕尾服

规划产品系列，需要考虑许多因素。例如，该系列的款式总数，其中，一部分是前一系列的结转，一部分是以前款式的改进版，一部分则是全新的设计。设计者还要决定：
- 高端款式与低端款式之间的数量关系
- 款式多样化（如单排扣和双排扣夹克）
- 每种款式使用的颜色和面料
- 每种款式的生产成本
- 产品系列中各款式定价之间的平衡关系

物料、面料和配饰的选择

在设计过程的规划阶段，经常需要采购合用的物料、面料和配饰。设计方案被批准之前，先要选好物料、面料和配饰。每张设计草图或技术图纸均须附上将要使用的物料或面料的小样品，亦称布样。在销售经理、设计师和成本分析师评审进入最终产品线的设计方案之前，选择面料是至关重要的。设计草图或技术图纸还须附上配饰的样品，并指明具体的组件，如按钮和拉链。有时拟用物料或面料一时无法从制造商那里获取，设计开发阶段只能暂时使用仿制品替代。

纺织厂每季都会生产大量的印花面料，许多时装品牌公司直接从纺织厂购买印花面料。然而，有的时装品牌公司更乐于与印花面料的创新者进行合作开发。创建新设计面料的方式如下：

- 采用新的配色方法，修改原有的印花图案。
- 如果在市场上找不到合适的印花面料，设计师、助理设计师或产品开发人员则自行开发新的印花面料。
- 向纺织品公司购买其设计的作品，或者向自由执业的纺织品设计师购买其原创的艺术品。

购买了面料原创设计的时装品牌公司，有权按照自己的意愿进行修改，它们可以更改设计的尺寸、花边和颜色，或根据自身的需要进行复制。

设计草图

在设计阶段的某个时刻（通常是项目工作日程表规定的到期日），设计师开始按照设计要略的要求画设计草图。通过深挖各种来源的信息，领会设计要略的精神，大多数设计师找到了灵感，并产生了很多新的想法。

技术图纸

不含身体轮廓的设计草图被称为技术图纸。设计是平面绘图，可以平摊在一张桌面上，因此，技术图纸也被称为平面图或平面草图。大多数公司使用技术图纸代替设计草图，尤以运动服行业为甚。运动服的细节较多，其技术图纸包括口袋、袖口或衣领等细节的特写及后视图。技术图纸对打样和实际生产来说特别有用，它有时会显示特定的尺码，如贴袋的尺寸和位置。

计算机辅助设计和绘图软件

计算机辅助设计(CAD)软件在20世纪70年代问世。到20世纪80年代初,专为时装产业开发的CAD软件出现,此后该软件不断升级,逐步完善。目前的图案绘制及用于试生产和生产的CAD软件更加易学易用。Adobe Creative Suite™已经成为流行的图形软件,尤其适合绘图和纺织品设计。此外,软件升级提高了使用这些程序的便利性。CAD和图形系统的成本曾一度是公司不小的负担,如今随着计算机系统大幅降价,即使是小型时装品牌公司也能承受。

服装设计

有些设计师更喜欢手工绘制或技术图纸,许多时装品牌公司则希望他们的设计师也用CAD或图形软件程序绘制技术图纸(见图7-7)。本书后面的章节将涉及用于样板制作、样板放码和生产标记制作(标准裁剪计划的开发)的CAD系统。

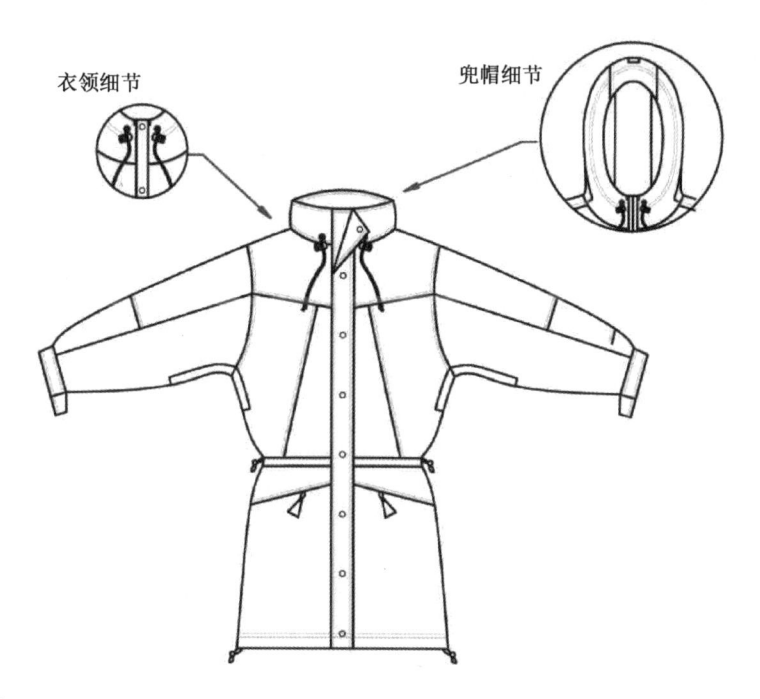

资料来源:WWD/© Conde Nast.

图7-7 技术图纸显示设计细节

使用CAD或图形软件绘制设计草图有两大优点:一是节省大量的时间,二是快速展示和比较各种设计方案。设计师可以挑选一张上季服装系列使用过的设计草图,在上面进行简单的修改,为新一季产品系列增添设计细节,这将使设计制图工作大为提速。

有的设计师质疑计算机画草图会扼杀创造力,因而更乐于用手中的铅笔来"思考"。为了帮助这些艺术家,一些图形电脑程序允许设计者使用手写笔来模拟绘画行为。大多数设计师熟悉 CAD 或图形软件绘制草图后发现,快速修改设计是计算机的一大优势:

- 计算机系统存储了各种人体姿势的草图(见图 7-8),设计师只需选择其中一个,转贴到电脑屏幕上,就能为其绘制服装草图。
- 一些软件程序提供服装基本款式的数据库,如衬衫、裤子的款式,组件(衣服领子和口袋等)的样式。设计师将所需的部件组合在一起,就能生成新的服装款式(见图 7-9)。
- 按计算机存储的人体姿势图的真实比例来绘制新的服装设计。
- 输入给定的准确尺码,绘制新的服装设计。

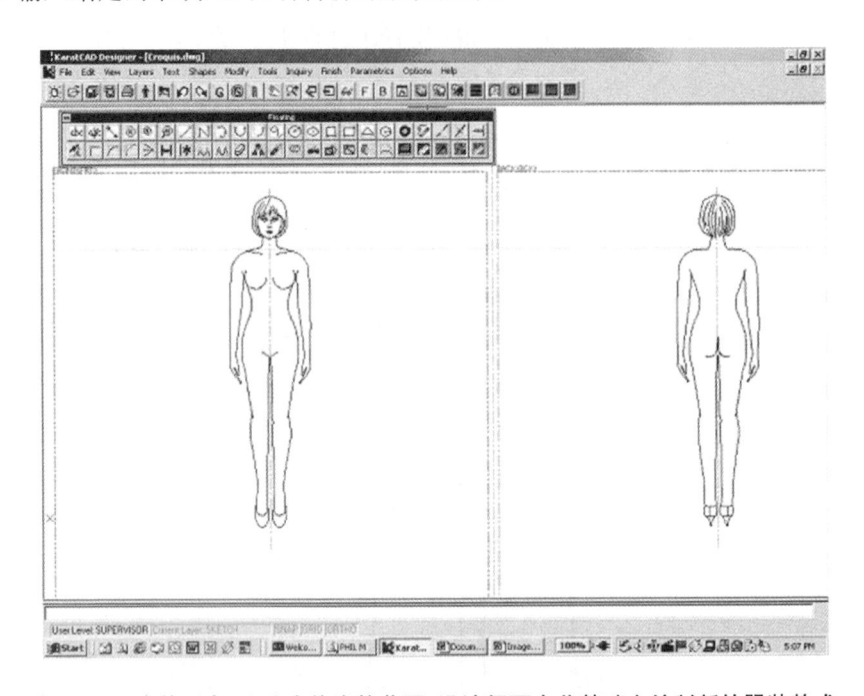

图 7-8 人体形象,又称人体姿势草图,设计师可在此基础上绘制新的服装款式

为了使服装款式的特殊色彩或印花图案可视化,计算机生成的服装图案可以运用若干着色方式。例如,设计师使用计算机图形程序,在计算机显示器上显示调配好的色彩来模仿拟用样布的颜色,使颜色匹配准确无误,再将新服装款式的图纸打印出来,与样布的真实颜色进行比对。

一些图形软件程序将纺织品生产商使用的相同颜色组集成在一起,键入颜色编号,便可快速生成精确的色彩匹配。许多图形软件程序都支持国际标准色卡——潘通

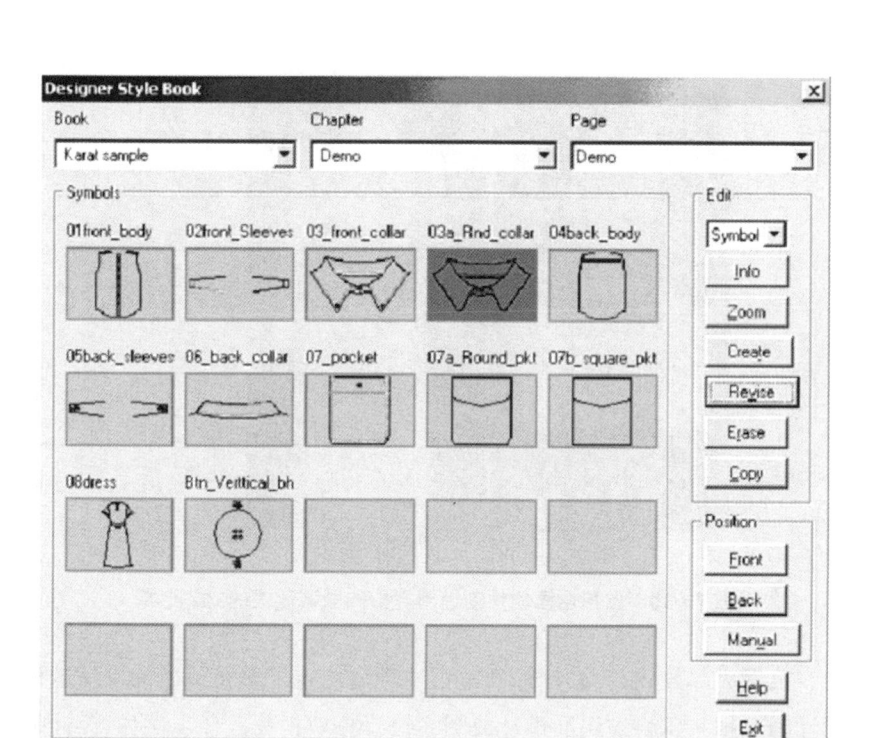

资料来源：Freeboarders.

图7-9　计算机存储的服装组件数据库，设计师可以从中选择所需的组件，转贴到技术图纸上来开发新的服装款式

（Pantone）颜色系统，纺织品生产商可以据此比对面料上印的颜色。这些集成系统可用于印版制作，确保日后出售的产品系列在颜色上准确无误。

现有的印花面料可通过扫描仪输入计算机系统，计算机屏幕上将出现该面料的摹本。所有印花或格子面料图案的尺码皆可在计算机上调整，以达到设计图纸所要求的准确比例。这个过程比手工绘制和织物图案着色要快得多。

一些更复杂的软件程序可以使设计师的计算机模拟悬垂的面料（见图7-10）。这种模拟面料立体悬垂的计算机技术被称为虚拟悬垂。

在设计阶段应用CAD或图形软件，还可以将设计过程的后续步骤集成在一起。设计师的CAD图纸将成为服装技术图纸的基础，便于该设计的开发和生产。本章后面和设计过程的每个步骤还将进一步探讨计算机在整个设计过程中的整合作用。

设计师精通CAD和图形软件系统变得越来越重要。设计专业的学生必须开发利用计算机系统描画设计思路的能力，以增加未来就业求职的机会。

纺织品设计

计算机辅助设计和图形软件程序也是纺织品设计的重要工具。纺织品设计是服

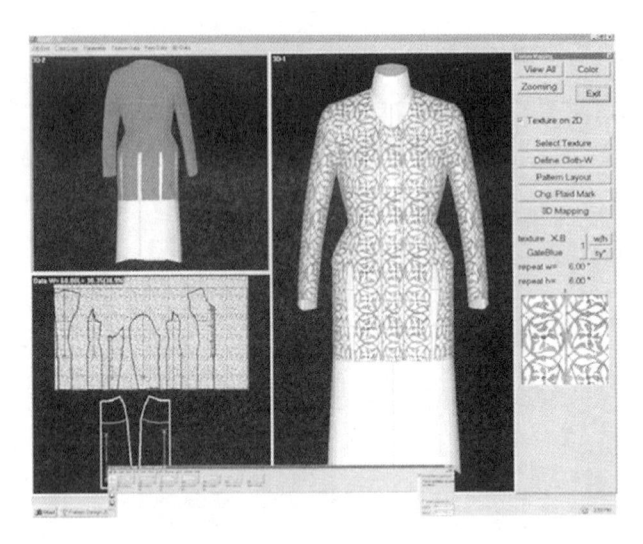

图7—10　虚拟悬垂软件创造出虚拟的服装款式的立体形象

装设计的有机组成部分,服装设计师和销售经理应尽量了解纺织品的设计过程。当今的服装设计师也越来越将纺织品设计或图案设计作业视为己任。例如,设计师专为T恤设计一个图形标志,以便与产品系列所使用的面料印花相协调,也会对现有的印花面料进行再设计或再着色。

有些公司的纺织品设计师与服装设计团队并肩工作。譬如,在美国俄勒冈州波特兰市的彭得顿毛纺厂(Pendleton Woollen Mills),格子面料的编织设计与服装设计早已融为一体。纺织品设计师会根据款式的特殊要求计算格子花纹重复的间距,使其与裙子花纹的褶皱宽度一致;反之亦然。这样做有一定的难度,因为纺织品设计师必须记住新款式的尺寸大小。

计算机软件系统为纺织品设计提供了诸多便利。一些计算机纺织品设计系统可以将新勾画的印花设计直接打印到面料上,将几个重复的印花设计连接起来,就能模仿大块的印花面料,让纺织品设计师立马看清印花设计的尺寸、重复性和色彩组合(见图7—11),随即便能动手修改不妥之处。比起将打印好的纸样送到纺织厂制作一定码数的样品,这显然要快得多,而且花费更少,这个过程被称为印花面料打样。

产品管理系统

如今,时装品牌公司正面临着与日俱增的快速创制新款式的需求。对许多公司来说,传统的设计方法、生产方式、零售买家营销和零售商分销的做法,已经不太适用。促使服装行业不断加快前进步伐的因素增多,最为关键的因素有:

图7—11 纺织品设计师设计计算机印花图案时可以调试和比对各种颜色组合

- 时装产品生命周期的时间长度
- 国际范围内的采购和生产
- 所有合作伙伴都需要准确、及时地沟通

当代时装产业的一个典型场景是：你也许是一位纽约的服装设计师，正在精心调配和开发夏季时装系列的色板。与你合作的设计伙伴在洛杉矶，你的打样师和样品制作商在8 000英里以外的印度，而你的染色厂远在中国。这些公司如何尽快获取和实时处理所有跨国越洲的必要数据呢？

计算机技术提供了满足这些要求的手段。20世纪90年代初期开发的产品数据管理系统（亦称产品信息或产品开发管理系统），可以通过计算机来跟踪某种服装款式的开发动向，它所生成的技术信息包将传送给试生产和生产的工厂。新款式一经上马，这种管理方式就开始同步运行。创建新款式之初，设计团队成员就已在使用计算机绘制服装草图（或技术图纸），计算机生成了款式信息表（技术规格表）。一旦该款设计向试生产部门转移，有关该款式的信息就会立即通过计算机网络无缝传输过去。

20世纪90年代后期，对新款式进行电子信息管理变得日益重要。对款式信息的跟踪过程，打从新设计的时装款式向零售店交付就开始了。提供电子管理文件的两种技术分别是：

- 产品数据管理（PDM），亦称产品开发管理（PDM）
- 产品生命周期管理（PLM）

PDM软件采集以产品为中心的数据，并允许对其进行信息管理。与以图像或文档为中心的管理系统不同的是,PDM以产品或正在设计的时装款式为中心,将与之相关的所有内容(包括规格、草图和其他信息)汇集在一起,然后由他人进行评审和更新。

产品数据管理与产品生命周期管理这两者的结合,被称为PDM/PLM,它要求所有相关的计算机系统互相兼容,彼此共享产品数据。设计师将运用能够与服装规格表软件交互的程序来创建设计图纸,并一直沿用到产品的生产过程中。所有的合作伙伴均可在线访问该款式的信息库,所有的用户也可访问所有的数据,了解每个特定的开发步骤,诸如设计、技术规格、物料清单、尺寸图和测量度、缝纫规程、成本计算、调控计划、样板制作、排料布局和包扎。

由于所有的合作伙伴均可即时查看对某种款式所做的任何更改,因此,负责准确输入数据的人员负有重大责任。一位耐克公司的产品开发员描述了她第一次登录PDM系统时的紧张心情,她知道,如果自己输入的数据失准,错误便会传输给系统中的每个人。尽管如此,在管理整个工作流程方面,PDM/PLM系统仍拥有巨大的优势。

产品系列的评审

设计思想通常比最终产品系列中体现出来的要多得多。在产品系列的首次评审会议上,设计师将根据项目日程表向评审组(如销售经理、生产工程师和样品缝纫负责人等)提交设计草案(见图7—12),正式陈述并披露新设计的产品系列。设计师演示的幻灯片将显示面料、各种颜色组合、富有创意的图片和设计草图。演示文稿通常包含以下内容:
- 产品系列的概念或灵感
- 产品系列中各款式的协调和平衡方式
- 产品系列中各种款式的目标客户资料

设计师向设计团队、高管人员或自有品牌经理进行口头宣讲,推销自己设计的产品系列。

首次评审会议是产品系列必须经过的几道审核关口中的第一个,审查组将讨论和评估每个设计方案。在此前的规划会议中,审查组已确定了该产品系列中将包括的每种服装类型的数量。提交评审的60个设计思路中,也许只有30个或40个草案被选中进入设计开发阶段,而其中一些设计也将在后期被淘汰。在其他公司,销售经理可能会要求所有或大部分设计都开发出原型,更好地显示产品的面貌。

在产品系列中各类服装的总量确定之后,究竟采纳还是放弃设计,还有一些其他的考量因素。保持产品系列的平衡关系将决定哪些服装设计能够入围。以夹克为例,

资料来源：Digital Vision/Getty Images.

图 7-12　在评审会议上，设计师、销售经理和生产工程师讨论产品系列中每种款式的可行性

由于该产品在市场上命运未卜，款式设计必须有所变化，才能用一系列款式来应变各种客户的需求。无论是短夹克与长夹克、直筒夹克与紧身夹克、单排扣夹克与双排扣夹克、有领夹克与无领夹克，其数量比例都应当保持一定的平衡。纯色、格子或印花面料之间的数量比例也需要考虑。各种裙子款式的数量也要加以平衡，如短裙与长裙、紧身裙与喇叭裙、宽下摆裙与百褶裙。裙子还要搭配尽可能多的外套样式，经典风格和时尚风格的融合也应一并考虑。

预计时装的价格会与上季的价格相似，除非有新的市场定位。对顾客来说，款式与价格匹配非常重要，单排扣短夹克理应比双排扣长夹克更便宜些。预测成本是评审工作的一大课题，本章前面提及产品系列的规划时已谈到成本的问题。评审组将讨论成本估算，以及可能会使成本降低的款式、设计细节、配饰和面料等方面的变化。

其他的考量因素还包括款式的易调整性，使之能适应不同的身材体形。例如，女裙弹性腰头会增强裙子的适应性，从细腰的年轻女性到腰粗的中年妇女都能适用。但对少女来说，弹性腰头也许是一个负面因素，可能会对销售产生不利影响。易改动性也要考虑，如下摆弯曲的裹裙既不易缩短，又不能拉长。

以下几种人之间难免会存在一些争议和冲突：

- 希望新款式变动不大且构造尽量简洁的生产人员

- 要求新产品以优质高价来行销市场的营销经理
- 想要高度创意和新奇款式的设计师

在这种氛围下,难怪一些公司评审设计方案的会议室被称为作战室。在评审的过程中,设计师要有应变的预案,对需要修改或从产品系列中删除的设计方案不必固执己见。

总之,设计评审会议将讨论每种款式与设计要略相符的优点,有时需要修改设计细节以降低预期成本,或与其他款式更好地平衡协调。评审组的目标如下:

- 创造统一的主题
- 产品系列各种款式的数量适当,比例均衡
- 符合公司下一季的销售大方向(如适合目标客户的生活方式、适当的定价策略)

经过评审择定的款式方案将由设计或产品开发团队付诸实施。下一章将阐述服装从草图变成可供生产的产品的过程。

结　语

设计团队创建一个时装品牌时,要将设计要略作为产品系列开发的指南。设计要略是一份关于新一季产品系列的工作文件,阐明其目标市场、灵感或主题、色彩故事以及可能采用的物料和面料。

产品系列的这一规划,旨在以适当的价格,在适当的时间,为目标客户提供适合的产品类型。零售销售量和销售率是规划下季产品系列的重要指标。新产品系列若要取得成功,则必须在结转款式、改进上季流行款式与新设计款式三者之间保持适当的平衡。

快速开发、生产和交付的需求不断增加,给时装产业带来不小的压力。在全球市场上相互采购的各个合作伙伴彼此密切依存,却又相距甚远。幸有电子技术为时装款式开发工作所需的即时通信和准确跟踪提供了手段。产品数据管理和产品生命周期管理系统为创意、设计开发、款式选择、试生产、市场营销、生产和分销的即时通信提供了电子链接方式。

问题讨论

1. 回顾当代设计师设计的时装系列,尝试找出其灵感来源。设计师们是否都有共通的灵感?

2. 目前商店里供出售的款式有哪些可能是设计师设计的时装款式的仿冒品?

3. 在设计过程中的设计阶段,设计师和销售经理的工作职责分别是什么? 哪些活动有助于学生履行并承担这些工作职责? 例如,为特定的公司描绘一幅目标客户的形象图,提前一年对夹克系列进行趋势分析,或为儿童沙滩装系列提供创意和灵感。

案例研究

撰写设计要略

设计要略是阐明设计目标与解决设计问题的文件。设计师在设计要略中要简洁地描述设计过程,诠释设计理念,主要内容有:

- 简要说明拟解决的问题(即设计约束条件)
- 设计的目标和任务
- 设计的目标客户
- 设计采用的技术和特征元素(造型、用料和颜色)及其原因
- 描述设计的总体风格

选择一种新设计的服装、鞋类或配件,针对其创新之处练习撰写设计要略。

1. 选择一种创新设计的服装、鞋类或配件,例如,演出服或鞋类,为婴幼儿或老年人设计的特殊服装,提升用户效用的服饰配件,以承担企业社会责任的方式设计和制作的服装、鞋子或配饰。设计要略应包括该创新设计的照片、草图或图像。

2. 针对该创新设计编写设计要略:

(1)提出拟解决的问题,帮助读者理解这些问题。

(2)阐明设计目标。设计师试图通过设计唤起何种情绪,引致何种反应?

(3)描述目标客户。设计师的设计对象是谁? 设计师如何能接触到这些用户?

(4)描述重点技术。创建新设计需要使用哪些技术、造型和颜色? 理由何在?

(5)描述款式特征。该设计与其他设计有何不同? 启发创新的灵感是什么? 何种类型的设计与此类似?

资料来源:改编自 Cameron Chapman 的"7 个创建优秀设计要略的基础知识",Webdesigner Depot RSS,2011 年 3 月 17 日。

(http://www.webdesignerdepot.com/2011/03/7-basics-to-create-a-good-design-brief/); and Brian Ling,"5 Steps to a Better DesignBrief," Design Sojourn, August 4,2009(http://designsojourn.com/5-steps-to-a-better-design-brief/).

求职机会

撰写设计要略需要不同职务的人士共同参与，协同工作具体包括：
- 创意总监
- 首席设计师
- 销售经理
- 数据/成本分析师

参考文献

"At Ease."(2010). Women's Wear Daily, June 17, 7.

Bowles, Hammish. (2006). "Show Business." Vogue, May, pp. 142, 144, 146.

Knight, Molly. (1999). "Globetrotting for Inspiration." DNR, September 24, pp. 14—16.

Saint Laurent, Yves, Diana Vreeland, Costume Institute. (1983). *Yves Saint Laurent*. New York: Metropolitan Museum of Art.

"Tuxedo Junction: YSL, Ralph Square Off."(1994). *Women's Wear Daily*, April 28, pp. 1, 15.

Wilson, Eric. (1999). "The Culture of Copycats." *Women's Wear Daily*, November 2, pp. 8—9.

第八章　设计开发与款式选择

本章主要内容

- 服装规格的开发
- 将设计草图制成原型服装的步骤，准备服装供设计团队评审
- 运用计算机系统进行产品生命周期管理
- 在评审过程中选择与删除款式的缘由
- 款式因素对成本估算的影响
- 传统设计开发与自有品牌/商店品牌产品开发的关系

设计过程走到此刻，设计要略已经制定完毕，设计草图和面料样布也已通过设计团队的初选。本章讲述如何运用设计师的草图、布样和服装规格表制作第一次样板，按此样板来裁剪和缝制原型服装(参见本章开头"步骤 3：设计开发与款式选择"流程图 8—1 及其扩展图 8—2)，并由合乎公司尺码规范的合体模特来试衣。

设计开发

从设计草图到制成服装原型，参与新款式的实际开发过程令人兴致盎然。但是，当所有的原型摆在面前时，你却很难下手剔除其中的某些款式。只有最终获得批准并核定了最终成本的款式，才能进入裁剪和缝制工序，制成供销售用的样品。

时装品牌公司设计和销售名牌商品，公认的时装品牌有李维·施特劳斯(Levi Strauss & Co.)、汤米·希尔费格(Tommy Hilfiger)、卡尔文·克莱恩(Calvin Klein)和耐克(Nike)等。本章将重点讲述时装品牌公司常用的开发流程，也涉及自有品牌和SPA/商店品牌产品的开发流程。这两者大同小异，但在后一种开发流程中零售商本

步骤3：设计开发与款式选择

步骤1：调研与销售

步骤2：设计要略

步骤3：设计开发与款式选择
制作第一次样板
制作原型服装
确认原型合体性、修改或删除款式
估算成本（初始成本估算）
产品系列的演示和评审
确定最终产品系列的款式
确定最终成本
订购样品拟用的面辅料和配饰
样品订货会

步骤4：时装品牌营销

步骤5：试生产

步骤6：采购

步骤7：生产过程、物料管理和质量保证

步骤8：分销和零售

图8—1　步骤3：设计开发与款式选择流程图

身就有自己的设计团队。市场经济复杂多变，设计师、生产商和零售商各自扮演的角色及其相互关系将会持续发生变化。

　　在产品系列的设计开发阶段，主角是时装品牌公司的设计开发部，也称为设计部或产品开发部。该部门的设计开发团队包括设计师、助理设计师（亦称设计助理）和产品开发人员（亦称技术设计师）。

　　销售经理也会成为设计部门的一员，有些服装公司的打样师和生产工程师（亦称成本工程师或产品技术员)也加入设计开发团队。其他公司的样板开发部门则是自成一体,与设计开发部门分而治之。

编写服装/产品规格表

设计师如何将独自构思的设计细节传达给打样师和样品缝纫师,让他们创建样品或原型服装呢?

设计细节和其他重要信息将写入服装/产品规格表(简称规格表):
- 纽扣的位置和间距
- 边缘或接缝的缝合
- 褶裥或褶裥的间距
- 组件,如纽扣的数量、大小和样式,拉链的长度、颜色和样式,按扣和带扣
- 口袋布、衬里面料和内层衬布

任何未指定的规格均由打样师自定,因此,设计师有责任指明设计细节,这对服装/产品外观来说很重要。规格表包括服装/产品的设计图纸、材料/面料的样本、测量规范和结构规格。

产品系列中每个新款式都有一个款式编号。这个编号(也可能含一个字母代码)显示的是该产品系列行将面市的季节和年份,产品类别符号(如泳装或鞋类),尺寸或尺码类别(如小号、中号、大号、特大号)等信息。款式编号是该款式在整个开发、营销和生产过程中的身份证。

面料与材料开发

面料和材料是新款式的关键元素。在开发新款式的同时,需要考虑新款式将使用的面料和材料。公司可能会将产品开发人员派往纺织厂,与厂方合作,共同开发新面料或后整理工序。

拟用的新面料和新材料,其色牢度、掉色、起球和耐磨等性能均须在设计过程初期(即原型制作之前)进行测试。新面料和新材料有时交由独立实验室测试。有的时装品牌公司自建实验室,测试纺织品和服装。产品开发人员也可能与供应商合作,为新款式开发特殊的辅料或配饰。

有些设计师和产品开发人员与面料生产商合作,研发具有特殊规格的面料。例如,在防水防风透气的戈尔—特斯(Gore-Tex)面料问世后,运动服设计师渴望得到一种针织版的透气织物。戈尔公司(W. L. Gore & Associates)和耐克公司的员工共同

努力,研发出具有特殊技术性能的织物,满足了这一需求。

时装品牌公司委托纺织品生产商开发面料,在一定时间内可以独家使用这种面料,因而能够增加产品的排他性,提高其销售业绩。这种面料堪称专有资产,也就是时装品牌公司独家拥有的财产。快速排汗面料 Dri-FIT® 是耐克公司的专有织物,哥伦比亚公司的热反射保暖织物 OmniHeat® 也是如此。

如第七章所述,时装品牌公司有时还为新的产品线开发印花面料。设计师、助理设计师或产品开发人员一边开发新款式,一边与纺织品创新厂商合作,以确保所需的印花面料能够获准按时投入生产。

责任设计师将为新产品系列讲述一个色彩故事,或选择一块色板,并用色卡或布样来表示。为面料、辅料和配饰准确打色,不仅技术性强,而且工作量大,处理此类问题称为色彩管理。色彩管理人员为每种拟用的颜色选好色调、色明度和强度,确保最终产品的面料和配饰的颜色与设计师选定的色板或布样的颜色相一致。色彩管理始于设计开发阶段,产品开发人员、助理设计人员或设计师需要与纺织厂合作,使色彩能够精准地匹配。

印花面料的颜色须与拟用的纯色面料相协调。如果服装系列使用的各种面料由不同的纤维编织,颜色匹配尤具挑战性。纤维不同,使用的染料也不同。因此,在设计开发和试生产阶段,需要不断关注各种纤维、面料、缝纫线、纽扣、拉链和其他辅料之间的颜色匹配问题,将颜色管理贯穿整个生产过程。

样板开发的准备工作

在设计团队初步审定开发款式后,设计师的设计草图、面料小样和服装/产品规格表将一并交付给设计开发部门,开始制作第一次样板。时装品牌公司的设计部门可以开发样板,也可以外包给承包商开发样板,全包承包商将全面负责第一次样板的开发。

第一次样板制作

如前所述,有的时装品牌公司只负责开发产品系列,绘制设计草图,提供面料/材料样品,编写服装/产品规格表,然后交付给国内外的加工承包商来制造服装/产品。这些外包公司被称为 CMT 承包商,因为他们负责裁剪、缝制和配饰服装/产品。时装品牌公司的设计部门或加工承包商均可完成原型或样品的样板制作和裁剪缝制的工作。样板制作主要有以下三种方法:

- 测绘打样法:量体裁衣,绘制新款式样板。
- 平面样板法:在基本样板上进行修改,创建新款式样板。

● 悬垂打样法：将面料披挂在人体模型上，立体剪裁衣片，创建新款式样板。

时装品牌公司使用承包商来开发样板和原型时，仍应保留内部开发样板和原型的能力，毕竟，外包随时可能发生交付延迟、沟通不畅和视觉偏差之类的问题。每个时装品牌还要考虑打样、放码和标记的责任问题，其中的一个潜在问题与使用的基本样板有关。基本样板只是最基础的样品尺码，从其衍生出来的样板则有不同的尺码。如果为同一产品系列生产不同款式的两家承包商使用不完全相同的基本样板来打样，那么他们生产的成品款式之间就会存在一定的差异。

小微公司或某些专业领域（如童装）的设计师时常兼任首席打样师。有的设计师也乐于亲自介入将自己的设计思想从草图转化为样板，进而制成原型的过程。那些负责制作第一次样板和原型的设计师，其设计思路有可能随着深入开发而愈加完善，从而会在制作样板、缝制原型的过程中更改和修正原先的设计。

根据设计师的草图，助理设计师或打样师开始制作样板。打样师对设计师的理念和要求的准确理解与把握是至关重要的，诸如：

● 服装的整体轮廓
● 舒适、合体的程度（不同身材有不同尺码）
● 设计师的设计细节

使用基本样板打样

符合公司样品尺码的现有样板可以直接拿来，用作新设计的初始基础，这种样板被称为基本样板（亦称基本样块或坡形样块）。例如，一件衬衫的基本样块可作为新衬衫款式的基本样板。打样师根据设计师的手绘草图或技术图纸，在基本样板上添加设计细节（如领子、口袋、纽扣带、后过肩和袖子褶），由此创建新样板。

另一种做法是，打样师从上季投产的款式样板中选出与新款式相似的样板，以该样板为基础进行修改，这无疑是创建新款式样板的一条捷径。打样师（或助理设计师）与设计师商量，选择一款最合适的上季样板作为下季新款式开发的起点。设计师也可以在设计草图或技术图纸上做标注，提示打样师采用此前已用过的某种款式的样板。

成衣面料是样板制作过程中的一个重要考量因素。譬如，缝入袖口的折褶量就取决于打样师对设计师指定的面料的手感。打样师会收集一些拟用面料或相仿面料做实验，以更好地确定折褶量。如果成衣使用弹力面料的话，则还要考虑该面料在各个方向的精确拉伸量。无论选用基础样板还是先前款式的样板，打样师都要考虑新款式拟用面料的特定拉伸性。

面料缩水性也是制作样板时需要考虑的。打样师将对面料样品进行洗涤测试，精准测定其各个方向的收缩率,然后将样板放大到刚好抵消收缩率。每一片样板都要根据测定好的面料长宽度收缩率予以适度放大。

打样师需要具备以下几项专业性知识:
- 打样技术:将服装/产品的设计草图转换成实用样板
- 合体程度:使服装的形状和宽松度符合设计要求
- 纺织品知识:在设计开发中把握和利用纤维及面料的特性
- 实际生产知识:制作的样板符合机器缝制和生产运作的要求,便于工厂高效制作款式

打样师既可采用传统的样板打样方式,又可使用计算机辅助设计系统来制作样板。

许多时装品牌公司采用样板设计系统(PDS)来制作某些或所有的样板(见图8—2)。计算机的样板制作过程与平面样板制作过程相仿。基本样板和先前制作的款式样板均存储于计算机文档或服务器。打样师创建新款式样板时先挑选一个基本样板或与上季款式样板相似的电子文档,打开后显示在计算机屏幕上,再用鼠标或手写笔(类似于笔)圈好需要在样板上修改的特定区域。打样指令可以从屏幕显示的菜单中选择,也可以通过键盘输入。样板一旦绘制完毕,即可生成齐码样板(见图8—3)。

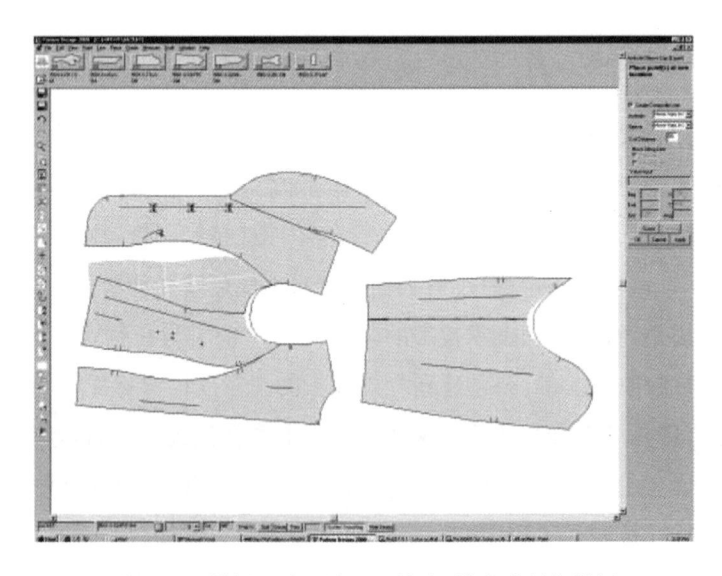

图8—2 样板设计系统可以快速、精准地制作样板

需要注意的是,PDS不会自动生成样板,样板制作知识对于使用计算机开发样板同样是至关重要的。除非用户理解语法,否则,文字处理软件写不成一个句子,同样地,PDS也不会自动打样。

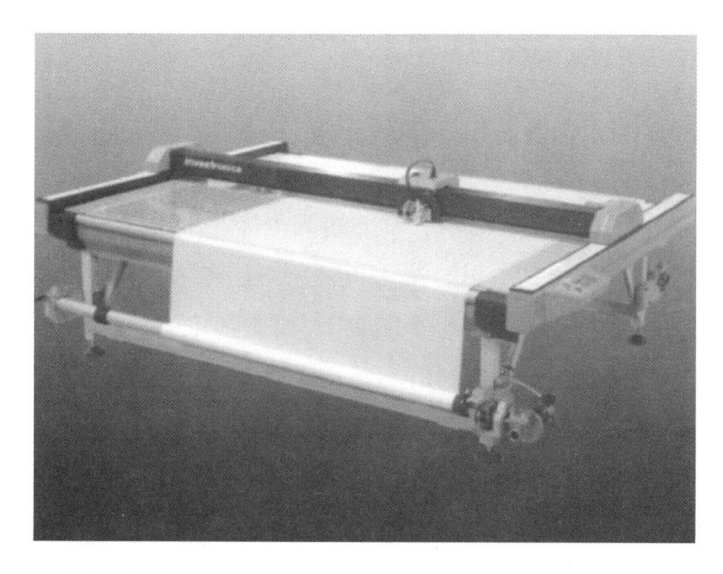

资料来源：Elaine Pederson.

图 8—3　利用样板设计系统创建的样板易于生成齐码样板

计算机技术的发展，极大地提升了 PDS 的易用性、适用性和成本效益，因此具有十分明显的优势：

● 速度：由于基本样板和先前用过的款式样板均已存储在计算机系统中，打样师随时可抽调出来供开发新款式样板使用，无须再花费时间去翻找库存的样板。增加接缝和折边留量时，打样师只需将接缝线和折边量添加到选定的那条边上，立马就会生成实际裁剪线。要使两条接缝线的长度相等，给计算机一个指令即可进行精确比对。商标和标签（纹线和凹槽）也已存入数据库，可以找出来快速添加到样板上。如果设计后期需修改，纸质样板改动起来相当麻烦，而 PDS 则可以快速进行样板修改。PDS 提高打样速度的优势还表现在它能够自动调整其他关联的样板片。比如，打样师在夹克的前胸样板上所做的变更，立刻就会在贴边和内衬的样板片上生成相应的改变。

● 准确性：使用 PDS，缝线长度和缝边宽度都比手工操作精确。以计算机存储的样板为基本样板，能确保所有款式的样板设计取得一致性。当打样师对某个样板片进行修改时，PDS 软件程序会自动更改相关的样板片。如果他改动了前胸的接缝长度，那么后背的接缝长度便会自动校正，这大大减少了潜在失误，同时提高了打样速度。

● 与规格表互动：计算机 PDS 软件程序提供了打样过程和服装/产品规格表之间的界面，允许打样师一边制作样板，一边编写规格表，在一个屏幕上检索和编辑有关缝纫步骤的文件，同时在另一个屏幕上制作和查看样板。尺码规范也可以在打样过程中编写。有的 PDS 软件程序还允许打样师在制作样板过程中随时查看样板的宽度和长度,严守样品的尺码规范。制作样板与编写规格表同步互动,降低了规格表出错的可能性。

● 与生产整合:在产品开发后期,如需将样板输入计算机才能进行放码和打标,那么,利用 PDS 早已存入计算机的样板,其生产速度显然就会快得多。

一些打样师和公司经理认为,尽管 PDS 有不少优点,但也存在着缺点:

● 成本:尽管有些新的 PDS 软件降了价,但对中小型服装生产商而言,初始成本仍然很高,投资头几年并不能得到足够的回报。如果一家公司每个销售季节只生产数量有限的新款式,那么就无法充分利用 PDS 的潜力。

● 时间:另一种成本与打样师花费的培训时间有关。学习计算机软件系统并非易事,需要了解操作系统,记住电脑指令,以及每道打样工序所需的若干步骤,不仅培训耗时,掌握新系统也会增加打样时间。

● 技术支持:如果计算机系统发生故障停机,延误了时间,也会带来很大的麻烦,影响后续的生产步骤。任何时间延误对时装品牌公司和零售商来说都有昂贵的代价。所幸大多数 PDS 公司都能通过电话热线和互联网络及时提供技术支持,减少了时间浪费及带来的压力。

● 视觉难度:在计算机屏幕上查看缩微的样板,不如全尺寸样板那么直观,习惯使用全尺寸样板的打样师使用 PDS 时将不得不进行相应的调整。随着经验的积累,打样师使用 PDS 来查看样板比例会变得容易些。

随着计算机辅助设计(CAD)公司彼此竞价和技术成本下降,PDS 软件的费用也随之下降。许多 CAD 系统使用标准的工业用个人电脑来运行,加剧了这一电脑市场的价格竞争。大型服装生产商已经完全依赖于计算机生成的样板,越来越多的小型服装公司也在使用 CAD 系统,以便与生产商实现整合,融为一体。

测绘法打样

一些公司更倾向于量体裁衣,即通过人体测量来绘制样板,而不是以基本样板作为起点。样板的形状是根据身体的真实尺寸和宽余量来绘制的,样板的绘制使用纸板和铅笔,或使用 CAD 程序来完成。亚洲比世界其他地区更频繁地使用测绘法来创建款式风格各异的样板。

悬垂法打样

有些设计师,特别是高级时装设计师和现代设计师,通过在人体模型上铺设面料来创建服装的初始设计。他们将时尚面料或织物披挂在与样品尺码相同的人体模型上,将面料裁剪成所需的形状并固定到位。在做完各种设计之后,设计师对悬垂面料的样式线条和结构细节仔细做好标记,再将面料衣片从人体模型上移开,平铺在专用的划样纸板上,描绘出样板片的形状,然后继续完善样板,做好纹路、凹槽、扣眼、接缝和折边的标记,添加贴边等。

有的公司对纸质样板进行数字化转换,将其转化为计算机样板设计系统(见图8—4)。这样做的好处是,新款式的设计开发流程、试生产和生产流程的剩余工作均可通过电子方式加以处理。

图8—4 将样板数字化,输入计算机系统

无论使用纸板、PDS、测绘法或悬垂法,平面样板的设计制作至此已经完成,接下来将按照新款式的全尺寸样板进行裁剪,缝制成原型,送交款式评审会。

原型或样品服装的制作

设计开发的下一个步骤是裁剪和缝制原型或样品服装。正如第七章所提到的,许多品牌公司使用计算机软件系统来创建时装系列各款式的三维复制品,这些计算机图像能够模拟和显示人体模型穿着的面料(见图8—5)。因此,也有公司不再继续剪裁和缝制样品服装,而是将这些计算机生成的新款式图像出售给零售商。

但是,大多数公司仍会继续进行设计开发,缝制原型服装,这样做的好处是:
- 检视所选材料/面料的设计效果
- 评估该款式是否适合真人模特
- 测试服装的建构顺序是否合理
- 对样品实物所用的材料与人工进行成本分析

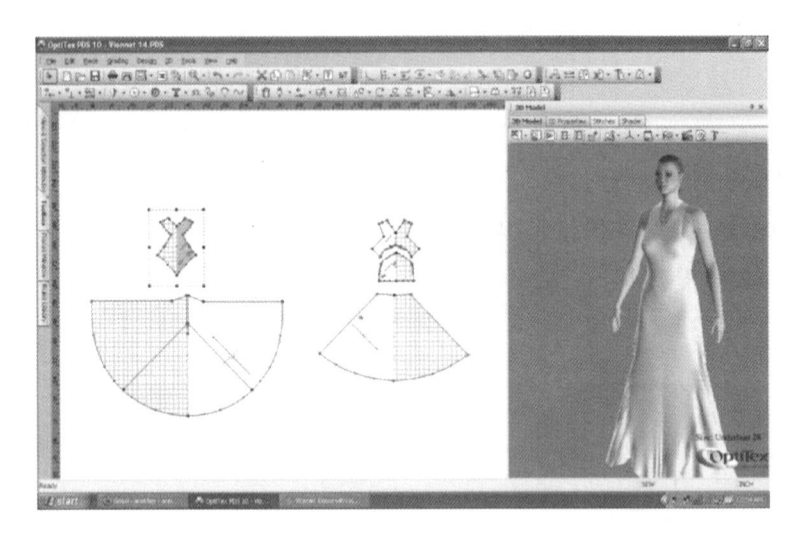

图 8—5　计算机生成的样品服装

● 便于全面观察产品系列中的所有款式

原型服装是依据新款式的第一次样板来制作的,其裁剪和缝制工作既可以交给公司内部的样品部或缝纫部,又可以外包给加工承包商。如果承包商具有兼容的计算机系统,时装品牌公司的电子版样板就很容易发送给承包商。许多承包商领悟到,如果购置与其合作方相同的计算机系统,那么他们的商机就会大大扩展。

样品裁剪与缝制

制成的样板、拟用面料/材料的色板、编定的服装/产品规格表,将一并送交到样品缝制部门。如果能买到拟用面料(有时作为样品用料从纺织厂订购),就使用该面料来制作原型服装;如果暂时无法取得这种面料,那就使用与其尽可能相似的替代品或仿制品。

服装/产品规格表对比较特殊的裁剪方法均有说明。例如,用条纹面料制作有背轭的衬衫时,其身体、袖子和领子部分的面料要顺纵向纹理裁剪,而背轭部分的面料则顺其横向纹理裁剪。用弹力织物制作泳装和紧身衣,有些样板片应在水平方向上以最大的拉伸度进行裁剪,而其余样板片则在垂直方向上以最大的拉伸度进行裁剪。在样品室里,样品裁剪师对准面料的格子纹理,将各种样板片摆放在面料上,进行排料布局,再使用裁剪机和 PDS 程序,裁剪原型制作所需的所有衣片(见图 8—6)。一旦裁剪完毕,样板将从面料上移开,随即返回到设计开发部门,不再出现在样品或原型的缝制过程中。

样品缝纫师都能熟练使用各种缝纫机,对工厂的生产过程了然于心。他们甚至不

资料来源：Inti St. Clair/Getty Images.

图 8—6　样品裁剪机用于裁剪样品或原型服装所需的衣片

需要说明书，也很少询问样板细节，缝制时从一件设备转换到另一件设备，直至整个原型服装完工。原型的某些组件也会发往别处加工，比如，在衬衫裁剪之后及缝制之前，要将徽标绣在衬衫的前胸衣片上。缝制环节要求运作流畅，对设有原型部的公司来说，原型在裁剪后几天内便可制作完工。

如果设计开发部门位于样品缝纫室附近，样品缝纫师会向打样师咨询某些缝纫工艺或技术问题，也会共同商讨替代解决方案（见图 8—7）。这种由打样师、裁剪师和缝纫师组成的团队实为企业的一大优势。样品缝纫师缝制完原型后，将原型返回设计开发部门供其评审。打样师通常会首先检视原型，看看是否还需要在设计师和销售经理审查款式之前进行修改。

原型审核

对公司而言，服装的合体性是形成产品差异化和获得竞争优势的利器。因此，做好款式审核的工作非常重要。时装品牌公司会选用合体模特来检视新款原型服装的合身性、风格和整体外观，合体模特代表该公司心目中最理想的目标顾客的人体比例，且符合原型制作使用的基本样板的尺码。有的公司在内部员工中挑选试衣模特，试穿原型便是其工作职责的一部分。其他公司聘用专业模特，这些模特通常为多家时装品牌公司工作。邀请试衣模特出席试衣会需要预约，这就要求提前做好预约，同时确保原型服装准时交付。合体模特能提供服装舒适性和宽松度方面的有用信息。

男性合体模特要求身材匀称，身高约 5 英尺 10 英寸到 6 英尺。女性模特分两种，

图 8—7　打样师与样品缝纫师商讨设计细节与变通的解决方案

即伸展台走秀模特和面容姣好的摄影模特。与高挑苗条的走秀模特不同,女性合体模特要求身材"平均",身高为 5 英尺 5 英寸到 5 英尺 8 英寸。大尺寸、高个子和身材娇小的模特均有各自的尺码类别。

人体仿真模型(如女装模型、躯干模型和穿裤模型)是评审原型设计是否合体的有用工具。许多时装品牌公司使用特定三围尺寸的人体模型,特殊尺码的人体模型可向人体模型专业公司定制。三维人体扫描技术的发展,能将合体模特的个人体型制成人体模型,即便试衣模特不在场,只要原型服装在仿真人体模型上试穿是合身的,评估结果仍有很高的准确性。其他的人体模型技术包括使用更柔韧的材料,更好地体现肌体的可塑性。利用这类材料制成的人体模型对泳装、衬衣和女式内衣公司尤具价值。

原型服装做好后即可进入评审阶段。公司举行试衣会,邀请试衣模特出席。服装合体性是评审工作的重点,设计师、助理设计师和打样师会集中讨论原型的整体风格和服装细节,有时也会要求生产工程师反映该款式在工厂生产中的潜在问题。如果需要修改,就得重做原型或修改样板,裁剪和缝制新的原型。最终设计须经设计师和/或买家批准。如果不可能重新设计,则该款式便会被淘汰。

制成的原型服装还要使用家用洗衣机和烘干机进行洗涤测试,出口服装的洗涤测试应使用目标国家现有的洗涤设备来模拟服装洗涤的条件。在洗涤测试中,个别面料或配饰的某些隐形瑕疵偶尔也会暴露出来。

3D 设计工具

3D 设计技术的发展,能将平面样板的图像转换成披在人体模型表面的三维衣服图像。设计师可以利用3D技术设计服装的数字图像,或旋转,或放大,实现服装外观的可视化,甚至可以选择不同的布料来模拟挂在衣架上的服装模样。3D技术最初是为零售店的虚拟试衣开发的,让顾客想象服装穿在自己身上的外观。"我的虚拟模特"(My Virtual Model™)软件允许顾客输入个人数据,如肤色、身材和喜欢的颜色,该程序会将穿着多种颜色和多种款式的虚拟模特逐一显示在电脑屏幕上。

设计师和产品开发人员可以在制作样板和裁缝样品之前检视三维设计图像。除此之外,3D技术在时装产业还有多种应用。现今设计师不仅可以在电脑屏幕上创建三维的款式图像,模拟的服装面料也惟妙惟肖,虚拟的原型样品又无须缝制,而且零售买家还可以在电脑屏幕上查看服装并下单订货。所有这一切,给设计开发带来的成本节约是相当可观的。

有朝一日,计算机技术的进步有可能使三维的虚拟服装反转为二维的服装样板,还可以计算稍作修改的设计版本之间的成本差异(如选用的材料和缝纫的工时)。

初始成本估算

批量生产款式的成本,是其纳入最终产品系列的主要考量因素。在决定采用还是淘汰某一款式之前,需要进行初步的成本计算。初始成本估算,亦称预先成本估算,主要是计算材料成本和人工成本。设计阶段通常会计算一个快速成本,但直到原型创建,快速成本的估算还是粗线条的。为了使成本数据更准确,初始成本估算是根据面料、配饰、辅料、工时及其他相关成本来确定的。

材料成本

材料成本是根据制作原型所需的面料或其他物料的数量来估算的,包括原型所需的接口、口袋和衬里等组件。为了计算制作新款式所需的码数,排料师需要对所有的样板片进行排料,这种排料方法叫做标记,而最经济、最合理的排料布局被称为面料用法(见图8—8)。使用PDS制作的新款式样板时,由于这些样板片已经存储在计算机中,可以引入带有成本节约型标记图的电脑程序中。排料师将各种样板片摆放在模拟面料长宽度的矩形空间内,利用电脑程序分析各种标记图,求得面料使用量最少的最佳布局。新款式的衬里和其他材料的标记均可如法炮制。

从理论上讲,时装品牌公司生产一件中号的新款式服装所需的面料数量,乘以面料的成本,就是拟用材料的总成本。公司若生产同样数量的小号、中号和大号服装,用中号服装作为平均数来估算所需面料的总码数是合适的。但若公司出售的小号服装

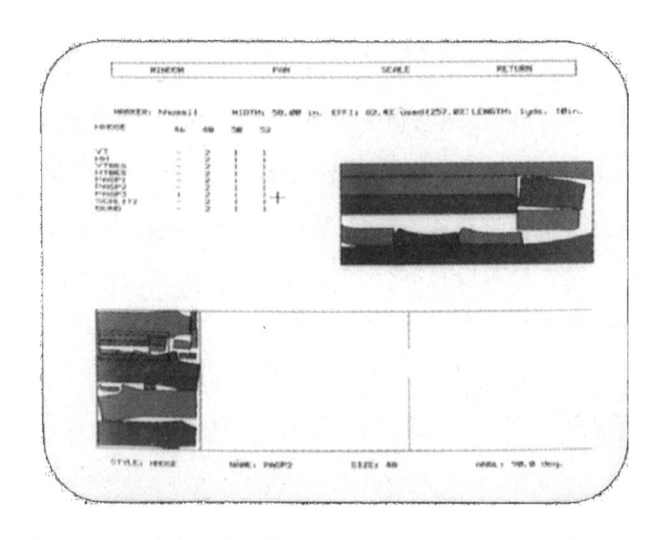

图8-8 标记图用于确定一件服装所需的材料数量，可利用计算机样板设计系统所存储的样板片来进行最节约面料的排料布局

比大号服装多得多，那么，材料的平均成本将高于实际成本；反之，若出售的大号服装比小号服装多得多，那么，材料的平均成本将低于实际成本。因此，有些公司不用中号服装作为平均数，而是采用其他的算法来计算其平均用料量。

配饰与辅料成本

新款式使用的配饰（如穗带或花边）与辅料（如松紧带、拉链和按钮）的数量也要纳入初始成本的估算中。以表8-1所示的棉质布裤为例，其初始成本估算包括一个纽扣和一条拉链。请注意，这个纽扣的成本取决于采购纽扣总数时的成本，每件配饰和辅料的成本皆以大量采购的买价为准。

劳动力成本

初始成本估算的另一个主要组成部分，是裁剪和缝制/建构新款式的劳动力成本。人工成本的计算方法是，将裁剪（及黏衬）、缝制/建构及后整理工作所需的分钟数乘以特定工厂的每分钟人工费用。估算新款式需要多少劳作时间，似可借用上季缝制类似款式的时间数据。但政治经济条件经常发生变化，这种算法在实践中也许行不通。为了准确估算劳动力成本，需要选择一个可能的生产场所，但要注意世界各地的劳动力成本差异很大，有的国家的劳动力成本甚至会逐月变动。随着开工时间的临近，应挑选几个国家进行成本研究和比较，毕竟，生产成本是选择生产区位的一个重要标准（见第十一章）。开发进程走到此刻，成本还只是一种估算，确切的成本稍后还将细算。

其他成本

估算初始成本还应包括其他影响成本的因素。表8—1详细列出了其中一些项目：包装、衣架、吊牌、标签和运费。如果该款式将在国外生产，还有关税和货轮公司的装运费。

表8—1　　　　　　　　　　　　　美国棉布裤的生产成本

款式 #8074	数量	价格/码	费用	小计
1. 材料				
面料	1.7码	$2.90	$4.93	
衬布	0.2码	$0.55	$0.11	
面料运至工厂的费用($0.20×1.7)		$0.20	$0.34	
材料总成本				$5.38
2. 配饰与辅料				
纽扣	1	$2.00/整批	$0.02	
拉链(7″)	1	$0.13	$0.13	
配饰与辅料的总成本				$0.15
3. 人工费用				
标记($45/订单)			$0.23	
放码($70/订单)			$0.35	
裁剪($75/订单)			$0.38	
缝纫人工($15.00/半小时)			$7.50	
人工总费用				$8.46
4. 其他费用				
包装/衣架、吊牌、标签			$0.15	
运费			$0.35	
关税(美国国内生产时无)			$0.00	
海运、装卸费用(美国国内生产时无)			$0.00	
其他费用总额				$0.50
5. 生产成本				$14.49
6. 批发价格*				$28.98

注：* 生产商制定的批发价格包含运营费用和利润。若采用拱心石标价法，则零售商向生产商支付的批发价格将是生产成本的两倍。

目标成本

基于目标成本法（第六章曾做过介绍）的产品设计与上述开发顺序有所不同。设计师先将设计草图送交成本工程师（又称产品技术员）审核，然后根据设计师的草图仔细地进行估算成本。设计团队选择面料、考虑设计细节和构建服装要素时均需遵循每种款式预定的成本框架，如果超过目标成本，就得重新设计草图。任何一件原型服装只有经过裁剪、缝制，并被精细估算成本后才会得到最终批准，从而正式纳入产品系列。产品系列分成五组，每组由3—4个款式组成。

时装品牌零售商经常运用目标成本法来开发自有品牌或商店品牌的商品。零售商的设计部门为每个拟投产的产品设定成本，并在设计开发过程中不断调整款式特征和使用的面料，以达成目标成本。

款式选择

在新的产品系列中，每种款式都经历了类似的开发和成本估算过程。当所有款式都被设计师（和买家）批准后，就可以着手开展该产品系列的设计评审工作了。由于某些面料的获得存在着滞后性，因此，设计师提交评审的服装款式只能使用模拟面料，有时甚至在面料表层涂上印花或条纹，模仿拟用面料的设计。偶尔，这些模拟原型的照片还被用于广告宣传，在照片中模拟原型和实际服装之间的区别看不出来。

首次产品系列评审会

按照项目进度表规定的日期，新产品系列将被提交给评审小组。销售经理、设计师、助理设计师、生产工程师及其他小组成员（如选定的销售代表）将汇聚一堂，对该产品系列进行会审。公司高管也可能参加评审会。每一种服装款式都悬挂在会议室（人称"作战室"）的墙上，或者让合体模特当场试衣，向评审小组展示新款式。

每一种款式均需接受评审小组的提问和核查，以确定该款式在成本、生产、款式、与系列中其他产品的关系、面料和配饰等方面是否令人满意。

- 成本：估算的成本能使零售价保持在目标客户期望的范围之内吗？该款式的成本是否与其他类似的款式相称？修改设计能否使成本下降？可以用比较便宜的纽扣来替代吗？对需要拉平类似服装成本的公司来说，这种方法是否可行？
- 生产：生产中是否存在潜在问题？能否更改设计，使生产变得更容易或更便宜？是否可以取消某一条缝纫线？

- 款式：款式的风格是否符合目标客户的形象？与系列中的其他产品相比，是前卫时尚还是过于保守？如果目标客户需要衣服上有口袋，是否可以添加？款式外观是否与竞争对手的产品截然不同？

- 与系列中其他产品的关系：该款式的风格是否与其他款式的风格协调？是否会与另一种类似的款式相互竞争？或者，该款式与其他款式是如此不同，以至于格格不入？

- 面料和配饰：面料有没有潜在的瑕疵？产品系列采用的新面料会不会抽丝、起球或皱褶？该面料是否经过了充分的测试？纺织厂供货是否有潜在的问题，如面料的交货时间太长，或最低的订货码数要求太高？

对产品系列中的每件服装款式，评审小组都将逐一讨论上述问题。

最终产品系列评审会

经过首次产品系列评审会，有的款式遭到淘汰，有的款式需要修改。对那些需作更改的款式，修正样板，缝制新原型，再次送交评审小组核准。如此精修细琢，目的就是要打造一个合身的款式组合、系列或集成，让所有的款式都能畅销于市。

有时，评审组也会向零售买家推荐一种或几种不见得好销的款式。这是因为，公司打算生产某些外观更时尚的服装，在推出的产品系列中掺杂一两件风格前卫的新款夹克，以便观察零售买家的反应。

至此，经过最终评审会核准的款式就正式纳入了新产品线的序列。

生产成本的确定

在产品系列上市前，必须尽可能精准地确定每一种款式的生产成本，这对该系列获得财务成功是十分重要的。一个卖得红火但价格过低的设计可能酿成服装公司的灾难。公司核准的服装制作费用被称为生产成本。

计算生产成本需要具备生产技术和设施方面的知识。生产工程师或成本工程师使用已知成本与未知因素的估算成本来计算每种款式的生产成本。一种款式的估算成本经常会高于或低于实际成本，但尽可能精确地计算生产成本仍然是至关重要的。哪怕漏算一个衣架或塑料袋的成本，也会影响该款式的总利润，因为它将乘以成千上万的产品而被放大。

如果一家时装品牌公司使用承包商进行加工生产，可以要求后者承担以下工作中的任何一项：

- 根据该款式的原型服装提供成本数据

- 缝制一件样衣并提供成本数据
- 查看详尽的规格表并提供工厂成本

批发价格是时装品牌公司在市场上向买家的报价,亦即零售店购买商品时支付给时装品牌公司的金额。批发价格通常是款式生产成本加上生产商的日常营运开销和利润。有些时装品牌公司干脆将生产成本翻倍(亦称"标高价格"),作为批发价格(见表8—1)。

预览

时装品牌公司经常邀请拥有大订单的零售买家前来企业参观,在上市之前预览即将推出的产品系列。预览又称前置作业。产品系列一般由实际样品或电脑显示的虚拟样品所组成。零售商将提出对这些新款式能否博得市场青睐的意见和建议,并有可能在这个时候下单。这种预览活动给服装公司带来的好处是:

- 事先了解哪些款式会畅销,公司可及早规划生产,提供足够的应市产品,避免生产可能滞销的款式。
- 与大型零售买家保持强有力的合作关系。
- 从零售商那里获知款式作何修改方能卖得更好。

预先展示服装样品的一个潜在问题是,由于款式尚未投产,未知因素仍会出现,对买家已经下单的款式稍后还有可能作出改动。

有些公司在尚未收到零售商书面订单的情况下进行销售预测。以黑色滑雪裤为例,这是市场上的常青产品,尽管订单还未到手,但滑雪服公司可能会启动生产一定数量的黑色滑雪裤,以备不时之需,毕竟,该行业的生产季节是很短暂的。

市场准备

新产品系列的前置作业包括准备好更多的样品或复制品,来自全国或全球的销售代表需要向其零售店买家展示样品,以促进新款式的销售。

订购与制作销售样品

每个销售代表和每个市场中心的陈列室均需向零售店买家展示新产品系列中最具代表性的一组款式。由于成本的限制,并非每种色彩、每种款式都有样品或复制品提供给销售代表,但产品系列目录或说明书可以显示所有的款式和所有的颜色。一旦做好产品系列,就要考虑哪些款式可以选作样品在市场上展销,同时计算并定购制作样品所需的面料及衬里、纽扣、拉链等辅料。如果纺织品生产商延迟交付订购的面料,就会影响及时生产和交付样品,进而累及市场展示。

承担样品裁剪和缝制/建构工作的单位,是承包商或时装品牌公司的下属工厂。如果在样品制作的过程中出现生产方面的问题,还有机会进行调整,以确保后续批量生产的顺畅运行。须知,任何因缝纫/制作设备出毛病而导致样品的迟交均会引起复杂的市场问题。

产品系列目录或说明书

一旦做好新产品系列,就要印好产品系列目录(亦称说明书或款式书)。产品系列目录通常带有彩色插图,显示每种款式及每种颜色,包括特殊款式的彩色照片。目录以图表显示每种款式的尺寸和颜色,图表也可以作为订单表,标有每种款式的批发价和建议零售价。图8—9是一个产品系列目录的典型页面,销售代表和买家可以使用该目录向顾客演示全部的样品服装。

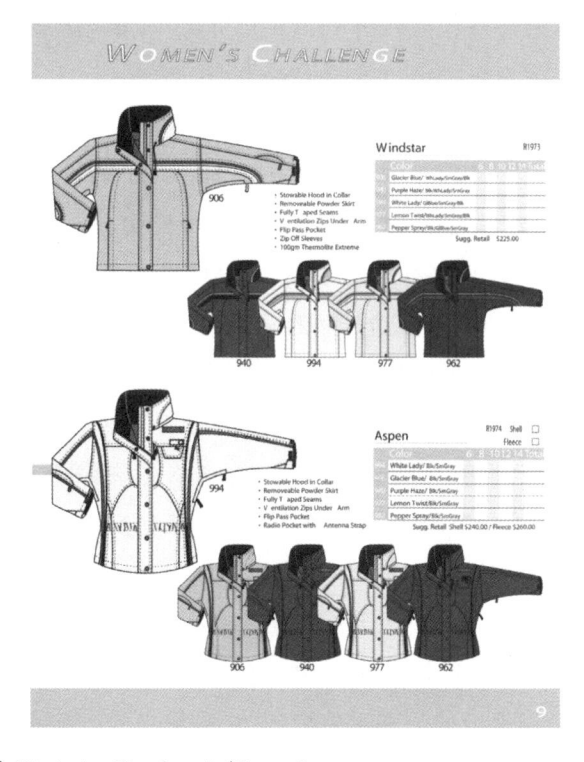

资料来源:Dimitrios Kambouris/Getty Images。

图8—9 销售代表向顾客、买家演示时使用的产品系列目录

大多数公司使用专门的 CAD 或图形软件来制作产品系列目录的服装彩色插图。如果设计阶段最早的草图是计算机系统生成的,那么略加修改就可用于产品系列目录。

产品系列目录应准确显示每种款式实际采用的面料颜色,这一点非常重要。零售买家无不希望最终产品能够符合产品系列目录中所描绘的颜色。有的时装品牌公司在产品系列目录中附有面料样品,或者,随目录附送一套面料小样,让零售买家看到面料的真实质地、印花图案或各种印染色彩,更有信心和底气去推销产品。

自有品牌与商店品牌/SPA 产品的开发

在当今市场上,创建和开发产品系列有各种方式,建立设计－零售关系便是其中的一种:

(1)传统式设计开发:服装/产品承载时装公司的品牌或设计师的品牌

(2)自有品牌产品和商店品牌/SPA* 产品开发:

● 零售商提供服装规格,由加工承包商提供货物(即按规格采购)

● 零售商与承包商合作,为己方创建产品系列

● 承包商为零售商设计和策划整个产品系列

● SPA(Specialty Retailer of Private Label Apparel):自有品牌专业零售商,意指一种将产品策划、制造到零售整合起来的一体化商业模式。

了解传统式设计开发与自有品牌或商店品牌/SPA 开发之间的差异非常重要。开发方式将会影响服装、配饰和家纺产品的设计、生产与定价策略。

不妨先来看一下传统营销渠道的品牌商品,追溯一款时装从创意到开发的流程:时装品牌公司构思设计,调控生产(选用下属工厂或承包商),向零售商推介产品。零售买家对样品服装进行评估,判断其目标顾客是否喜爱该款式,然后做出购买决策。传统式的设计开发、营销和生产,包括若干个赢利环节和步骤,如承包商的缝制/构建、销售代表的销售推广。最终消费者支付的产品价格囊括每个环节和步骤的获利水平。

近年来,随着时装零售价格的上涨,零售商和时装品牌公司纷纷寻求降低产销成本、增加利润份额的路径。到劳动力成本较低的国家从事生产无疑是一条出路。而另一种方法则是消减营销渠道的步骤和中间环节,尽量降低产品成本,增加自身利润。零售商可以直接与时装品牌公司合作,共创产品或产品系列,不需要销售代表插手;也可以跳开时装品牌公司,自行设计产品供自己的店铺销售,并直接送到承包商那里缝制。这些都是通过开发自有产品或商店品牌/SPA 产品而崛起的例子。

自有品牌和商店品牌/SPA产品的开发流程

自有品牌和商店品牌/SPA商品的创建，一种做法是，零售商直接与承包商或其代理商合作，向其提供服装/产品规格。像塔吉特(Target)、杰西潘尼(JCPenney)和诺德斯特龙(Nordstrom)这样的零售商，都设有自己的产品开发部门，专门开发自家的品牌商品。这些公司直接找承包商合作，按照详尽的规格来采购和生产货物。它们在亚洲也设有采购办事处，负责设计产品，监督海外生产。

零售商与加工承包商直接打交道，绕开了中介机构，既能消弭沟通失误，又无须与之分享利润。但从承包商的视角来看，与零售商直接合作却有一定的风险，因为他们要负责生产过程中所需材料的融资，只有将货物交付给零售商之后才能获得劳务和材料的报酬。而在传统市场上，负责材料融资的是时装品牌公司。随着新式营销渠道的扩大，承包商和零售商各自的优、劣势和风险也有所不同。有的零售商甚至拥有生产工厂，承担所有风险，中间商均被悉数砍掉。

另一种做法是，零售商使用时装品牌公司的设计和开发人员来开发自有品牌和商店品牌。耐克是一家以自有品牌制作运动服系列的服装公司，也为其他运动服零售店开发带有后者标签的产品系列。这类协作业务在时装行业蔚然成风。对零售商来说，时装品牌公司会负责管理所有的生产过程。由于时装品牌公司与供应商的合作关系一向很密切，因此零售商开发部门可以大大减轻监督生产的工作。

自有品牌和商店品牌/SPA产品的开发

英国零售商玛莎百货(Marks & Spencer)是自有品牌服装的先驱者。"该公司享有的低价格是其直接与生产商进行现金交易的结果，这一原则至今未变。玛莎百货的商品都有'St. Michael'的商标，一眼便可识别，这个商标早在1928年就出现在'睡衣和针织服装'上"(Bressler、Newman和Proctor，1997年，第68页)。玛莎百货不是向服装公司采购内衣，供其零售店销售，而是将样品直接送到加工承包商那里，一举消除了服装公司在设计和制作过程中扮演的角色和获得的利润，这正是玛莎百货能以震撼价生产和销售商品的奥秘所在。

不久，其他零售商便领悟到开发自有品牌产品的优势。20世纪50年代，香港的针织品(特别是羊毛衫)闻名遐迩，质量上乘，生产可靠，价格又低廉。弗雷德里克(Frederick)和纳尔逊(Nelson)公司与香港的针织企业签约，为他们的零售店独家生产羊毛衫等产品，标签上写着："弗雷德里克和纳尔逊专品，香港制造。"但80年代之前，这种自有品牌产品的开发只占美国专卖店和百货店零售业版图的一小部分。

进入80年代，折扣店和工厂直销店剧增，价格战给百货店和专卖店带来了巨大的压力。雪上加霜的是，汤米·希尔费格（Tommy Hilfiger）、拉夫劳伦（Ralph Lauren）和耐克（Nike）等服装公司也纷纷开设了自己的零售店。面对激烈的竞争，百货零售商采取的一个自救措施便是增加自有品牌商品的比例，于是，这块业务在百货零售商和专品零售商内部不断地扩大。

销售自有品牌商品，所有风险都压在零售商手中。由于基本款式比时尚款式更具长期销售力，市场风险也低，因此，百货零售商在20世纪90年代初扩展自有品牌业务时大多选择了生产基本服装款式，像马球衫、运动短裤、休闲裤和牛仔裤都很适合自有品牌的生产。生产此类商品的另一个好处是，全国性知名品牌和自有品牌商品之间的区别不易辨别，而购买一件自有品牌的马球衫要比相差无几的知名品牌少花几块美元，那些价格敏感型的顾客会热切地选择前者，对其质量也都认可（见图8-10）。

图8-10 百货商店出售自有品牌的服装产品，图中显示的是梅西百货出售的自有品牌INC International 的服饰

一些零售商将其产品系列的品牌冠以知名设计师的名头，以提高品牌效应和零售店的地位。比如，凯马特（Kmart）挂的是杰奎琳·史密斯（Jaclyn Smith）的商标。有趣的是，一些零售商与纽约第七大道的时装设计师签约，像塔吉特（Target）就与莫辛莫（Mossimo）、艾萨克·麦兹拉西（Issac Mizrahi）和辛西娅·洛蕾（Cynthia Rowley）等设计师签署了独家许可协议。对这些时装设计师来说，设计工作的财务风险已然转移到零售商的身上。

随着自有品牌商品销量的扩大，除了一开始出于财务安全考虑选择的基本款式，零售商还开发了更多时尚前卫的自有品牌商品。为此，零售商组建了类似于服装公司设计团队那样的产品设计团队。塔吉特和杰西潘尼等大型零售商是第一批拥有自有品牌产品开发部门的零售商(见表8—2)。

表 8—2　　　　　　　　　　　　服装公司自有品牌示例

百货公司	品　牌
迪拉德(Dillard's)	Allison Daley, Investments, Westbound, Copper Key, Aigle, Caribbean, Daniel Cremieux, Murano, Roundtree & Yorke, Class Club, First Wave, Starting Out
梅西百货(Macy's, Inc.)	Charter Club, Karen Scott, INC International, Alfani, Greendog, Club Room, Style & Co.
杰西潘尼(JCPenney)	Worthington, St. John's Bay, Arizona/Arizona Kids, Stafford, Okie Dokie
凯马特(Kmart)	Joe Boxer, Jaclyn Smith, Basic Editions, Route 66, Small Wonders
科尔(Kohl's)	Apt 9, Croft & Barrow, Sonoma, Urban Pipeline
诺德斯特龙(Nordstrom)	Caslon, ClassiquesEntier, Halogen, Baby Nay, Façonnable
西尔斯(Sears)	Canyon River Blues, Covington, Classic Elements, Personal Identity, Stacy Adams
塔吉特(Target)	Merona, Xhilaration
沃尔玛(Walmart)	Starter, No Boundaries, George, Faded Glory

商店即品牌/SPA

20世纪80年代和90年代初，一些零售商开设了全部销售自有品牌或商店品牌商品的专卖店。这种商店即品牌的策略，就是要在消费者心目中将零售直销店(店铺、目录、网店)和服装品牌画等号。采用该策略的公司是那些专卖自有品牌服装的零售商(SPA)，诸如The Limited、维密(Victoria's Secret)、Express、盖璞(Gap)、香蕉共和国(Banana Republic)、老海军(Old Navy)、飒拉(Zara)、海恩斯莫里斯(H&M)、埃迪·鲍尔(Eddie Bauer)、Talbots和贝纳通(Benetton)。只提供商店品牌的公司与其他自有品牌零售商一样，或聘用自己的设计师和产品开发人员，将他们的设计交给承包商生产，或寻找专为商店设计、开发和生产指定商品的全包式承包商。当然，也有一些例外，贝纳通(Benetton)和飒拉(Zara)这两家垂直整合公司就独自控制着从面料到成衣的生产全过程。

自有品牌和商店品牌/SPA产品开发的利弊分析

零售商将自行决定如何提供自有品牌商品，或扩大自有品牌业务，或只提供商店品牌。如前所述,零售商开发自有品牌和商店品牌产品的一大好处是甩掉了中间商,从而能得到更高的利润(毛利)和/或降低消费者支付的价格。

开拓自有品牌和商店品牌业务的另一个好处是,零售商可以填补某些产品类别的空白。对那些寻求物有所值的顾客来说,自有品牌商品恰好提供了这种价值。以优惠价格提供高质量的自有品牌产品,可以建立和维持顾客对商店及自有品牌的忠诚度。零售商的目标之一就是将自有品牌打造成顾客心目中的知名品牌。创建一个足以引起客户联想的品牌,就是创造品牌的忠诚度,该品牌也就成了专卖店的品牌。

第三个好处是打造特色商店。许多零售店和专卖店都在出售全国知名品牌的商品,千篇一律,不足为奇。一旦顾客熟悉了零售商的自有品牌或商店品牌,他们就可以选择去那里购物,因为这些品牌专卖店提供了差异化产品而平添几分魅力。提供独家商品还能在顾客脑海中形成对零售商形象的某种联想,这是创建自有品牌的特殊优势。

零售商与客户的关系最为密切,最能摸准顾客购物的脉搏,知晓其真正想要的东西。相比那些品牌产品生产商,零售商更想全方位地控制产品。

毋庸讳言,自有品牌和商店品牌业务的主要缺点也很明显,零售商必须承担全部风险。零售商手握商品,如果销售不好,就会失却利润。

结　语

设计师、销售经理、打样师和生产工程师分析服装的设计、合体性及成本因素。初始成本估算是决定款式制作可行性的一大因素。凡是建议纳入产品系列的款式,可能需要修改原型,也可能需要更改样板,重新裁剪和缝制原型。每种款式都必须接受评审,以确定哪些款式能获得进入最终产品系列的通行证。

在设计师的草图经核准、交付后,新产品系列的设计开发便拉开了序幕。新款式的开发始于第一次样板制作,根据样板进行裁剪,尔后交由缝纫师缝制样品,若拟用面料尚不可得,则使用模拟面料替代之。设计团队聘用合体模特试穿新原型服装,审查新款式的设计和合身性,若有必要,则进行修改;有时,需要精细缝制原型服装,以求完善设计;完成最终设计后,进行成本估算。设计团队再次对产品系列进行评审,仔细审查每一种入围的款式,最终的产品系列将由终审通过的款式构成。为便于开展市场营销活动,公司需要为销售代表缝制额外的样品,并准备好产品系列目录和其他宣传材料。

随着计算机在设计开发过程中的不断应用,越来越多的时装品牌公司意识到使用该技术在当今市场中生存和发展的必要性。设计、打样和生产一体化的计算机系统成为时装产业加速成长的另一个关键驱动因素。

市场营销渠道的结构性变化,使时装品牌公司、承包商、销售代表和零售商之间的关系不断地发生变化。自有品牌和商店品牌产品的扩张、产品生命周期管理系统的运用以及3D设计工具的开发,代表了当代时装产业发展的最新趋势。

问题讨论

1. 一家服装公司欲从传统的纸质样板转换到样板设计系统(PDS),你认为该公司需要购买何种类型的计算机系统,如何进行相关决策?

2. 为什么设计师会使用悬垂设计法,而不是利用样板来设计服装?这两种方法的优、缺点各是什么?

3. 以一件衣服(如夹克)为例,你认为如何修改设计和改变材料才能降低成本?

4. 试析零售商生产自有品牌商品之利弊。

5. 试析服装公司为零售商生产自有品牌的服装系列之利弊。

案例研究

规格在设计开发中的重要性

劳伦时装精品店(Lauren's Fashion Boutique)是一家地区性的专卖连锁店,分布在8个地点。为了向顾客提供独特的商品,该店与李氏制造公司(Lee's Manufacturing)签约,为其店铺生产自有品牌的羊毛裤系列产品。李氏制造公司是一家知名的全包式承包商,采取"按规格购买"的做法。劳伦销售经理拜会了李氏制造公司,从其开发的各种规格的服装中挑选了所需的产品款式、颜色和尺码。李氏制造公司完成生产任务后,将这些自有品牌羊毛裤直接运送到劳伦时装精品店。

劳伦时装精品店收到了裤子,同时也收到了不少顾客的抱怨,称裤子不合身、各种颜色的面料织法不一。该店销售经理与李氏制造公司一起重新核查裤子的规格,发现规格均符合合同的规定。但不幸的是,劳伦时装精品店的销售经理当初并未指定裤子的长度,而李氏制造公司也只生产和交付了适合小个子穿的裤子,虽然腰部和臀部的规格只适合小个子,却并未违反合同的要求。同样地,劳伦时装精品店的销售经理认可的规格是使用3种不同颜色的100%羊毛面料来制作裤子,而李氏制造公司却对每种颜色的100%羊毛面料采用了不同的织法。

(1)如果劳伦时装精品店要求李氏制造公司无偿生产并交付那些尺码缺失的裤子,而且各种颜色的面料织法要保持一致。你认为李氏制造会考虑这个要求吗?究竟谁应对服装的规格负责?

(2)从事后来看,劳伦时装精品店的销售经理应该怎样做,才能确保他们收到的裤子符合自己认可的规格?

(3)劳伦时装精品店今后应如何防范此类事故重演?

求职机会

在设计开发和款式选择领域,求职机会有以下几种:
- CAD 设计师/工程师
- 成本核算经理
- 设计开发人员
- 打样师
- 生产工程师
- 产品开发人员
- 样品缝制师
- 规格开发者
- 生产技术助理

参考文献

Bressler, Karen, Karoline Newman, and Gillian Proctor. (1997). *A Century of Lingerie*. Edison, NJ: Chartwell Books.

Cohen, Marshal. (2009, August 1). "The Challenges of Private Label Apparel." *License Global*. Retrieved from http://www.licensemag.com(accessed March 12, 2016).

D'Innocenzio, Anne, and Miles Socha. (1998). "Punching Up Private Label." *Women's Wear Daily*, October 7, pp. 14—15.

"Private Label's New Identity." (1999). *Women's Wear Daily*, March 11, 1, 8, 20.

Ryan, Thomas J. (2003). "Private Labels: Strong, Strategic & Growing." *Apparel*, June, pp. 32—37.

Workman, Jane E. (1991). "Body Measurement Specifications for Fit Models as a Factor in Clothing Size Variation." *Clothing and Textiles Research Journal* 10(1): 31—36.

第九章　时装品牌的市场营销

本章主要内容

- 时装品牌公司的市场营销过程
- 市场中心、大型商场、市场周和贸易展的作用
- 时装品牌公司的销售功能及其性质
- 时装品牌公司的促销策略

在时装品牌公司的组织结构中,调研和销售部门聚焦于市场调研工作,制定销售、促销和分销策略(见图9—1)。营销部门是根据时装品牌公司的规模与目标来构建的,图9—2展示了营销部门的各种组织结构。

时装品牌公司的营销工作关乎产品的推广和销售。但若没有通过市场调研准确地了解目标客户,没有设计和生产能够满足目标客户需求的商品与提供相应的服务,即使采取最好的促销策略也会遭到失败。因此,时装商品的营销应基于市场调研结果制定适当的策略,方能以适当的价格将产品送达目标市场和目标消费者手中。

市场这一概念有以下几种含义:

- 当人们说某一产品有市场时,这意味着消费者对该产品有需求。如前所述,调研就是用来评估消费者的需求或该产品的市场。
- 人们在提及商品买卖发生的地点时也使用市场。例如,零售买家经常谈论到市场去为他们的商店采购商品。
- 我们也用市场来表示推广和促销产品,通常是通过媒体发布广告和努力搞好公共关系。

本章将时装市场视为时装品牌公司向零售商出售商品的场所,探讨这些公司向零售商和最终消费者推销商品的促销策略。

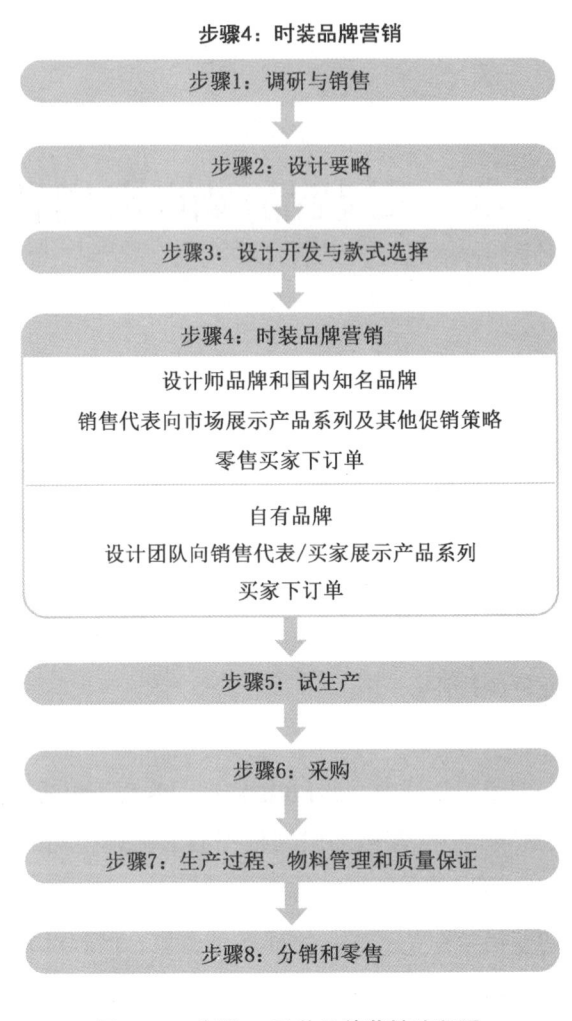

```
步骤4：时装品牌营销
  ↓
步骤1：调研与销售
  ↓
步骤2：设计要略
  ↓
步骤3：设计开发与款式选择
  ↓
步骤4：时装品牌营销
  设计师品牌和国内知名品牌
  销售代表向市场展示产品系列及其他促销策略
  零售买家下订单

  自有品牌
  设计团队向销售代表/买家展示产品系列
  买家下订单
  ↓
步骤5：试生产
  ↓
步骤6：采购
  ↓
步骤7：生产过程、物料管理和质量保证
  ↓
步骤8：分销和零售
```

图9—1　步骤4：时装品牌营销流程图

市场中心与大型商场

市场中心是指时装品牌公司、大型商场和商品陈列室的总部所在地，那里也是举办主要贸易展和零售业云集的城市。在世界上，这样的城市有纽约、洛杉矶、巴黎、伦敦、米兰、东京、香港、首尔、台北、里约热内卢和布宜诺斯艾利斯等。

大型商场

大型商场是指一个或一组建筑物，销售代表在其中设立商品陈列室，向零售买家展示服装和时装系列。许多时装市场中心都有这样的大型商场，有些商场专门经营纺

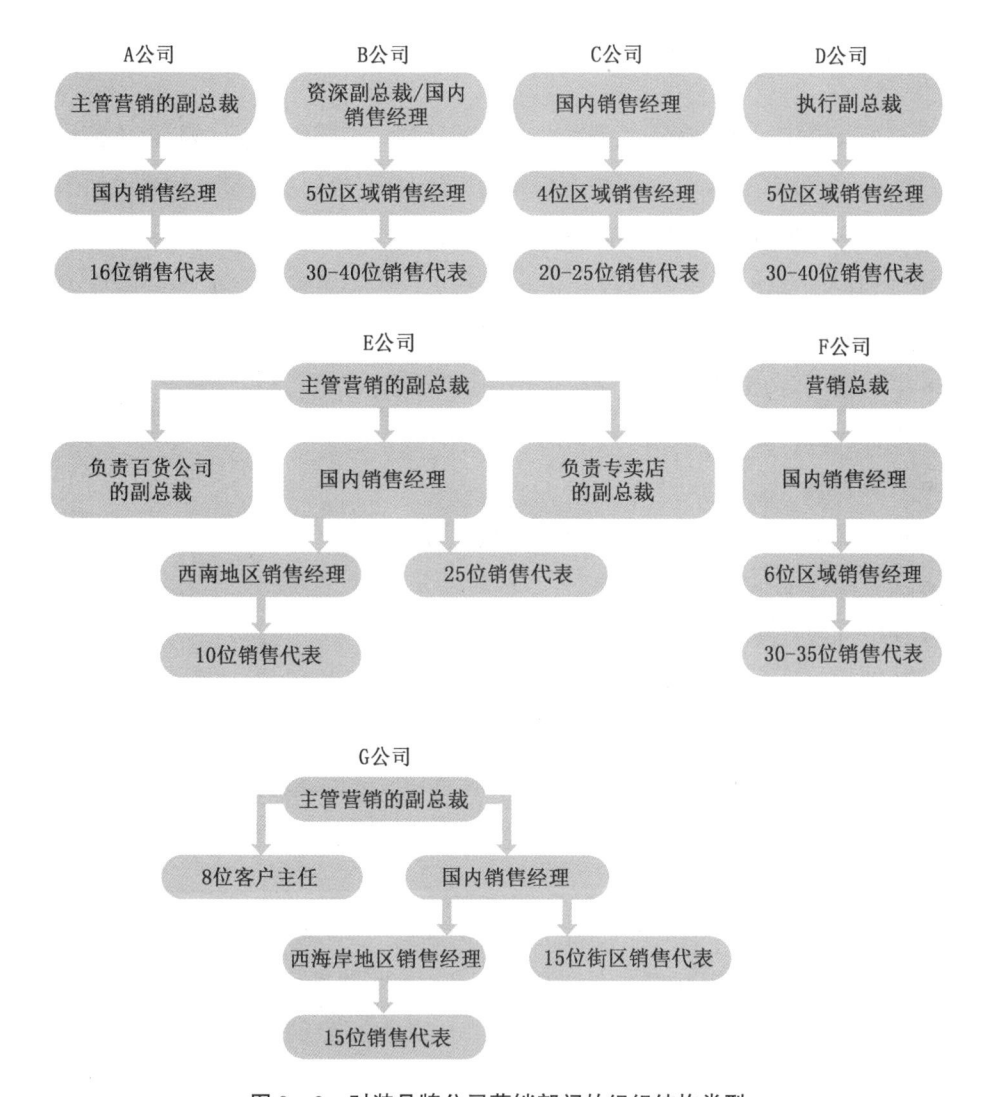

```
A公司                    B公司                      C公司                  D公司
主管营销的副总裁      资深副总裁/国内        国内销售经理        执行副总裁
                              销售经理
       ↓                          ↓                          ↓                        ↓
国内销售经理          5位区域销售经理      4位区域销售经理    5位区域销售经理
       ↓                          ↓                          ↓                        ↓
16位销售代表         30-40位销售代表      20-25位销售代表   30-40位销售代表

                    E公司                                              F公司
           主管营销的副总裁                                     营销总裁
        ↓           ↓            ↓                                  ↓
负责百货公司   国内销售经理   负责专卖店                国内销售经理
的副总裁                             的副总裁                         ↓
     ↓                ↓                                            6位区域销售经理
西南地区销售经理  25位销售代表                              ↓
     ↓                                                                30-35位销售代表
10位销售代表

                    G公司
              主管营销的副总裁
              ↓              ↓
        8位客户主任    国内销售经理
                              ↓           ↓
                    西海岸地区销售经理  15位街区销售代表
                              ↓
                       15位销售代表
```

图9—2 时装品牌公司营销部门的组织结构类型

织品、服装、配饰和家纺产品，如洛杉矶的加州市场中心（CMC）；有些商场设有各种产品的陈列室，如芝加哥商场就有服装、家具、厨房和浴室、室内家具、户外家具、礼品和家居饰品的展厅；有些商场是大型市场中心综合体（如达拉斯市场中心）的一部分，拥有多个商业建筑物，出售众多的商品。

所有的大型商场均设有展厅，可以布置临时性的陈列室或展位，供举办市场周活动使用。市场周是那些未在商场常设陈列室的时装、服装和配饰公司及其销售代表一年中向零售买家展示新产品系列的主要时间。展厅也可用于举办贸易展览会。为便于买家前来购物，商场在网站上公布市场周的导购信息，列出展销的时装品牌、销售代表的姓名和提供的服务。

零售关系计划

大型商场制定了各种吸引消费者注意力的计划——零售关系计划，以改善买家的体验，提升营运效率。例如，为了应对更短的周转时间、更快的服装交付和增加消费者的购买，大型商场采取常年开门营业的措施，通常是每周5天、每年52周，让买家能在一年中任何时间购物，而不是仅仅在市场周购买。大多数商场目前都有零售关系计划，包括在市场周和贸易展期间为零售买家提供的一系列服务。这些服务项目计有：

- 主题研讨会（如趋势报告、视觉促销和新营销策略等）
- 为首次购买者或新买家举办讲座
- 时装表演
- 加强买家与销售代表和供应商联系的计划
- 买家联合参与采购、营销和广告宣传的机会
- 信贷和融资便利
- 旅费折扣
- 娱乐活动（如音乐会、食品展销会）

许多大型商场举办主题研讨会，侧重于商品和服务的国际贸易，包括如何在墨西哥或中国开展业务、出口货物的商标规格以及其他与出口有关的问题，甚或提供旅游便利和翻译服务，以吸引国际买家。

大型商场设施齐全、包罗万象，能为零售买家提供全方位的服务，诸如咨询、餐厅、银行、酒店、会场、健身房、干洗店和商务中心等。商场也涉足时装产业，例如，加州市场中心就有固定设点的和临时展示的服装公司、职业介绍所、采购办事处、行业协会和自有品牌生产商。买家只要来到这里，其所有的需求均可通过一站式服务得到满足。

市场周与贸易展

市场周与贸易展，是服装设计师、生产商和零售商们交流和开展业务的主要时机。

市场周

市场周是一年里零售买家来陈列室或展厅观看季节性时装系列的时候。市场周期间，零售买家主要参加下列活动：

- 约见时装名牌生产商的销售代表
- 约见自有品牌和商店品牌商品的加工承包商

- 发掘新的品牌
- 出席时装表演
- 参加趋势研讨会和听取其他专题讲座
- 对服装生产商的产品系列进行评审
- 为自家商店订购名牌商品
- 订购自有品牌或商店品牌商品

参加市场周活动的买家通常会花费一定的资金,用来补购特定类别的商品。大型商场每年都赞助各种市场周活动,每次活动集中于一种产品类别(如女装、青年装、男装、童装、泳装、婚礼服和孕妇服),或聚集于一个季节性时装(如早秋、秋季、春季、夏季、假日和娱乐)。市场周的举办日期往往提前几年就已设定。一般来说,每年的秋装市场周在3月、4月举行,春装市场周在11月、12月举行。商场经常与行业协会联手举办市场周,让买家在同一个地点就能接触到众多的服装生产商。表9—1是美国举办妇女和儿童成衣市场周的月份。

表9—1　　　　　　　　美国举办妇女和儿童成衣市场周的月份

时装季节	市场周
夏季	纽约市场:10月 其他市场:1月
早秋	纽约市场:1月 其他市场:3—4月
秋季	纽约市场:2月 其他市场:6月
假日与娱乐	纽约市场:6月 其他市场:8月
春季	纽约市场:9月 其他市场:10—11月

市场周赋予时装品牌公司和零售商诸多优势,它给时装品牌公司带来的好处是:

- 销售代表可以在很短的时间内向大批零售买家展示新的产品系列,零售商也可以在市场周的展销会上订购。
- 通过与买家交流,销售代表可以获取有关消费者和零售趋势的信息。
- 根据买方的兴趣所在,销售代表可以判断产品系列中哪些款式最值得投入生产。
- 通过时装表演和展示活动,服装公司和家纺产品公司可以获得宣传的机会,扩大产品零售额。

- 更多地了解竞争对手的产品,尽管许多高级时装产品仅供零售买家观看。

市场周给零售买家带来的好处是:

- 零售买家可以在很短的时间内浏览众多的产品。
- 参加市场周期间举办的讲座和研讨会,了解时装趋势、促销策略、视觉营销技术和其他相关信息。
- 增强买家为自家商店引进新款服装产品的意识。

产品开发者经常参加市场周活动,结交自有品牌或商店品牌商品的加工承包商。一言以蔽之,市场周已经成为时装品牌公司决战决胜的重要时刻。

贸易展

行业协会的会员单位和专品贸易展的生产厂商纷纷赞助其所在行业的贸易展,以促进服装、配饰和家纺产品的销售(分别见图9—3和图9—4)。这些会展一般持续3—8天,通常位于商场大厅、大型酒店或会议中心。例如,纽约市贾维茨会展中心(Javits Center)每年举办多场时装行业展览,诸如 MODA、Accessories The Show (ATS)、Coterie、Project New York、Sole Commerce 和 FAME。拉斯韦加斯也已成为美国的贸易会展中心,其中包括 ATS 和 MAGIC,展销的产品涵盖男装、女装、童装、鞋类和配饰等行业最大的时尚品牌。表9—2至表9—5分别列出了几类商品的贸易展。

资料来源:Churchill/WWD/© Conde Nast.

图9—3 零售买家参加 WWDMAGIC 等贸易展,观看季节性时装品牌系列

资料来源:Bryan Steffy/WireImage/Getty Images.

图9—4 贸易展为零售买家提供了检视新款时装品牌的机会

表9—2 鞋类和饰品贸易展

贸易展	地　点
Accessories The Show	纽约市和内华达州拉斯韦加斯
WSA@ MAGIC(World. Shoes. Accessories) Show	内华达州拉斯韦加斯
FN Platform	内华达州拉斯韦加斯
Fashion Footwear Association of New York (FFANY)	纽约市
Toronto Shoe Show	加拿大多伦多
GDS	德国杜塞尔多夫
The MICAM	意大利米兰
中国国际鞋类博览会	中国上海

表 9—3　　服装、时装和配饰贸易展

贸易展	地点
MAGIC • The Collective——男士、男青年的品牌服装和持牌服装 • WWDMAGIC——青少年、妇女的运动服和饰品 • Project——男士、女士的现代服装和配饰 • WSA@ MAGIC——男士、女士、青少年和儿童的快速时尚鞋类 • FN Platform——男士、女士、青少年和儿童的新式高档鞋履 • CURVENV @ MAGIC——内衣、泳装、休闲装、运动服和男士内衣 • POOL TRADESHOW——高级时装和配饰 • THE TENTS——奢侈品和设计师男装品牌 • Playground——儿童时尚服装 • Sourcing at MAGIC——来自世界各地的生产商、组件供应商、技术和服务提供商	内华达州拉斯韦加斯
ENK International Trade Events • Accessorie Circuit • Fashion Coterie • Children's Club • Intermezzo Collections • Sole Commerce	纽约市、拉斯韦加斯、北京、上海
TMRW Fashion Avenue Market Expo(FAME)	纽约市和拉斯韦加斯
MODA:现代流行成衣系列	纽约市
STYLEMAX:女士服装和配饰	芝加哥
International Fashion Jewelry and Accessory Show	多个城市

表 9—4　　运动服与运动类产品贸易展

贸易展	地点
Outdoor Retailer(Outdoor Industry Association)	犹他州盐湖城
Action Expo	新泽西州大西洋城

表 9—5　　室内设计和家纺产品贸易展

贸易展	地点
NeoCon World's Trade Fair:为室内设计师举办的设计展览和会议	伊利诺伊州芝加哥
NY NOW:家居服饰、新潮时尚产品、手工产品和礼品,包括各种家纺产品和饰品	纽约市
Home Textiles Sourcing Expo:家纺产品及其加工品	纽约市
High Point Market:全球最大的家居用品展销会	北卡罗来纳州高点

有些时装公司主要依靠贸易展来展示产品,其他的公司参加纽约市场周和/或在

大型商场展销产品,至多参与一两个大型贸易展。零售买家、产品开发商和采购代理商既赶赴市场周,又跻身贸易展,忙于查看各种新款式,为自家店铺采购。

展会主办方的网站上有参展商信息、买家信息、产品搜索、展会信息、注册方法和展方评价。由于参展费用不菲,因此网上浏览展品和在线购买商品越来越受买家的欢迎,举办纺织品、家纺产品、图案设计(如T恤图案设计)和专业服装(如防护服、制服)之类的虚拟贸易展现已蔚然成风。

时装品牌的市场中心

全球时装品牌的市场中心位于纽约、洛杉矶、巴黎、伦敦、米兰、罗马、东京、香港、首尔、台北、里约热内卢、布宜诺斯艾利斯和悉尼。这些城市的时装产业欣欣向荣,影响力大,包括设计、营销和分销/零售领域。纽约、洛杉矶是美国卓越的时装市场中心,巴黎、伦敦和米兰是历史悠久的欧洲时装之都,香港和东京堪称亚洲时装之都,里约热内卢和布宜诺斯艾利斯则是南美的时装市场中心。

时装品牌的市场中心以设计和营销为重点,每次举办时装周均被各大媒体竞相报道。欧洲(如 Premiere Vision)和亚洲(如香港时装周,TITAS)的贸易展吸引了来自世界各地的人。这些城市及其所在国也有生产行业(本书将在后面讲述生产中心),下面,我们先来看看市场中心在时装品牌营销中的作用。

美国时装品牌的市场中心

纽约市是美国首屈一指的时装市场中心,大型高档时装店的买家每年到纽约来一两次,察看和采购新款时装。此外,生产厂家的销售经理分区分片,逐城巡游,邀请当地商店的买家到酒店房间或零售商的商店来观看自己的产品。随着20世纪50年代时装产品的生产和零售不断增长,区域市场中心开始形成。到60年代初期,第一个地区性的服装和商品商场落成。经过整个80年代的增长之后,由于行业内的企业整合、商场间的竞争加剧以及自有品牌或商店品牌商品的持续扩张,导致地区性的时装和商品商场在90年代下滑。继而贸易展、电子商务与互联网通信异军突起,逐渐成为生产厂商连结零售买家的重要手段。随着地区性商场的重要性下降,纽约市、洛杉矶、达拉斯和亚特兰大等时装市场中心风生水起,日渐兴盛起来。

纽约市

纽约市是美国卓越的时装品牌市场中心,它并没有专门出售服装的商场,服装陈列室散布在曼哈顿的部分街区,人称服装区、服装中心、时装区、时装中心。纽约市的时装中心主要是在曼哈顿中城,位于第五大道和第九大道之间,第35大街和第42大街之间(见图9—5),其最核心的地区位于第七大道(1972年定为时装大道)和百老汇之间。

资料来源:Eichner/WWD/© Conde Nast.

图9—5 纽约市时装中心位于曼哈顿中城,是数百家公司的工作室、设计和营销总部的所在地

目前,纽约服装区或时装中心拥有数以千计的设计和营销公司,涉及纺织、配饰、服装、组件和家纺产品等领域。几乎所有赫赫有名的设计师(如 Vera Wang、Calvin Klein、Donna Karan、Ralph Lauren、Jill Stuart、Michael Kors)都在纽约市设有办事处。这里也是纽约时装周的举办地,每年近100位美国和国际设计师举办两次时装表演(2月份举办秋/冬时装周,9月份举办春/夏时装周,见图9—6)。一些设计师还在其他的销售季节通过时装秀展示自己的时装系列或藏品。

纽约市这座城市如此昂贵、拥挤和不便,为何它还能作为一个重要的市场中心继续存在下去呢?除了身为时装中心的基础和历史底蕴外,纽约市还为企业提供了采购办事处、纺织品批发、辅料和配饰批发、咨询顾问、广告代理以及位于该市的行业协会和出版公司的服务。与其他国际时装市场中心相仿,纽约市也是一个文化中心,设计师可以从源源不绝的艺术、戏剧、舞蹈、歌剧和其他文化活动中获得丰富的灵感。

洛杉矶

如果说纽约市是美国东海岸的主要市场中心,那么洛杉矶就是西海岸的主要市场中心。坐落在洛杉矶市中心时装区的加州市场中心(CMC),于1964年开业,设有数百间女装、男装、童装、配饰、纺织品、礼品和家居装饰的陈列室(见图9—7)。此外,该中心还提供多个特定类别的专业市场。

资料来源：Antonio de Moraes Barros Filho/FilmMagic/Getty Images。

图 9—6　设计师在每年举办两次的纽约时装周展示新产品系列

(a) 洛杉矶的加州市场中心是美国西海岸最大的时装品牌市场中心

(b) 服装、饰品陈列室

资料来源：Boye/WWD/© Conde Nast。

图 9—7　最大的时装品牌市场中心和服装、饰品陈列室

与纽约市相似，洛杉矶曾是美国最大的服装生产中心之一，现也将重点转移到设计和营销上。每当我们提及加利福尼亚，就会想起休闲服和运动服。洛杉矶以运动服、泳装和休闲潇洒的"L. A. 时尚"而闻名。总部位于洛杉矶地区的公司有 BCBG Max Azria Group，Inc.（加州弗农）、Guess Inc.、Joe's Jeans，Inc.、Lucky Brand Jeans（加州弗农）、Quiksilver、Rock & Republic、Sketchers USA, Inc.、St. John Knits International，Inc.、Tarrant Apparel Group（杰西潘尼公司的亚利桑那牛仔裤生产商和其他自有品牌）与 Pacific Sunwear of California（加州阿纳海姆的 PacSun）等。加州也是许多其他大型服装/零售公司的总部所在地，诸如阿什沃思公司（Ashworth, Inc.，加州卡尔斯巴德）、贝贝商店（加州布里斯班）、李维·施特劳斯公司（旧金山）、巴塔哥尼亚（Patagonia，加州文图拉）和 Wet Seal（加州山麓牧场）。

芝加哥

芝加哥商品市场和芝加哥服装中心迎来了世界各地的客户。服装和饰品的客户主要来自美国的北部和中西部地区。自 1930 年开业以来，芝加哥商品市场（见图 9-8）一直是世界上最大的贸易中心之一，也是礼品、家居用品及新保守主义风格的设计中心。Stylemax 贸易展提供了 4 000 多个品牌的女性服装和配饰系列。芝加哥地区也是西尔斯控股公司（Sears Holdings Corporation，即西尔斯和凯马特的所有者）的总部所在地。

资料来源：Raymond Boyd/Michael Ochs Archives/Getty Images.

图 9-8　芝加哥商品市场是各种礼品和家居用品市场的大本营

达拉斯

达拉斯是美国南方的服装市场中心。达拉斯市场中心（DMC）拥有：

- 世界贸易中心：礼品、装饰配件、家具、地毯、织物和玩具（以 FashionCenterDallas® 的商标展示时尚服装和配饰）

- 贸易商场：礼品、装饰配件、家用器皿、桌面用品和文具
- 国际花卉和礼品中心：以 International Floral and Gift Center ® 的商标展示花卉和假日饰品
- 市场大厅：为各种贸易展提供临时展示空间

该市场中心每年为女士、男士和儿童的服装和配饰、家具与礼物提供 50 多个交易场所。

全球最大的牛仔裤生产商 VF 公司在得克萨斯州有业务活动。达拉斯还是男装生产商哈加尔（Haggar Clothing）和威廉姆森－迪基制造公司（Williamson-Dickie Mfg.）的总部所在地。杰西潘尼（JCPenney）公司的总部位于德州的普莱诺，靠近达拉斯。

亚特兰大

亚特兰大的 Americas Mart 拥有 55 家商场，涵盖服装（男装、女装、童装、婚礼服）、配饰、礼品、家具、家纺产品、首饰和玩具。卡特公司（Carter's, Inc.）、牛津工业公司（Oxford Industries）、巴拉德设计公司（Ballard Designs）和里奇百货公司（Rich's department stores）的总部也位于亚特兰大。

其他的美国时装品牌市场中心

加州旧金山

总部设在旧金山的服装、家纺产品和零售公司有李维·施特劳斯公司（Levi Strauss&Co.）、Gap, Inc.（见图 9－9）、Jessica McClintock、Gymboree 和威廉姆斯－索诺玛公司（Williams-Sonoma, Inc.）。总部靠近旧金山的服装公司有贝贝（Bebe，加州布里斯班）、乐斯菲斯（The North Face，加州圣莱安德罗）、杰斯伯（JanSport，加州圣莱安德罗）、Restoration Hardware（加州科尔特马德拉）、罗斯商店（Ross Stores，加州普莱森顿）和土拨鼠（Marmot，加州圣罗莎）。

华盛顿州西雅图

与亚洲的承包商保持密切的关系，是西雅图服装公司的一大优势。得益于体育服装和户外服装公司与零售商的日益壮大，西雅图拥有像华盛顿州肯特市的 Cutter and Buck、汤米·巴哈马（Tommy Bahama）、Zumiez、埃迪·鲍尔（Eddie Bauer，华盛顿州贝尔维尤）、娱乐设备公司 R.E.I. 以及像诺思通（Nordstrom）这样成功的实体零售商和亚马逊（Amazon.com）这样的电子零售商，从而在时装产业界雄踞一方。

俄勒冈州波特兰

以往的 20 年里，俄勒冈州的波特兰市逐渐成长为运动服装和户外用品的市场中心。波特兰是耐克、哥伦比亚运动服公司和阿迪达斯北美公司的总部所在地，吸引了

资料来源：Claire R Greenway/Moment Mobil ED/Getty Images.

图 9—9　旧金山是许多国际时装品牌公司的所在地，如李维·施特劳斯公司(Levi Strauss&Co)和盖璞(Gap)公司

众多小型运动服和鞋业公司前来安营扎寨，如锐利(KEEN)和勒克洛斯(LaCrosse)鞋业公司。此外，波特兰也是彭得顿毛纺厂(Pendleton Woolen Mills)和汉娜·安德森公司(Hanna Andersson)的总部所在地。

南美时装品牌的市场中心

阿根廷和巴西是南美最大的消费市场，拥有奥斯克伦(Osklen)、卡洛斯·梅勒(Carlos Meile)、格洛丽亚·科埃略(Gloria Coelho)和 TNG 特卖场。总部位于阿根廷的国际品牌包括卡登(Cardon)和 AY Not Dead。

欧洲时装品牌的市场中心

法国、德国、意大利、英国和西班牙等西欧国家以其时装市场中心(巴黎、米兰和伦敦)、奢侈品牌与魅力四射的时装周而闻名于世。巴黎、伦敦和米兰时装周是全球最有影响力的时装周。

- 法国是高级时装的发祥地，以香奈儿(Chanel)、迪奥(Dior)、纪梵希(Givenchy)、路易威登(Louis Vuitton)、妮娜·里奇(Nina Ricci)和伊夫·圣洛朗(Yves Saint Laurent)等奢侈时尚品牌而名震天下。巴黎时装周(2 月份举办秋冬时装周，9 月份举办春夏时装周)凸显了诸如此类的奢侈品牌，成为当今时装传媒追捧的盛大节日之一(见图 9—10)。
- 德国以纺织机器的设计与生产、贸易展(如 Igedo)以及阿迪达斯(Adidas)、彪马

资料来源：Antonio de Moraes Barros Filho/WireImage/Getty Images.

图 9—10　巴黎时装周被媒体广泛报道，有利于奢侈时装品牌的推广

(PUMA)、爱思卡达(Escada)、大水牛(Buffalo)、雨果博斯(Hugo Boss)和艾格纳(Etienne Aigner)等品牌产品而闻名遐迩。

● 与西欧其他国家一样，意大利的时装产业有着悠久的历史，"意大利制造"这个标签几乎就是品牌的代名词。米兰时装周每年举行两次(2月、3月举行秋冬时装周，9月、10月举行春夏时装周)。意大利的奢侈品牌有乔治·阿玛尼(Giorgio Armani)、罗伯特·卡沃利(Roberto Cavalli)、杜嘉与班纳(Dolce&Gabbana)、艾特罗(Etro)、芬迪(Fendi)、古驰(Gucci)、普拉达(Prada)和范思哲(Versace)。

● 英国时装包括优质羊毛衫、定制西服(伦敦萨维尔大街)，其影响深入时髦的伦敦夜总会。伦敦时装周每年举行两次(2月份举办秋冬时装周，9月份举办春夏时装周)。英国时装品牌有亚历山大·麦昆(Alexander McQueen)、ASOS、博柏利(Burberry)、马丁大夫(Dr. Martens)、杜尚(Duchamp)、斯特拉·麦卡特尼(Stella McCartney)、维维安·韦斯特伍德(Vivienne Westwood)和 Topshop。

● 西班牙有知名的快速时尚公司飒拉(Zara)和芒果(Mango)，并以 Desigual、玛西莫·都蒂(Massimo Dutti)和波丝可(Bershka)等品牌而闻达。

亚洲时装品牌的市场中心

第二次世界大战后,日本的纺织服装业对该国的经济增长发挥了重要的促进作用。作为一个发达国家,日本以特种纺织品(如再生聚酯、高性能材料)、设计师时装(如三宅一生、森英惠、川久保玲和山本耀司)、国际时装品牌(如 Cheat Sheet、鬼冢虎)、快速时尚零售(如优衣库)和百货零售(如崇光百货、高岛屋)而著称。东京时装周在推广日本奢侈时装品牌方面功不可没。

香港作为东亚重要港口的历史源远流长。1949年新中国成立后,逃港难民开发了一个活力很强的时装产业,生产廉价的服装和鞋类。随着工资上涨,香港的时装产业开始转型,从生产型转变为国际时装品牌的设计和营销中心。1997年,香港脱离英国统治,成为中国的特别行政区。回归后的香港继续发挥了亚洲供应链管理、市场推广、特许经营和贸易枢纽的作用。香港最知名的供应链管理公司之一就是利丰有限公司(Li and Fung, Ltd. ,见图9—11),该公司是品牌时装设计、开发、采购和分销领域的全球领先企业。

图9—11 总部设在香港的利丰(Li & Fung)有限公司是品牌时装供应链管理的全球领军者

与日本和中国香港一样,韩国的纺织和服装行业也为其经济发展做出了贡献。韩国的时装产业以首尔为中心,主营业务是向亚洲和俄罗斯市场供应廉价和中等价位的服装,提供高级设计师的奢华时装品牌,经营和销售在中国投产的时装品牌产品,管理其供应链。现代和乐天等百货商店是韩国大型购物中心的支柱。

台湾(中国台北)在纺织和服装生产方面拥有丰富的经验,是制造纤维、高科技和高性能的材料及制鞋材料的世界领先者。研发人员通过官、产、学三结合,进一步推动了台湾制鞋材料、服装设计、营销和生产的发展。台北创新纺织品应用展览(TITAS)是多功能、高性能和可持续性材料的最大会展之一。

销售功能

时装品牌公司的销售方式如下:
- 内部销售自有品牌或商店品牌商品

- 公司间销售
- 销售代表与商品陈列室

内部销售

时装品牌公司以内部销售方式向零售买家出售自有品牌商品,如杰西潘尼(JCPenney)的亚利桑那(Arizona)品牌,也出售 SPA/商店品牌商品,如盖璞、维密、香蕉共和国和耐克,这两类商品都是为特定的时装品牌零售商设计和生产的。通过内部销售,设计团队向本公司销售经理展示季节性产品系列,让他们挑选可供投产的服装款式,销售经理还将决定哪些款式在哪些商店销售。

公司间销售

公司间销售是指:(1)公司生产设计师价位的时装品牌,供少数零售商销售;(2)巨型公司向大型零售企业出售中等价位的服装。在这种情况下,销售流程通常由公司总部操控,不聘用销售代表,也不设商品陈列室。

销售代表与陈列室

销售代表作为时装品牌公司和零售商之间的中介人,向零售买家出售时装系列(见图 9—12)。销售代表亦称客户经理、供应商代表和生产商代表。陈列室是销售代表用来向零售买家展示样品的房间。根据公司的规模,陈列室可以装饰精美,也可以非常简朴,里面摆放着样品陈列架和供客户使用的桌椅。

商品陈列室一般分为常设性和临时性两种。常设的陈列室位于市场中心、大型商场或商场附近的建筑物以及服装公司的设计部门内。市场周举办期间,那些未在该地区拥有常设陈列室的销售代表就得租用临时的陈列室或展位。服装公司的销售代表或多种产品系列的销售代表负责搭建展台,配备展销人员。有些销售代表每逢市场周便租用临时陈列室或展位。有些公司在市场周期间也租用临时陈列室或展位,它们只是"试水"新市场,不会长期聘用销售代表或入驻商场。尽管临时租用陈列室或展位可为企业提供市场和销售机会,但也不无缺点。如果买家寻求的是长期的客户服务,那么临时租用陈列室的销售代表就得承诺客户服务的持续性。

销售代表的类型与陈列室

究竟是开设一个专用的企业陈列室,聘请销售代表来管理呢,还是聘用独立的多种产品系列销售代表? 这是时装品牌公司营销部门需要做出的最重要的决策之一。这两者之间的主要区别在于,企业聘用的销售代表只为本公司工作,并且只在该公司

资料来源：Keenan/WWD/© Conde Nast.

图 9—12　新一季的时装系列通过陈列室和贸易展出售给零售买家

专用的陈列室中开展销售活动，而独立的多种产品系列销售代表只为自己工作，通常代理几家不同的非竞争性但彼此关联的公司的产品。例如，多产品线销售代表可以同时提供好几家公司的非竞争性的儿童服装系列，还可能代理儿童玩具和托儿所用品。这两种销售代表根据公司和产品线的情况在或大（如西部）或小（如北加州）的地理区域（即地区性销售区域）中工作。

对于设立企业陈列室还是聘用多产品线销售代表，时装品牌公司主要考虑两个因素，即产品类型和公司预期的业务量。企业陈列室比较适合那些在该国特定地区销售量较大的公司。就商场而言，该商场若能为公司带来至少 100 万美元的销售额，就值得设立专属的陈列室。

企业陈列室由销售本公司产品的代表进行管理，这种销售代表通常是大型公司的代表，大部分以陈列室为工作场所。根据公司的销售理念，销售代表的报酬是薪酬加佣金，或直接拿佣金。如果销售代表只销售本公司的产品，那么，公司会支付他的日常开销，但其佣金将比公司不支付开销时低一些。除了管理商品陈列室，公司的销售代表也会去别的商场参加市场周和贸易展览会。企业设立陈列室有利也有弊。有利的是，员工在陈列室内工作，全部时间都用于向客户推销本公司的产品系列，陈列室也会将企业形象和时装风格更好地展示给零售买家；不利的是，设立陈列室需向商场租房，租金自然不菲，还要根据商场提供的服务（如清洁卫生、公用事业、商场资助的促销活动、购物指南）来评估租约，因为这些服务可能会因商场而异。

许多公司选择聘用独立的多种产品系列的销售代表,而不是开设专用的企业陈列室。这类公司多为小型服装生产商,无法承担聘用销售代表的费用,或不想雇用专属的销售代表。在这种情况下,独立的销售代表自行决定自己的佣金,通常是公司发货的批发价格的5%—10%。这意味着,如果公司发运10万美元(批发价)的货物,由销售代表接手出售,那么,这个销售代表获得的报酬将是5 000—10 000美元。

独立的多种产品系列的销售代表必须支付自己的全部开销,其中包括:
- 陈列室的租金和室内用具的费用
- 参加市场周活动或走访零售商的差旅费
- 有时需要购买生产商的时装系列样品

小公司聘用独立的多产品线的销售代表,其主要优点是不需要花费设置陈列室的初始投资。另外,该销售代表早已熟悉当地的客户,便于向买家促销。虽然使用独立代表的初始成本低于开设企业陈列室,但仍有以下几项额外的开支:
- 市场周活动的费用
- 合作广告的费用
- 招待费和酒店服务费
- 时装表演或其他促销活动的费用

一些公司从与独立的销售代表合作起步,成长壮大后再自设企业陈列室。

寻求产品系列和销售代表之间的契合点,对于时装品牌公司和销售代表来说都很重要。公司希望找到这样的多产品线销售代表,与适合销售该产品线的零售商已有业务联系,且不代理竞争对手的产品,也能花费一定的时间推广本公司的产品线。另一个考虑是,销售代表是否需要在市场周之前拜访不同的零售买家。表9—6对企业陈列室和多产品线销售代表这两种销售方式的优劣之处做了一番比较。

表9—6 企业陈列室与多产品线销售代表的比较

销售形式	厂商的优势	厂商的劣势
企业陈列室	对陈列室形象具有可控性	需要一定的初始投资
	员工百分之百地投入时间	租约因商场不同而不同
		除佣金外,还有其他促销费用
多产品线销售代表	不需要初始投资	不易判断销售代表是否适合推广本公司的产品系列
	销售代表熟悉本地客户	销售代表对推销己方产品投入的时间可能不足
	买家在同一个陈列室内能接触到非竞争性但相关的产品系列	陈列室形象不可控

家纺品牌：装饰性织物的加工商和批发商

除了生产商的陈列室外，装饰性织物的加工商和批发商在家纺产品的营销中也扮演着重要的角色。加工商设计并销售家纺产品，供给那些使用这些产品的批发商、设计师和制造商。有些加工商也生产最终产品，如床单和窗帘。与生产商相仿，加工商也印制和分发样品册，在纽约市或其他地方开设陈列室，将家纺产品展示和销售给批发商、室内设计师、制造商和零售商。

装饰性织物批发商也参与家纺产品的销售和分销，特别是室内装潢和窗帘布料。批发商在该行业中承担仓储和分销职能，近年来又涉足多种服务，例如，进口布料、自行设计专有织物、加工布料、设置陈列室推销布料等，这使批发市场发生了变化。与生产商和加工商类似，批发商也为客户印发样品册。这样一来，纺织厂、加工商和批发商之间的分工趋于模糊。正如有的批发商转向加工领域，有的领先加工商也开始涉猎批发和分销业务。

样品系列

生产商向销售代表提供一组样品，涵盖产品系列中的每种颜色和每种款式，用于销售代表向零售买家展示自己的产品。这组样品连同产品系列目录或宣传册，蕴含了生产厂家向零售买家提供的产品系列的全部信息。有些公司要求销售代表（通常是独立的多产品线销售代表）购买这些样品，销售代表在销售季节结束时再卖出样品；其他公司则将样品提供给销售代表（通常是公司专属的销售代表），销售代表在销售季节结束时再返回。销售代表也可以利用计算机技术展示虚拟样品和计算机生成的替代品，而不必实际展示样品。

产品生命周期管理的应用软件

产品生命周期管理（PLM）软件的应用改变了许多时装品牌公司与零售客户的合作方式。运用3D计算机技术，可以在电脑屏幕上显示立体的虚拟样品，也可以显示拟用面料的颜色和款式的印花，还可以将不同的服装组件任意组合，查看各种组合的协调性。因此，零售买家和销售代表通过观看视频演示就可以订购，而无需目睹厂家实际制作的原型或样品。

PLM应用软件的一大优势就是，主要买家可以"预测"热销的款式。随着设计、开发和生产等软件程序的充分整合，工时也将成倍节约。设计师可以在三维的CAD系统上创建新的款式，设计团队可以对其进行修改，新款式可以通过视频向遥远的买方展示，时装公司不必支付原型或样品的制作费用便可接到订单。

计算机生成的采购系统，是计算机生成的服装设计、样板和裁剪一体化系统的一部分，它加快了创建和销售新产品系列的整个过程。将计算机辅助设计系统与计算机一体化生产系统连接起来,能够大大提高服装生产的速度、质量、精准度和成本效益。例如,不必走完制作样板的全过程就可以预测面料用法的效率,进而找到更有效利用面料的设计修改方案。

销售代表的职责

无论是公司销售代表,还是独立的多产品线销售代表,都会履行多项工作职责,包括销售活动、销售支持活动和非销售性活动(见图9—13),当然,最主要的是从事销售工作:

- 向零售买家展示产品系列及其特色
- 商谈销售条款
- 开妥商品订单

资料来源:Alamy Robert Daly/Alamy.

图9—13　销售代表向设计师、生产商和零售商展示家纺产品

在谈判销售条款时,销售代表和零售买家主要关注交货日期、合作广告和折扣等事项(参见本章"销售条款"小节)。使用电脑整合的开单程序,销售代表可以获悉最新的库存信息,登录次日发货的订单,分析订单数据库的信息。

销售代表还从事一些支持和扩大销售的活动:

- 向零售买家报告目标客户的动向
- 向零售商提供产品及其销售信息
- 培训买方和/或售货员如何推销和宣传商品

- 为零售商订购和再订购商品,确保其库存充足
- 处理零售客户有关商品订单的投诉
- 巩固客户关系

此外,销售代表还从事许多非销售性的活动:
- 安排旅行
- 为公司撰写报告
- 保存账簿
- 参加销售会议
- 参加市场周活动,如时装表演
- 管理和维护陈列室或贸易展台

虽然销售代表的职业生涯千差万别,但许多人在成为销售代表之前都有零售采购的经验和背景,他们了解零售采购的流程,能够满足零售买家的需求。

下订单与取消订单

销售代表与零售买家一起下订单,负责落实零售商订购商品的生产和交付。但要牢记一点,并不是产品系列目录中的所有款式都会付诸生产,只有那些订单数量足够多的款式才会最终投入生产。因此,当某个买家订购特定颜色和尺码的款式时,这个订单是暂定的。是否生产特定颜色和尺码的款式,取决于其他零售买家的累计订单,换言之,只有当零售买家的累计订单达到一个最低数量时,该款式才会生产。将款式投入实际生产所需的最小订单数量,受到各种因素的影响。有时,最少订单取决于面料生产商的最小码数要求,承接缝制活计的承包商也有各自的最少订单,比如,这一家公司最少是 300 件,那一家公司则是 3 000 件。

零售买家订购时并不能确知其心仪的颜色和款式是否会生产。订单可能会被取消,其原因如下:
- 特定款式或颜色的订单不足。
- 纺织品生产商不提供面料。纺织厂只有在各家服装公司订购了足够的码数且达到了最低订单的要求时才会开工,这在相关行业中引发了多米诺骨牌效应。
- 纺织品生产商的机器设备有可能出现各种运行问题。
- 如果生产商品的国家发生自然灾害和政治危机,零售商的要求便可能得不到满足。

当生产商无法执行零售商的订单时,零售商可能愿意接受替代的款式或颜色;或干脆取消订单,选用其他公司的商品来填补零售货架上的空缺。

销售条款

销售代表和零售买家需要商谈销售条款,其主要内容是:
- 交货的具体时间
- 保证生产款式与订购款式完全符合
- 连续订货的能力和时间(这对牛仔裤或男用针织品等基本商品尤为重要,库存充足对这些商品的最佳销售是必不可少的)
- 生产商支付促销折扣,帮助零售商从事广告或其他促销活动
- 若按规定日期支付发票,则可享受的支付条件和折扣
- 商品的运输成本
- 入门津贴,包括零售商首次购买该品牌商品的奖励
- 购买达到一定数量时可享受的折扣
- 在销售季节的早期或晚期购买商品可享受的折扣
- 减价商品的补助(减价商品是否可以赊账?)
- 退货权限(在销售季节结束时可否退回未售出的商品?)
- 生产商能否提供上架备便商品(已做好包装、标签等)
- 可用的促销工具,如赠品促销或商品展示
- 为零售商创造特色商品的可能性

零售商下订单时会明确规定交货日期和付款条件。如果生产商不能按时交货,那么,零售商可能会要求生产商减少货款,生产商也可能允许零售商取消订单。交货的延迟往往事出有因,或是材料延迟到达生产场所,或是承包商延误生产,或是运输延误所致。

营销策略

分销策略

时装品牌公司的分销策略,旨在确保商品能够通过商店销售到达目标客户的手中,这些商品原本就是为他们设计和制造的。因此,时装营销人员必须了解商店的特征及其所在的地区,尽量提高商品对目标顾客的可得性。例如,设计师价位的男士西服生产商,可以将居民收入高于平均水平的地区的专卖店确定为其主要的零售客户,而价位适中的女性运动服生产商,可以将百货公司确定为其主要的零售客户。接下

来，品牌时装公司营销人员需要决定采取何种分销策略。总的来说，有两种基本的分销策略，即开放性分销策略和选择性分销策略。

开放性分销策略

采取开放性分销策略的生产商，会将商品销售给那些经营有方且销售条件较好的零售商。

选择性分销策略

采取选择性分销策略的时装品牌生产商，制定了挑选零售商店的详细标准，这些标准主要是：

- 预期销量
- 地理区域
- 零售形象

例如，有些时装品牌公司只把商品卖给某个地区的一两家零售商，有些公司只卖给商店形象与商品形象相一致的零售商，有些公司只出售给可以购买特定数量商品的零售商。

基于这些决定，时装品牌营销人员将重点放在与其分销策略相一致的零售商身上。分销策略将在第十三章做进一步探讨。

国际营销

随着时装品牌公司将业务范围扩大至国外市场，时装商品的国际营销活动便进入了世人视野。时装商品在国际市场上有四种基本的销售方式：

（1）直接销售：有的时装品牌公司通过独立的销售代表或公司自己的销售代表直接向外国零售商销售商品。

（2）代理销售：有的时装品牌公司使用国际代理商来向其他国家进行销售。这些代理商具备市场需求、进出口和国际货币方面的专业知识，可以帮助企业建立国际客户群。

（3）独家分销：有的时装品牌公司与某些国际零售商签订了独家分销商品的协议。

（4）许可营销：有的时装品牌公司将其产品系列许可给外国公司，这种许可安排有利于特定国家或地区的销售。

促销策略

时装品牌公司希望零售商和消费者能够了解自己的产品系列，其促销策略也是瞄准和锁定这两个群体的。

时装品牌公司采用一系列促销策略让零售商和消费者了解他们的商品。促销策略的制定取决于以下诸因素：

- 公司的广告预算
- 目标客户的特点
- 产品系列的特点
- 分销的地区

促销策略包括向零售商提供广告、宣传和其他促销工具。使用社交媒体推广时装品牌也被视为广告或宣传，这取决于谁来支付费用和控制内容。

广　告

通过付费广告，时装品牌公司在报刊、广播和数字媒体上购买空间或时间来向零售商和消费者宣传它们的产品系列。尽管有些大公司自设广告部，但大多数公司仍聘用广告公司为其开发报刊、广播和/或数字广告。大型时装品牌公司（如耐克、拉尔夫·劳伦和博柏利）每年都会花费数百万美元的广告费。公司还可以通过合作性广告的方式与零售商、行业协会或其他生产商分担广告费用。例如，一家公司和一家零售商共同承担了一个广告的成本，目的是凸显商品和零售商的特征（见图9—14）。

资料来源：Scott Olson/Getty Images.

图9—14　合作性广告能使消费者将品牌产品与零售商联想起来

广告使用何种报刊、广播或数字媒体，取决于以下因素：

- 广告预算

- 目标受众
- 产品系列
- 公司形象

比如说,以零售商为目标,公司应利用报刊和在线贸易出版物做广告;以消费者为目标,设计师/奢侈品牌应利用报刊和/或在线时尚杂志做广告。国内/国际时尚品牌(如李维、鲜果布衣、耐克)或 SPA /商店品牌(如盖璞、维密)则利用广播和数字媒体来吸引受众的注意力。

宣传

宣传与广告都有向零售商和消费者促销商品的作用,但这两种策略是不同的,宣传并不受营销人员或公司的控制。公司及其时装品牌被视为具有新闻价值,常常获得报刊、广播和/或数字媒体(含社交媒体)的宣传报道。比如,设计师设计的时装系列参加走秀时会赢得各种媒体的关注,包括新闻报道、照片和/或视频。有时,公司通过发送或发布有关公司或商品的新闻稿来制造新闻。对时装品牌公司来说,宣传的一大好处是不必为媒体报道付费,消费者也可能会正面响应第三方认可的宣传,第三方的认可似乎比营销者控制的广告更可信。但宣传的主要缺点是,媒体如何描述公司或产品几乎是不受公司控制的。

社交媒体

社交媒体是允许用户之间相互沟通的网络平台。时装品牌公司利用各种社交媒体,如脸书(Facebook)、推特(Twitter)、缤趣(Pinterest)、优兔(YouTube)、图享(Instagram)、汤博乐(Tumblr)和领英(LinkedIn),通过广告、产品信息共享、提供促销奖励和折扣为消费者提供机会与公司销售代表进行互动,创造品牌社区。社交媒体对时装产业的影响令人印象深刻。例如,2012 年,英国 SPA、TopShop 与脸书(Facebook)合作,允许网络用户观看直播的时装秀,点击自己喜欢的时装,与他人在线分享。时装秀结束之前,时装秀上展示的第一件衣服即告售罄。时装秀直播 3 小时后,100 个国家的 200 多万人看到了在线视频。2014 年,美国柯尔百货公司(Kohl's)在优兔上推出了一套名为 Life's S. o. R. a. d. 的系列节目,这套节目将娱乐元素捃注到青少年服装品牌 S. o. R. a. d. 的信息之中。该公司还鼓励观众在推特和图享等社交网络登录时使用♯SoRad 标签。

社交媒体的影响力直接而又广泛,时装品牌公司必须监控所有正面和负面的信息沟通。若要有效地利用社交媒体,那么,及时回应客户帖子、认真处理大小问题、创造有活力的品牌社区,这些都是不可或缺的。公司的智能手机应用程序进一步加强了与客户的联系,有助于建立客户的品牌忠诚度。

对商业伙伴的其他促销工具

为了向零售商等商务合作伙伴宣传新产品系列,时装品牌公司还可以提供以下的促销工具:

- 媒体工具包
- 产品系列目录或宣传册
- B2B 电子通信
- 视觉营销工具

媒体工具包

媒体工具包是时装品牌公司推出新公司、新品牌或新服务时使用的促销工具,用以强化或重塑公司和品牌的形象,或向媒体推介自己的公司或品牌。公司向报刊、广播、数字媒体和零售商提供背景信息、照片、视频、新闻稿、陈列品、赠品及其他信息和促销品,千方百计地宣传自己的品牌。

产品系列目录或宣传册

产品系列目录或宣传册(印刷品和/或电子版)为零售买家提供了重要的信息(见图 9—15),其中有时装系列中各款式的照片或图片,也有款式编号、尺码和颜色的信息(有些甚至包括面料色板),还有订购的程序和指南。

B2B:电子通信

时装品牌公司使用多种形式的电子通信手段,尤其是企业对企业(B2B)的通信技术,向零售商和最终消费者推销它们的品牌和产品。一些公司在网站上开设了虚拟陈列室,零售买家可以"走"入展厅,观看新一季的产品系列。其他公司使用专用的外联网或通信软件与业务伙伴进行通信,其好处是便捷的沟通方式和简化的订单跟踪系统。许多公司使用基于网络和/或云技术的系统,这些系统允许零售买家在线订购商品。运用 B2B 技术进行业务交往的生产商和零售商享有以下好处:

- 不需要预约
- 文书工作减少
- 由于买家需要身份证和密码才能登录,因此通信安全问题得到了解决

视觉营销工具

服装公司还提供各种可视化的营销工具,从海报、招牌到开设"店中店",如拉尔夫·劳伦公司在大型商场内开设的设施完备的店铺。

对消费者的其他促销工具

时装品牌公司对消费者使用的促销工具有:

- B2C 电子通信

图9—15 产品系列宣传册显示了所有可供出售的款式、颜色和尺码，以及各位销售代表负责向零售买家销售产品的地区

- 直邮
- 特殊的时装秀
- 销售代表
- 试穿与体验式促销

B2C：电子通信

时装品牌公司采用各种形式的电子通信技术，尤其是企业对消费者（B2C）的通信技术来宣传它们的品牌或商品：

- 电子邮件通信
- 在网站上开设博客、播映视频、消费者评论和品牌社区
- 由时装品牌公司发起和控制的社交媒体平台，如脸书网的页面、缤趣网的图板或其他形式的帖子，这些平台均鼓励客户与公司双向互动（见图9—16）。

直邮

虽然电子邮件和其他电子通信方式已广为流行，但直邮的机会依然存在。作为合作广告的一种形式，一些生产商将促销插页夹杂在零售商店的邮件（如信用卡账单

资料来源：Jason Kempin/WireImage for Victoria's Secret/Getty Images.

图9—16　时装品牌公司运用社交媒体来建立客户的品牌忠诚度

中，一些公司则将明信片或其他邮件直接发送给消费者。

特殊的时装秀

由于零售买家通常不会为自己的商店采购时装品牌公司的整个产品系列，因此公司的销售代表（或产品系列的设计者）便通过专为某些大款、大单顾客安排的特殊时装秀，将整条产品线（或产品线的一部分）送进商店展示。无论该商店承购与否，应邀前来的客户皆可购买或订购其中的任何一款时装。设计师经常出席这类特殊的时装秀，推销其产品系列。通过这种不公开的时装秀，制造商、零售商和消费者将均蒙其益：

● 生产商利用特殊的时装秀不仅宣传了他们的产品线，而且让消费者对他们的商品作出即时反应。

● 对零售商来说，特殊的时装秀为他们的客户提供了独家服务的机会，搜集了顾客体验与偏好的意见反馈。

● 顾客可以目睹和任意选购全系列的服装款式。

销售代表

有些公司聘用行家、推销员或销售主管担任销售代表。这些人的薪酬，部分由时装品牌公司支付，部分由零售商支付，或完全由时装品牌公司支付。销售代表与零售店一起工作，或入驻一家商店，或串访一个地区的不同商店，他们的任务是：

● 向零售店的售货员和消费者传授有关商品的知识

- 演示商品的陈列方法
- 协助零售商保有适当的库存
- 从零售商和消费者那里获悉关于服装公司及其产品的意见反馈

试穿与体验式促销

活跃的运动服公司经常邀请零售商高管和运动员参加试衣或体育活动，以此作为向零售商和最终消费者推广产品线的一种方式。哥伦比亚运动服公司（Columbia Sportswear）曾经邀集一些有代表性的零售商、销售代表和滑雪运动员，在美国俄勒冈州胡德山的斜坡上测试一种新的功能性外衣系列，让零售商了解产品。公司也可以听到零售商和最终消费者的建议。耐克（Nike）公司邀请零售商去打高尔夫球，巴塔哥尼亚公司（Patagonia）赞助零售商的皮划艇之旅，户外探险装备公司（REI Adventures）策划了徒步旅行、骑自行车、远足野营、漂流和登山等项目，为既有客户和潜在客户提供了参与和体验这些活动的机会。

结　语

时装品牌的营销工作将市场调研与适当的促销策略结合起来，以便在适当的时间和地点，以合适的价格将适合的产品送到目标消费者手中。时装品牌的市场就在任何有大型商场和/或陈列室的城市。在一年中的特定时段（市场周），买家将前往时装市场为自己的商店采购商品，或者参加大型商场和行业协会主办的贸易展。纽约、洛杉矶、巴黎、伦敦、米兰、罗马、东京、香港、首尔、台北、里约热内卢、布宜诺斯艾利斯和悉尼等时装品牌营销中心在全球时装产业的品牌推广中发挥了重要作用，这些大城市乃是蓬勃发展的时装产业开展设计、营销和分销/零售活动的大本营。

时装品牌公司销售商品的活动，或是通过公司的销售部门进行，或是聘用销售代表在常设的或临时的陈列室里开展业务。销售代表充当着生产商和零售商之间的联络人。公司专属的销售代表在企业陈列室里专注于出售该公司的产品系列，多种产品系列的销售代表则是推销一些相关的但非竞争性的产品系列。销售代表的职责主要是销售产品，同时也从事某些非销售性的工作。

时装品牌公司的营销经理制定分销和促销策略。分销策略基本上分两种，即开放性分销和选择性分销，以此确定哪类零售客户作为销售着力点。时装品牌公司的促销策略始终瞄准零售客户和消费者，运用广告、宣传、社交媒体和其他促销工具对商业伙伴和最终消费者进行促销。

问题讨论

1. 走访你所在社区的零售买家,调查一下零售商的类型(如专卖店、百货公司)及其提供的商品类型(如童装、男装)。询问买方会去哪些市场或贸易展及其原因,请将你的发现与其他同学的发现进行比较,看看是否存在与地理区域、零售商类型或商品类型有关的市场参与模式?

2. 在贸易出版物、消费者出版物或互联网上查找两个合作性广告的例子。哪些公司和/或行业协会乐于联手做合作广告?这些公司采用合作广告来促销有哪些优势和劣势?

3. 访问一家时装品牌公司的网站,看看该网站提供了哪些类型的信息?这些信息对零售商、目标客户还是两者都有用?评估一下该网站的功效。该时装品牌公司使用何种社交媒体平台?社交媒体的效用如何,其原因何在?

案例研究

"黑色星期五"促销与未来的展望

在20世纪60年代初,"黑色星期五"(Black Friday)一词意指感恩节后的购物狂潮,这一天成了零售和促销最繁忙的日子。由于大部分政府工作人员及非零售业员工在感恩节之后的第二天(星期五)休息,零售商便将这一天视为节日购物季节的来临而启动促销的好时机。有人说,这个词起源于费城的警察,警察们用这个词来形容感恩节后带来的交通拥堵的挑战。也有人说,零售商第一个用这个词来描述扭亏("赤字")为盈("黑字")的转捩点。

到21世纪初,"黑色星期五"涉足深度折扣促销,导致抢购潮,购物秩序混乱,购物时间延长,连感恩节也不例外。而随着网上购物的兴起,感恩节假期后的周一成了"网购星期一",消费者利用这一天继续狂买。

"黑色星期五"发轫于美国的假期,随着国际零售业的增长,这一促销活动开始波及世界各地。但近年来"黑色星期五"对消费者的吸引力逐渐衰减,暴力事件、挤伤事故等负面效应持续发酵,导致许多消费者不再愿意参与传统的节庆活动。为了延长促销期,零售商将整个11月份都变成了"黑色星期五"。他们还为网上购物的消费者提供折扣,以吸引那些不想去人挤人的实体店的消费者。分析人士认为,消费者的购物方式正在发生改变。

现假设你出任万能卫浴公司(Bed Bath&Beyond)的销售副总裁,由你主持讨论未来零售日程的安排,并就处理"黑色星期五"和"网购星期一"的促销活动做出最终的决定。

(1)请阅读并梳理本案例所附的参考资料,分析总结"黑色星期五"和"网购星期一"促销活动的要点。

(2)描述万能卫浴公司的组织结构。

(3)在"黑色星期五""网购星期一"和其他节日促销活动中,列举并评估三种可供选择的解决方案,以应对消费者购物习惯的变化。每种解决方案的优、缺点各是什么?

(4)你对未来万能卫浴公司的零售日程安排有何建议,如何处理"黑色星期五"和"网购星期一"之类的促销活动?说明你的理由。

(5)如果要评估你的建议是否有效,你应该跟踪收集哪些数据?为什么?

参考资料

Barrie, Leonie. (2014, December 1). "Viewpoint: Is Black Friday Losing Its Luster?" http://www.just-style.com.

Bed Bath & Beyond Inc. (2014). *Corporate Responsibility*, http://www.bedbathandbeyond.com/store/static/CorporateResponsibility Report.

Brustein, Joshua. (December 1, 2014). "Shopping Relics: Why Black Friday and Cyber Monday Don't Really Matter." *BloombergBusiness*, http://www.bloomberg.com/bw/articles/2014-12-01/why-black-friday-and-cyber-monday-dont-really-matter-any-more.

求职机会

时装品牌的市场营销领域提供了以下求职机会:

- 大型商场和商品陈列室经理
- 市场周和贸易展的组织者
- 销售代表
- 专注于时装品牌的广告专业人士
- 专注于时装品牌的公关和社交媒体专业人士

参考文献

Aderibigbe, Niyi. (2015, February 21). "Social Media Is Revolutionizing Apparel Industry." *Fi-*

bre2fashion. com, http://www. fibre2fashion. com/industry-article/54/5347/social-media-is-revolutionising-apparel-industry1. asp(accessed March 13, 2016).

Americas Mart. (2015). "Americas Mart Atlanta. The Nation's #1 Product Destination." http://www. americasmart . com(accessed March 13, 2016).

California Market Center(CMC). (2015). http://www. californiamarketcenter. com(accessed March 13, 2016).

Chicago Merchandise Mart. (2015). *The Merchandise Mart*, http://www. mmart. com/(accessed March 13, 2016).

Dallas Market Center. (2015). http://www. dallasmarketcenter. com (accessed March 13, 2016).

New York City Garment District. (2015). *The Garment District NYC*, http://garmentdistrictnyc. com/(accessed March 13, 2016).

New York City Javits Center (2015). http://www. javitscenter. com/(accessed March 13, 2016).

第三篇

时装品牌的生产与分销

第十章 试生产过程

> **本章主要内容**
>
> - 保理融资在时装产业中的作用
> - 时装品牌公司订购面料和配饰的过程和时机
> - 订购生产所需面料和配饰的调度管理
> - 样板定型、样板放码、生产标记及铺布、裁剪和料片捆扎过程
> - 放码规则、尺码类别、款式、成本考量和影响样板放码的放缩过程

生产订单

销售人员在市场周期间向零售商展示了新的产品系列,零售商也向时装公司下了订单。如前所述,只有达到公司最小订单要求的那些特定颜色和尺码的款式才会最终进入实际生产过程,而未达到最小订单数量的款式将从产品系列中被删除。有时在开始销售一两周后,时装品牌公司便会断然放弃一种不太好卖的款式。因此,凡是能继续投入生产运作的款式都已获得了足够的订单(见图10—1)。

保理融资

一个公司的财务信用额度是其批准业务交易或接受订单之前必须考虑的重要因素。时装品牌公司、承包商和零售商都要有信用额度或垫付现金,才能在收到客户付款之前购买所需的物料。由于时装产品的零售性质,时装产业具有较高的财务风险,在利用商业银行贷款获取财务支持时,往往需要负担较高的利率,而商业银行又未必愿意接受时装行业相关公司的风险程度,于是,金融保理机构便应运而生。保理融资

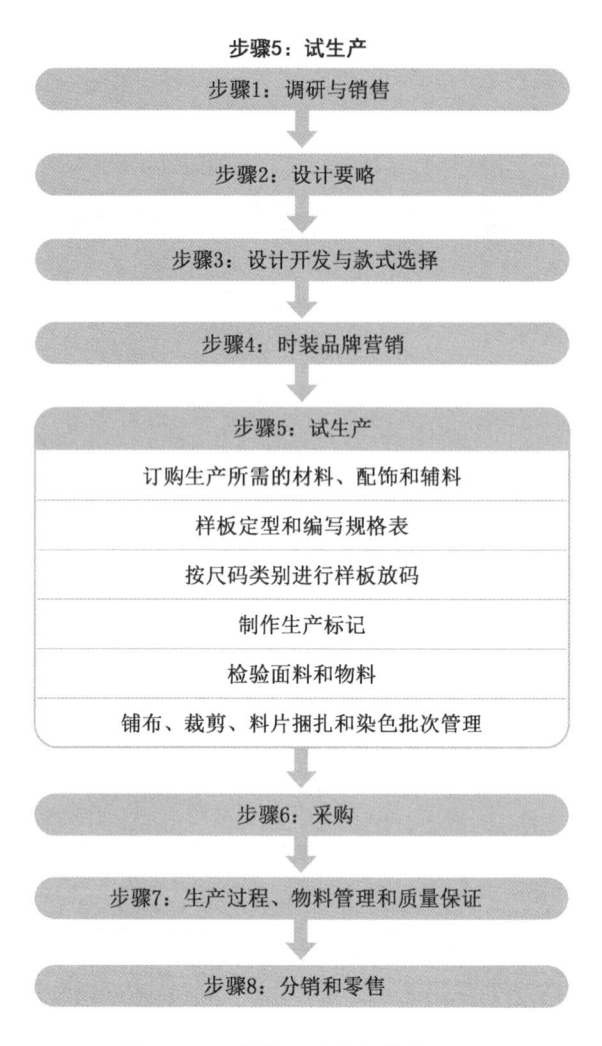

```
步骤5：试生产
   ↑
步骤1：调研与销售
   ↓
步骤2：设计要略
   ↓
步骤3：设计开发与款式选择
   ↓
步骤4：时装品牌营销
   ↓
步骤5：试生产
  订购生产所需的材料、配饰和辅料
  样板定型和编写规格表
  按尺码类别进行样板放码
  制作生产标记
  检验面料和物料
  铺布、裁剪、料片捆扎和染色批次管理
   ↓
步骤6：采购
   ↓
步骤7：生产过程、物料管理和质量保证
   ↓
步骤8：分销和零售
```

图10—1　步骤5：试生产的流程图

是一项短期计划，它允许企业主按照现有发票的价值获得现金预付，而不必等待数周或数月方能收到付款。但保理并不是贷款。相反，保理公司实际上是在购买优质发票，根据发票价值将预收款付给时装品牌公司（Factor Funding Co.，2015）。举例来说，保理机构向时装品牌公司提供资金，让公司向纺织厂购买生产所需的面料。有了这笔资金，该公司就能在收到零售商为新款式付款之日前，先为面料付款。

保理公司为服装行业提供保护措施，防止坏账损失，管理应收账款，提供信用分析。其运作程序如下：

- 对公司进行信用检查
- 核准公司的信用额度
- 对发运材料给公司的订单进行验证

- 接收公司供应商的发票
- 将支付发票所需的现金提前给公司

该公司在还款之前需向保理机构支付利息。保理机构和时装公司之间安排的还款期限一般为 60 天或 90 天,付款期限通常取决于公司等待客户付款的时间长短。例如,根据协议条款,纺织品生产商要在将面料运送到时装品牌公司或承包商之后等待 90 天才能收到面料付款。保理费与信用卡欠款的利息相似,比如,一家大型时装品牌公司可能会被收取最优惠的利率,再加上每张发票价值的 1%。

小型时装品牌公司往往达不到保理机构给予资金支持的标准,其销售量低于保理商所要求的最少销售量,这类公司就得求助于再保理机构。再保理机构进行二次保理,它们将信用、收款和支票处理功能交给全方位服务的大型保理机构,自己专注于获得新的客户和业务。

保理融资有利也有弊。对时装公司来说,保理的好处是:

- 公司几乎可以立即增加营运资金,获得的预付款高达发票金额的 85%。
- 随着发票金额的增加,公司进行保理融资的总金额也增加。
- 在履行应收账款的职责的同时,保理公司为公司提供专业协助,如发放客户报表、收取发票、保留付款记录。
- 快速获得现金,使公司的业务开展更加得心应手。由于资金可以即得即用,因此公司能动用部分资金来支持未来必须拓展的工作。

保理融资简便易行,但也存在一些弊端:

- 保理公司强制性设定客户的信用限额,以防止客户一次性欠款过多而造成违约拖欠,这种信用额度可能会影响时装公司业务的拓展。
- 时装公司很难提前解除保理协议。
- 如果客户对发票费用提出异议,时装公司则必须立即进行结算,以避免保理公司根据债务义务前来追索。由于应收账款是保理公司的职权,因此时装品牌公司完全仰赖于保理商按照发票金额收回账款,自己必须履行协议规定的义务。

切记,零售商在货到付款之前的几个月,时装品牌公司已经支付了纺织品生产商的面料费用和承包商的劳务费用。所有的交易参与者都在利用某种形式的贷款机构,只有当他们的信贷获得批准后,生产活动才能继续进行下去。如果时装品牌公司未能获得保理商的融资许可,他们就得自行考虑解决方案。例如,时装品牌公司拟向一家新开业的专卖店出售产品,但这家新店尚未建立起信用。在这种情况下,时装品牌公司只能独自承担财务风险,因为专卖店有可能在品牌时装交付到位后出现无力付款的现象。

至此，时装品牌公司手中已有了足够的订单，也核实了零售商的信用等级，新款式的下一步开发工作即将进入试生产阶段。

产品生命周期管理

企业资源规划

随着业务的扩大和整合，时装品牌公司需要协调各方面的业务。企业资源规划（ERP）就是一种利用共享数据库来提供信息流的商业管理软件。服装公司的 ERP 系统可以实时查看业务流程，包括从设计到交付的每一步。该系统将设计、销售、采购和仓储管理等应用程序整合到一个平台上，整个流程的所有业务都是相互协调的（ERP Suits Fashion Industry, 2015）。ERP 软件还可以与 PDM／PLM 软件集成使用。这些软件程序对跟踪产品从设计到生产的全部开发过程是必不可少的，下面将会详细解说。

产品数据（或开发）管理

上述软件无缝集成了新款式开发过程中的所有细分业务（见图 10－2）。设计者利用图形程序创建的设计图，可以集成到设计开发、试生产和生产人员使用的服装规格表之中，而服装规格表上的数据又可以集成到生产所需的物料清单和其他相关的表格中。

样板制作者使用样板设计系统（PDS），创建生产新款式的第一次样板。新款式的 PDS 基本样板将尺码类别和放码规则编码进来，为设计开发和试生产之间的整合创造了条件。其他的软件程序也被整合进来，如果修改其中任何一个表格，则会触发数据库系统中所有的表格发生变更。比如，更改服装规格表上的拉链长度，将引发订购拉链的物料清单作出相应的改变。这个系统优点不少，但若数据出现一个错误，则它也会瞬间传染整个系统。

无论公司内部和外部，都越来越依赖于计算机的系统集成。在设计开发产品系列的过程中，掌握每种款式的任何变更、了解款式的实时信息，必能加快生产进程。系统准确性的提高，对需要访问和利用数据库的公司员工来说尤为重要。

杰里米·吕布曼（Jeremy Rubman, 2010）在"零售业采用产品生命周期管理（PLM）的三个阶段"一文中指出，对那些将内部产品开发与对外采购功能相结合，并将外部供应商纳入其产品生命周期管理体系的零售商来说，可以大幅降低成本和节约

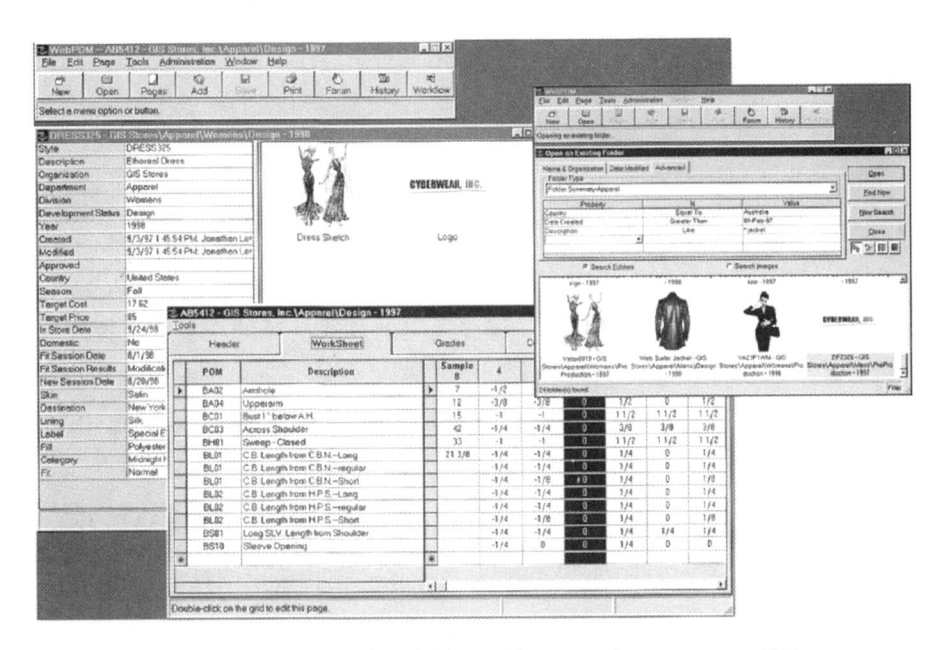

图10-2 通过产品生命周期管理系统(PLM)，如 GalleryWeb 软件，系统服务器允许世界各地获得授权的访问者通过电子通信的方式来了解有关服装款式的信息

时间，提高产品质量和加快技术创新。例如，供应商和承包商等外部联系人可以通过电子通信的方式访问服装款式的数据库，从而加快信息交换，提高信息的准确性。服装规格表也可以与参与劳务投标的承包商即时共享。运用网络技术能使产品规格、公司内部和承包商网络的相关信息在全球范围内及时交流沟通。

订购生产物料、面料、配饰和辅料

最理想的情况是，时装品牌公司等绝大部分零售买家下单之后，再按照总的需求量来订购面料（一种款式的生产可能需要 6 000 码面料）、配饰和辅料，避免订购多余面料/材料而产生的财务风险。然而，确切掌握所需面料/物料总量再进行订购的话，公司就得等待数周之久，方能从生产商那里得到面料/物料。

如果纺织品/材料制造商不想冒险生产多余的面料/材料，就要等时装品牌公司订购的面料达到最低数量要求才开工。而时装品牌公司将不得不等待更长的时间，也许数月，直到纺织品生产商将面料运抵缝纫厂。何况生产时装产品又得花上几周的时间。可以想象，这些累计延误的时间过长，零售商有可能在销售高峰季节来临前收不到货物，夹在纺织品制造商和零售商中间的时装品牌公司将两头受气，倍感压力。

裁定订单

裁定订单出于以下两种情况：
- 零售商下单和时装品牌公司接单均已达到一个款式订单的目标数量。
- 时装品牌公司在接到订单之前独自决定制作的一种款式。

裁定订单时将明确规定每种颜色、每种尺码的款式消减的产量。就特定款式而言，可能会减少生产小尺码和大尺码的款式，也可能会减少生产每个尺码的款式搭配的颜色。例如，款式XXYY的订单将减少生产80件6号码的款式，分别为24件A色彩、24件B色彩、16件C色彩和16件D色彩；减少生产160件同一款式的8号码，分别为40件A色彩、60件B色彩、40件C色彩和20件D色彩；等等。消减订单包括货物必须交付给每个零售商的日期。因此，生产计划的安排采用倒计时，即从向零售商交货的日期起，倒计货物生产必须完成的日期，再到生产必须开始的日期，最后到必须订购材料、面料、配饰和辅料的日期。

裁定订单的时机

实际上，鲜有时装品牌公司会等到买家全部或几乎全部下订单后再订购生产服装系列所需的面料，它们将运用各种手段来确定向纺织品/材料制造商订购面料的码数和时间。有些公司甚至在收到买家订单之前就已开始生产某些款式，以便保持均衡生产。选择生产时机有以下几种方式：
- 为老客户安排基本颜色、款式的早期生产
- 开展预览销售
- 利用销售季节早期产品来预测销售趋势
- 使用过去的销售数据

一些公司会对热门的款式和颜色做出产量估计，特别是上一季的结转货物。有些颜色的产品销售得特别好，比如，棒球帽公司知道美国职棒大联盟球队颜色的棒球帽每年都会热销，它们会为老客户安排早期生产这些颜色的棒球帽。早期生产使公司处于均衡生产的状态，避免工厂过度负荷运转。

第八章曾提及预览销售，即时装品牌公司邀请大客户前来参观，让客户在市场周之前提早下单。早期生产使零售商和服装公司均蒙其利。以泳装公司为例，早期生产的产品系列可用于预测哪种款式会畅销。1月初在佛罗里达州度假胜地出售的泳衣系列，是4月份北方地区引进春季泳装系列的风向标。在佛罗里达零售店热销的款式

可在销售旺季来到之前投入生产,然后向美国其他地区的零售商出售。

根据以往的销售数据、销售代表和零售买家"领头羊"的意见,可以确定安排哪些款式和颜色进入早期生产。对于结转货物,服装公司会在收到买家订单之前就开工生产,因为管理层断定这些款式的销售前景会相当不错。

供应商选择

时装品牌公司都会尽早获取尽可能多的信息,以便从物料、面料、配饰和辅料的供应商那里订购生产资料。挑选供应商或供应来源应注意以下几点:
- 交货所需要的时间
- 按时交货的历史记录
- 货品的质量
- 供应商有无供应链管理的策略
- 订单的最小码数(或数量)要求
- 供应商的财务稳定性
- 供应商与生产工厂之间的距离

有些时装品牌公司邀请多个供应商前来竞投标,以此作为决策过程的一部分。它们利用软件程序,输入某些变量(如不同供应商的物料成本),进行成本比较。总之,选择物料、面料和配饰的供应商时需要全面考虑多重因素。

面料和材料的考量因素

在计划订购供生产使用的面料/材料时,时装品牌公司和面料/材料供应商之间应经常保持沟通,确保用于生产的面料/材料与服装样品使用的面料/材料相匹配。关于面料/材料的考量因素包括颜色控制、实验室浸渍和印花面料打样(见图10-3)。订购成品材料、印花面料、短纤维面料、配饰和辅料,还需要考虑各种技术要求。

试生产的颜色管理

在试生产的过程中,时装品牌公司需要完成几项重要的工作,以便为新的产品系列订购合适的面料/材料。首先要进行颜色管理,服装原型的所有组件要与新款式设计的颜色精确匹配。

设计开发部门负责与材料、纺织品、配饰和辅料的供应商合作,既要确保每种款式的所有组件的颜色准确匹配,又要使整个生产过程中的所有产品与设计的颜色保持一

图10—3 在批量生产印花纺织品之前，须审批织物的颜色和图案设计

致。如果需要对纺织品/材料进行染色，以匹配时装品牌公司提供的样布色片或色板，那么在原型服装的制作阶段就要开始颜色管理。如果已有现成的染色样布，那么就直接用于制作原型，时装品牌公司可以订购与原型颜色相同的配饰、辅料，以及样品面料和生产面料所需的码数。

对消费者、零售商和时装品牌公司来说，服装款式所有组件的颜色必须保持一致。首先，款式颜色应与设计团队所期望的颜色相一致，这就要求面料/材料供应商提交供测试用的样品，直到颜色臻于完美。其次，配饰和辅料，例如纽扣、拉链和缝纫线也必须与服装的颜色相匹配。倘若橄榄球衣袖带的螺纹针织品的颜色与球衣不同，消费者就不会购买。承包商为其制造的产品提供配饰和辅料时，必须得到时装品牌公司的配色认可，这种与承包商提供的货物相匹配且可接受的颜色被称为商业性匹配。

服装系列各组件的颜色管理堪称一大挑战。你可以选择一种纤维构成的织物制作裤子，选择另一种纤维或混合纤维构成的织物制作上衣，譬如，将人造丝绉纱裤子与丝绸针织球衣搭配。然而，不同的纤维和织物具有不同的反光特性，这使裤子的颜色与球衣的颜色看起来有偏差。又如，格子织物和印花织物中的相邻颜色往往会影响它们的色相、明度和纯度。在光学效应下，印花或格子在织物中的颜色看起来不太像其本真的纯色，而分开来单独查看，它们的颜色又与颜色标准相一致，因此，需要花费很多时间来完善一个产品系列中的颜色组合。

实验室浸渍物

为了确保颜色尽可能完美地匹配，时装品牌公司会向供应商提供织物样片或色板，供应商也会向时装品牌公司提供所需颜色的产品样本（如面料、螺纹针织边饰或纽扣）。供应商向时装品牌公司提供的样品被称为实验室浸渍物，因为在大多数情况下，面料(或配饰或辅料)样品会被浸入实验室特制的染缸中进行漂染。供应商将提交产品系列中所有组件的实验室浸渍物,由于面料和其他材料的各种搭配吸收染料的方式不同,因此供应商需要经过多次尝试才能做到所有组件的精准配色。

时装品牌公司在受控的照明条件下使用专门的设备检测颜色,以评估其匹配精度。检测设备将模拟日光、荧光灯和白炽灯等各种照明条件。检测人员将供检测的面料/材料置于橱柜中,在受控的照明条件下进行观察,以评估用色的准确性。

时装品牌公司要求面料/材料供应商提交每个样品的测试结果,如色牢度和耐光性,这些测试是由纺织品检测实验室做的。对某些面料/材料(如霓虹灯亮色的尼龙织物)来说,这样的测试尤为重要。每种面料、配饰和辅料都要与时装品牌公司提供的规格表上的颜色相吻合。

印花面料的考量因素

并非所有印花面料都是由纺织厂印制的,有时纺织品加工商也按时装品牌公司设计的图案印制面料。许多时装品牌公司都与纺织品加工商及纺织厂进行合作,从纺织厂那里购买面料,再送交纺织品加工商进行印制,然后运抵工厂裁剪。与纺织品加工商合作的时装品牌公司需要精细地安排时间,以确保印花面料准备就绪。尤其是订购定制的印花面料,要留足交货时间,这类决策早在设计/生产过程中就已做出。正如第七章所提到的,有些时装品牌公司早就自行设计了某些或全部纺织品的印花图案,在定制印花面料的过程中,除了仔细规划交货时间,还要考虑前面谈及的诸多因素。

数字印花技术的新发展使印花面料技术大为改观,现已成为可行的生产选择。染料和印花技术的进步突破了这项技术早期遇到的种种"瓶颈"。数字印花技术能够提供独一无二的特色产品,支持客户设想的定制和利基市场机会的捕捉。

印花面料打样

印花面料打样是纺织品加工商印制的面料样品(见图10-4)。它只有几码长,却再现了服装公司(或开发印花面料的纺织公司)提交给纺织品加工商的原创图案。在批准批量印制供生产使用的面料之前,时装品牌公司会仔细地检查印花面料样品。纺织品加工商进行多色丝网印花时,每种颜色都要使用单独的丝网,各个丝网都要精确对齐,否则,印制出来的图案就会含混不清。他们必须检查每个彩色丝网的定位,以确定是否套准(见图10-5),比对每种丝网的用色与手头已有的色板或样布,察看印花图案匹配的精准性。有时,纺织品加工商需要进行多次打样,才能获准批量生产印花面料。

配饰与辅料

在规划过程中,应尽早订购适用的配饰。比如,三色条纹的松紧裤带要早点订购,

资料来源：Nancy Bryant.

注：图10－4是未套准的印花样品，两种颜色的丝网没有对齐。

图10－4　印花面料打样是纺织品供应商提供的面料样品，在批量生产印花面料之前送到服装公司进行审批

照片来源：由 Nancy Bryant 提供。

注：图10－5是套准了的印花样品，通过了审批。

图10－5　纺织厂或纺织品加工商需要将印花面料样品送交服装生产商审批，有时需要多次尝试才能获得批准

以便与裤子的颜色搭配，而标准宽度和颜色的松紧带可在临近生产前订购。在生产车间里，揿扣、挂钩、拉链和缝纫线等辅料往往会大量存货。有时，为了与一种新的面料颜色相配，还需要订购库存中匮乏的缝纫线或其他辅料，总之，需要进行周密的规划，以确保配饰和辅料能在需要的时候供生产使用。

关于辅料的决策，如选择特种缝纫线，可能比大多数人想象得更复杂。选用缝纫线需要考虑以下几个问题：

- 缝纫线性能是否与面料特性适配
- 缝纫的针法或使用的机型

- 运用的洗涤程序
- 洗涤过程中发生的降解作用

因此,选择辅料的过程经常需要做一些调研和测试,以确保成品服装的整体质量。

样板定型与文件编制

已批准生产的服装款式,其样板需要最终定型。为了使生产能够顺畅运行,每一个样板细节都应臻于完美,有时,还需要对样板做细微修改,以提高生产的便利性。至此,按公司样品尺码制作的生产样板就可用来放码,每种样板片都将按照每种指定的尺码类别重新制作,然后,将所有尺码类别的所有样板片排列成一大张供裁剪用的平面图,这被称为打标或生产标记。接下来,将进入下一个生产阶段,即裁剪和缝纫阶段。下面各小节,将详细解说放码、打标和裁缝这几个步骤。

生产样板定型

生产工程师或样板工程师是负责准备样板用于生产团队中的一员。他们熟悉工厂的生产流程和设备类型,对样板会提出需要做的某些细微修改,让生产过程变得更加顺当,也会建议哪家工厂能够最好地完成生产任务。

服装规格表编定

服装规格表总是与设计师的新款式草图或虚拟悬垂设计图一起付诸设计开发。该规格表需要列出所有要用的物料、面料、配饰和辅料,标示重要的建构细节,如标志的位置、标签的类型和位置,以及面缝线迹的颜色和缝纫线的重量(见图10-6)。开发款式时发生的任何更改都必须输入规格表,若未输入规格表,则将会给生产带来难题。如果是使用PDM／PLM软件系统来创建和维护规格表,所有的更改一经核准,即刻付诸实行,并会自动修正其他相关的文档。

规格表的另一个组成部分是物料清单,它列出了产品系列中每个款式的每种颜色所要求的材料、面料、配饰和辅料。

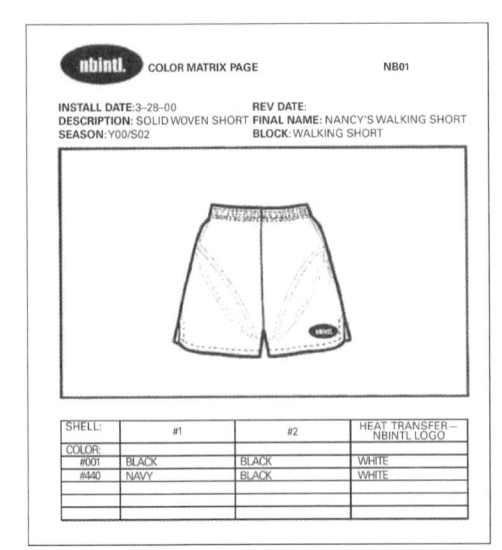

(a) 服装规格表含有生产款式的重要信息，包括颜色原色页面

(b) 服装规格表的组件页面上写明该服装指定使用的面料、配饰和辅料

(c) 服装规格表的组件页面上还有关于如何构建的详细说明

(d) 测量页面详细说明了成品服装的尺码和允许的公差

照片来源：由 Kristen Sandberg 提供。

图 10—6

构建规格

新款式规格表附有标明生产顺序的构建规格（见图10—7）。当服装款式在时装品牌公司下辖的工厂生产时，作为公司雇员的生产工程师或产品技术员将决定生产的步骤顺序（先缝什么，再缝什么，最后缝什么）。当服装款式由加工承包商制作时，承包商的生产工程师决定生产顺序。生产顺序与生产成本有关，因此，生产顺序通常会在计算最终成本时确定。

资料来源：Union Special 技术培训中心。

图10-7　工业缝纫机制造商 Union Special 发布的牛仔裤缝制指南，写明典型的牛仔裤生产顺序

生产工程师将检查成品形态的服装样品，经验丰富者可以快速、可靠地估算出每件服装花费的工时（分钟），从而确定缝制特定款式所需支付的人工。生产工程师的工作经验和成本核算能力对款式决策十分有用，这正是其常被纳入开发设计团队的原因之一。计算机软件程序也被用来分析比较各种生产顺序选项的成本。

测量规格点（POM）

测量规格是服装规格的一部分，测量规格表列出了每种款式、每种尺码的成品服装在特定位置上的实测值（见图10-8）。

服装的测量属于平面测量法，腰围、臀围的周长往往只测量正反面的宽度，这种半周长的测量方法称为扫掠。这个尺码信息对于保持精确的尺寸是很重要的，特别是几家工厂生产同一款式的大订单时，如果一家工厂的缝纫精度不如另一家，那么相同款式和尺码的两件夹克就会阴差阳错。

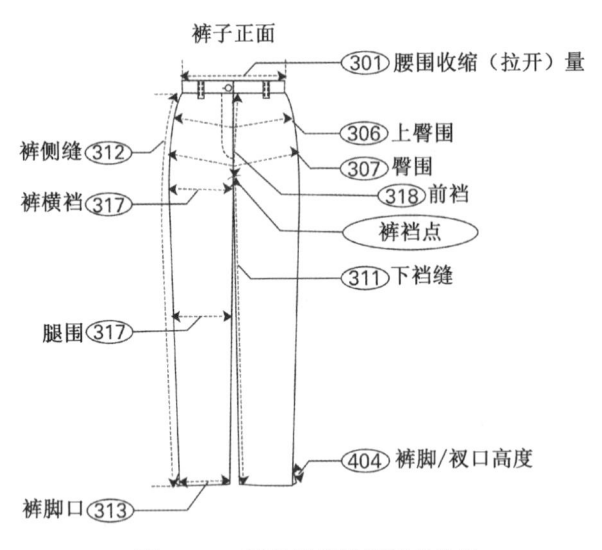

图 10-8 测量规格标明测点位置

测量规格还包括公差,通常以"+/-"来表示,这是一英寸的一个特定比例,表示一个很窄的、可接受的尺寸变化范围,这意味着测量规格中所说的尺寸可能会因规定的公差量而异。较大的圆周(如胸部)或长度(如背部长度),公差量可能是半英寸(1.3厘米),较小的圆周(如颈部)的公差量是 1/4 英寸(6 毫米)。规定的尺寸、允许的公差,均会列入服装品牌公司和缝纫厂之间订立的合同。如果尺寸精度低于公差范围,那么时装品牌公司可以拒收这些商品。

时装品牌公司的质量保证部门负责检查交付的成品货物的尺寸。由于测量订单中每件衣服的尺寸太过费时,因此该部门会取样测量特定尺码的特定数量的服装/产品。如果承包商加工缝制的服装因尺寸不符而被拒收,时装品牌公司就会错过向零售商交货的最后期限。因此,时装品牌公司应仔细选择与其做生意的承包商,而对承包商来说,认真遵守服装规格至关重要。

生产样板放码

样板放码是将按服装样品尺码制作的生产样板片用于新款式,并根据服装规格表中列出的每种尺码创建出来的一组样板片。服装样板的放缩远比开发各种尺码的服装样品便宜,放码实出于成本方面的考量,并不能确保其他尺码合适。如果时装品牌公司自行放码和打标,那么将编写的服装规格和制作的生产样板一起交付给样板放码打标部门。倘若使用承包商来生产服装,承包商则将承担下列工作之一:

● 制作第一次样板和生产样板,放码和打标,进行裁剪和缝制(此即全包式承包商)。

- 基于服装公司开发的第一次样板制作生产样板,放码和打标,裁剪和缝制。
- 根据服装公司开发的生产样板进行放码和打标,裁剪和缝制。
- 仅仅根据时装品牌公司的打标进行裁剪和缝制(称为 CMT,即"裁剪、缝制和配饰"),面料由时装品牌公司或承包商提供。

一些使用承包商的时装品牌公司更愿意自行承担放码和打标。但若时装品牌公司提供的样板或标记有不当之处,承包商就会责怪其延迟交付或其他相关的问题。对负责打标的时装品牌公司而言,在放码和打标部门中保持均衡的生产流程颇有难度,特别是一旦确定了季节性服装系列的生产时间,打标、裁剪和款式制作将会异常紧张。大多数承包商均以电子方式传送样板、标记和服装规格的数据。

缩放规则

放码操作时,在每个样板片的若干测点进行放缩,对大号尺码相应地扩大,对小号尺码相应地缩小,但不能像样板片放入复印机那样,均匀地放大或缩小。扩大/缩小的数量和位点被称为放缩规则。这些放缩规则并没有行业标准,时装品牌公司都很注意制定和保管自己的放缩标准。放缩规则本身是特定的高度和宽度的组合,样板片均在特定位点进行扩大或缩小。例如,肩和颈这两点之间的高度和宽度将随着尺码的逐次放大而扩展,或随着尺码的逐次缩小而缩短,具体到样板的尺寸上,每次增减的高度为 1/8 英寸,宽度为 1/16 英寸。

样板放码看似容易其实难。接袖、插肩袖、和服袖与衬衫袖的服装有不同的放缩规则。款式变形更是增加了放缩规则的复杂性。譬如,有前幅的插肩袖衬衫,放缩规则就需要修改为添加了衬衫前胸的款式系列。也有公司对不同的尺码采用不同的放缩规则:尺码为 4、6 和 8 时,可将 1 英寸的宽度变化增量用于腰围和臀围尺寸;尺码为 10、12 和 14 时,可将 $1\frac{1}{2}$ 英寸的宽度变化增量用于腰围和臀围尺寸;尺码为 16、18 和 20 时,可将 2 英寸的宽度变化增量用于腰围和臀围尺寸。

尺码类别和款式成本考量

根据款式和时装品牌公司的经营策略,尺码类别集中于销量较大的尺码,如女士衣服的尺码一般在 4-18,其他时装品牌公司则分别生产小号、中号、大号和超大号(S、M、L、XL)服装。如果样板片较多,则它们在尺码类别繁多时放码的成本要比样板片较少、仅用四种尺码的放码成本更高,这些成本差异从设计阶段开始就应予以考虑。此外,不对称设计也会引起款式成本的变化。如果服装左右两边的样板片不同,左右的贴边和内衬样板也不同,每片样板都按不同的尺码类别来放码,则势必会推高不对称设计的成本。运用计算机放码有一个好处,服装的前面样板用过的放码,相同的规则也可以快速应用于背面样板的放码。

生产款式的尺码类别会受到所选面料/材料的影响。有些面料/材料在某些尺码范围内看起来效果最好。根据花格的大小和重复的样式,女士尺码的花格褶裙也许仅在中号尺码范围内(如8—16)才具有魅力。在这个尺码范围内选择面料自然最理想,但也可能是一厢情愿。由于某些款式只是在特定的尺码上最好看,因此,提供给客户的款式也只能是有限的尺码分类。

放码工艺

样板放码这道工序有多种方法来完成。目前,计算机放码与计算机打标相结合的方法得到了广泛的运用,已成为时装品牌公司与承包商投资计算机放码和打标系统的首选方法。

自20世纪70年代样板放码和标记制作的计算机程序一直沿用至今,这两者的集成称为计算机放码和打标(CGMM)。使用计算机系统的公司专门组建了计算机放码和打标部门。许多大型时装品牌公司率先转向电脑化,创办了早期的CGMM部门。

某些样板开发系统(PDS)程序在制作样板时兼有放码功能的选项。这些系统集成在一起,将特定的放缩规则从一开始就嵌入了样板。样板一旦完成,放码也就会自动地同步完成(见图10—9)。使用PDS的打样师可以将新的测量值自动分发到所有相关的样板片,而无需手动选择每个要放码的样板片。例如,测量衬衫前胸样板片的数据有所变更,程序便会自动修改相应的正面、侧面和背面的样板片测量值,为打样师节省大量的时间和精力。

生产标记制作

用于成本计算的排料,是要计算一件服装所需使用的面料码数。进入试生产阶段,需要采用另一种排料法——生产标记,也叫打标。生产标记是特定款式所有尺码及其所有样板片的全尺寸排料布局,以供裁剪之用。这种排料布局将所有的样板片的轮廓绘制在纸上。将所有样板片排列成最具效益的布局是一大挑战,紧密排列的布局会使面料的浪费达致最少。那些无法利用的面料边角称为损耗物,意味着服装公司的资金损失。布局标记图的效率(即打标效率)是利用面料的百分比来衡量的,利用率越高,成本效益越好。高效标记可达到80%—90%的利用率(90%的利用率意味着仅有

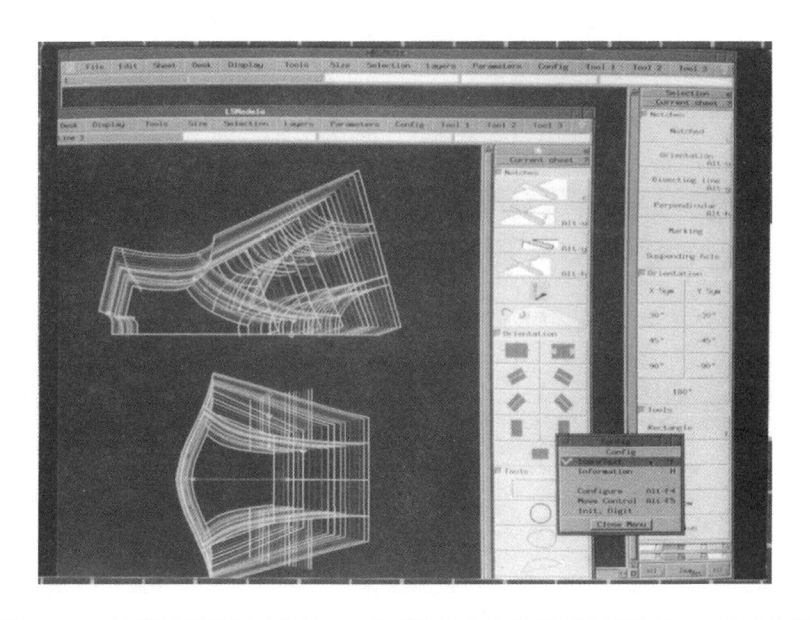

图 10-9　计算机屏幕显示的是一件衣服样板片按其尺码类别进行的一整套放码

10%的损耗物)。

如果一件款式有 10 个样板片,分 7 个尺码类别,那么制作生产标记时就有 70 个样板片。有时,打标师采用两组样板片来布局排料,以最常购买的尺码(通常是中等尺码)来打标,比如,女士款式分两组尺码制作标记,尺码分别是 10 和 12。以小号、中号、大号、超大号(S—M—L—XL)这四个尺码类别来提供款式时,也会分成几组来布局排料,比如,一组由小号和超大号构成的样板片,两组由中号和大号构成的样板片(或者一组小号样板片,两组由中号、大号和超大号构成的样板片,尤其是男士的运动服)。裁剪指令必须明确需要制作生产标记的尺码类别、所在组别的数量以及颜色类型(各种颜色的面料将按裁剪指令分开堆垛裁剪)。

在开发计算机打标之前,通常采用手工打标。布局排料图画在一张很长的纸上(如 30 英尺长),这也是面料/材料裁剪的宽度,将样板片的轮廓描画到纸上,再放到层层堆叠的面料表面制作标记,然后,按照标记绘制的样板轮廓,使用工业裁剪机的裁剪刀进行裁切。

尽管当今时装产业中仍在使用形形色色的打标方法,但计算机打标无疑是最高效的方式。有了 CGMM 系统,标记制作功能与样板放码功能便融为一体,凡是使用计算机放码的公司也会同时使用计算机打标。一旦样板片实现了计算机放码并存入计算机存储器中,打标师就能很方便地检索到尺码类别所需的所有样板片(见图 10-10)。

利用标记制作软件还能计算出面料的使用量或利用率,因此,打标师会不断地修改和调整布局排料图,直至达成较为理想的利用率目标。标记做完后,计算机系统可以生成并打印出信纸大小的布局图,用以分析面料的利用率和打标的准确性,这张小小的布局图在试生产和正式生产过程中很有参考价值。

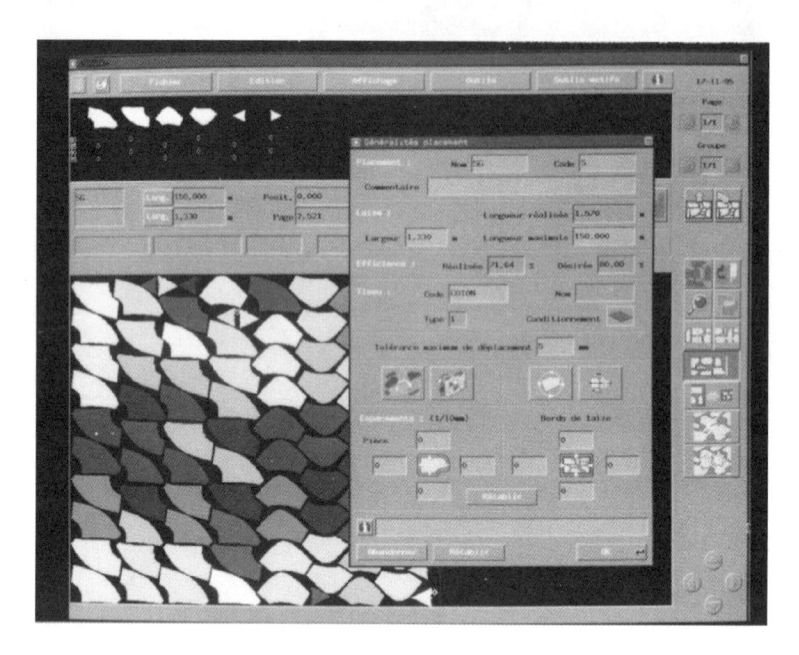

图10—10 计算机屏幕显示的是一个生产标记,该标记左侧布局较为紧凑,右侧还有提高面料利用率的空间

铺布、裁剪、捆扎和染色批次管理

为服装生产而进行的面料准备工作,包括以下几个操作步骤:
- 在裁剪台上平铺面料/材料
- 对面料/材料进行裁剪
- 整理好面料/材料裁片

承包商的生产工厂可以完成上述步骤。如果时装品牌公司拥有生产工厂,则也可交由旗下的一个或多个工厂操作。有时,时装品牌公司自行承担裁剪和捆扎的工作,并将捆扎好的衣料裁片运至生产工厂。若时装品牌公司欲掌控服装的裁剪过程,或只让选定的承包商缝制和配饰服装,就有可能发生这种情况。

铺布

铺布是将大卷面料平铺到长而宽的裁剪台上的过程,按照裁剪所要求的尺码,将面料一层层堆叠成垛。对生产裁剪来说,每层面料平铺的宽度就是布边到布边(面料折叠处不适合裁剪),每层面料的长度则是特定款式的生产标记所规定的长度。大量裁剪时,每12层(即一打)面料之间铺设一张薄纸做记号,以便根据打数快速计算出面料的层数。当一大堆裁切好的布片需分组捆扎供缝制时,按打计数能节省不少时间。一种款式若采用多种颜色制作,按打计数易于准确弄清每种颜色所需面料的层数。

铺布有一些额外费用。对于定向印花面料或起毛织物(如灯芯绒和天鹅绒),每层面料的正面必须朝同一个方向(即正面朝上),这比面对面铺布(即双向铺布)耗时更多,裁剪的人工成本也会增加。条纹和格子面料讲求匹配,需要花费更多的时间铺设,也会增加铺布的成本。用于泳装或贴身服装的弹力面料平铺时尤须小心,以避免出现面料变形的现象。弹力面料在铺展之后和裁剪之前要在裁剪台上搁置一段时间,使之平展舒松。

使用铺布机可以加快铺布的过程。铺布机在裁剪台两侧的轨道上运行,能够携带大卷面料平整地进行铺设(见图10—11)。为确保每层面料正面朝上,裁剪刀空掠过面料至标记长度处裁切,铺布机随后折返原处,将另一层面料铺展到前一层面料之上。如果印花面料图纹是单向的,印花图纹均须朝着同一方向,铺布时也可如法炮制。裁剪条纹或格子面料时,每一层面料的条、格图纹都要对齐。

照片来源:Gerber Technology.

图10—11　铺布机将大卷面料平铺到裁剪台上。面料铺设要仔细,逐层堆叠,为下一步裁剪做好准备

裁剪

无论时装品牌公司还是承包商制作的生产标记,也无论手工还是电脑绘制的生产标记,都将发送到裁剪机或承包商那里,进入裁剪的过程。裁剪时,将试生产阶段制作

的标记置于面料顶层表面,这些标记也可以指引手工裁剪。有几种专用的手持式电动裁剪机和旋转裁剪机,可裁切不同厚度的面料。电动裁剪机看起来酷似带锯,其往复式刀片适用于垂直裁切,足以锯穿面料堆垛。

模切是另一种用于特定目的之裁切工艺。对所有销售季节均需重复裁切的某些极小的服装组件,利用模具冲切更为精准,长远来看也更经济。模具类似于曲奇饼干切刀,刀刃极为锋利,其冲切尺寸与样板尺寸完全一致。冲切时,将模具置于面料堆垛之上,通过加压板给模具施加压力,使切刀切透面料/材料的厚度。皮革和塑料之类的材料通常都用模切来加工。模具价格不菲,但与同一组件的手工裁切相比,只要连续不断地使用,便可覆盖初始成本,且能提高裁剪精度。

电脑裁切机使用一种特殊的工作桌面(见图10-12),该桌面覆盖着一层可让切刀在其间滑动的刷毛。精巧设计的桌面还能提供一定的吸力,使覆盖其上的面料堆垛被空气压缩,从而减少了裁切高度,提高了裁切精度。计算机绘制的标记置于面料堆垛的顶层,裁切机由计算机坐标引导进行裁切,工人不用"盯"着标记上的样板片轮廓。使用计算机绘制标记的目的有二:一是确保标记正确地放置在面料上,特别是格子或条纹面料,其图纹必须对齐;二是为捆扎衣料裁片的工人指示样板片和款式尺码。电脑裁切要比手工裁切或模切更快速,也更精准。裁切时使用往复式刀片或旋转式刀片,后者适用于富有弹性的面料,如泳装面料。旋转式刀片能使面料的拉伸最小化,减少裁切过程中面料的变形程度。

照片来源:Gerber Technology.

图10-12 电脑裁切机需要有一个适合裁切刀片工作的特殊桌面。这台Gerber裁切机自动将面料从铺布台传至裁切区,再直接进入捆扎区

激光裁切机也由电脑调控,而且同样具有刀片式电脑裁切机的高速度和高精度的优点。与电脑裁切机处理大量面料相比,激光裁切机可以十分经济地处理一层或几层面料(亦称单层裁切和低位裁切),几台低位的激光裁切机的价格才相当于一台高位的电脑裁切机。低位裁切机具有快速生产小批量服装的灵动性，因此提供了额外的优势。拥有几台低位裁切机便可同时接不同的订单，很适合短周期的开工模式。若是大规模的定制生产，则不妨选用单层裁切机，便于进行个性化的定制裁剪。倘若集中处理大批量生产订单，使用每小时裁剪300打服装组件的大型电脑裁切机则更为高效。

电脑裁切机、缝纫机均可与服装公司的计算机实行电子链接，下载生产标记的电子版文件，从而加快了生产标记传至裁切机或承包商的速度。

捆扎

裁剪之后，必须将每种尺码、每种颜色的服装组件归拢起来。捆扎就是分拆料片堆垛，并根据服装尺码、染色批次和加工件数重新组合的过程。这项工作由一名或多名工人完成，他们从堆垛中手工拣选所需的服装/产品组件，将其打包供生产使用。生产工序的类型决定了每个打包中所捆扎的服装数量，从一件衣服的料片到一打衣服的料片不等，有时是一打衣服的特定组件，但通常是一打相同的尺码和颜色（相同的染色批次）的衣料裁片。某些特殊类型的生产甚至会将多达3打的衣料裁片捆扎在一起。

染色批次管理

一套服装的所有组件是否协调、一个产品系列的所有款式是否协调，颜色的完全匹配至关重要。如果不注意严格管理颜色，就会出现色彩不一致的现象。即使遵守颜色管理，在生产订单的同一染色批次中也会出现明暗浓淡的细微变化。因此，用染料批号对所有布匹进行编码，并在整个铺布、捆扎、生产和分销过程中保持染色批次的一致性是非常重要的。

时装品牌公司经常启用一家缝纫承包商生产西装裤子，启用另一家承包商缝制西装夹克。两家承包商都会从同一纺织品生产商那里订购面料。但若染色批次不一，西装裤的色调就可能与西装夹克有所不同。当人们分辨出这种差异时，货物早已运抵服装公司的分销中心、零售商的分销中心或零售店。如果顾客试穿后发现夹克和裤子的颜色不大一致而放弃购买，店家就会痛失商机。保持染色批次的一致性才能确保颜色的精确匹配，把握好这一环节对产品系列取得成功至为关键。

结　语

一旦零售买家的书面订单达到时装品牌公司要求的最小订单数量，新款式的一系列生产活动便随即拉开序幕。试生产的步骤包括订购实际生产时所需的物料、面料、配饰和辅料；颜色管理、实验室浸渍物和印花面料样品；生产样板定型和编写服装规格表。为了确保高质量的生产，文件与样板具有同样重要的作用。这些文件制定了服装制作的一整套规范，包括款式的技术图纸、所有面料（含面料样品）、配饰和辅料的所有颜色的清单、构建规范（构建细节和缝制顺序）以及测量规格和允许的公差。文件的准确性甚为关键。

时装品牌公司自行生产时，其下属工厂将按照指定的尺码类别对生产样板进行放码，制作生产标记。在合同生产时，放码和打标由时装品牌公司或承包商负责。目前，计算机放码和打标（CGMM）集成系统在时装产业已经得到了广泛应用，其优势在于加快速度和提高精度。计算机集成系统还能用于产品信息管理。样板设计系统（PDS）和 CGMM 系统可以实行即时的电子链接，无论这两个系统在同一座城市相距多远（如设计开发部门在公司总部，放码打标部门在下属工厂），也无论是否远隔重洋（如设计开发部门在美国，承包商的放码打标部门在中国香港工厂）。

试生产过程需要许多不同单位、不同部门的相互协作，彼此加强交流沟通显然是十分重要的。品牌时装的未来就在于持续推进设计、开发、营销、生产和分销诸环节的无缝整合。

问题讨论

1. 以某件服装为例，指出其颜色管理方面存在的问题，如一个或多个组件不匹配。试述如何避免发生这些混乱。

2. 举出几个面料质量出问题的例子。时装品牌公司纠正这些问题有何选项，这些问题的存在与纠正对服装生产和供货交付有何影响？

3. 选择一件服装，试述制作该服装需要裁剪多少样板片，使用哪些辅料或配饰？

4. 讨论服装规格对生产商的重要性。在服装规格表中，哪些服装部位的数据比较重要？

案例研究

奇科的尺码

开发产品尺码是试生产阶段的一项重要任务。时装品牌公司的成功，端赖于理解目标客户并提供满足其特定需求的产品。1983年成立的奇科（Chico's）公司一向以满足消费者需求为荣。该公司提供"卓越款式、独一无二的细节和个性化的热诚服务",其商店品牌产品赢得了全国女性的芳心(Chico's,2016)。奇科拥有 700 余家零售店,开展邮购目录业务,设有公司网站,每周推出新设计的女装,以特殊尺码来满足客户的合身要求。

奇科的尺码系统非常独特,尺码表从 000—4.5 开始。该公司认为,"因为尺码就是一个数字,越简单,越一致,就越好,让消费者知晓自身的体形在奇科适合的尺码。"请上网查看奇科的尺码表,网址是 Chicos.com。

(1)谁是奇科的目标客户?

(2)奇科为何要开发自己独特的尺码系统? 有何优、缺点?

(3)将奇科的尺码系统与至少两家有着同样目标客户的公司(如 Talbots、Ann Taylor)的尺码系统进行比较,其共性和个性是什么?

(4)从生产角度来看,与众不同的奇科尺码系统可能涉及哪些成本?

资料来源:Chico's,http://chicos.com(2016 年 3 月 15 日访问该网站)。

求职机会

试生产领域的求职机会如下:

- 配饰采购员
- 物料管理员
- 标记制作师
- 样板放码师
- 生产工程师
- 产品生命周期经理
- 全球生产经理
- 保理业务员

参考文献

"Apparel Software Trends 2015:Future Investment Focus." *just-style*,http://www.just-style.com/management-briefing/future-investment-focus_id124809.aspx(accessed March 14,2016).

Cole,Michael D. (2005). "Technology's Next Frontier on Display at Tech Conference." *Apparel*,November,pp. 20—22.

DesMarteau,Kathleen. (2003). "The Potential for 3-D & e-Collaboration." *Apparel*,April,pp. 33—36.

Dundish, Harold. (2009). "The Factoring Business: How Times Have Changed." *Apparel*

Magazine, April 18. http://www.apparelmag.com(accessed March 14,2016).

"ERP That Suits the Fashion Industry."(2015). Blog post, October 26,2015. http://info.fdm4.com/blog/erp-that-suits-the-fashion-industry(accessed March 18,2016).

Factor Funding Co. (2015). "What Is Apparel Industry Factoring?" http://www.factorfunding.com/blog/what-is-apparel-industry-factoring/#sthash.LXP4rmzo.dpuf(accessed March 14,2016).

Gaffney, Gary. (1999). "SCM: In Reach for $5M to $25M Firms?" *Bobbin*, May, pp. 74—78.

Hill, Thomas. (1994). "CAR Study: UPS, CAD Provide 300%+ Return on Investment." *Apparel Industry Magazine*, March, pp. 34—40.

King, Kerry Maguire, Genevieve Garland, Lujuanna Pagan, and Jack Nienke (2009). "Moving Digital Printing Forward for the Production of Sewn Products." *AATCC Review*, February, pp. 33—36.

Rubman, Jeremy. (2010). "The Three Stages of Retail PLM Adoption (Including Five Myth Busters for Better Product Development)." *Apparel Magazine*, April 24. http://www.apparelmag.com(accessed March 14,2016).

"Saber Introduces First Truly Robotic Spreader."(1995). *Apparel Industry Magazine*, August, pp. 46—48.

Speer, Jordan K. (2004). "Color Profile: Examining Processes." *Apparel*, June, pp. 22—26.

Young, Kristin. (1996). "The F Word." *California Apparel News*, February 2—8, pp. 1,8—9.

第十一章　采购决策与生产中心

本章主要内容

- 时装品牌公司在采购决策中使用的标准
- 时装品牌公司选用的采购方式
- 各种采购选项的优、缺点
- 当前与采购决策相关的问题
- 全球主要的生产中心及其特点
- 时装品牌公司的采购理念和策略
- 时装品牌公司采购原材料和安排生产的步骤

采购决策

时装品牌公司最重要的决策无非是：(1)谁来设计你的产品；(2)如何、何时和何地购买原材料；(3)如何、何时和何地安排生产和销售商品。这个决策过程称为采购。对时装公司而言，关于设计、物料和生产安排的采购决策十分重要，对其获取竞争优势的作用不容小觑。本章第一节将探讨采购的决策标准和公司的生产安排，比如，选择国内生产(亦称本地生产，即在以零售方式出售商品的国家进行生产)，抑或海外生产(亦称离岸生产，即在以零售方式出售商品的国家之外进行生产)。图11-1涵盖了采购流程。图11-2则是可供时装品牌公司选用的采购方式的图解。

采购决策使用的标准

对公司采购物料和生产商品的各种选项进行比较之前，我们先来看看其采购决策时使用的标准。公司在决定采用何种设计流程，如何、何时和何地购买原材料与生产

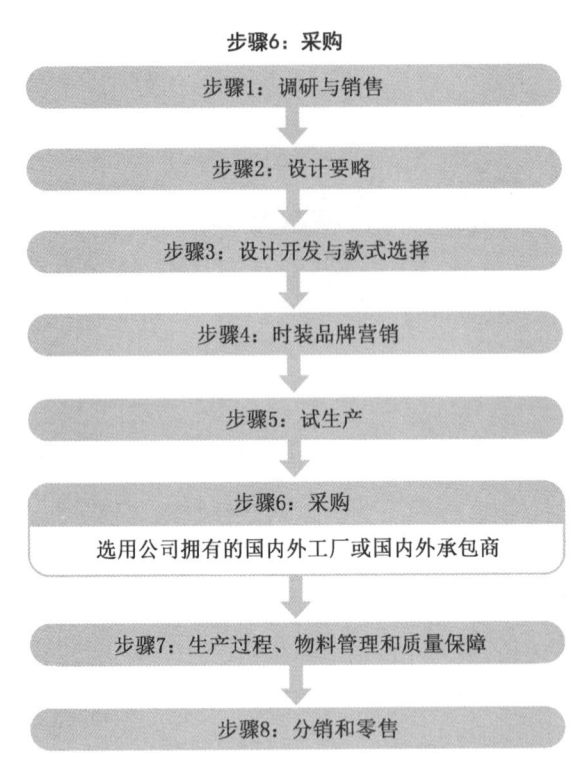

```
步骤6：采购
   ↑
步骤1：调研与销售
   ↓
步骤2：设计要略
   ↓
步骤3：设计开发与款式选择
   ↓
步骤4：时装品牌营销
   ↓
步骤5：试生产
   ↓
步骤6：采购
选用公司拥有的国内外工厂或国内外承包商
   ↓
步骤7：生产过程、物料管理和质量保障
   ↓
步骤8：分销和零售
```

图 11-1　步骤 6：采购的流程图

商品时，需要考虑多个标准。每个标准都牵涉到一些问题，弄清这些问题的答案将帮助公司确定何为最佳的采购选择。这些标准如下：

公司与设计标准（公司内部）包括：

- 公司关于设计和生产的采购理念
- 劳动力的要求、成本和生产力
- 面料/材料的质量和可得性
- 质量保证/控制标准
- 设备和技能要求
- 所需工厂/车间的能力和潜力
- 社会责任和环境影响

政治与地理标准（公司外部）包括：

- 贸易和政府的其他规章制度
- 地理位置、运输距离和预计的周转时间
- 生产国的生产性基础设施
- 物料和用品的可得性

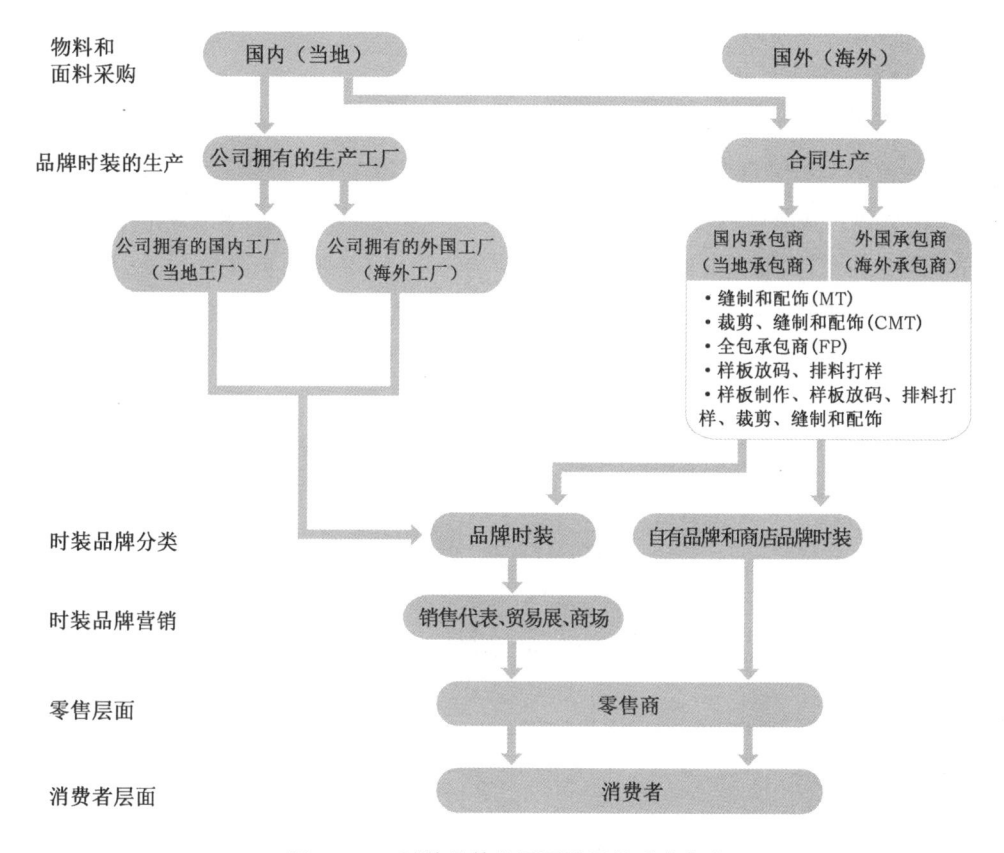

图 11-2　时装品牌公司可选用的采购方式

- 生产国的政治和经济状况
- 自然灾害

采购决策中使用的标准非常复杂。第一，纺织品、服装、配饰和家纺产品均属于劳动密集型行业，竞争性很强，劳动力成本历来是公司安排生产区位的首要考量因素。第二，生产地点也是采购设计和原材料的重要考量因素。此外，公司的采购决策还需要考虑地理位置、基础设施条件和贸易法规等方面的因素，要对这些标准持续进行评估，以符合公司的采购理念、行为准则，并满足生产的需求。

小公司通常由销售经理进行采购决策。在较大的公司中，销售经理与采购代理、采购分析师或采购经理一起做出决策。大型公司有专人为特定产品（如男士棉布裤或女士羊绒衣）做采购决定。设计和产品开发人员必须与面料采购和生产安排人员协同工作，才能按时完成产品系列的设计、生产并交付给零售商。

公司与设计标准

公司进行采购决策时必须考虑一些选择标准，这些标准取决于其总体的采购理念和设计决定,并直接影响原材料和生产的需求。

公司的采购理念

公司大多抱持一个总的采购理念,作为其采购决策的指导原则。例如,一些在美国销售商品的公司致力于国内生产(即当地生产),希望产品上能贴"美国制造"的标签(见图11-3)。其他在美国销售商品的公司与别的国家的承包商有着紧密的联系和积极的工作关系,因而更倾向于海外生产(即离岸生产)。在某些情况下,公司利用自由贸易协定与签约国的加工承包商加强采购合作,这被称为合作伙伴支持性采购策略。若采购的地点接近最终消费者,则被称为近岸采购。

照片来源:David Engelhardt/Getty Images.

图11-3 美国时装品牌公司注重在本地安排生产性采购,这是其总体采购理念的一个重要内容

许多公司的采购理念还融入了社会责任或企业社会责任(CSR)这样的概念。除了考虑与采购决策相关的成本和利润因素之外,它们还会考虑人权问题、劳动条件和环境影响,以此作为采购决策的三重底线。也就是说,人、地球和利润因素均被纳入考量范围。这些公司根据上述理念来选择在什么国家、什么工厂安排生产活动,如何监测工厂的生产条件,它们密切关注以下几个问题:

● 如何在最佳的工厂和营运条件下设计、生产和分销优质时装商品?

● 如何设计、生产和分销那些既可持续发展又为消费者所期许的时装商品?

这些主题将在本章后面做深入的探讨。

劳动力要求与成本

尽管技术进步使工艺过程日趋自动化,但服装、鞋类及其配饰的生产仍属于高度的劳动密集型。

劳动力成本是采购决策的重要考虑因素,公司关注的主要问题如下:

● 需要多少工人才能有效率地生产服装商品并符合规定的质量标准?

● 特定国家的劳动力成本(含福利)如何?该国的劳动就业法对工资、工会和最低年龄限制等有何规定?如何正确对待员工?

● 根据该国员工的宗教倾向、文化水准和人际交往习俗，有哪些建立业务关系的最佳做法？

● 对技术培训和员工培训需要进行哪些投资？

我们在第一章就讲过，纺织、服装和鞋类行业的工人报酬历来是最低的。这些行业一直在追寻廉价劳动力，首先在英国，随后在美国，继而在20世纪50年代的日本、韩国和中国香港，60—80年代在加勒比盆地，90年代在墨西哥、加拿大、加勒比盆地、东欧和土耳其。21世纪初，大多数世界贸易组织的成员国逐步取消配额后，又转到了中国、南亚和东南亚。

过去的50年里，美国和西欧的时装品牌公司大规模地从事海外生产，海外的劳动力成本远低于美国或西欧。2014年，发达经济体的服装生产工人的每小时平均薪酬（含社会费用）是：美国为17.71美元，意大利为22.67美元，日本为25.10美元，德国为30.03美元，法国为31.61美元。新兴经济体的每小时平均薪酬是：印度为1.12美元，中国为2.65美元，墨西哥为3.06美元，土耳其为5.48美元。发展中国家的每小时平均薪酬是：孟加拉国为0.62美元，越南为0.74美元，巴基斯坦为0.62美元。显然，新兴市场和发展中市场的劳动力成本远低于发达市场（见表11—1）。

表11—1　　　　　　　　2015年各国服装制造业的最低工资

（按美元计算的月工资）

国　别	最低工资（美元/月）
孟加拉国	68
斯里兰卡	79
越南	107—156
巴基斯坦	116—125
莱索托	125
墨西哥	130—175
印度	137—179
柬埔寨	140
海地	153
中国	155—321
毛里求斯	283
秘鲁	284
洪都拉斯	319—457
危地马拉	384
土耳其	454

资料来源：EmergingTextiles.com（2015）.

不过，对各国的劳动力成本进行比较时，还须考虑该国员工的生产力。自2008年以来，中国的劳动力成本已逐步抬升。但当公司寻求其他成本较低的生产区位时，必须考虑中国工人的生产力。尽管许多公司已经离开中国，将生产工厂迁至南亚的孟加拉国，或东南亚的越南或柬埔寨，但考虑到中国工人的生产力相对较高，许多公司仍选择留在中国从事采购活动。

即便某国的劳动力成本较低，该国的整体生产成本也不见得低，各种其他成本须一并考虑在内：

- 面料、物料和配饰的成本
- 支持性服务和相关基础设施的费用
- 陆运和海运费用
- 关税（进口税）和各种手续费

公司应考察各国制造业的固定成本和可变成本，准确地评估该国制造业的经济效益（见表11-2）。

表11-2　　　　96%棉、4%氨纶的针织裙和上衣的生产成本比较　　　　单位：美元

	服装生产国		
	墨西哥	秘鲁	中国
每件衣服的面料成本	10.70	10.30	9.35
每件衣服的配饰成本	1.80	1.80	1.60
每件衣服裁剪、缝制和后整理的成本	3.66	3.19	2.90
每件衣服的平均利润	1.62	1.53	1.38
每件衣服的平均运输成本	0.09	0.11	0.12
美国关税（2005年）	0.00	0.00	1.44
美国到岸商品总成本	17.86	16.93	16.78
进口商/品牌所有者给零售商的价格	21.97	20.82	20.64
建议零售价	59.00	59.00	59.00

资料来源：EmergingTextiles.com（May 23, 2008）.

面料/物料的质量与可得性

关于生产安排的采购决策与面辅料的采购决策是密切相关的。尽可能靠近成品产地采购所需的面料、物料和配饰，有助于降低运输成本和减少交货时间，同时，由于

运输物料和商品时使用的能源较少,也有利于环保和可持续发展。例如,一家在美国生产高档牛仔服的公司,很可能会在美国采购牛仔布。如果是在中国生产牛仔裤,则也很可能会在中国采购牛仔布。

选择面料供应商还须顾及贸易协定中关于纱线和成衣的原产地规则。这一规则意味着,纺纱、织布、裁剪和加工为成衣的所有过程均需在各成员国之间发生,服装贸易方可免除关税。例如,2009 年颁布的《美国—秘鲁贸易促进协议》要求,凡是从秘鲁进口到美国的服装必须符合纺织品和成衣的原产地规则,否则不得享受进口关税豁免,尽管该协议规定了某些例外情况。

质量保证与控制标准

质量保证与控制标准是公司制定采购决策的一个重要考量因素。少数几家公司之所以保有自己的生产工厂,就是为了保持产品的质量始终如一。在使用国内外承包商时,公司会制定承包商必须达到的质量标准,并要求呈交服装样品。公司将监督合同工厂执行质量保证计划,以确保服装产品符合既定的质量标准(见图 11-4)。

资料来源:WWD/© Conde Nast.

图 11-4 维护专用设备是质量保证计划的题中应有之义

设备与技能要求

不同的产品类别所需的设备和技能有所不同。某些产品需要特种设备或缝纫技巧。譬如,生产胸罩需要专门的物料、设备和技能,胸罩的质量端赖于合身性,故要求胸罩生产商提供的成品不得大于或小于规格表或标准样板的 0.125 英寸(0.317 5 厘米)。为确保质量达标,公司会向承包商询问以下问题:

- 需要何种设备才能有效地生产服装产品？
- 需要使用哪些专用设备？
- 生产时装系列需要哪些专业技能？
- 在下一个或明年的销售季节是否需用不同的设备为公司生产商品？

在确定生产需求并做出采购决策时，公司将分析工厂需用的设备和缝纫师所需的技能(见图11-5)。

资料来源：Leslie Burns.

图11-5 当需要使用专门设备生产时，公司将选择拥有该设备的承包商

工厂生产能力和潜力

工厂必须拥有生产服装系列所需的设备，同时具有满足预定的生产需求和交货时间的能力。为此，公司首先会估算生产需求，然后评估所有合作厂家的生产能力和潜力，最后分析其是否具有投资新设备或升级老设备的财务能力。如果发现供应来源不足，公司则可以增聘承包商。如果发现工厂产能大于需求，则应逐步收缩规模。如果承包商借助分包商来扩增生产能力，就要注意该分包商在产品质量和承担社会责任方面是否遵守同一标准。各国设备和设施的费用有所不同，订立的合同条款也会不同，有些工厂会提出最低订单的要求。公司应阅读承包合同的细则，以便确定合同所包含的条款和内容。

企业社会责任与环境影响

企业在采购决策中越来越多地考虑社会责任和环境影响的因素。由于自然资源的有限性和人权问题的重要性，许多时装品牌公司已将企业社会责任和环境影响纳入其全盘考虑的设计、生产和分销的采购决策中,对企业社会责任的考量已贯穿整个供应链系统。

- 对社会负责的设计:如前所述,设计师可以通过设计决策来影响环境和社会系统,包括使用环保材料、零浪费设计、包容性/通用性设计以及对工厂工人无负面效应的设计决策。
- 对社会负责的生产:如前所述,有社会责任感的公司提供安全和有益于健康的工作条件,提供合理的工资、适当的加班工资,并且对生产场所的环境负责。他们也关注公平贸易的生产。例如,巴塔哥尼亚(Patagonia)公司新近推出了一系列由美国公平贸易标签组织(Fair Trade USA)认证的运动服装。表11-3是目前广泛推行的公平贸易标准。
- 对社会负责的营销:如前所述,消费者喜欢那些鼓励员工为社区服务,倡导社会事业,具有负责任的商业行为的时装公司。为社区积极奉献的时装品牌公司在消费者心目中树立起正面形象。

表11-3　　　　　　　　　　公平贸易标准

- 支付公平的工资
- 提供晋升的机会
- 遵循环境可持续法规
- 为公众负责
- 建立长期的贸易关系
- 在当地提供安全和有益于健康的工作条件
- 尽可能为生产者提供财务和技术援助

- 供应链透明度:供应链透明度是指将时装产品的所有信息向消费者公开,包括生产和分销的地点、方式与具体厂家,与消费者保持有效的沟通。巴塔哥尼亚公司的"碳足迹纪事"(Footprint Chronicles)就是供应链透明度的一个范例(www.patagonia.com/us/footprint)(见图11-6)。

政治与地理标准

除公司内部和/或由公司掌控的那些因素外,公司在进行采购决策时还须监测和考虑各种外部因素。

贸易协定和政府法规

对一国的采购优势和劣势进行分析比较时,公司应持续不断地监测贸易协定的动

资料来源：巴塔哥尼亚（Patagonia）．

图 11—6　巴塔哥尼亚公司的"碳足迹纪事"展示了供应链透明度

向。现行的国际贸易政策规定，进口纺织品和服装产品必须缴纳关税，在某些情况下还需要配额。关税是进口国政府对进口产品评估和课征的税收，配额则是对某些国家某些进口产品实行的数量限制或金融限额（单位数、千克或平方米及其等值）。在海外生产时，公司必须考虑关税对出口产品成本的影响。由于关税增加了生产的总成本，因此公司应重新评估和掂量供货国加入的任何自由贸易协定的相对优势。

履行贸易协定时，公司需要提供原产地证明或原产地规则证明的文件。产品的原产地是指该产品发生增值（即实质性变化）的最后一步的国家。贸易协定是针对特定国家的，原产地证明文件（以及产品类别和纤维含量/材料）决定了关税税率。

在进行采购决策时，公司需要考虑供货国政府制定的其他法规，包括政府的干预政策，诸如：

- 工业污染
- 监测空气和水质
- 最低工资要求
- 童工保护法
- 其他劳动法（就业条款、工会）
- 税法

当合同工厂所在国的法律不如公司自律、严格，或执法发生问题时，公司可以自行制定行为准则，处理员工的健康、安全、劳动法和环境法方面的问题，并要求加工承包商效法自己。本章后面将探讨这些行为守则。

运输距离和预计的周转时间

在一个快速供货制胜的时代，公司需要严格掌控生产、运输和分销的时间。

- 货物能以多快的速度生产、运输并分发给零售商？
- 如果改变生产地点，则会加快周转时间吗？

- 如果改变生产地点,则会降低运输成本吗?
- 选择运输和分销方式的能源成本是多少?

公司应考虑生产工厂/承包商与本公司分销中心之间的距离和运输时间。比如,一家在纽约设有分销中心的公司可能会选择墨西哥的承包商,因为其运输的时间、成本和环境影响均优于泰国的承包商。

此外,随着供应链管理的改进,如增强型通信、企业间在线交易技术、信息化、新业态和电子支付方式的出现,服装生产和交付的时间已大为缩短。

生产性基础设施与物料可得性

在做出采购决策时,公司还必须分析每个国家支撑生产的基础设施与相关物料的可靠供应程度,诸如:

- 高质量的配饰和缝纫线是否可得?
- 缝纫机零部件和技术人员是否可用?
- 陆运、海运和电力供应是否可靠?

向孟加拉国、柬埔寨或巴基斯坦等发展中国家采购服装产品时,这些问题尤需把关。

政治与经济状况

公司时刻都在关注供货国政治和经济的发展态势。政治不稳定或经济有问题,都可能极大地影响物料的可得性及陆运海运的可靠性。当暴力或恐怖主义可能对员工构成威胁时,必须考虑员工的人身安全。货币汇率也得随时监测,特别是全球采购产品的大型跨国公司。

自然灾害

公司还必须监控飓风或地震等自然灾害对供货国生产能力的影响,以及对供应链造成的破坏。巴基斯坦爆发的大洪水、2010年海地发生的大地震,都曾对当地的基础设施和服装生产带来严重的影响。鉴于灾后重建迟缓,公司不得不为采购留在当地还是返回国内作出决定,或者将生产转移到其他地方。

采购选择

根据上述公司与设计标准以及政治和地理标准,服装公司在设计、原材料采购和生产安排诸方面有了多种选择。最主要的采购决策包括:是否采购面料和原材料;在国内生产、海外生产还是两者相结合;在公司下属的工厂进行生产,或与其他公司签订生产合同,还是两者兼而有之。选用加工承包商时,公司将根据其提供的服务种类来挑选特定类型的承包商：

● 裁剪、缝制和配饰服务：在裁剪、缝制和配饰（CMT）选项下，服装公司提供全套技术、样板、面辅料和配饰，承包商提供劳务和相关用品，并致力于裁剪、缝制和配饰。承包商有时收到的是裁剪好了的面料，仅提供缝制和配饰（MT）服务。

● 一揽子服务：即全包（FP），在此选项下，承包商负责设计和预生产，提供面辅料、配饰、用品和劳务等全套服务。

● 其他选择：服装公司提供面料，自行裁剪和包扎，交由承包商缝制和配饰。

根据产品系列、运营策略和采购理念，公司将分析权衡每种选项的利弊得失。有些公司利用承包商来增强自己的应变能力和机动灵活性，有些公司自设工厂生产，便于更好地控制服装产品的质量；有些公司从事海外生产，利用他国低廉的劳动力加强自己的竞争力。但别国的劳动力成本低，不见得该国整体生产成本也低，更遑论离岸生产决策的正确性。下面分述公司主要的几种采购选择，表11—4列举了这些采购选项的优、缺点。

表11—4　　　　　　　　　国内生产与海外生产的优势和劣势

	优　势	劣　势
国内生产	无贸易壁垒 减少运输的时间和成本 已知的基础设施 熟悉的文化 消费者支持"本地制造"产品	劳动力成本可能高于其他国家 某些种类的面料不易获得
海外生产	劳动力成本较低 可利用贸易协定的优惠措施 某些种类的面料比较容易获得	文化差异 货币差异 语言障碍 贸易壁垒的存在

国内生产

国内生产是指时装商品的生产和零售均在同一个国家。时装品牌公司的做法，一是实行垂直整合，控制供应链的大部分环节；二是选用当地的加工承包商。

垂直整合

实行垂直整合的服装公司，自行生产所需原材料，拥有自己的生产工厂，在同一个国家从事商品的分销零售。这种垂直一体化的做法可以最大限度地控制产品质量和生产时间。为了具备竞争力，自设工厂的公司需要在技术和设备上进行投资，以提高生产力并降低缝纫成本。这些公司每年都会生产类似的商品，对设备的要求不会发生重大变化。公司还需要对员工培训进行投资，保持生产的连续性和一致性，避免员工在经济增长放缓时下岗,回暖时再雇。自设工厂的公司,其劳动力成本普遍较高,只有靠提高生产力来提升国内生产的竞争力。例如,总部位于美国俄勒冈州波特兰市的彭得顿毛纺厂参与了家纺产品和男女时装生产的全过程:从加工羊毛、纺织、设计、制作产品到分销商品,所有这些环节均置于公司的直接监控之下。

照片来源:彭得顿毛纺厂。

图11-6　总部位于美国俄勒冈州波特兰市的彭得顿毛纺厂,
通过垂直整合的营运方式来生产和销售羊毛毯

国内合同生产

在国内合同生产这一选项下,需用面料可在国内采购,也可向国外供应商购买,生产合同与专门从事服装生产和服务的国内承包商签订,外包业务涉及裁剪、缝制、配饰乃至全包。利用承包商生产产品的服装公司不必投资于工厂、设备或培训人员,这也大大提高了生产的机动灵活性。这一点,对生产时装系列、设备要求年年不同的公司来说非常重要。当订单超出自身生产能力时,自设工厂的公司也会选择委托加工的方式。除了采购别国面料需处理贸易壁垒(如关税)问题外,国内合作生产不存在贸易障碍,运输成本和生产时间对公司也是可控的。

科什公司(Koos Manufacturing, Inc.)是美国洛杉矶地区的高级牛仔裤生产商,为 J. 克鲁(J. Crew)、盖璞(Gap)、The Buckle、小麋鹿(Abercrombie & Fitch)等商店品牌制作牛仔裤。这是一家相当成功的承包商,其竞争优势包括对顾客需求的响应、设计师标价的专业缝纫和高质量生产、拥有牛仔布褪色或做旧的洗涤设备(见图11-7)。

国内生产的优势

- 语言、工艺和法规均有利于业务的开展
- 无关税或海关问题
- 不存在货币兑换问题

照片来源：Anne Cusack/Los Angeles Times via Getty Images.

图11—7　在美国时装品牌公司中，科什是一家相当成功的牛仔服装国内承包商

- 陆运、海运的时间和成本较低
- 消费者可能更喜爱本国产品

国内生产的劣势

- 承包商对供应商及其生产能力的选择较少
- 劳动力成本较高

海外生产

从事海外生产的外国承包商可以为公司提供裁剪、缝制和配饰乃至全包服务（见图11—9）。

海外生产的优势

海外生产亦称离岸生产，可能给时装品牌公司带来如下优势：

- 其他国家具有较低的劳动力成本
- 原材料的可用性与该国的设备性能更吻合
- 该国工厂具备所需的能力和/或潜力
- 在其他国家生产的成品更接近最终消费者的需求

海外生产的劣势

- 进口商品有数量限制和/或关税，需雇用报关行通关
- 语言和文化差异会影响工作条件或沟通
- 需要了解并遵守与公司母国不同的法律
- 运输商品的成本及其环境影响

资料来源：WWD/© Conde Nast.

图 11—8　尼加拉瓜的这家内衣工厂与许多合同生产工厂一样，对内衣产品进行裁剪、缝制和配饰

● 需要时刻监测货币汇率的变动

国内生产与海外生产相结合

许多公司实行采购多样化策略，在任何时点依据自身的生产需要使用选项组合。采用多种采购方式赋予企业生产灵活性，可根据消费者需求、实际生产要求和国际关系变化便利行事。采购选项的多样化还能保护公司免受某个国家或地区发生自然灾害和政经危机的影响。

服装公司时常将国内生产和海外生产结合起来，双管齐下。举例来说，总部位于美国加州文图拉海滩的巴塔哥尼亚公司，向美国和秘鲁的供应商采购面料，向美国、欧洲、中国大陆及中国台湾、韩国和日本的纺织厂采购织物，并在美国、中国、泰国、越南、菲律宾、印度、斯里兰卡、约旦、墨西哥、尼加拉瓜、萨尔瓦多和哥伦比亚生产服装系列。为确保产品质量，巴塔哥尼亚要求承包商遵循公司设定的环保要求、最低工资标准和最低年龄标准。该公司颁布了行为准则，派遣代表走访每个承包商。

耐克公司（Nike, Inc.）是全球最大的鞋业公司，总部位于美国俄勒冈州比弗顿附近，其承包商体系最具多元化。2015年，耐克公司与42个国家的692家工厂签约，其中包括中国180家工厂，泰国29家，美国67家，越南68家，印度尼西亚44家，墨西哥19家。该公司还要求承包商遵守行为准则，并对工厂进行内部审计和外部第三方审计。

全球采购备择方案

采购决策相当复杂,公司需要不断地评估各种采购选项,以最好地满足自身需求。为了提高竞争力,国内工厂和海外工厂都必须具有响应能力、灵活性、高效率和成本效益。

全球生产模式

全球纺织品和服装的生产都瞄准了最大的消费市场——北美和西欧,为其稳定地提供时尚的服装、配饰和家纺产品。

目前,服装生产工厂在高度工业化的发达经济体中仍未泯灭,在美国、加拿大、澳大利亚、巴西及消费市场庞大的西欧国家都继续存在。亚洲的日本、韩国、中国香港特别行政区和中国台湾地区一向拥有强大的纺织和服装行业,新兴经济体和发展中国家,如中国、印度、孟加拉国、哥斯达黎加和危地马拉,也有大量的服装生产厂家(见图11—10)。

资料来源:WWD/© Conde Nast.

图 11—9　孟加拉国等发展中国家依靠服装生产来拉动经济

合同生产之所以与日俱增,盖源于具备设计和加工能力(全包服务)的承包商日益增多,以及计算机的兼容性取得的长足进步。互联网技术的进展使电子版的技术包、规格表和样板信息的传播广泛。服装生产向中国和其他国家的转移还受到了下列事态发展的推动：
- 2005年世界贸易组织成员方取消配额
- 劳动力成本相对较低
- 拥有特殊工艺，专业化生产特种面料
- 快速生产的能力，工人的生产力较高

北美、欧盟、巴西、澳大利亚和日本拥有庞大的消费市场，这些国家或地区的服装产业通常关注国内市场和出口机会。缺乏大型消费市场的国家，只能专注于出口服装产品。然而，随着中国和印度这样的人口大国的消费市场不断增长，为国内市场和出口市场的生产都很引人注目。

据世界贸易组织统计，2014年中国和欧盟出口纺织品最多，分别占全球纺织品出口的35.6%和23.8%（不含其国内或内部市场）。印度、美国、土耳其、韩国和中国台湾地区共占全球纺织品出口额的21.5%（不含其国内市场）。

世界贸易组织发布的另一种统计数据表明，2014年，中国是全球最大的服装出口国，占世界服装出口额的38.6%（不含其国内市场），欧盟其次，占世界服装出口额的26.2%（不含其内部市场）。孟加拉国、越南、印度和土耳其加起来占世界服装出口额的16.3%（见表11-5）。2014年，欧盟是全球最大的服装消费市场，占世界服装进口额的37.7%，美国占17.7%，日本占5.9%。

表11-5　　　　　　　　2014年服装主要出口国和进口国　　　　　　　　单位：%

出口国或地区	世界出口份额
中国	38.6
欧盟	26.2
孟加拉国	5.1
越南	4.0
印度	3.7
土耳其	3.5
印度尼西亚	1.6
美国	1.3
柬埔寨	1.2
巴基斯坦	1.0
斯里兰卡	1.0
墨西哥	1.0
泰国	0.9

续表

进口国或地区	世界进口份额
欧盟	37.7
美国	17.7
日本	5.9
加拿大	1.9
俄罗斯	1.6
瑞士	1.2
澳大利亚	1.2
中国	1.2

资料来源：世界贸易组织。

许多发展中国家仰仗纺织品和服装出口来促进经济发展，依托低工资生产中心进行国际竞争（见表11-6）。2014年的统计数字表明，下列国家的纺织品和服装出口在其出口总额中占了相当大的比重：

- 海地：91.1%
- 孟加拉国：80.9%
- 柬埔寨：54.3%
- 斯里兰卡：43.5%
- 萨尔瓦多：39.4%
- 洪都拉斯：39.4%
- 莱索托：38.8%

表11-6　　　　2014年各国纺织品和服装出口占其出口总额的比例　　　　单位：%

国　别	纺织品出口占出口总额的比例
巴基斯坦	36.7
尼泊尔	29.5
土耳其	7.9
孟加拉国	7.8
萨尔瓦多	6.0
埃及	5.7
印度	5.7
叙利亚	5.2

续表

国　别	服装出口占出口总额的比例
海地	91.1
孟加拉国	80.9
柬埔寨	54.3
斯里兰卡	43.5
萨尔瓦多	39.4
洪都拉斯	39.4
莱索托	38.8
毛里求斯	26.1
马达加斯加	20.7
突尼斯	16.2
土耳其	10.6

纺织品和服装的生产特性对发展中国家出口服装的重要性作了很好的诠释。第一，纺织品和服装属于高度的劳动密集型产业，能够提供大量的工作岗位。第二，与其他制造业相比，服装生产的投入较少，生产商只需要工业缝纫机、熨烫设备和普通厂房。此外，时尚趋势不断地发生变化，驱使纺织品和服装产品的需求持续增加。由此来看，东南亚、非洲、加勒比海盆地和南美洲的发展中国家对全球纺织品和服装的生产可谓厥功甚伟。

北美

北美（美国、墨西哥和加拿大）是世界上最大的贸易伙伴关系之一，每个国家都有实力挑战采购选项。1994年北美自由贸易协定（NAFTA）生效后，三国之间的关税水平进一步降低。

美国

作为全球最大的消费市场，美国是设计、研发、营销、零售和利基生产能力超强的国际枢纽。许多国内和国际设计师品牌（如 Calvin Klein、Ralph Lauren、Michael Kors、Tori Burch），时尚品牌（如 Tommy Bahama、Timberland），运动服品牌（如 Nike、Under Armour、Columbia Sportswear）以及快速时尚品牌（如 Forever 21），都将公司总部设在美国，专注于设计、研发、营销和零售业务。大多数品牌产品交由国内外的加工承包商进行生产。

服装产业是美国最大的制造业之一，但就业机会在过去25年或更长时间里一直持续减少。根据美国劳工统计局的统计，2014年全国服装行业的就业人数约为142 860人，低于1990年的929 000人。服装生产领域这一小部分就业人口遍布各州，但就业机会最多的则是加州、纽约州、北卡罗来纳州、得克萨斯州和佛罗里达州，这一分布反映了纽约市和洛杉矶地区服装业的集中程度，也映射出南方各州工资偏低的窘况。南加州拥有大量的熟练技工，主要来自该地区的拉丁裔和亚裔族群。

南方各州从北美自由贸易协定和中美洲自由贸易协定中受益良多，这些协议极大地刺激了当地的服装生产，如裁剪、垂直一体化的生产活动。例如，迈阿密已经跃居为裁剪作业中心，那里的公司纷纷利用边境线另一侧的低廉劳动力和各种贸易优惠措施。美国的工厂颇以灵活、创新、快速周转及高效交货为荣。

加拿大

与美国相仿，加拿大也以设计、研发、营销、零售和利基生产能力而闻名。该国公司主要采用国内外承包商的加工组合方式。总部位于加拿大的国际品牌包括Roots、Arc'Teryx和lululemonathletica。

墨西哥

自北美自由贸易协定生效以来，美国采购的墨西哥服装越来越多。以美元计价，如今墨西哥已成为美国第五大服装供应商。墨西哥毗邻美国，来自邻国的技术性投资推进了裁剪、缝制和配饰（CMT）、缝制和配饰（MT）以及全包（FP）这三种加工承包商的发展。目前该国服装生产领域里的就业人数约为32万人，合同生产的知名品牌有Levi's、Zara、Nike、Patagonia和Pendleton Woolen Mills。墨西哥的大型本土品牌公司Milano和Andrea鞋业，其总部分别位于墨西哥城（Mexico City）和瓜纳华托（Guanajuato）。

加勒比盆地和中美洲

市场的接近、低廉的工资，使加勒比盆地和中美洲国家成为美国和南美公司采购服装产品的上乘选择。从"加勒比盆地倡议"开始，2005年多米尼加－中美洲－美国自由贸易协定（CAFTA-DR）又正式生效，互惠贸易和互降关税在七国之间有增无减，令当地那些使用美国面料从事服装生产的公司如鱼得水。与亚洲相比，这里的海陆运输成本较低，加上处于相同或相邻时区开展业务的便利性，北美和南美公司更乐于在此采购。

南美

与北美国家类似，南美国家也已形成贸易联盟，强力助推经济发展。南方共同市场堪称南美洲的共同市场,阿根廷、巴西、巴拉圭、乌拉圭和委内瑞拉都是成员国,智利、玻利维亚、秘鲁、哥伦比亚和厄瓜多尔则是准成员国。该组织以推动这些国家之间的自由贸易为目标(见图11—11),但对其他国家却实行高关税的贸易保护主义政策,布宜诺斯艾利斯还禁止进口旧服装。不过,美国与智利、哥伦比亚和秘鲁订有自由贸易协定,智利和秘鲁也是参与跨太平洋伙伴关系(TPP)谈判的国家。

资料来源:Winter Sun.

图11—11 冬日公司(Winter Sun)在厄瓜多尔生产手绘的公平贸易服装

欧洲与欧盟

欧盟(EU)由28个成员国组成,加上6个候选国家,是全球第二大消费市场。欧盟是成员国之间商品和服务自由贸易的单一共同市场,欧元(€)是17个成员国的通用货币,环保、农业和渔业政策在成员国之间进行协调。从时装产业的采购视角来看,欧洲由两组国家组成:

● 西欧国家:德国、意大利、英国、西班牙和法国等,专注于纺织精品、设计、市场营销、利基生产和零售。

● 中欧和东欧国家:波兰、匈牙利、捷克、罗马尼亚和保加利亚等,通常是西欧品牌时装的低工资生产中心。

澳大利亚和新西兰

作为世界上最大的羊毛生产商,特别是美利奴羊毛,澳大利亚向全球各地的纺织厂出口羊毛。此外,澳大利亚还有许多出口品牌产品,如力博鞋业(Redback)、Billabong、德瑞莎—波恩(Driza—Bone)、阿库布拉帽业(Akubra)、CUE和Bonds。新西兰以高品质羊毛生产而闻名遐迩,拓冰者(Icebreaker)公司总部位于新西兰,是美利奴羊毛内衣的全球品牌。

南亚

南亚由印度、巴基斯坦、孟加拉国、斯里兰卡、尼泊尔和不丹组成。纺织品和服装出口在这些国家的出口总额占了很大比重,对经济发展卓有贡献。印度和巴基斯坦为国内外纺织厂提供大量棉花,所有的南亚国家都是制造平价和廉价服装的低工资生产中心(见图11—12)。

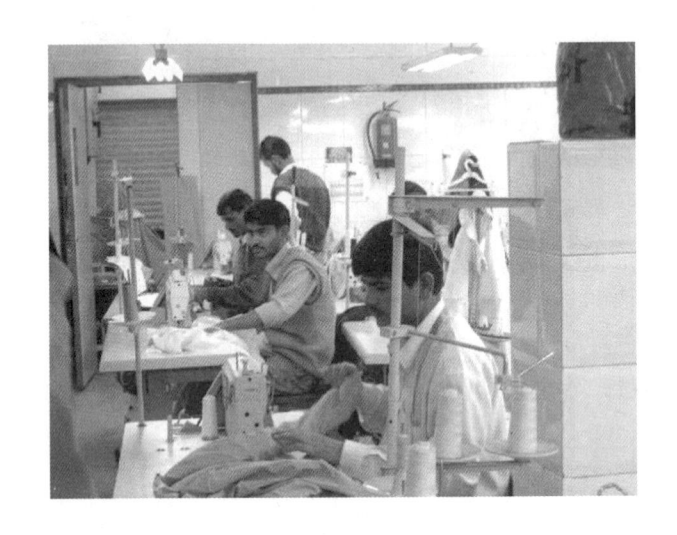

照片来源:Elaine L. Pedersen.

图11—12 印度的合同工厂为国内市场和出口市场生产服装商品

值得注意的是,孟加拉国和巴基斯坦服装工厂的不安全工作条件曾爆料为头条新闻。2013年,孟加拉国的拉纳广场商业大楼发生坍塌,造成1 100多人(大多数是服装工人)死亡,另有2 400多人受伤,该国工人的困境开始受到媒体的关注。由于这场悲剧,全世界的公司都开始致力于改善工作环境。孟加拉国安全协议和孟加拉国工人安全联盟这两个组织相继成立。前者由15个国家的70多家公司签署,包括海恩斯和莫里斯(H&M)、印地纺(飒拉)(Inditex—Zara)、PVH、家乐福(Carrefour)和乐购(Tesco)。该协议由公司和工人代表监控,以独立检查和补救计划为重点。后者有25家北美服装公司和零售商加盟,包括绮童堡(Children's Place)、开市客(Costco)、盖璞(Gap)、杰西潘尼(JCPenney)、柯尔(Kohl's)、梅西百货(Macy's)、诺德斯特龙(Nordstrom)、塔吉特(Target)、威富(VF)和沃尔玛(Walmart)。该联盟对当地的服装工厂进行安全评估,以此作为改善工作条件的手段。虽然孟加拉国在员工安全方面很有进步,依旧是服装生产的热门地区,但仍有许多工作要做,才能使所有工厂的工作条件达到可接受的程度。

东南亚

东盟(ASEAN)由新加坡、印度尼西亚、马来西亚、菲律宾、泰国、文莱、越南、缅甸、老挝和柬埔寨十国组成。尽管其经济和政治制度不尽相同,但在全球服装生产中发挥了重要作用,在时装设计、生产和分销诸领域不断寻觅和开拓利基市场。例如,新加坡是时装设计、销售重地和活跃的贸易口岸,越南、泰国已成为服饰精品提供商,老挝则是低工资生产中心。印度尼西亚、菲律宾的政治和社会动荡,对其作为他国的采购选项颇为不利;越南和柬埔寨等国一直是吸引外资发展服装、饰品和鞋业的目的地(见图11—13)。

照片来源:Leslie Burns.

图 11—13 越南已成为服装和鞋类的合同生产重地,吸引了众多投资者前来开发和建设

东亚

日本、中国香港、韩国和中国台湾曾被称为纺织品和服装生产的"四大金刚",目前高端和高性能纺织品、小众时装精品、设计、市场营销、采购服务以及零售业仍有强劲的表现。这些国家或地区的投资者还为越南、柬埔寨和泰国的服装生产提供了财务和管理资源。

中国

中国是世界上最大的服装生产国,同时也是最大的服装出口国。如前所述,中国占全球纺织品出口份额(不含其国内市场)的34.8%,占全球服装出口份额的38.6%(不含其国内市场)。中国在服装产业的多个部门生产中占有主导地位。据美国纺织服装办公室统计,中国提供了美国进口棉毛衫的88%,男式羊毛衫的84%,女式羊毛衫的91%。中国的服装生产企业有小型加工商,也有巨型公司,有些公司拥有数百名设计师和设计助理人员。数以万计的缝纫工厂每年生产数百万件服装。

中国为何能占有如此的市场主导地位?究其原因如下:
- 纤维和织物生产能力巨大,包括棉制、丝绸和合成纤维面料
- 庞大的纺织机械行业足以满足任何生产需求
- 服装产业多元化,从内衣、运动服到豪华时尚品牌一应俱全
- 拥有大量高生产率的熟练工人
- 政府和民营企业在相关制造业和基础设施上投资甚巨
- 大型贸易展或采购交易会成为时装品牌公司与加工承包商联结的纽带(见图11—14)

照片来源:Leslie Burns.

图11—14 中国举办的大型贸易展和采购交易会,现已成为时装品牌公司与中国加工承包商的联结纽带

采购策略：全球采购步骤

全球采购决策的难度大、选项多，时装品牌公司如何才能找到合适的工厂或承包商来生产商品呢？它们应遵从的行事步骤是：

(1) 确定企业的采购理念。以巴塔哥尼亚公司为例，该公司考察和选择加工商有四个标准：质量、商业因素(技术、技能、区位、价格、客户服务和准时交货能力)、环境保护和社会效益。质量是该公司采购的首要标准，减少环境危害排在第二位(Patagonia, 2016)。

(2) 设计产品系列，确定所需面料，明确生产要求。

(3) 确认采购的面辅料，寻找生产厂家。寻找面辅料供应商和加工承包商的途径如下：

● 一些大型或巨型公司拥有设计室和材料库，为公司的设计师和采购分析师提供服务。耐克公司的材料库一应俱全，设计师、产品工程师和采购分析师都能从中找到最新式的面辅料。但大多数公司都不够大，无法拥有内部材料库。

● 时装品牌公司利用在线资源搜索面辅料的选项，寻找合适的加工承包商。ConneXion(materialconnexion.com)和 Le Souk(www.lesouk.co)都是可供搜索的面辅料数据库，设计师和采购分析师可以上网购买样品，在当前和未来的产品系列生产中使用。

● 采购交易会是一种将承包商和时装公司聚集在一起的交易平台。参展的承包商在展位上展示产品样本，传达其专业知识和能力信息。采购交易会经常与服装服饰和面料博览会(MAGIC)之类的贸易展一起举办。承包商利用采购交易会与时装公司进行联系，公司也借此机会寻找合适的国内外承包商。采购交易会可以采用面对面或在线交易的形式。

● 承包商和时装品牌公司在行业出版物中使用分类广告，如 WWD 分类广告(WWD Classifieds)，发布需求方面的信息或宣传自己产品的可用性。

● 美国服装生产商网络(American Apparel Producers' Network)，一个由全球供应链中为美国市场生产服装的承包商和其他公司组成的行业协会，其总部位于乔治亚州亚特兰大。该协会提供教育论坛、研究报告和数据资料，帮助企业提高采购效率和供应链管理技术，还提供社交和旅行机会，协助公司建立关系网络。

(4) 评估采购选项。公司或独立的采购代理、采购分析师对各种采购选项进行评估，评估标准有：贸易和投资的激励措施和/或障碍、人际关系和文化方面的利弊、产品开发能力和潜能、劳动法的有关规定等。

(5)按照公司或审计公司制定的行为准则,检查和评估生产工厂。

(6)时装品牌公司与供应商举行商务谈判。

采购策略:恪守行为准则

签订合同之前和之后,时装品牌公司都会对合同工厂进行定期检查,这已成为公司正规流程的重要组成部分。下面将分析"血汗工厂"问题和工厂审计在遵循行为准则中的作用。

何谓"血汗工厂"?

从1911年三角衬衫工厂起火,到2013年拉纳广场商业大楼坍塌,服装产业一直与"血汗工厂"如影相随。何谓"血汗工厂"? 其含义取决于定义的来源。据美国审计总局(U. S. General Accounting Office)称,"血汗工厂"是指那些违反了两项或两项以上联邦或州制定的劳工、职业安全与卫生、员工赔偿等行业法规的雇主。国际劳工组织(International Labor Organization)将"血汗工厂"定义为剥夺劳工基本权利的企业。国际劳工权利论坛(International Labor Rights Forum)将"血汗工厂"界定为"不尊重工人基本权利的工作场所"。全球交流(Global Exchange)的定义是员工无法组成独立工会,工资不足以维持小家庭的基本生活需求(即活命工资)。

上述定义揭示了"血汗工厂"的共同特征:"血汗工厂"是工人受剥削的工作场所,包括活命工资或福利被盘剥;工作时间超长,往往没有加班费;工作条件差;遭受任意处罚,包括口头或身体虐待;无法组织工会进行集体谈判,以争取更好的工作条件。

行为准则与工厂审计

由于媒体的关注、利益相关者和消费者的要求、消费者的兴趣和公司理念,时装品牌公司开始对加工承包商及其分包商的工作条件进行审计。许多公司采用了采购指导原则,定期检查承包商的工厂,以确保工人不受剥削。李维斯公司(Levi Strauss & Co.)是最早实施上述指导方针的公司之一。1991年,该公司为其雇用的承包商制定了指导方针,涵盖工人待遇和生产的环境影响等问题(见表11-7和表11-8)。李维斯与世界各地的承包商合作,定期检查其合同工厂。该公司发布了参与合同生产的条款,以及采取措施纠正不合规现象的时间表和验证方法。

表 11-7　　　　　　　　　　　2013 年李维斯公司的参与条款

(1)劳工:不允许使用童工。工人年龄不得低于 15 岁,不小于义务入学年龄。我方不会与雇用童工的工厂结为合作伙伴。我方支持为年轻人提供教育和培训机会的合法的学徒计划。
(2)监狱/强迫劳动:我方不会雇用那些使用监狱劳改犯或强迫劳动的承包商来制造和加工我们的产品,也不会利用或购买那些使用劳改犯或强迫劳动的合伙人的原材料。
(3)惩戒措施:我方不会使用那些对工人施行体罚或其他形式的精神或身体胁迫的商业伙伴。
(4)法律要求:我方希望商业合作伙伴能够遵守法律,并遵守与其所有业务活动相关的法律要求。
(5)道德标准:我方努力寻找并使用那些所有业务均遵循与我方行为准则相一致的道德标准的商业合作伙伴。
(6)工作时间:工作时间可以灵活安排,但我方将遵守当地关于工作时间的法定限制,并寻求不超过这一规定的商业合作伙伴,对员工加班进行适当补偿的除外。我方乐于使用每周工作时间少于 60 小时的合作伙伴,而不会使用经常性超过 60 小时的承包商。应允许员工在 7 天中至少休息 1 天。
(7)工资和福利:我方只跟那些提供的工资和福利既符合任何适用法律,又符合当地制造业或后整理行业惯例的合作伙伴进行业务往来。
(8)工会和结社自由:我方尊重工人组建工会或加入他们选择的组织并进行集体谈判的权利。我方期望我们的供应商尊重自由结社的权利,以及在不受非法干涉的情况下工会组织集体谈判的权利。业务合作伙伴应确保那些作出此类决定或参与此类组织的工人不会成为歧视或惩罚的对象,工会代表可以根据当地法律或雇主与工会共同协议所订立的条件去接触其工会成员。
(9)歧视:我方承认并尊重文化差异,同时认为应根据工作能力来雇用工人,而非基于个人特征或信仰。我方乐于与商业伙伴分享这个价值观。
(10)社区参与:我方愿与那些赞成改善社区条件的商业伙伴进行合作。
(11)外国移民工人:对外国移民工人应同样遵守"可持续发展指南"的所有要求,不得违反童工、结社自由、强迫劳动、纪律处分以及健康和安全方面的规定。
(12)住宿:为员工提供居住条件的商业伙伴必须提供安全和卫生方面的设施。
(13)许可证:工厂必须拥有法律要求的所有现行许可证(包括商业经营许可证,消防安全和电气证书,锅炉、发电机、电梯、燃料和化学储罐等设备的许可证,以及建筑物、排放物和废物处置许可证)。

资料来源:李维斯公司(Levi Strauss & Co.)。

表 11-8　　　　　　　　　2013 年李维斯公司的环境、健康与安全指南

李维斯公司制定了关于环境、健康和安全(EHS)的指导方针,帮助业务合作伙伴达到社会和环境可持续发展的要求。这些要求与达到我方质量标准或遵守交货时间具有同等重要的地位。
安全指南:安全委员会要求做好风险评估、应急准备、建筑物完整性、通道和出口、照明、房屋管理、电气安全、危险能源控制(上锁/挂牌)、机器防护、动力工业卡车、噪声管理、个人防护用具、通风、化学品管理、极端温度、石棉管理、职业暴露、标志和标签、维护维修等项工作。
后整理指南:该指南适用于为李维斯公司从事后整理/洗涤服装的所有工厂,确保工厂实施工伤事故控制,保护工人免受化学品、高噪声、空载二氧化硅、高温以及与后整理过程相关的机械性伤害。
健康指南:包括急救和预防工厂员工传染病蔓延的要求。
环境指南:包括工业废水排放、生活污水管理、固态生物管理、防止雨水污染、危险材料储存和废弃物管理的要求。

资料来源:李维斯公司(Levi Strauss & Co.)。

大型服装公司大多制定了自己的指导方针和行为准则。表 11-9 是杰西潘尼(JCPenney)公司的供应商指南。

表11-9　　　　　　　　　　2015年杰西潘尼公司的供应商指南

(1) 商业道德规范。杰西潘尼公司承诺遵守商业道德声明中所表达的价值观,即公司创始人杰姆斯·凯西·潘尼(James Cash Penney)根据黄金法则开展业务的信念:"己所不欲,勿施于人。"该商业道德声明规定,我公司所有合作方皆倡导诚信和合乎法规的文化标准,以此作为我方与供应商的关系和互动的指导原则。凡与我公司开展业务的供应商必须分享我们的价值观和道德承诺。

(2) 工作条件。我公司致力于创建一支多元化和包容性的员工队伍,每个人都受到尊重和重视,能够发声并被聆听,进而为公司业务取得成功作出贡献。我方有责任遵守所在国关于用工和人权的法律。我方要求我们的供应商在运营中在与组件、原材料和服务提供商的关系中,均采用类似的做法。

(3) 安全优质产品。我方高度重视并确保自己的商品符合最高的质量和安全标准。我公司一直是消费品安全措施的领导者,确保所有出售的产品达到或超过产品的安全要求。但我方无法单独达致产品的安全和质量目标,有赖于供应商采取得力措施来实现我们的高标准。

(4) 对社会负责的供应链。我方禁止出售以社区、工人或环境为代价生产的产品。我方仅与分享我公司供应链对社会负责这一承诺的供应商进行合作。

(5) 环境影响。我方将不断研判业务运营的环境影响,制定并实施旨在消除或尽量减少对环境造成重大威胁的计划、规划和政策。我方与供应商合作开发对环境负责的产品、包装和工序,制定雄心勃勃的环保目标,付诸实施,力求实效,期望我们的供应商也设定类似的承诺。

(6) 沟通、合作和合规性。这些原则是我方选择供应商流程的组成部分。我公司与供应商、行业组织和专家合作,确定最佳做法,开发评估、监控和改进供应商的绩效与合规性的工具。我方要求供应商配合我们要求进行的所有审核评估、调查和监控流程,并与我们合作解决在监控过程中可能发现的问题。如果供应商未能满足我方要求,那么我公司将采取果断的纠正措施,直至取消合同和终止双方的合作关系。

我公司鼓励供应商与我们取得联系,对我方的期望和要求提出任何问题或疑问。欢迎大家举报涉及我公司业务的道德或法律违规行为,可使用当地语言密报。为此,我方提供免费热线电话1-800-527-0063和公司网站 www.jcpjline.com。我们绝不会因为对有违法律、道德规范或公司政策的现象表示善意的关切而采取报复行动。

资料来源:杰西潘尼(JCPenney).

组织和公司制定的行为准则是处理人力资源、健康和安全以及劳动和环境法等问题的指导原则。行为守则通常涉及以下领域:

● 公司原则:描述公司的价值观、目标和对工人权利的承诺。

● 管理哲学:描述高层管理者的个人理念及其执行准则的承诺。

● 合规性准则:有关合适的行为或禁止的行为的指导原则。比如,行为准则明确规定,承包商不得使用童工。

准则要行之有效,首先需可信,政府、消费者和所有相关公司都能认真对待;反过来,可信性又取决于对准则的审计、执行力和透明度。透明度是承包商、员工、组织、政府和消费者的守则意识和执行力度。

为了有效遵从公司的行为准则,制订工厂审计计划很有必要。这些计划和机构的总体目标是,改善世界各国时装生产工厂的工作条件。审计一般在工厂签约或定点生产之前进行,此后还会定期审查,审计的时机取决于时装公司。有的工厂每天都会审计,而其他工厂每年或每隔几年审计一次。

时装品牌公司可以审计自己的工厂,也可签约独立的工厂审计机构,对工厂进行定期审查。审计方法有三种,即第一方审计、第二方审计和第三方审计。

● 第一方审计:由时装品牌公司的雇员对下属工厂进行内部审计。这些公司聘用审计员,按公司制定的一套标准开展审计工作。

● 第二方审计:如果时装品牌公司本身没有工厂,但与别的工厂签约或打算签约时,由时装品牌公司(第二方)的雇员对该工厂进行审计,以确保供应商符合公司的行为准则。

● 第三方审计:由独立于时装品牌公司或工厂的机构(第三方)派员审核,以确保供应商遵守该机构制定的标准或时装品牌公司的行为准则。第三方机构有环球服装生产社会责任组织(WRAP)和维泰(Verite)等,负责对企业的社会责任进行审计认证。

为时装品牌公司提供审计服务的组织还有:公平劳工协会(Fair Labor Association)对会员公司进行审计;工人权利联盟(Worker Rights Consortium)可以根据工人的投诉进行审计;公平工厂清算所(Fair Factories Clearinghouse)为其成员提供审计工具和工厂资料;清洁成衣运动(Clean Clothes Campaign)不涉及审计工作本身,但对已经做完审计或行将接受审计的工厂的员工提供直接支持。

工厂审计的主要评估领域有:

● 工厂的效率和能力

● 工作条件:安全、健康和卫生

● 工人补偿,包括加班和聘用经纪人

● 结社自由和集体谈判的机会

● 劳动法

● 遵守环境法律

● 质量保证

● 品牌名称和商品安全性

● 分包商安排

工厂审计是通过对工厂的视察、财务审计、管理层面谈、工人面谈以及对政府法规/法律和报告的审查来进行的。

工厂审计面临的挑战

时装品牌公司面临的挑战

即使时装品牌公司制定了指导方针,工厂的工作条件改善仍有难度,当地机构对国家或州的法规执行不力时更是如此。有的工厂干脆拒绝采用指导方针,视之为西方的商业标准。大型时装品牌公司可能在数十个国家签约,与数百家不同的加工承包商合作,但也很难检查和规范每家工厂的工作条件。他们还发现,有的工厂管理者蓄意制造虚假文件,教唆或胁迫工人说谎,甚至创建小型虚假工厂,假装"遵守"行为准则中列出的标准。

工厂面临的挑战

工厂和工人在行为准则和审计过程中也碰到了挑战。有的时装品牌公司制定了行为准则,却并未检查工厂和执行准则,使工人空欢喜一场。据批评者称,有的公司只求采购指南发布的公关效应,却很少执行这些规则。另据观察,对认真审计的时装品牌和努力跟进的工厂来说,签约多家时装品牌的工厂要接受多次审计,以至于产生审计疲劳,因为各家公司制定的审计标准大同小异,仅有细微的差别。

尽管审计费时费力费钱,业界也不时反思审计的有效性,但那些抱有社会责任感的知名公司确实已将工厂审计作为改善生活和工作条件的基本策略。

一言以蔽之,审计的有效性取决于其真实性、可信度、透明度和执行力。

采购趋势

时装公司无时不在重新评估自身的采购选择,目前影响采购决策的因素大致有:

- 可持续性:时装品牌公司运送货品时有多种选择,运输成本无疑是一个考虑因素,采购经理还要考虑运输的环境效应问题。更可持续的做法是:
  - 使用可回收的纸板箱来运输
  - 尽可能减少包装
  - 使用全生物降解的成衣袋
  - 尽可能接近产地采购物料
  - 尽量利用海运来长途运输服装组件和成衣
- 利益相关者对企业社会责任的关注:消费者、股东和其他公司利益相关者要求企业更加积极地承担社会责任,公司则以各种举措和计划作出回应。
- 品牌管理:由于存在假冒伪劣产品的可能性,时装品牌公司的采购经理紧盯生产工厂提供的产品质量,基于品牌安全性作出采购决定。
- 供应链管理导向的采购决策:公司的采购决策涉及物料采购、生产安排和分销的方方面面,要求整个供应链各个环节的决策者之间进行更多的沟通。比如,设计师需要了解有关材料采购和生产安排方面的决策。
- 当地采购、近岸采购、现场采购、回岸采购:尽可能接近最终消费者来生产商品已形成业内共识和各种策略。其中,当地采购:企业在其产品生产点和/或分销点的周围地区采购原材料,该策略通行于食品、餐馆和建筑行业,但在纺织品、服装和家纺产品行业不甚流行。毕竟,棉花、羊毛、聚酯和丝绸等原材料的生产仅集中在少数地区。近岸采购:一群小公司环伺于一个大型目标客户的周边,尽可能彼此靠拢并接近最终客户,以此安排其原材料的采购和生产活动。例如,美国皇家牧场公司(Imperial Stock Ranch)全都集中在俄勒冈州的中部生产羊毛和羊毛成品。现场采购:公司在某个国家销售商品,就在同一国家与当地制造商签订供货合同(如图 11－15 所示)。回岸采购:公司将生产活动转移到本国,在国内市场上采购。采用这些策略的出发点,都是为了更好地满足消费者的需求,这一点对时装公司取得成功极为重要。

资料来源:穗蒂(Zady).

图 11－15　时装品牌公司穗蒂(Zady)与俄勒冈州皇家牧场等美国羊毛生产商合作生产可持续商品

结　语

"采购"一词,是时装公司关于纺织品、服装和组件将在何地及如何获取与生产的决策过程。公司进行采购决策时需要考虑的内部因素有:采购理念,劳动力需求、劳工成本和劳动生产力,面料/物料的品质和可得性,质量保证/控制标准,设备和技能要求,所需车间/工厂的能力和潜力,企业社会责任和环境影响。与此同时,公司还要考虑并监控下列外部因素:贸易协定和其他政府法规,地理位置、运输距离和预计周转时间,供货国的基础设施,物料和用品的可得性,供货国的政治和经济条件,自然灾害。根据这些标准,服装公司和零售商有各种采购选择。采购决策的重点在于:采购和生产是在国内或海外进行,还是两者兼而有之;生产是在公司下属的工厂中进行,或与承包商签订委托加工合同,还是两者兼而有之。在签订合同时,公司还要决定是否做裁剪、缝制和配饰(CMT)，还是采用一揽子全包(FP)服务，或使用其他选项。时装品牌公司进行采购决策时会仔细评估和权衡各种选项的利弊得失。

全球的纺织品和服装生产，都在瞄准北美和西欧这些世界上最大的消费市场，稳定地供应时尚服装、配饰和家纺产品。发达国家和发展中国家均有服装生产。由于服装产业具有劳动密集型的性质，中国、印度、孟加拉国、越南和其他亚洲国家逐渐成为纺织品和服装生产大国。然而，纺织品、服装、配饰和鞋类生产遍及全球，每个地区自有其优势和劣势，就看时装品牌公司衡量取舍时采用何种标准。

在进行采购决策时，时装品牌公司首先要确立总的采购理念，接着，在与产品系列的开发保持协调一致的基础上确定采购需求和逐个评估选项。随后，时装品牌公司对拟用的生产工厂进行考察或审计，确保工厂符合公司的行为准则或其他审计机构的标准。如果工厂符合这些准则或标准，公司便会与之开展商务谈判。

时装品牌公司试图通过制定行为准则和实行工厂审计来改善工作条件。目前，第一方、第二方和第三方审计的做法均有使用。行为准则必须有可信度、强制性和透明度，方能真正起效。只有这样，工厂审计才能为全球员工有效地改进工作条件。全球采购的发展趋势，正是体现在可持续发展、企业社会责任、品牌管理、供应链管理以及尽可能接近最终客户生产商品等策略之上。

问题讨论

1. 对公司来说，采购理念强调的企业社会责任意味着什么？一家公司应如何实施自己的采购理念？

2. 上网查看一家大型服装或鞋类生产商的网站。该公司的行为准则中有哪些指导原则？这些行为准则如何实施，会给消费者带来什么好处？

3. 检查你的衣柜中至少三件衣服或配饰的标签。每件产品标签上标注的原产地是哪个国家？你认为该产品是在该国生产的吗？为什么？在该国生产时装商品的优势和缺陷是什么？

案例研究

采购选项分析：在中国采购

露辛达·梅兹是一家大型专卖连锁店的女式运动服采购分析师，目前正在打算前往中国出差两周，以评估海外采购为公司生产化纤针织品的潜力。

露辛达所在的公司有兴趣进口独家的自有品牌商品。该公司恪守人权和环保理念,目前与之合作的美国承包商的工厂已有工会组织。通过专卖连锁店常驻中国的采购办公室,露辛达参加了中国的采购交易会,会见了官办的贸易机构,并与中国几家生产服装的合同工厂进行了沟通。她已预约走访工厂的经理,拟考察中国工厂的生产能力,了解与商品需求相关的成本。

经过两天漫长而又疲惫的旅行,露辛达来到了她的第一个约会点。她通过工厂的口译员得知,该工厂可以为她们公司100多家连锁店生产所需的商品,衬衫、高领毛衣和开衫毛衣均可按照她要求的颜色类别进行生产,其批发价格比目前美国承包商的工厂低了大约35%。对美商打算订购的任何尺码规格,中国工厂表示都能接受。至于商品进口到美国的从价关税(基于商品金额的进口关税),则是商品出口值的30%。

接下来几天,露辛达走访了其他的中国工厂。她发现,其他工厂在生产商品、交货时间和定价方面也颇有竞争力。随后,她通过电子邮件和公司网站,与商店办公室以及中国各工厂的销售代表合作,计算货物的到岸价。到岸价包括商品的原始价格,加上外国和国内的内陆运费、海运费、码头处理费、保险费、商品进出口关税以及货币兑换等额外费用。计算好进口货物的相关成本后,露辛达向每家中国工厂开了报价单。

露辛达意识到,如果她决定在中国采购,最好是与单一工厂合作,才能确保服装生产的颜色和尺码完全一致。根据公司的定价结构、生产质量及其为美国其他大型零售商生产的经验,她应选用调查的第一家工厂。但这家工厂要求单次购买的数量很大,占到秋季销售之初露辛达所在的采购部门总库存的40%,这对一名专业买手和采购分析师的露辛达以及整个公司的盈利能力来说,无疑是一个举足轻重的决定。

于是,露辛达仔细分析了在中国生产并进口服装的利弊得失。其主要优势是:商品具有独占性,拥有创建自有品牌产品的机会,劳动力成本较低,盈利潜力较大,拥有按照商店规格制作商品的机会。不利之处是:单次采购量太大,对商品生产过程缺乏控制力,与供应商的沟通可能存在困难和延误,延迟装运的可能性,关税,罢工的可能性,政府的限制,以及运输方面的困难。

露辛达顿时陷于两难境地。她必须立即决定:是从中国工厂采购几近一半的库存,还是仍与美国国内生产商保持联系?她需要权衡和掂量这两种截然不同的采购选择的优、缺点。

(1)露辛达的公司一向恪守人权和环保理念,信奉三条底线,即人、地球和利润。为了解中国工厂在劳工和环保问题上的态度,露辛达应询问该厂经理和工人什么样的问题?

(2)为确保中国工厂遵从公司的人权和环保理念,露辛达可以做些什么?

(3)如果你是中国工厂的经理,则你会如何确保拿到露辛达公司的订单?

(4)如果你是美国承包商的经理,则你会如何说服露辛达让你的公司担任主承包商?

(5)如果你是露辛达所在公司的专卖连锁店的首席执行官,则你会向露辛达作何建议?

(6)如果你身处露辛达的位置,在这种情况下则你会决定怎么做?为什么?

求职机会

与采购决策相关的求职机会有:
- 原材料买手
- 物料采购分析师,生产性采购分析师
- 采购计划分析师
- 生产工厂审计师
- 时装品牌公司或供应链管理公司关于企业社会责任的专家

参考文献

Clean Clothes Campaign. (2015). http://www.cleanclothes.org/(accessed March 15,2016).

Fair Factories Clearinghouse(FFC). (2015). http://www.fairfactories.org/(accessed March 15,2016).

Fair Labor Association(FLA). (2015). http://fairlabor.org(accessed March 15,2016).

International Labour Organization(ILO)(2015). http://www.ilo.org/global/lang-en/index.htm(accessed March 15,2016).

Patagonia(2016). Patagonia Corporate Responsibility FAQs. http://www.patagonia.com/us/patagonia.go?assetid=67517(accessed March 28,2016).

U. S. Department of Commerce(2015). International Trade Administration. Office of Textiles and Apparel. Trade Data. http://otexa.trade.gov/(accessed March 28,2016).

U. S. Department of Labor(2015). Bureau of Labor Statistics. "Apparel Manufacturing:NAICS 315."http://www.bls.gov/iag/tgs/iag315.htm(accessed March 15,2016).

Worker Rights Consortium(WRC). (2015). http://www.workersrights.org(accessed March 15,2016).

World Trade Organization(WTO). (2015). "Statistics:Merchandise Trade." https://www.wto.org/english/res_e/statis_e/merch_trade_stat_e.htm(accessed March 15,2016).

Worldwide Responsible Accredited Production(WRAP). (2015). http://www.wrapcompliance.org/(accessed March 15,2016).

第十二章 生产过程

本章主要内容

- 精益制造的目标和优势
- 时装产品的生产过程
- 质量保证的内容和意义
- 代理商在全球采购中的作用

生产需要考虑的因素

前几章讨论了产品系列的开发问题,涉及市场调研、创意、设计、样板开发,以及采购的选择等前期准备等方面。现在,我们来谈生产问题。

生产,就是将裁剪的布料、料片、辅料和配饰等投入制作过程,制造出成品服装、服饰或家纺产品(见图12—1步骤7)。产品的设计、样板以及生产过程都会影响产品的生产成本,因此,设计师、产品开发人员和打样师必须精通产品的生产过程,这一点关乎公司的盈亏成败,非常重要。在对生产规划进行商议和审核的阶段,就应明确产品设计和样板与生产流程之间的关联。若是制造新的款式,则还须重新制订相应的生产规划。新款式的生产无论在哪个流程中出现问题,设计师、产品开发人员和打样师也都须配合生产工程师一起将问题妥善解决。

生产过程和制造环境包括对生产设施、生产场所和生产方式的选择,也包括生产周期等因素。影响生产过程和制造环境的主要因素有:

- 现有的生产技术。
- 生产的价格区位。
- 生产的地理位置。

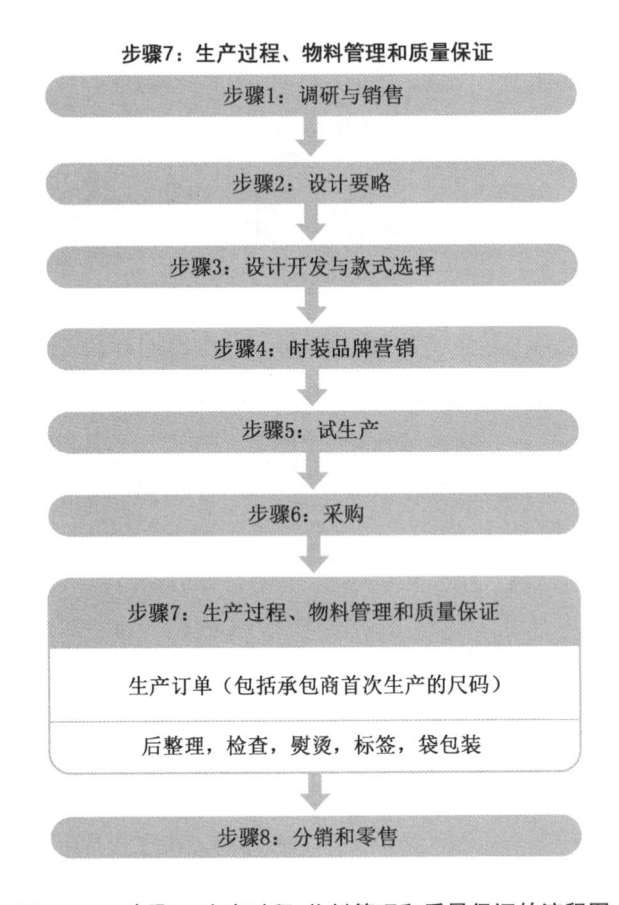

```
步骤7：生产过程、物料管理和质量保证
         ↓
      步骤1：调研与销售
         ↓
      步骤2：设计要略
         ↓
      步骤3：设计开发与款式选择
         ↓
      步骤4：时装品牌营销
         ↓
      步骤5：试生产
         ↓
      步骤6：采购
         ↓
   步骤7：生产过程、物料管理和质量保证
   生产订单（包括承包商首次生产的尺码）
   后整理，检查，熨烫，标签，袋包装
         ↓
      步骤8：分销和零售
```

图 12—1　步骤 7：生产过程、物料管理和质量保证的流程图

在既定的生产过程和制造环境下，若能提高供应链管理和产品生命周期管理的水平，则当会增加额外的生产利润。本章主要讨论生产过程、质量保证以及市场分销的各种方式。

精益制造

精益制造(lean manufacturing)是消除生产过程中的一切损耗，将生产的循环周期降至最短的一种策略。这种策略可提高生产过程的运行效率，使各个环节的价值增值。简言之，由于精益生产消除了时间和材料的浪费，因此能够降低生产成本，增加生产数量，缩短生产周期。精益制造的具体目标是：

● 在生产过程中，减少各环节之间的等候时间和生产中的准备时间，缩短整个生产周期。

- 在生产过程的每道工序,尽量减少材料滞压,特别是在工序之间的衔接方面。
- 库存材料越少,就等于节省流动资金。
- 减少工人怠工,提高劳动效率,还要确保他们在工作时恪尽努力,杜绝无关之举,去除多余动作。
- 把更换产品品种的生产成本压到最低,把更换时间压到最短,而且还要增强生产能力,扩大生产品种。
- 消除一切"瓶颈",用足用好现有设备,最大限度地减少停机时间,提高对生产设备和生产环境的使用效率。
- 减少产品瑕疵和各种浪费,包括原材料的过度消耗,在后整理阶段因产品瑕疵而导致的成本增加。
- 删除客户不需要的一切产品特性。

如果换一种角度来理解精益生产的要义,设生产目标是为达到一定的产出,那么,精益生产就是最大限度地降低投入,具体地说,就是做到生产时间更短、生产场所更小、人力和设备投入更少、材料使用更省、生产成本更低。

制造商如何调整生产的处理方式,要视产品的不同及其对质量的要求而定。但不管是怎样的处理方式,所有缝纫系统和工艺都能实施精益生产策略。

生产流程与生产成本

产品类别不同,对生产工艺和设备类型的要求也就非常不同。譬如,量身定制类男式西装,它的制作工序就特别复杂,而男式休闲类服装则简单得多。另外,相较于运动服装,量身定制类服装对各种缝纫和熨整设备的要求也很不一样。而童装产品的情况却刚好相反,在对缝纫工艺和设备的要求上,几乎所有童装都没有差别,因此,不论男式还是女式,只要是童装,都能用一样的设备进行生产。

不管是试产还是正式生产,首要的一点是根据服装的款式要求,对生产程序进行规划。生产程序不仅只是缝纫作业,还包括在缝纫台上进行一些别的操作,譬如熨整料片、打商标等。

无论生产什么样的服装类型,都需要仔细确定生产过程乃至每道工序所需要的时间,随即还要核定最终的生产成本,这些做法称为构建指标(详见第八章),它属于技术规范的范畴。

第八章曾经讲到,早在款式成本的核算阶段,就应把缝纫作业的工序也同时确定下来。专为销售代表制作的样品也好,还是直接发给零售商用作市场营销的产品,就制造程序来说,基本上并无差别,因此,在制作样品的时候,要把所有的潜在问题搞清楚,及时更正过来,避免让问题进入正式生产中。

如何制定最有效率的生产程序、核算最为节省的生产成本,通常取决于下列因素:

● 专业设备的生产能力。例如,使用专门的口袋缝纫机制作带有贴边口袋的服装,即可大幅加快生产进度。

● 劳动成本控制。有的工厂劳动力相对低廉,可尽量多用人工,比起多用昂贵设备,更能减少生产成本。

● 评估是否应把某些工序交由外包处理。例如,可把准备生产衬衣的布料交由专业承包商进行折叠加工,之后再开始裁剪和缝纫作业。这种做法也能降低生产成本。

在缝纫作业开工之前,有些工作可以预先做好准备,例如:

● 缝纫之前,可用热熔接边的方法,把裁剪后的料片拼接成服装。具体方法是,把需要熔接的服装料片摆放在一条传送带上,随传送带滚动穿过热熔设备之后,也就完成了拼接作业。

● 缀缝口袋。以牛仔裤的后口袋为例,可先把所有口袋布料的边角沿内侧折好,然后再付诸缝纫工序。这样的话,因为上百个口袋预先都已准备妥当,送到缝纫工序之后,直接缀缝到牛仔裤上就行了。可见,只要对生产程序中的各种细节进行优化,就能最大限度地提高生产效率。

有时候,遇到批量过大的订单,便要分包给几个工厂同时生产。在这种情况下,各厂承接的虽是同一批订单,但在生产程序的规划上却可能不尽一致,因此,每个工厂都要先制作样品,交由下单的品牌公司确认之后,再依样品的制作程序安排生产。分包商制作的这种样品,称为对等打样,一经订货商确认,便是批量生产的标准依据。

要制定一个运行稳定的生产规划,自然要付出很多努力。但即便有了这样的规划,也依然难免在生产过程中还会出现问题。前面已经讲过在材料采购阶段容易出现的问题,到了生产阶段,则容易发生拉链的到货延误,或外包的延迟完工等问题。需要强调的是,一旦发生这些问题,都可能会牵动全局,给整个生产造成麻烦。因此,及时排除一切故障,实为生产过程的一项重要任务。如果是海外采购,情况就更为复杂,甚至还会遇到很多别的意外麻烦,解决起来更不容易。譬如,孟加拉国发生水灾、多米尼加出现飓风、法国爆发铁路罢工,以及诸如此类的意外,其后果都可能导致生产滞期或交货延误。更麻烦的是,这些问题几乎俱属天有不测,于是也就在所难免。总之,不管是时装品牌公司还是承包商,都应派遣人员经常亲临生产现场,随时查看生产情况,协助解决相关问题。

制造环境

"三大制造环境或策略",指的是大规模生产、快时尚生产和规模化定制三种生产方式,也称为三大生产策略。究竟采用哪一种生产策略,端视产品类型以及产品的补货策略而定。下面分别讨论三大生产策略(或制造策略)。

大规模生产

大规模生产(mass production)的制造策略,适用于生产大批量的产品,即产品的裁剪和缝纫规模都很庞大。同是大规模生产,但生产程序却有多种选择(本章后面还会讨论)。本质上来说,大规模生产体现的是规模经济原理,主要集中于常见的大宗产品,如T恤衫、牛仔裤、内衣、袜子、枕套和拖鞋等。这类产品的时尚性相对较低,零售阶段的适销期也比大多时尚产品更长。大规模生产的另一个重点,是向零售店持续不断地补充货源(详见第十三章)。其实,大宗产品中也有一部分属于季节性产品,譬如各种应季颜色的高领毛衣。从零售的适销期来看,季节性产品处于大宗产品和时尚产品之间,因此,有些季节性产品也适合在大规模生产环境下制造,只是这些产品要求的生产周期更短一些而已。关于这一点,下一节还会再做讨论。

相对于时尚产品,大宗产品以及部分季节性产品的市场需求更容易预测,这也为采用大规模生产的制造策略带来更多的准备时间。唯其交货时间相对充裕,还可以在世界范围内安排生产,即"全球采购"。不过,这类产品的生产时间和零售时间相对更长,运输成本往往也会较高,原因是产品从工厂送往时装品牌公司或零售商的运输距离常常较远,不像那些紧追市场变化的快时尚产品,通常是就近生产,运输也很近便。

快时尚生产

快时尚(fast fashion)的市场瞬息万变。为了紧追市场、满足客户需要,零售商也是想方设法,各有妙招。不过,综合来看,最重要的方法还是策略性采购、生产和库存。与其他服装行业相比,如果将服装设计到完成交货作为一个生产周期,快时尚零售商运用这一方法,能把生产周期缩短90%左右。不止如此,从生产周期的所有流程来看,采取这些方法还能降低成本。顾名思义,所谓快时尚生产策略,适应的正是千变万化的新潮产品,也就是常说的"时髦货"(short-cycle production)。这些产品的生产周期很短,投入销售的速度飞快,适销期也很短暂,通常只有6—8周的时间,而且也不存在后续补货问题。

大凡成功的快时尚零售商,都会选择贴近销售市场的地方进行生产,他们就近雇用人工、就近采购原料,采取小批量的生产方式,尽可能地缩短生产周期和交货时间。为了加快设计过程,这些公司还会聘请自己的设计师,根据市场的趋势预测,预先创作上千种设计方案。此外,由于计算机技术在供应链、产品数据和产品周期管理中的广泛运用,以及计算机技术在追踪消费行为和销售状况等方面的巨大作用,因此也进一步加快了快时尚的生产速度,使生产周期大为缩短。从开始设计起算,直到产品摆到零售店里进行销售,现在已经不会超过 3 个星期。西班牙零售商飒拉(Zara)更是出类拔萃,据它介绍,它们有不少项目,从形成概念到交付商店,整个周期几乎仅用两个星期(Barry,2004)。

规模化定制

规模化定制(mass customization),是指在很短的生产周期内为客户快速生产单一产品的制造策略,目的是为消费者提供合体设计的个性化服装。在产品的生产过程中,消费者本身也参与其中,除了对服装的原型设计提出修改选项,还可以根据试穿效果提出再修改意见。因此,规模化定制的含义,包括针对单一客户的要求,对产品做出相应修改的内容。从产品归类上说,它更具有"可变设计"(design variation)的特性。不过,规模化定制产品终究具有设计原型,只是根据客户偏好和试穿的合体感觉,在设计原型基础上略做某些修改而已。

之所以出现规模化定制,主要有赖于新技术的发展。通过新技术的运用,零售商与制造商之间实现了畅通互联。规模化定制的出现,不但给客户带来一种个性化的消费体验,同时还能维持规模化生产的成本效率。此外,规模化定制还有一个特点,客户选定产品并付讫货款在先,产品交付制作在后,形象地说就是"卖一件做一件"(sell one,make one)。

对于制造商和零售商来说,规模化定制具有下述优势:
- 能减少过多的库存。
- 能最大限度地减少退货。
- 能降低分销成本。
- 能建立稳固的客户关系。
- 能巩固品牌忠诚度。
- 能识别客户偏好和购物习惯。

从技术层面来看,规模化定制离不开电子互联。在整个供应链中,要对各种程序实现无缝集成,而且保证精确运行,无疑就必须具备相应的制造系统,否则便无法适应个性化生产,满足周期短、成本低的目标要求。传统的定制裁缝和制衣师傅都不具备这种生产方式的基本条件,这从反面印证了,只有具备规模化定制的生产系统,才能实现所谓的"灵活制造"。关于规模化定制的生产过程,后面讲到其他类型的生产过程时,还会再讨论。

规模化定制生产系统,不但要利用一切最新的计算机技术,利用最新的供应链、产品数据和产品周期管理方法,而且还要基于客户的定制要求,采取相应的定制分级(见图12-2)。

销售人员依照计算机指令为客户量体

销售人员将量体数据输入计算机,并依客户对样品的意见对相关数据进行调整

最终测量结果被传送到工厂的电脑织物切割机

每件产品配附一个生产条码,可跟踪产品的加工、洗涤和送货流程

资料来源：Mike Miranda.

图12-2　实现规模化定制的基础是计算机技术

由上可知,规模化定制的实现基础在于计算机技术的应用,迈克·米兰达(Mike Miranda)例子可以证实这一点。零售店的销售人员先依照计算机指令为客户量体,并将量体数据输入计算机,随即再根据客户对样品的意见调整相关数据,最终确认输入计算机的数据正确无误之后,旋即发往工厂的电脑控制型面料裁剪机。在发送数据的同时,销售人员还为产品配发一个生产条码,便于跟踪产品的加工、洗涤和送货进度。

前几章曾提到为目标市场开发设计的一些传统方法,其中,样板变通软件(pattern alteration software)可实现客户对服装定制的尺码选择。然而,这些样板的开发均按目标客户的普遍尺码为标准,因此,标准板的服装虽也适合部分客户群,但总不能适合所有的目标客户。现在,随着计算机新技术的进步及供应链、产品数据和产品周期管理系统的发展,终于出现全新的规模化定制。对照个体裁缝制作的传统定制服装来看,规模化定制属于完全不同的概念,是一种客户驱动策略,让客户在标准的原型设计基础上进行一些相应修改,如尺码、颜色或配饰等项。而个体定制服装完全是为特定的一位客户量体裁衣,按其身材,遵其偏好,为其专门制作一件服装。通过对照我们不难发现,个体定制与规模化定制的本质区别,其实在于定制的程度。不过,技术的发展日新月异,永无止境,借助于新的技术进步,规模化定制的程度也在不断接近个体定制,所以,有时候,两者之间的差别也会难以分辨(见图12-3)。

图 12-3　人体扫描仪可以获取精确的量体数据,并将数据传输到计算机系统中

布鲁克斯兄弟公司(Brooks Brothers)是一家经典式服装的专业制造商兼零售商,也是规模化定制的一个范例。客户可在该公司定制个性化的正装衬衣,具体步骤是:先从产品目录中选定某款衬衣样本,再在公司提供的基本选项中做出自己的选择。公司的基本选项包括颈部尺寸、袖长、三种体型类别、三种袖口样式,以及多达17种的高端面料等。样板制作软件可以根据特定设计和尺码对标准样板进行调整,交货时间仅需两到三个星期。

早期采用规模化定制的服装厂家主要生产男式西装。客户先到定制店或零售店进行量体,在某些定制系统中,客户还要站在测量格框的前面,分别拍摄正面、背面和侧面照片,随量体数据一并发往工厂。门店与工厂的电脑系统都是相互连结的,因此,客户的量体数据输入电脑之后,即可修改系统中的标准样板,调整转化为个体版本,随后再进一步输入客户的其他要求,经过计算机的系统运算,最终完成客户的定制样板。

激光裁剪机可以对服装面料进行快速的电脑单层裁剪,再经细致的生产跟踪系统,把每套定制西装的裁剪料片送至规模化制造的每道工序中去。把做好的成品交给客户之前,还需客户再到门店做最后一道试穿,确定裤腿的收边长度,或再根据试穿效果——客户的舒适感——调整一些细节。自然,最后一道工作通常都由门店(即零售商)负责处理。

关于客户的舒适感,历来都是规模化定制的一个难点,有些客户喜欢严丝合缝的合身感,有些却喜欢宽松一点。鉴于此,规模化定制系统包含的一个理念是,"从门店服装的尺码试穿开始,即已进入生产过程"(Rabon,2000:40),意思是说,在规模化定制的所有选项中,也尽量纳入"舒适感"这一项。现在,随着电子化量体、制板、裁剪和缝制等技术的不断进步,规模化定制的可选项目也会更加丰富(见图12—4)。

资料来源:阿斯特·布莱克公司(Astor & Black)提供。

图12—4　在规模化定制下,客户在零售店或网上一旦选好服装,
即可通过系统链接直接把款式和偏好发到工厂

鞋类是另一种适合规模化定制的产品。事实上,多数人的左右脚都会稍有差别,如果对左右两只脚都进行一番扫描,便可定制出个性化的鞋子,还能保证两只鞋子都合脚。所以,规模化定制不但可以运用扫描技术提高鞋子的舒适度,还会大幅减少因尺码、款式和颜色等因素而造成过多的库存积压。

后整理

生产过程的最后一道,是对产品进行的各种后整理(finishing)作业。在这个阶

段,要对服装进行熨烫整理,不过有时候,利用边线缝纫或明线缝纫的方法倒能省略服装熨烫,从而降低人工成本。使用专业熨烫设备,可让成衣产品出现焕然一新的效果。以定制夹克为例,利用专业的蒸汽熨烫模特,按照三维模式进行整衣熨烫,整理完成后的效果,可谓赏心悦目。此外,在后整理阶段,也使用很多别的专业设备进行各种整理作业,譬如有的设备专把裤腿的正面面料翻出来(裤腿在生产线制作时都是反面布料朝外)。最后,后整理阶段还包括修剪线头、上纽扣按扣、上肩垫和内衬,以及把服装纽扣全都扣好等工作。

有些标签是在制作时一并缝到服装上的,譬如护理标识、品牌标签和尺码标签等。有些护理说明、纤维含量标注以及尺码标号等信息,也可以用热封方法直接印到产品面料上,称为热转印标签(tagless labels)。这种直接印在服装面料上的热转印标签,可消除编织标签对皮肤的刺激,也略去缀缝一个甚至几个标签的繁琐之赘。热转印标签最先用在T恤衫上,随后是内衣、演出服装和童装,总之,对于那些不适宜繁琐标签的服装来说,它都很受欢迎。从市场趋势来看,热转印标签的应用范围也在不断扩大(见图12—5)。

图12—5　热转印标签也属于后整理内容

在生产的后整理阶段,可能还需要另外附上一些标签和吊牌。吊牌的作用主要是列明产品的营销信息,如夹克面料的耐水性能或紫外线防护性能。有些标签和吊牌由其他厂商制作,只有到后整理阶段才会到货。有些服装为了优化面料的手感或视觉效果,在装运前还需进行清洗,譬如,用石洗法让牛仔布变得柔软,或用其他方法把牛仔布做旧或处理成磨损的效果。对服装进行清洗,还有另外一个目的,即把服装面料缩水处理。依照我们的经验,买新衣服的时候往往要尺码略大一点,预防洗过之后布料缩水。假如消费者买新衣服的时候,通过说明就预先知道已经做过缩水处理,便会感觉非常方便,这表示只要在零售店试穿合身就好,不必担心洗过之后还会缩水。不过,如果服装在后整理阶段需要清洗处理,则还必须考虑到同一件服装可能会含有不同的布料,因此就要保证所有布料的缩水都符合数据标准。

不少时装品牌公司根据订单中的颜色要求,生产对应数量的颜色产品,但也有制造商先用白色面料制作服装(colorless garments),待到后整理阶段才进行染色处理,这种做法称为服装染色(garment dyed)。先生产白色服装而后再进行服装染色的做法好处很多,既可以加快向零售商的交货速度,又能增加零售商的销量,其中的道理在于,零售商需要根据销售状况随时调整各款颜色的数量,随即再把调整后的颜色数据通知工厂;而工厂依照零售商的颜色数据,再对白色产品进行服装染色,于是能让产品的颜色比例适应市场的需求变化。

在准备装运之前,所有产品还要进行折叠式或悬挂式包装。有些工厂以手工方式,用纸板、棉纸、大头针和塑料袋等物料对服装进行叠整,有些工厂则使用机器操作。至于挂架式包装,具体做法是,先用衣架把服装挂在输送线上,再传送给包装设备,设备即可自动用塑料袋完成服装的包装。有些挂架式包装和袋装式包装的服装,也可运用传送带的方式,直接把产品从车间装上货车,悬挂在货车的轨道挂架上,送往制造商或零售商的配送中心,或直接送往零售店(见第十三章)。

生产缝纫与建构系统

了解生产系统的多样性非常重要,唯有这样,才能根据服装的款式风格、价格区位和采购选项等因素,对生产系统做出正确安排。本节讨论几个主要的生产系统以及各系统间的组合问题。

单独作业系统

第八章曾经讲过,服装原型是由一个工人单独制作的。样品制作者(也称为打样师)独立完成全部制作程序,并且根据不同产品的款式要求,还会运用多种专业设备进行作业。由于样品的制作数量有限,因此只在专做样品的缝纫系统上完成,也就是说,打样工运用单独的制作系统,独立完成整件服装的制作任务,制作的服装或服饰也往往只需一种款式和一种尺码。相较于批量生产系统,单独作业系统(single-hand system)的效率自然要慢得多,所以,除了制作样品之外,现在主要是一些限量版女装和昂贵时装还在使用这种制作系统。一般来说,这类服装都会含有繁多的精致细节和大量的纯手工作业。

仅就一小部分时装来说，单件产品的制作需要一次性独立完成，所以单独作业系统仍有市场需要。但绝大部分产品已不再适合这种生产系统，而是采取分工方式，运用各种大规模生产系统，进行大批量制造。在大规模生产系统中，最常见的类型有推进式捆扎系统和灵活制造系统。

推进式捆扎系统

在世界范围内，推进式捆扎系统（progressive bundle system）都是服装制造商最为常用的一种生产系统。这个系统的做法是，把服装或服饰按一定数量（譬如一打）分成一个批次，再按生产流程进行分工生产，相应地，缝纫工采取流水作业方式，分段制作服装的不同部分。缝纫工的作业内容主要有：

- 打开服装料片的捆扎包。
- 对同批次的每件服装进行一到两项加工操作。
- 完成加工后，再把同批次的服装料片捆扎起来，传给下一道工序。

推进式捆扎系统一般采取单人计件工资制，缝纫工的工资水平由个人的生产效率决定，即核定工资的标准是每天或每周制作完成的产品数量。在这种生产系统中，由于采用更多的先进开发软件，服装公司可以设置准确的服装料片比率（见图12—6）。

图12—6 在推进式捆扎系统中，缝纫工对每捆衣服只分别进行一到几项加工作业

推进式捆扎系统特别适合大批量生产。每个批次的数量一般是一到三打，缝纫工在操作台上正对一个批次进行加工的同时，上游工序又会循序传来下一批次的捆扎

包。推进式捆扎系统能够加快流程作业(work-in-process，WIP)，有时也叫"批次处理"或"催促系统"(batch or push system)。流程作业的效率和质量，会直接影响庞大的备料投资。

在推进式捆扎系统中，首先需要确定的是生产设备。有时，为了生产某种特别款式，就需要对设备功能做些调整。一旦确定生产流程和设备之后，全部生产设备在车间中的位置都要保持固定不变。缝纫工还需经过良好的职业训练，否则难以按照流程节奏熟练完成自己的任务。各种缝纫设备均有专门的制作功能，用来生产不同的产品种类，如运动鞋、背包或泳装等。正是由于不同种类的产品须用专门设备才能进行生产，所以才会实行专业化的生产方式。

根据产品情况，有时也需要重新编排生产设备。譬如夹克的生产，它的主体部位是在一种设备上制作，但衬里的缝制却要改用另一种设备。在这种情况下，运用两套设备生产线制作同一款服装的两个部位，直到最后阶段才会拼接起来，由此，便需要有格外细致的标识，否则，很难确保同批次的产品在尺码和颜色等方面都能做到万无一失。由于推进式捆扎系统的特点，一旦发生质量问题，因此往往不易找出造成问题的准确原因。

若有全新的款式准备投产，就意味着要对此前的生产做出改变，可能需要调整设备，还要对工人进行额外培训。因此，要让不同的新款生产充分达到效率要求，常会需要些磨合时间。即便在同一个生产车间，为了配合不同产品的制作工序，有时也会需要挪移和调整生产设备。

灵活制造系统

规模制造的核心目标在于控制成本，它受下面两个因素的影响：
- 投产之前的准备时间。
- 流程作业的效率水平。

上述两项或其中的一项，需要的时间能否缩短，直接关系到生产成本的降低与否。因此，有些公司非常注重开发更加灵活的制造系统，统称为灵活制造(Flexible Manufacturing，FM)系统。一般来说，它包含下列一项甚或全部各项内容：
- 重新整合现有设备，组成新系统。
- 开发新设备。
- 重新组织生产流程。
- 把工人分成小组团队，进行岗位交叉训练，让工人熟练掌握各种设备，处理不同的生产作业。

灵活制造可定义为,"任何一种超越传统形式的大规模生产系统,通过组建很多生产小组的方式,强化团体作业的协调运行,激励小组成员的主动意识,提高每个小组的生产效能,担负起更快、更小、更灵活的生产任务"(AAMA,技术咨询委员会,1988;转引自 Hill,1992)。灵活制造系统还另有一些常见名称,譬如:

- 模块化制造系统(modular manufacturing)。
- 自我指导式工作团队(self-directed work teams)。
- 集成式生产团队(compact production teams)。
- 灵活作业小组(flexible work groups)。

这一策略的关键在于强调团队的集体努力和员工的主动意识以及技能的自我提高。

灵活制造系统非常适合规模较小的生产作业。与推进捆扎式系统形成反差的是,灵活制造系统的生产管理不再以单个工人的高效率和低成本为目标,而是转化成以生产周期短、加工批量小、产品交货快为目标。在美国的时装业,最常用的术语是模块化制造系统,其实它指的也是灵活制造。

灵活制造系统还称为"拉动系统"(pull system)。但不管叫法如何,它的根本内容都是一致的:对工人进行分组,每个小组由七至十名缝纫工组成;所有工人都要经过交叉培训,熟练掌握服装建构的各种作业,所以又能够变换使用两三种设备。在每一种设备上,缝纫工还能进行多种作业,换言之,工人在一台设备上能完成一系列的缝纫作业。整件服装的制作由生产小组完成,不再像推进式捆扎系统那样,工人只固定不变地从事一项作业,譬如,只做上袖或上拉链的工作。在生产设备方面,也全部按照整体模块化的要求进行编排,这样一来,小组成员之间的配合便很容易交叉衔接,或坐或站,全没关系。在产品数量上,小组制作也很灵活,一个批次可以只有一件,也可以多达十件。

在这种模块化系统中,员工们组成团队,不但协同工作,遇到问题也一起解决,这样有助于提高生产效率。如果生产中出现瑕疵,整个小组则一起处理。如果在制作完成之后发现产品问题,则会把整件服装退回小组,再由大家尽速修改。由于模块化系统的上述特点,显然不再适合传统的计件工资制度,于是,需要根据整个团队的生产数量和产品质量确定薪酬标准,换言之,决定薪酬的基础在于团队的整体劳动。从理论上说,如果一个工厂可以实现模块化运行,那么它也可以进一步细分,灵活组成很多模块化单位(或小组)。每个模块化单位都能在数小时之内制作完成整件服装。

在决定是否改为模块化制造系统之前,公司必须考虑以下因素:

- 设备停机会给模块化生产带来特别严重的影响。设备运行的每一分钟都会影响成本变化,运行减慢必然降低整个团队的生产效率。另外,团队成员一旦发生缺岗情况,也会降低生产速度。

● 改为模块化制造系统,依赖于全体员工的主动意识和积极协作。这不仅需要增加员工的教育培训投资,还要改变传统的集中管理模式,在管理层的支持配合下,把生产管理的权责下放到团队中。

● 改为模块化制造系统,还要求变革企业文化。每个员工的思想和行为,决定着创建有效团队的成败。

为了降低生产成本,也要配合模块化制造的需要,对生产设备进行必要调整。这对不少公司来说,首先意味着增加成本,因为,不但要添置一些新设备,还要增加投资对员工进行岗位交叉培训,这一切对生产效率都会带来暂时性的影响。也可以说,改为模块化系统需要额外增加的是新系统的启动成本,因此,要全面达到节约成本的目标,往往要过渡几个月才能做到(Abend,1999)。

就模块化制造的优势来看,提高成本效益的奥秘,关键在于减少生产库存和加快制作流程,在某种情况下,也包括提高产品质量(见图12-7)。

图片来源:$[TC]^2$,Gary,NC,USA(www.tc2.com).

图12-7 在模块化制造系统中员工们组成团队一起工作

模块化制造的另一个优势,是根据不同的产品种类,迅速调整和转换生产设备,适应生产各种产品。譬如,通过快速调整生产设备,既能生产内衣,又能生产泳装,甚至还能生产背包。实际上,在工厂里,"每伴随一批产品的最后完工,工程师就已着手调整设备,一夜之间即可转换成新的生产线,接下来就是培训员工。不过,要让员工达到充足的效率,可能需要1到3周的时间"(Hill,1998,AS-8)。

单位生产系统

为了实现高效率生产,有些公司投资建立一种智能化的架空传送系统,即单位生产系统(Unit Production Systems,UPS)。在单位生产系统中,由架空传送带把服装部件送到缝纫工的操作台上(一般情况下,每次只传送一件服装)。缝纫工的操作台均按人体工程学原理设计,服装部件又直接传送到操作台上,由此大大节省缝纫工作业时的整理时间。操作台的位置是可移动的,根据各种服装的加工要求灵活调整设备。在生产过程中,缝纫工都会进行跨岗交叉训练,熟练掌握多种作业,这与模块化制造的情况有点相像。另外,架空传送系统还带有条码设计,便于跟踪作业流程(见图12—8)。

图片来源:Guang Niu/Getty Images.

图12—8 单位生产系统将服装料片传送给缝纫工,工人无需从传送带上取下服装即可进行缝纫作业

克莱姆森服装研究所(Clemson Apparel Research,Hill,1994)的一项研究表明,单位生产系统能为假设中的一个服装制造厂带来329%的投资回报,或者说,用11个月的时间即能收回投资成本。公司可以通过降低直接劳动力成本的方式达到节约成本的效果(如缩短等待时间、减少加班时间、改进人机工程学设计等),也能通过优化单位生产系统的流程和降低库存等举措进一步节约成本。许多工厂的实践都已证明,运用单位生产系统的确能够增加产量,不过也有公司并不怎么成功。其实,单位生产系统与模块化制造系统一样,究竟成功与否,还受很多可变因素的制约。

敏捷制造

敏捷制造(agile manufacturing)是指制造商采用现代通信手段,与零售商和供应商进行完全集成的无缝信息交换,通过快速配置各种资源,以有效和协调的方式响应用户需求,实现制造的敏捷性。以规模化定制系统为例,时装品牌公司在原型样板开

发的基础上根据客户的量体尺寸和个人要求,在款式、颜色和舒适度上再做进一步的调整。制造商通过电子样板设计系统(PDS)和排码系统(marker-making system)自动连接电子单层裁剪机,旋即便可完成定制服装的裁剪程序。如果客户对颜色或印花还有特别要求,工厂也能对白色面料进行相应的电子印花处理。这道处理既可在裁剪前完成,又可在之后进行(参见第八章)。电子裁剪和印花工序全部完成后,即可交转生产系统投入制作。当然,这里所谓的生产系统,也是为制作单件服装而专门开发的一种作业方式。

多种系统组合

有些制造商同时采用多种生产系统。譬如,在同一个工厂,根据不同的服装款式,同时采用单位生产系统和推进式捆扎系统来安排生产。前面曾经讲过,订单数量是考虑生产系统的主要因素,举例来说,倘是一个小批量订单,就更适于模块化制造,比采用推进式捆扎系统效率更高。

质量保证

质量保证(quality assurance)就是确保生产出的产品完全符合合同方规定的接受标准。所谓合同方,可以是经营自有品牌或商店品牌的零售店(即零售商),也可以是制造商,即制造商把生产订单再转包给它的承包商的情况下。在质量保证中,产品规格清单是一个重要部分,要详细列明面料、辅料和缝纫操作等具体内容及要求。质量保证的另一个重要环节是,质检人员在生产完成之后亲自进行质量检查,如检查缝线规格等。

为了落实质量保证,公司要把质量检查的重心放在生产过程之中,而不是生产完成之后。在模块化制造过程中,缝纫工在进行作业的同时也要负责质量检查。

为了始终保持产品合格率的稳定性,现在,质量保证的理念更加进步,质保重点已经涵盖对制造方法、产品材料、生产设备和劳动环境的综合监督与检测。

有关质量保证中的面料检测,已在第四章中做过讨论。但在铺料和裁剪方面,还应考虑到纹理类服装的料片拼接和颜色匹配等细节。在缝纫加工和后整理过程中,质量保证问题也同样重要,伴随生产各环节的进行,就要对产品进行同步检查,否则很难确保产品质量完全达到规定标准。缝纫工和团队中的质量检测员,工厂主管或合同方(服装制造商或零售商)委派的质量审核员,都要负起质检之责。

质量保证的主要内容,既包括缝线、纽扣、拉链、按扣、松紧带、边衬等各个部分的质量,又包括缝纫作业的质量和精确度,如针脚类型和针脚长度、缝合张力、接缝类型、锁边、缝线、转边、纽扣的缝合、下摆的缝合、格子花纹的匹配等。质保人员要精通产品质量的评估标准及其准确性。

质量保证的另一项内容,是确保每一种尺码规格都能严格一致地体现在全部产品中,任何一件产品都必须符合规格测量表(见第十章)规定的公差标准(即偏离规定标准的正负值)。很多时装品牌公司每收到承包商的一批货物,也会抽取一定数量的产品进行检查,以确定是否符合检验标准。

生产辅助代理商

时装产业的生产,相当一部分都会依靠海外工厂。需要强调的一个重点是,在货物由生产国发运,再到进入销售国的过程中,对涉及的每个步骤都要考虑周全。由于很多国家都实行货物的出口管理,因此,作为美国的时装品牌公司来说,若在生产国指定一家出口代理商,协助办理产品的出口事务,则必然发挥事半功倍的作用。

货运代理公司(freight forwarding company)的职责是将货物从生产国运往销售国。关于关税和配额问题(即影响公司产品进出口的相关规定),已在第十一章做过讨论,此处不再赘述。

美国海关与边境保护局(The U. S. Customs and Border Protection,CBP)是联邦政府的监管机构。美国的时装品牌公司可指定一家海关与边境保护局认证的海关经纪公司(customs broker)作为代理人,协助办理货物的进口事务。海关经纪公司熟悉美国海关对进口纺织品和服装以及饰品的复杂规定,在货物通关方面能为时装品牌公司提供服务。海关经纪公司的收费,一般并不根据通关货物的数量,而是按照货物通关批次来核算收取。

选择海关经纪公司虽然是个好办法,对时装品牌公司也很有帮助,但有时候仍会因为单据问题而发生被海关搁置货物的情况,甚至还可能被遣返发运国。一旦发生此类问题,时装品牌公司就可能面临零售商的撤销合同,也可能由于无法按时卸货而遭航运公司罚款,自然还会额外增加运费开支。因此,相较于海关经纪来说,集运代理商(consolidator)的作用或许更有帮助,因为它同时兼具货运代理和海关经纪的角色。

结　语

本章侧重讨论服装的生产过程。前几章,我们讲述了趋势调研、产品设计、样板开发、市场营销、生产试制、原料采购等内容,以及逐项与生产之间的相互关联。因此,各种生产系统必须协调运行才能确保生产的顺利完成。在服装生产过程中,出现任何问题都会降低生产效率,造成交货延误,这不仅会使制造商损失相关订单的生产利润,甚至还会彻底失去零售商的客户关系。

在产品生产的总成本中,裁剪和缝制所需要的劳动力成本占有重要比例。降低劳动力成本有助于维持最终产品的合理价格。新技术在生产设备和制造系统中的运用,已极大改变服装生产的原有状况,能够实现效率更高的团队作业。员工参与团队作业的自主意识,关系到生产系统的运行效率和产品生产的质量保证。在许多工厂,生产的服装款式越来越多,产品数量也在逐季增长,这对确保生产的顺利运行带来更大难度。因此,灵活运用各种生产系统,对持续提高生产效率和降低劳动力成本具有重要意义。

对时装品牌公司来说,随着海外生产的增加,业务内容更加复杂。因此,了解有关业务流程、熟悉专业机构和人员,也就成为一个重要问题。有关法规的变更、政经形势的变化以及环境因素的改变,也会影响生产过程。

问题讨论

1. 任选一件服装(如衬衣或T恤衫),查看它总共有多少接缝?所有用针方法是否一样?这件服装的哪些部分最难制作?如何缩短这件服装的制作时间?

2. 比较推进式捆扎系统和灵活制造系统在服装生产上的优、缺点。

3. 以你遇到的某件服装、家纺产品或饰品的质量瑕疵为例,描述瑕疵情况,并讨论质量保证系统如何防止此类问题的出现。

案例研究

露露柠檬运动服的生产和质量保证

露露柠檬运动服公司(Lululemon Athletica)是1998年在加拿大温哥华成立的一家时装品牌公司,"最初,露露柠檬同一家瑜伽工作室共用一个零售场地"(Lululemon,2016),后来,它继续为瑜伽、跑步、舞蹈以及其他运动方式设计运动服装,并且自营零售和分销。露露柠檬最感骄傲的是它专为富有活力的女性客户提供高品质的商品。此外,该公司还一贯倡导女权精神,提倡女性运动,举办很多专题讲座,如女性自卫讲习班等。这一切,也都提高了露露柠檬的知名度。

但在2013年,公司遭遇声誉危机。当时,由于露露柠檬的瑜伽裤出现严重的质量问题,包括面料过薄导致起球和撕裂等,遂造成17%的产品被迫召回,并且发酵成一个事件。为了维护商品声誉,公司创始人丹尼斯·"薯条"威尔逊(Dennis"Chip"Wilson)随即接受采访,但他在采访中却质疑穿用瑜伽裤的部分妇女的体形问题,暗示在这些女性客户中,有些人的身材过于肥胖,本不适宜穿用瑜伽裤,所以才造成产品出现问题。如此一来,立刻引发一场公关危机,也迫使威尔逊本人辞职离开。随后,露露柠檬开始重整旗鼓,试图重新树立产品的高端品质声誉。

(1)哪些人是露露柠檬品牌的目标客户?为什么说露露柠檬对产品声誉的重建努力具有重要意义?

(2)在露露柠檬所能采取的五种可行策略中,哪些策略能够确保他们的产品在选择面料和生产加工中的质量保证?请讲述并评估每种策略的优、缺点。

(3)请提出建议:如果露露柠檬为确保产品的高端品质声誉,则采取最好的两种策略是什么?并陈述理由。

资料来源:

Kell, John. (September 10, 2015). "High Costs at Lululemon Mean Bad Karma for Profits." *Fortune*, http://fortune.com/2015/09/10/lululemon-profits-margins/(accessed March 17, 2016).

Lululemon athletica. (2016). "Who is lululemon athletica?" http://www.lululemon.com/about (accessed March 17, 2016).

Warnica, Richard. (March 7, 2014). "Can Lululemon's New CEO Save the Company?" *Canadian Business*, http://www.canadian business.com/companies-and-industries/can-lululemons-new-ceo-save-the-company/(accessed March 17, 2016).

Wilkinson, Kate. (November 19, 2013). "After Its See-through Pants Debacle, Lululemon is at a Crossroads." *Canadian Business*, http://www.canadianbusiness.com/companies-and-industries/after-see-through-pants-debacle-and-still-without-a-ceo-lululemon-is-at-the-crossroads/(accessed March 17, 2016).

求职机会

生产和质量保证方面的求职机会有:
- 工厂厂长(或工厂经理)
- 质量保证协调员
- 裁剪工
- 缝纫工
- 生产主管

参考文献

Abend, Jules. (1999). "Modular Manufacturing: The Line between Success and Failure." *Bobbin*, January, pp. 48—52.

Barry, Neil. (2004). "Fast Fashion." *European Retail Digest*, Spring, pp. 75—82.

Hill, Ed. (1992). "Flexible Manufacturing Systems, Part 1." *Bobbin*, February, pp. 34—38.

Hill, Suzette. (1998). "VF's Consumerization: A 'right stuff' strategy." *Apparel Industry Magazine*, December, pp. AS-4-AS-12.

Hill, Thomas. (1994). "CAR Study: UPS, CAD Provide 300 Percent Return on Investment." *Apparel Industry Magazine*, March, pp. 34—40.

Rabon, Lisa. (2000). "Mixing the Elements of Mass Customization." *Bobbin*, January, pp. 38—41.

Rabon, Lisa, and Claudia Deaton. (1999). "Pre-production: Laying the Cornerstones of Mass Customization." *Bobbin*, December, pp. 35—37.

Reda, Susan. (2004). "Retail's Great Race." *Stores*, March, p. 38.

Swank, Gary. (1995). "QR Requires Floor Ready Goods." *Apparel Industry Magazine*, January, p. 106.

Speer, Jordan K. (2004). "A Label-Conscious World." *Apparel*, April, pp. 24—29.

Winger, Rocio Maria. (1998). "The Nygard Vanguard: The Way to Chargebacks." *Apparel Industry Magazine*, December, pp. AS-14-AS-18.

第十三章 分销与零售

本章主要内容

- 时装产品的分销策略及分销过程,包括全渠道策略
- 实行供应链管理和产品生命周期管理的企业与分销有关的沟通特性
- 零售商的分类和特点
- 主要行业出版物和行业组织

分销策略

我们一直通过从设计到生产过程的角度来考察服装、服饰和家纺产品。下一步是将产品分销给零售商,并最终出售给消费者(见流程图13-1步骤8)。在这一阶段,公司必须确定面向客户的产品分销策略,而策略的确定又会涉及诸多因素。本章将对这些内容进行具体考察。

影响分销策略的因素

时装公司实行分销策略,主要根据以下因素做出决定:

- 公司营销的渠道类型:采用直销渠道的公司,直接面向最终消费者进行销售;营销渠道有限的公司,通过商店或非店面零售场所销售商品;采用扩展营销渠道的公司,先将商品分销给批发商,再由批发商出售给零售商(关于上述直接、有限和扩展的各类营销渠道在前面章节中都曾论及);实施多渠道和全渠道分销策略的公司,则涵盖多种营销渠道。其中,有关全渠道分销的机会与挑战问题,还会在本章后面详细讨论。
- 目标客户的消费特点:不同的目标市场客户喜欢不同的分销策略。公司需要了解的问题包括:目标客户喜欢在哪里购物?客户在购买商品时的决策过程如何?譬

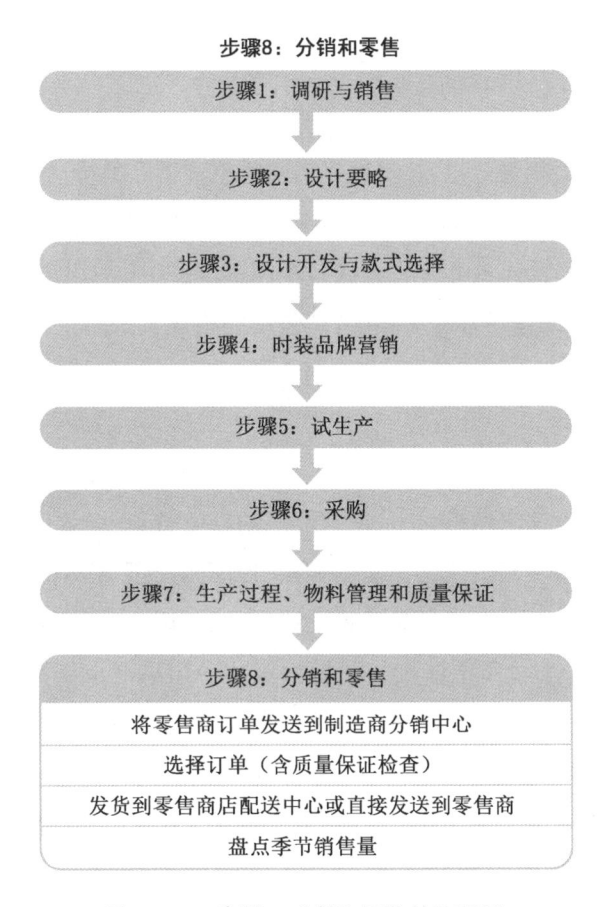

步骤8：分销和零售
步骤1：调研与销售
步骤2：设计要略
步骤3：设计开发与款式选择
步骤4：时装品牌营销
步骤5：试生产
步骤6：采购
步骤7：生产过程、物料管理和质量保证
步骤8：分销和零售
　将零售商订单发送到制造商分销中心
　选择订单（含质量保证检查）
　发货到零售商店配送中心或直接发送到零售商
　盘点季节销售量

图13—1　步骤8：分销和零售的流程图

如，女性职业服装的制造商首要关心的可能是全销售渠道的零售策略，包括实体店和网售店；但男子高尔夫配件公司的时尚品牌产品却会更加重视零售商，包括大型体育用品商店，以及像高尔夫俱乐部的零售店之类的小型专卖店；而那些面向年轻客户群的公司，则会侧重移动购物和社交媒体等方式。

● 产品类型：有些类型的商品适于某种特定的零售方式，譬如袜子、内衣和其他带包装的小商品，就比较适合在零售场所的自助售货机上出售。

● 品牌：国内或国际品牌的商品，基本上在各种商店都会有售；但自有品牌商品，包括自有品牌专业零售商（SPA）和品牌专卖店以及快时尚品牌等，却只选择特定商店或连锁店的销售方式。

● 商品的定制水平：大规模生产的商品不存在定制成分，也没有任何差别，可通过实体店、网售店以及其他非店面零售商进行销售。那些附含服务价值的商品，譬如可做改动的商品或是定制商品，通常都在实体精品店或专卖店销售，一般不会采用其他零售方式,例如,量身定制类西装和婚纱。

分销策略分类

分销策略分为大批量分销、选择性分销或独家经销等类型。

● 大批量分销(mass distribution):也称密集分销,即通过广泛的零售方式,尽量为更多消费者提供商品。这些零售方式包括超市、便利店、大型商店或折扣店等。从另一个角度来看,它既包括各种实体店,又包括网售店。采用这种分销策略的品牌产品,比较知名的有恒适(Hanes)袜子、居可衣(Jockey)内衣、冠军(Champion)和罗素(Russell)运动服等。

● 选择性分销(selective distribution):制造商只通过指定零售商分销其商品。它们通常采用的限制方法有两种,一是设定最低的订货数量,二是限制向非竞争地区的零售商分销商品。不少制造商会为实体店和网售店制定形象标准,甚至对实体店的选址位置设定准则。大多数奢侈品品牌和设计师品牌、国内品牌和国际品牌,几乎全都采用这种分销策略。例如,赛文·弗奥曼德(7 for All Mankind)品牌制造商依照自己制定的标准,选择特定的专卖商店和百货公司来销售它的精品牛仔裤产品。

● 独家经销(exclusive distribution):制造商通过限制分销店数量的方式,彰显独步天下的商业形象。采用独家经销策略的公司类型,首先是那些把价格定位在设计师品牌或奢侈品品牌的公司,如香奈儿(Chanel)、阿玛尼(Armani)、王薇薇(Vera Wang)等品牌公司,基本上全都采用独家经销策略,只通过少数商店或精品店销售商品。其次是一些拥有自有品牌的公司,如杰西潘尼百货(JCPenney)的 Arizona 品牌、凯马特(Kmart)公司的 Jaclyn Smith 品牌、塔吉特公司(Target)的 xhilaration® 品牌、梅西百货(Macy's)的 International Concepts 品牌等。再有是某些经营独家授权品牌的公司,如塔吉特公司的 Mossimo® 品牌、柯尔公司(Kohl's)的 Simply Vera Vera Wang 品牌。最后是拥有自有品牌的专业零售商,如盖璞(Gap)、霍利斯特(Hollister)、维密(Victoria's Secret)等公司。此外,经营快时尚产品的自有品牌零售商,不管是实体店还是网售店,都属于特定零售商的性质,如优衣库(Uniqlo)、飒拉(Zara)、H&M、永远21(Forever 21)等。

分销区域分布

零售商必须确定分销商品的区域分布。有些零售商把某个特定区域定为目标客户的分销重点,有些则会选择更广泛的分销布局。所谓广泛的含义,既指一国内的跨区域分布,又指全球范围的跨国分布。其中,那些本就属于全球性质的零售商,自然会在两个以上的国家分销商品。一些世界排名最大的折扣店和超市，它们的零售业务遍及很多国家和地区，例如，全球最大的零售商沃尔玛(Walmart)，总部虽然设在美国，但零售业务遍及 28 个国家；家乐福(Carrefour)的总部设在法国，却在 33 个国家开展零售业务；施瓦茨集团(Schwarz)的总部设在德国，零售业务遍及 26 个国家。另外，很多公司还通过非店面零售方式(简称电子零售 e-tailing)，将分销范围扩大到外地市场，甚至是国外市场。不过，如果零售商有意把业务拓展到其他国家，首先需要的是清楚了解目标市场国家的消费人口结构、决策制定方向以及消费文化习俗等情况。

分销配送中心

有些时装公司直接把产品从生产工厂运至零售商，有些则通过分销配送中心(distribution centers, DCs)再把产品发往零售商。无论是制造商，还是零售商，都可以把配送中心作为分销流程的一部分。要决定是否使用配送中心，需要考虑以下因素：

- 公司规模
- 需要配送的产品数量
- 需要配送的实体店状况
- 需要配送的零售店数量
- 商品产地与零售店之间的距离

一般来说，公司规模越大，配送的产品数量以及零售店数量越多，使用配送中心的概率也会越高。

制造商的配送中心

如果时装品牌公司使用配送中心，普遍的原因是，它需要把散布在各地的几个工厂所生产的产品先集中到一起，再统筹分送给零售商。如果是在承包商分担生产任务的方式下，情形则更会如此。制造商配送中心的基本运行方式是，先将各地生产的产品集中到一个中心位置，再进行质量保证和货物分拣作业(即依照零售商订单对产品进行拣货和集配)，对商品进行包装，然后发送给各个零售商店(见图 13-2)。技术因素对提高配送中心的运行效率具有重要意义。现在，很多配送中心都已采用机器人技术进行作业，包括订单分拣和货物传送。

配送中心并不承担仓储库存的功能(事实上，商品在配送中心的驻停时间非常短暂)，相反，商品在配送中心通过流转设施，从接收进来再到装运出去，整个流程非常迅

图片来源：HOANG DINH NAM/AFP/Getty Images.

图 13—2　配送过程包括质量检查和包装产品，然后运往零售店

速，很少会给商品留出储存时间，甚至丝毫没有。例如，耐克(Nike)公司在田纳西州的孟菲斯设有一个配送中心，面积有 280 万平方英尺(约合 26 万平方米)之大，"在同一片作业区内共设有鞋类、服装和运动器材三条作业线，分别把耐克(Nike)和乔丹(Jordan)两个品牌产品配送给批发商和公司自有的零售渠道，甚至直接发送给消费者本人"(耐克，2015)。

配送中心的功能，除了是商品流通的集散中枢之外，还可以通过添加吊牌、标签和价格信息等作业，完成货物的售前准备，由此提高商品的附加价值，也就是说，通过相应方法对产品加以完善，为制造商、零售商或消费者增加更多的价值含量。如果制造商把商品标签等工作都提前做妥，就能替零售商节省很多额外时间，在他们收到服装之后不必再做这些工作。这个过程，一般称为制造商打标签作业，目的是让商品达到上架即可出售状态(floor—ready)。

尽管配送中心的运行效率相对已经很高，但为了追求更快的配送速度，有些公司干脆省略配送中心这一环节，直接把产品从工厂送往零售商。在这种情况下，商品的打标签作业要么在货物发送之前由工厂完成，要么在运到零售店之后再做。

零售商的配送中心

为了把各个服装、服饰和家纺公司的产品更加便捷地分送到多个零售店，零售商也会使用配送中心。做法是，把货物从不同制造商的工厂先集中到一个零售商的配送中心,再依照各零售店的货物清单进行拣货和集配,随即分送到每个零售店。如果出厂的产品尚未打好零售标签,那么这些工作可在零售配送中心完成,其中也包括打上存货单位(SKU)代码以及价格信息等标签。

零售配送中心的地理位置,通常选在能将货物快速送至零售店的地方。例如,截至2015年,塔吉特(Target)运营的37个配送中心分布在美国的22个州;沃尔玛则在美国设有42个区域配送中心,一个中心设置有"长达12英里的传送带,每条传送带能够处理55亿箱商品"(沃尔玛,2015)。

配送中心的效率,取决于仓库管理系统(WMS)的计算机软件程序等技术水平,也与在托盘及箱盒上使用条形码及射频识别标签(RFID)密切相关。零售商会充分利用先进的软件程序和跟踪设施,尽量提高配送中心的效率,具体体现在对整个供应链的数据集成、提高发货准确性,以及不断优化与制造商的联络系统等各个方面。

企业间联络:产品生命周期管理和供应链管理

产品生命周期管理(Product Life Cycle Management,PLM)和供应链管理(Supply Chain Management,SCM)策略的主要作用是:第一,加快消费者收到商品的速度;第二,在货物的生产和配送过程中,公司之间通过数据共享,降低商品的制造成本和销售成本。

基础:通用产品条码、供应商标识、电子数据交换和射频识别技术

公司间联络是指供应链上的所有公司共同采用相关的基本运营策略,主要包括:
- 商品和集装箱上的"通用产品条码"(UPC)
- 商品的供应商标识(vendor marking of merchandise)
- 电子数据交换(EDI)
- 射频识别标记(RFID)

通用产品条码和供应商标识

通用产品条码(the universal product code,UPC)是一种用于商品电子识别的编码符号,它在供应链的电子通信中必不可少,因此都把它视作供应链管理策略的基础。产品条码由12位数字构成(即由暗条和宽度不等的白色空间共同组成的条形码标识),库存单位可借此显示制造商及其商品内容信息(包括供应商、款式、颜色和尺码)。通用产品条码系统则是把条码的电子扫描和读取设备与公司的电子数据库相连接的一种系统(见图13—3)。

图片来源:Dimas Ardian/Getty Images.

图13－3　附有 UPC 条码的商品吊牌,可供零售店准确检索最小存货单位(SKU)信息

通过扫描产品条码和销售终端(point-of-sale,POS),销售点可以缩短每笔交易的完成时间,也有助于检索准确的存货单位信息。也就是说,通过这种方式,可自动跟踪产品的销售情况和店内存货。只要及时掌握准确的销售信息,时装公司(包括零售商和制造商)就能规划库存数量,更好地满足销售需要,或者更准确地预测消费需求。可见,这种方法能够帮助零售商减少库存积压,也能避免因积压造成的降价促销。有了销售终端的准确信息,还有助于对商品进行更合乎实际的新增订货排序,减少由于款式、尺码或颜色等具体原因而造成的缺货现象。总之,通过产品条形码提供的销售终端信息,对于零售补货(实际上就是商品的自动新增订货)具有关键意义,本章后面还会讨论补货策略。

条形码的使用,不但有益于销售终端,也便于零售商扫描库存货品状况,加快产品包装箱在配送中心的传送速度。通过条码标识,还可显示每个集装箱的货物内容,为配送中心跟踪流程和分拣货物带来方便。产品条码是由一组唯一性质的数字所组成,此外还有两种其他的编码格式,即编码39或编码128,这两种编码同时含有数字和字母,通常用在运输纸箱上面。

电子数据交换

电子数据交换(Electronic Data Interchange,EDI)为公司间的计算机联系提供通信功能(见图13－4)。公司之间可以利用电子数据交换技术,通过电子方式直接传送业务数据；也可以通过第三方计算机系统（称为增值网络，VAN）或者是云计算技术传送业务数据。在时装行业，利用电子数据交换进行的业务内容主要有以下几种：
- 采购订单、发票、装箱单和发货预告通知（ASN）
- 库存盘点和库存变化报告，譬如有关售出和退货的数据
- 价格目录和销售目录

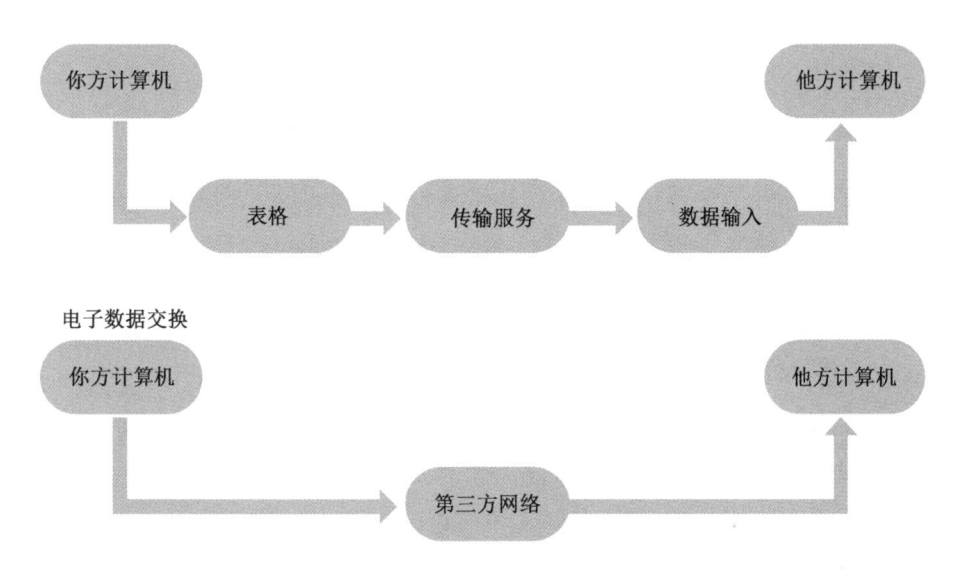

图13-4 电子数据交换(EDI)提高了公司间数据共享的效率和准确性

此外，通过电子数据交换，零售配送中心还可以实行交叉配送物流模式（cross-dockable shipments），意思是，制造商发出的货物已属即可零售的状态，无需再做更多处理，只在配送中心进行分拣后即可直接送往零售商店。要实行交叉配送物流模式，零售商须向制造商提出要求，并且还要取得发货预告通知，这样才能保证货物已经达到"挂架可售"的状态。如果缺乏电子数据交换技术，显然是不可能实现这个过程的。

制造商的电子数据交换能力决定供应链管理的水平。通过电子数据交换系统，零售商可将销售终端数据直接传输到时装品牌公司的制造系统中，进而也让制造商与面料、辅料及配饰的供货商之间都能实现信息共享。

补货策略

零售商的最终目标，就是在特定的时间为客户提供恰当的商品，包括恰当的款式、尺码和颜色。如果零售商提供的商品在款式、尺码或颜色方面断货，就等于错失交易。因此，为减少断货现象，零售商就必须迅速而准确地补充存货。常见的补货方法有：
- 零售商发现库存情况需要重新调整，即通过电子数据交换系统发出订单。

● 利用电子数据交换系统,将零售店的库存信息自动传送给制造商,如果店内库存减少到一定程度,制造商(或供应商)会自动排序,立即补货。

● 零售商发出买方订单时,定明时装季节开始前的交货比例,将其余部分的发货时间定在时装季节期间,或按通知随时发货。此外,制造商根据零售商的销售终端数据,若发现相应款式、颜色和尺码的配比出现变化,则也可以主动调整后续供货的排序。

零售商的规模和商品类别不同,对补货策略的运用也会有所不同。对于普通类商品而言,如袜子和牛仔裤等品种,补货问题往往属于常规化作业;但对于季节性强的商品来说,如高领毛衣和外衣等,也许只在特定的时装季节才需要补货;对于时装类商品来说,即便在时装季节,可能也无需补货;至于快时尚产品,因其全部属于定期销售的新产品,于是更不存在补货问题。

时装品牌公司会视不同的零售客户而采取相应的补货策略,零售商则会根据制造商(或供应商)的能力来考虑不同的补货策略。在制造商和零售商之间的供应渠道中,对提高效率最有帮助的办法是建立一种流程,由制造商负责审查销售情况和脱销数据(stockout data)以及订单情况。补货问题终究属于常规情况,因此,可由制造商(或供应商)根据零售商的零售终端数据,自动向零售店补送产品,这种策略称为供应商库存管理(vendor-managed inventory,VMI),也叫作供应商管理补货(vendor-managed replenishment)。无论在什么情况下,供应商都不能拖延一两个月才审查一次零售终端数据。在某些情况下,供应商甚至还需要天天查看数据。显然,如果制造商没有零售商的零售终端数据,要实行这种策略也就无从谈起。

供应商库存管理策略最常用在内衣、袜子、T恤衫和普通牛仔裤这类商品上。这些商品的款式变化小,季节性弱。零售商需要的库存商品只要符合尺码和颜色要求即可满足市场需要(见图13-5)。例如,袜类属于微利品种,生产商和零售商从单件商品中的获利非常微小,零售店直接卖给客户所能得到的现金利润也同样微不足道,因此,制造商和零售商就需要扩大销售规模来弥补微薄的利润率。实行供应商库存管理策略,就能确保自动补充零售商的库存,也能确保库存商品在款式、尺码和颜色等方面一直保持货色齐全。

零售商始终利用技术条件来增强库存补货能力,例如,增加射频识别技术的使用,可提高库存管理水平,做到在发货的同时即向销售代理发出通知,由此保证了最畅销品种的充裕库存。另外,利用数据挖掘技术(data mining technology),能够检测产品的销售方式,也可检测产品的尺码、颜色等具体信息。通过对数据信息进行分析,还能掌握销售模式和市场趋势的变化,发现数据背后的各种关联因素。只要掌握市场趋势或销售模式,生产商即可为特定零售商或零售店量身定制产品类别和补充供货的方

资料来源：WWD/© Conde Nast.

图13-5 供应商管理补货策略特别适合于需完备交给零售商的商品类别,例如,内衣

案。譬如,从某家销售状况本就不错的商店中,生产商发现短裤的旺销时间持续增加,据此,它就可以及时调整供货类别和补货方案。

实行产品生命周期管理和供应链管理

我们侧重讨论产品生命周期管理和供应链管理策略在服装、服饰和家纺产品流程中的应用,它涵盖了从设计到制造,再到零售等所有的环节。运用生命周期管理和供应链管理策略,零售商可通过电子系统连接贯通制造流程的各个环节,不但能把产品的订单数据和销售数据纳入系统之中,还能连接时装品牌公司及面辅料供应商的产品数据管理和产品生命周期管理系统,直接共享相关数据。从零售端来看,零售商也可以将财务计划和商品计划集合到系统之中,也就是说,零售商可将商品分类计划同每个零售店的商品配比之间建立一体化系统,以此提高零售店的商品配比精度。要实现这种一体化系统,需完成下列过程：

● 通过产品信息管理(PIM)软件,将时装品牌公司的样板制作系统(PDS)与其他产品信息集成到一起。

● 将时装品牌公司的电脑辅助设计系统(CAD)和电脑辅助制造系统(CAM)集成到一起,再运用到产品数据管理(PDM)和产品生命周期管理(PLM)系统中。

● 建立公司间的联络系统,优化供应商管理的零售库存状况。

- 对零售商的商品分类规划、财务规划、配送流程和店面布局等数据进行集成。

零售与零售商类型

所谓零售（retailing），就是向最终消费者出售商品或服务的销售过程或业务活动。零售商则是以获利为目的，向最终消费者出售商品和服务的公司或企业（见图13—6）。

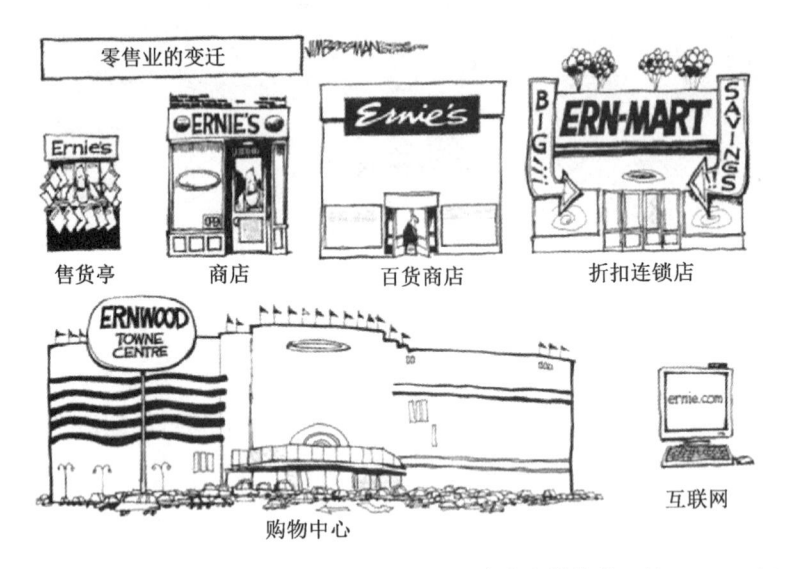

资料来源：Borgmana 1999，The Cincinnati Enquirer（辛辛那提询问报），经 Universal Press Syndicate（环球报业集团）批准转载。保留所有权利。

图 13—5　零售业的变迁

按零售商的规模划分，有面向当地市场的小型自营店铺，也有大型百货集团公司。表 13—1 是部分主要零售公司及其旗下商店列表。

表 13—1　　　　　　　　　　　　　北美地区部分主要零售企业

公司名称	网站地址	所属商店
Abercrombie & Fitch	www.abercrombie.com	Abercrombie & Fitch Abercrombie Kids Hollister
Ascena Retail Group Inc.	www.charmingshoppes.com	Ann Taylor Catherines Dress Barn

续表

公司名称	网站地址	所属商店
		Justice
		Lane Bryant
		Loft
		Lou & Grey
		Maurices
Bed Bath & Beyond Inc.	www.bedbathandbeyond.com	Bed Bath & Beyond
		Christmas Tree Shops
		AndThat!
		Harmon and Harmon Face Values
		buybuy BABY
		World Market
		Cost Plus World Market
		Cost Plus
		Linen Holdings
Burlington Coat Factory Warehouse Corporation	www.burlingtoncoatfactory.com	Burlington Coat Factory Stores
		BabyDepot
		Cohoes Fashions
Dillard's	www.dillards.com	
Foot Locker Inc.	www.footlocker-inc.com	Foot Locker
		Lady Foot Locker
		Kids Foot Locker
		Champs Sports
		Footaction
		Eastbay
		Six:02
		Sidestep
		Runners Point
Gap Inc.	www.gap.com	Gap
		Banana Republic
		Old Navy

续表

公司名称	网站地址	所属商店
		Athleta
		Intermix
Hudson's Bay Company	http://www3.hbc.com	North America
		Hudson's Bay
		Lord & Taylor
		Find @ Lord & Taylor
		Saks Fifth Avenue
		Saks Fifth Avenue OFF 5th
		Home Outfitters
		Europe
		Galeria Kaufhof
		Galeria INNO
		Sportarena
JCPenney Company, Inc.	www.jcpenney.com	
Kohl's Department Stores	www.kohls.com	
L Brands	www.lb.com	Victoria's Secret
		Henri Bendel
		Bath and Body Works
		La Senza
		Pink
Macy's Inc.	www.macysinc.com	Macy's
		Bloomingdale's
		Bloomingdale's Outlet
		Macy's Backstage
		Bluemercury
Neiman Marcus Group	www.neimanmarcus.com	Neiman Marcus
		Bergdorf Goodman
		Horchow
		CUSP by Neiman Marcus
		Neiman Marcus Last Call
		mytheresa and THERESA

续表

公司名称	网站地址	所属商店
Nordstrom	www.nordstrom.com	Nordstrom Nordstom Rack Trunk Club Jeffrey HauteLook
Sears Holdings Corporation	www.searsholdings.com	Sears Sears Auto Center Sears Home Services Kmart Shop Your Way Kenmore Craftsma DieHard Service Live
Target Corporation	www.target.com	Target CityTarget TargetExpress
The TJX Companies, Inc.	www.tjx.com	*North America* T. J. Maxx Marshalls HomeGoods Sierra Trading Post Winners *Europe* T. K. Maxx HomeSense
Urban Outfitters Inc.	www.urbanoutfittersinc.com	Urban Outfitters Anthropologie Free People Terrain BHLDN

续表

公司名称	网站地址	所属商店
Wal-Mart Stores, Inc.	corporate.walmart.com	Walmart Supercenter Walmart Discount Store Walmart Neighborhood Market Sam's Club Walmart eCommerce
Williams-Sonoma, Inc.	www.williams-sonomainc.com	Williams-Sonoma Williams-Sonoma Home Pottery Barn Pottery Barn Kids PBteen West Elm Mark Graham Rejuvenation

按零售商的特点，零售业可以分为：一是商品类型，即销售的是新商品还是二手货；二是店铺特征，即是不是实体设施，或者说，是实体店还是非店面零售空间。此外，零售业还可以按零售商的所有权类型、商品组合、业务规模、零售地点以及组织和运营等进行划分。表13－2列出了美国各类零售企业的数量及其就业人数统计。

表13－2　　　　　　　　　美国各类零售企业及其就业人数

项　目	企业数量[1]	营业场所数量[2]	美国就业人数
家具和家居用品商店	34 789	51 645	422 595
服装商店	36 136	8 564	62 270
鞋店	5 909	25 455	201 974
珠宝店	16 847	23 413	123 520
行李和皮具商店	484	1 002	5 932
百货商店（非折扣店）	36	3 507	466 383
其他一般商店	8 007	40 676	1 786 833
折扣百货店	41	4 689	689 847

资料来源：美国人口普查局（U.S. Census Bureau），2012年美国企业统计。

注释：[1]"企业"，指在同一州和同一行业中共同拥有或控制的一个或多个国内单位所组成的商业组织。

[2]"营业场所"指经营业务或提供服务的单一实体场所。

对于时装类零售商的分类,首先还是按商品的新旧属性划分,也就是销售新商品还是二手商品。大多数零售商都经营新商品,但随着电子商务的发展,消费者也通过寄售商店、旧货商店、在线拍卖网站以及其他一些二手时尚产品的零售及配送渠道,将一些仍可用的二手货重新投入市场交易。其次,在某些情况下,零售商为了获取转售利润,也会专门采购二手商品。另外,慈善机构会把募捐物品投入市场再度出售,比如,国际友好公益基金会(Goodwill Industries International)是一家著名的慈善机构,却拥有 3 000 多家零售实体商店和一个在线拍卖网站,专门出售募捐物品。

按零售商的销售和运营策略划分,又可分为下列各类:
- 百货商店零售商
- 专卖店零售商
- 折扣零售商
- 低价零售商
- 超市和大型综合超市
- 仓储式零售商
- 便利店零售商
- 合约式零售商
- 连锁店零售商

零售商之间各有差异,有些零售商会同时具有多重类别属性,即同一家零售企业可能既是专卖店,又是连锁店,如盖璞(Gap)公司。

百货商店零售商

百货商店零售商(department store retailers)(或称百货公司)属于大型零售商,根据功能和商品类别的不同,又可分为不同的部门(见图 13—7)。

百货公司的主要特征是:
- 在经营的商品类别上,以时尚产品为主
- 顾客服务内容丰富(例如,网上订购可店内退货服务、婚礼礼品预先登记服务、发行自己公司的信用卡等)
- 全价销售应季商品(即不打折销售)
- 拥有 50 人以上的员工规模
- 在任何大型购物中心,其商店规模都足以担当龙头角色

百货商店零售商,既有经营全商品系列的百货公司(有服装、家纺、家庭用品和家具等商品线),如梅西百货、杰西潘尼、柯尔百货和迪拉德(Dillard's)等公司,也有只限

图片来源：Ericksen/WWD/© Conde Nast.

图 13-7　杰西潘尼百货是一家典型的全产品系列、多元化分类的百货公司

精选商品系列的高端百货公司，如诺德斯特龙百货（Nordstrom）和尼曼百货（Neiman Marcus）。

多重单元的百货公司，既包括百货连锁店，又包括拥有旗舰店或龙头店面的连锁百货公司。譬如，梅西百货拥有 885 家百货商店，遍布美国 45 个州和哥伦比亚特区，以及美国属地的关岛和波多黎各等地，经营的店面品牌分别有：梅西（Macy's）、布鲁明戴尔（Bloomingdale's）、布鲁明戴尔厂家直销（Bloomingdale's Outlet）、蓝色水星（Bluemercury），此外还有网上商店 macys.com、bloomingdales.com 和 bluemercury.com。大众一般都把纽约先驱广场（Herald Square）的梅西百货商店视为它的旗舰店。表 13-3 是按零售额排列的美国前九大百货公司。

表 13-3　零售额最大的九家美国百货公司（均为 2014 年数据）

公司名称	全球零售总额（亿美元）	美国销售额占全球销售总额比重（%）	商店数量
梅西（Macy's）	281.05	99.7	821
杰西潘尼（JCPenney）	122.57	99.4	1 063
柯尔（Kohl's）	192.3	100	1 162
西尔斯控股（Sears Holdings*）	267.92	96.2	1 659
诺德斯特龙（Nordstrom）	132.8	99.8	283
哈德逊湾（Hudson's Bay*）	79.37	65.2	165
迪拉德（Dillard's）	64.90	100	297

续表

公司名称	全球零售总额（亿美元）	美国销售额占全球销售总额比重(%)	商店数量
尼曼（Neiman Marcus）	48.23	100	87
贝尔克（Belk）	41.10	100	297

注：*包括全部零售业务。

资料来源：STORES(2015年7月)，零售业排行100强。

为适应广大消费者的需求，百货公司经营的商品类别很多，每个类别之下的品种也非常丰富。百货公司经营的商品一般都是全国品牌和自有品牌，商品的价格水平则依商店定位而各不相同，从中等价位到设计师品牌价位一应俱全。

百货公司之间的竞争非常激烈。要想立于不败之地，就需实行稳操胜算的关键策略，主要体现在以下几个方面：商品展示的视觉吸引力、客户服务的完善程度、拥有自有品牌和独家品牌。其中，百货公司经营的自有品牌和独家品牌，在激烈的行业竞争中能够凸显自我特质，已经成为重要的制胜法宝。例如，梅西百货不但拥有丰富的自有品牌，它的外租部门还与著名的母婴品牌公司 Destination Maternity 建立合作关系，专门开辟了孕妇装的高端品牌"A Pea in the Pod ®"和 Motherhood ® Maternity。再如，柯尔百货与两位著名设计师 Dana Buchman 和 Vera Wang 进行合作，设立 Simply Vera 的品牌专营店。又如，杰西潘尼独家经营丽兹加邦（Liz Claiborne）品牌的服装系列。

不少百货公司也聘有自己的设计师，经营自有的全国品牌，甚至是国际品牌。他们还在百货商店之内设立店中店，专营时装品牌公司的商品，并且严格按照品牌要求进行经营。例如，拉夫劳伦、诺蒂卡（Nautica）、汤米·希尔费格（Tommy Hilfiger）、卡尔文·克莱恩、自由人（Free People）、麦克斯·阿兹利亚（BCBG Max Azria）等时装品牌公司或商品品牌，一直都是店中店的成功典型。通过店中店的专营方式，不但可以提升品牌本身的价值，也能提高零售商的经营效益。从时装品牌公司的角度来看，它们不但扩大了品牌知名度，而且也为客户带来更多的购物便利。再从百货公司的角度来看，在百货商店中设立时装品牌店中店，可使整体购物环境熠熠生辉，平添许多超凡脱俗的"购物感"。再如，2015年9月份，时装品牌公司艾伦·狄珍妮丝（Ellen DeGeneres）在波道夫·古德曼百货公司（Bergdorf Goodman）开设一家临时性的品牌专卖店（即快闪式品牌专卖店），借用这种崭新的零售创意，推出 Ellen 服装品牌旗下的一个附属品牌——"ED"。

专卖店零售商

专卖店零售商（specialty retailer）专门经营某些特定类别的商品，其经营形式有下列几种：

- 专门经营某一类别商品，至多再附加少数的紧密关联类商品（如首饰、鞋类、眼镜、内衣类服装、家居用品等）。
- 以准确锁定的目标市场为导向，经营专门的商品类别，譬如将目标市场锁定于男性或女性消费者、自行车运动员、特殊尺码消费者或有小孩的消费群体。
- 专门经营某个时装品牌或时装品牌公司的商品，如拉夫劳伦、盖斯童装（Guess Kids）、香蕉共和国（Banana Republic）。

专卖店零售商经营的商品种类一般都很集中，但品种却相当丰富，也就是说，它们经营的均系著名品牌，商品的款式更丰富，尺码也更齐全。专卖店零售商经营的商品，可以是某个设计师品牌或奢侈品品牌，也可以是某个全国品牌或国际品牌，抑或是他们的自有品牌服装。从价位来看，多数商店的价格定位仅限于一种，或是两种。而那些专营设计师品牌或奢侈品品牌的专卖店，或是独家授权经营某些独特商品的专卖店，价格定位都非常昂贵，通常我们把这类专卖店称为精品店（boutiques）。

有些商品类型，价格定位虽然相对便宜，但却引领时尚潮流，而且属于自有品牌。这类商品从形成新潮概念再到进入实际消费，整个过程都很短暂，因此，我们称之为快时尚产品（fast fashion）。相应地，经营这类产品的专卖店就叫作快时尚专卖店零售商（见图13-8）。著名的例子有西班牙品牌飒拉（Zara）和芒果（Mango）、瑞典品牌H&M、英国品牌Topshop、日本品牌优衣库以及美国品牌永远21。

有些专卖店零售商店属于临时性质，或者经常搬迁店面，他们的营销目的在于推广新品牌，或是配合相关的市场活动，我们把这类专卖店称为快闪式品牌专卖店（pop-up shops）。譬如，2012年伦敦奥运会期间，H&M在伦敦开设了两个快闪式专卖店，集中推广它的运动服装系列。

美国最大的两家服装专卖连锁店，一是盖璞公司（旗下包括Gap、Old Navy、Banana Republic、INTERMIX、Athleta等品牌），另一个是有限品牌公司（L Brands，旗下拥有Victoria's Secret、Pink、Bath & Body Works、La Senza、Henri Bendel等品牌）。表13-4是美国主要服装专业连锁店的列表。

图片来源：Leslie Burns.

图13－8　芒果公司(Mango)的总部位于西班牙,是一家国际快时尚产品专卖店

表13－4　　　　　　　　2014年零售额最大的时装连锁专卖店零售商

公司名称	全球销售额 (亿美元)	美国市场占全球 销售总额的比重(%)	商店数量
TJX	290.61	76.4	2 569
盖璞(Gap)	169.56	77.1	2 465
有限品牌(L Brands)	109.66	94	2 685
富乐客(Foot Locker)	72.67	72.1	2 369
西格内特(Signet Jewelers)	63.12	83.2	2 868
Ascena Retail Group	48.50	97.2	3 834
伯灵顿制衣厂 (Burlington Coat Factory)	47.61	98.9	530

资料来源：STORES(2015年7月),零售业排行100强。

折扣零售商

折扣零售商(discount retailer,或称折扣店),以低于原有价位的价格销售名牌商品,或以大众价位销售时装商品。著名的连锁式折扣零售商有塔吉特、凯马特和沃尔玛,著名的连锁式折扣专卖店有老海军(Old Navy)和万能卫浴(Bed,Bath & Beyond)等(见图13－9)。全产品系列的折扣零售商除了经营全国品牌之外,也经营自有品牌,如凯马特的Jaclyn Smith品牌,还经营独家授权品牌,如塔吉特的母婴品牌Liz Lange。如果一家全产品系列的折扣零售商也同时经营日杂商品,我们就称它为综合性商品折扣零售商(general merchandise discount retailers)。

图片来源:Stephen Ehlers/Moment Mobile ED/Getty Images.

图13—9 万能卫浴公司(Bed Bath&Beyond)是一家著名的连锁折扣专卖店,主要面向大众消费,经营平价商品

折扣零售商之所以能够维持低于其他零售商的价格水平,主要依靠规模销售和供应链管理策略。这一策略的主要内容是:

- 数量折扣(即向制造商大量订货而争取到的价格折扣)
- 有效的补货策略,保障客户所需商品的库存充裕
- 快速的产品周转率
- 无论品牌还是款式,一切重点全都集中于最畅销的商品种类
- 自助式购物
- 更低的间接成本
- 面向广泛目标市场,运用商品促销活动

对于全国和全球性的折扣连锁店来说,由于它们向制造商采购的商品数量非常巨大,因此,能够比传统百货零售商承受更低的利润率。典型的例子是沃尔玛、凯马特、塔吉特和家乐福。

有时候,人们也把塔吉特公司叫作高档折扣店(upscale discounter),原因在于,它的购物环境很像百货公司,而且销售的前沿时尚类产品也非常丰富。表13—5是美国最大的4家折扣零售商。

表13-5　2014年销售额最高的4家美国折扣零售商(包括折扣式零售和仓储式零售)

公司名称	全球销售额（亿美元）	美国市场占全球销售总额的比重(%)	商店数量
沃尔玛(Walmart)	5 084.65	67.6	5 109
克罗格公司(The Kroger Co.)	1 030.33	100	3 730
开市客(Costco)	1 115.30	71.5	464
塔吉特(Target)	745.64	97.4	1 790

资料来源：STORES(2015年7月)，零售业排行100强。

平价零售商

平价零售商(off-price retailers)，以折扣价格专营全国性品牌、设计师品牌或促销类商品。它以较低的价格采购货源，拥有成熟的品牌(包括设计师品牌)，商品品种的更新速度很快，因此也会造成款式和颜色的变化无常(即常会出现品种断货现象)。在以下小节中，我们具体讨论平价零售商的具体类别，计有：工厂直销式零售商、独立的平价零售商、零售商自属的平价零售店、尾货零售商和样品货物零售店。

工厂直销式零售商

工厂直销式零售商(factory outlet retailers)经营时装品牌公司的次品货物、非常规品种、样品货物或超出订单数量的多余产品，以及专门为工厂直销式零售商生产的商品。在某些情况下，时装品牌公司也会借助工厂直销式零售店，对某些产品的款式、颜色和尺码进行市场测试。传统上，工厂直销式零售店主要设在工厂或配送中心附近，现在来说，则往往组成一个完整的购物中心，只是在地理位置上都会远离同品牌的正规零售店，也就是说，须经当地的正规零售商同意，并且还要签署协议，才能设立同品牌的工厂直销式零售店。

独立的平价零售商

独立的平价零售商(independent off-price retailers)一般采购的货物都是非常规品种、次品货物、超出订单数量的多余产品，或是制造商和其他零售商的剩余货物。独立的平价零售商有罗斯(Ross)(见图13-10)、T. J. Maxx和伯灵顿制衣厂(Burlington Coat Factory)等公司。

零售商自属的平价零售店

一些零售商也开办自己的平价零售店(retailer-owned off-price retailers)，例如，第五大道折扣店(Off 5th)和诺德斯特龙折扣店(Nordstrom Rack)。这些价格较低的零售店，主要经营正规商店的下架货品和自有品牌商品，以及专为平价零售店采购的商品品种。

图片来源：David McNew/Getty Images.

图 13－10 独立的平价零售商，通过价格折扣方式销售全国品牌和促销类商品，例如罗斯（Ross）

尾货零售商

尾货零售商（closeout retailers）专门向其他零售商采购各种商品。这些商品基本属于因清算、破产和清仓等而处理的商品，所以能以低廉的价格再度零售。例如，星期二清晨（Tuesday Morning）公司拥有近 800 家商店，"专门经营国内和国际中高端品牌的清仓类商品，包括礼品、服饰及床上用品，家具及家庭用品，还包括行李、玩具、季节性产品、美食产品，以及时尚男装、女装及童装等"（Tuesday Morning，2015）。

样品货物零售店

样品货物零售店（sample retail stores）专门销售时装品牌公司在市场营销期临近结束时的时装样品。这些零售店一般设在大型商场附近，但有的也以快闪式商店的形式出现，只经营几周时间而已。譬如，在洛杉矶市中心的加利福尼亚中心市场（the California Market Center）附近，便设有许多样品货物零售店。

超市和大型综合商城

在传统概念上，超市主要指大型的自助式食品商场，经营全产品线的食品及其相关产品。而我们所说的超市（supermarkets）和大型综合商城（hypermarkets），商品经营范围却非常广泛，不仅包括食品类，还经营电子产品、服装服饰、家具及园艺产品等类别。实际上，它把传统超市和百货公司的元素相互融合，创造出一种全新的零售业态。大型连锁超市（big-box stores）面积巨大，一般都在 1.5 万到 2.5 万平方米的规模。

大型折扣零售商超市或大型综合商城都有服装、家纺和服饰部门,例如,沃尔玛、凯马特、塔吉特和家乐福。

在综合商城和超市商店销售的商品类别,必须符合自助销售策略,因此,店内都会设置醒目的购物引导标识,便于消费者自行挑选想要的商品款式和尺码。此外,为便于货源采购,这些商品类别也必须符合扩展营销渠道(extended marketing channel)的要求。

仓储式零售商

仓储式零售商(warehouse retailers)将仓储与零售两个环节合而为一,以此降低整体运营成本,从而能以折扣价格销售商品。在某些情况下,仓储式零售商还通过扩展营销渠道采购货源。这类零售商的形式,有仓储式家庭用品超市,如家得宝(The Home Depot)、劳氏(Lowe's),也有仓储式购物会员俱乐部,如开市客(Costco)、山姆会员店(Sam's Club)。

传统意义上,时装产品并不属于仓储式零售商的主要商品。不过,在当今的家庭用品超市中,家纺产品却越来越多,如毛巾、床上用品、地毯和脚垫等。至于仓储式购物会员俱乐部,也同样经营款式多样、品种丰富的服装及家纺产品,例如,山姆会员店和开市客,都经营各种服装、鞋类、服饰、珠宝以及家纺品牌产品。一般来说,在仓储式零售商场,时装产品的销售方式也同样属于自助策略,店家提供的服务非常简单,举例来说,可能连试衣间都没有。

便利店

便利店(convenience stores)属于小微商店,主要提供便捷零售服务。它一般处在方便地段,如繁华街道或加油站内。不过,它经营的商品种类却非常有限,主要是食品和其他相关产品。7-11便利店(7-Eleven)是最知名的国际便利店连锁零售商,也是这种类型的全球最大零售商,它采用自营、特许加盟和许可经营等方式,在美国和加拿大拥有8 600家商店,在另外13个国家开设的商店,更是多达47 800家。便利店经营的时尚类产品,基本都是最普通的常用品种,如普通袜子、物美价廉的新奇T恤衫和棒球帽、便宜的太阳镜,以及时尚杂志类等。

合约型零售商

零售商为了整合业务运营力,提高市场影响力,通过签订协议的方式,与制造商、批发商或其他零售商建立合同关系,即合约型零售商(contractual retailers),主要类型有：
- 零售商赞助的合作社实体，通常属于小型独立零售商的形式。
- 批发商赞助的自愿合作连锁店，这类小型独立零售项目一般由批发商开发制定。
- 特许加盟店（franchises）。
- 部门外包（leased departments）。

就经营服装的合约型零售商来说，最典型的两种类型是特许加盟店和部门外包。

特许加盟店

按照特许加盟协议，母公司授予特许加盟商在特定市场范围内经销知名品牌产品的独家经营权。此外，母公司还对特许连锁店在组建商店、视觉广告、培训和管理等方面提供协助。母公司收取的回报，主要是特许加盟商支付的特许经营费。

特许加盟商须同意并遵守母公司制定的各项标准，包括店内设计、视觉展示、定价和促销等各个方面。这种类型的例子有 Flip Flop Shops ®、Apricot Lane ® Boutiques 和 Kid to Kid 儿童用品连锁店。

部门外包

有些零售商把大型零售商场的某个空间出租给专业的门类经营公司。具体来说就是，大型零售商店提供营业空间、公共事务和基本的店内服务，专业的门类经营商则凭借专业经验承包经营某个部门，并且自行负责库存采购。采取这种形式，可以丰富大型商店的服务内容和产品组合。至于外包部门的租赁方式，一般是按营业面积和销售金额作为计算标准。部门外包的常见类型，有美容院和水疗中心、视力保健和眼镜店、鲜花和园艺店、餐厅、售票处、高级珠宝店、皮草和鞋店等。此外，零售商本身还可以把某个特定品牌作为一个部门外包出去，例如，Destination Maternity 公司就在梅西百货等几家商场内承包专营两个母婴品牌，即 Motherhood ® Maternity 和 A Pea in the Pod ®。从大型零售商的角度看，采取部门外包的形式，能发挥它的优势，为承租方提供产品和服务；从专业的部门经营方来看，通过承租外包的部门零售业务，与零售商一方可以建立良好的合作沟通，而且还能借助零售商的大型零售场所，为自己的客户增加购物便利和乐趣。

以鞋类零售为例，由于鞋类在长短、肥瘦各方面尺码不一，因此，它的品种组合特别复杂，零售中非要保持库存充裕才行（即库存单位，SKU）。一旦库存中需要增加应季的颜色和品种，库存规模必然会再度扩大，否则，就很难满足消费者对颜色和尺码的不同需要。对任何零售商来说，库存充裕问题都是一道难题，正因如此，零售商才必须把库存规模作为一项投资重点。实际上，这也是很多大型百货公司把鞋类部门外包出去,请专业的鞋类零售公司进行专营的一个原因。

连锁店

连锁店(chain store)商业组织拥有且经营数家零售商店,在集中式组织结构下,采用标准方法和运营机制,销售近似的商品系列。连锁店的特点如下:
- 集中采购
- 集中配货
- 共享品牌
- 标准化的店面布局和装饰

在连锁店形式下,有关管理和销售的相关政策以及所有决定都由中心总部的最高管理层统一负责。连锁店的主要形式有:

- 大型连锁店。凡是拥有 11 个以上店面的连锁组织,我们把它定义为大型连锁店。大型连锁店可以是全国连锁,也可以是跨国连锁。它既包括百货公司零售商,如杰西潘尼和柯尔百货,也包括凯马特和沃尔玛这样的折扣零售商,还包括专卖店零售商,如 Aeropostale(注:美国著名的青少年服饰品牌)、Urban Outfitters(注:美国平价服饰品牌)和维密(Victoria's Secret),见图 13—11。

图片来源:WWD/© Conde Nast.

图 13—11　沃尔玛是一家国际连锁零售商,也是全球最大的零售商

- 小型连锁店。拥有 2—10 个零售店面,仅在某一地区或较大区域范围内经营的连锁店组织。

在大型连锁店的商品组合中,一个重要部分是自有品牌、独家经营品牌,以及自有品牌专业零售商或专卖店(SPA)等类型的商品。其中的特许经营部分,本身也是连锁店模式。企业自有品牌的例子,有杰西潘尼的 Arizona、Worthington 和 Stafford;独家经营品牌的例子,有柯尔百货专营、设计师王薇薇授权的品牌 Simply Vera;至于自有品牌专业零售商或专卖店(SPA)的例子,则有盖璞、维密和飒拉等。

大型连锁店集中为众多的零售店面采购商品,因而能产生规模经济效益。尽管如此,它也可以根据某个特定地区的市场需求,有针对性地专供某些特殊商品,例如,凯马特旗下的一家店面,位于佐治亚州的雅典地区,恰好紧邻佐治亚大学(University of Georgia),于是,它也经营一些佐治亚大学授权的特许商品。

实体店与非店面零售商

在对零售商的分类方面,除了根据经营策略之外,还可以根据分销渠道的属性进行划分,具体如下:

- 实体店零售商(bricks-and-mortar retailers),即拥有实体设施的零售商。
- 非店面零售商(non-store retailers),指利用目录销售、网络销售,以及通过移动技术等渠道经营销售业务的零售商。

实际上,很多零售商既拥有实体店,又同时经营非店面零售业务。譬如,专卖店也可以采取连锁店的经营方式;百货公司可以同时拥有实体店和网上零售业务(即非店面零售渠道)。根据多渠道配送与销售策略的实践来看,实行多种分销渠道确实有助于拓展销售市场。

实体店零售商

实体店(亦称实体零售商)是最为普遍的时装产品零售方式。从市中心的商业区到小型商场,乃至郊区的大型购物中心,消费者在实体店里都能亲历购物体验,也能随意试穿时装产品。特别是市中心的商业区,由于社交氛围浓厚,给消费者带来许多休闲之乐,遂为大家所流连忘返。有句老话形容实体店的成功秘诀,那就是:地段、地段,还是地段,可见位置因素何其重要。其实,除了位置之外,实体店能否成功,还取决于以下因素:

- 设施设计和管理的实效性,不单指商品展售区域,也包括试衣间、洗手间、仓库和办公室等设施。
- 能否通过店面设计和视觉营销(包括橱窗和店内陈列等),富有成效地创造品牌形象。

●能否设身处地地为客户实际需要考虑,在店面指南、入店引导以及停车场位置等每个细节尽量做到细致、周全,并且设立相应的贴心设施。

非店面零售商

非店面零售商采用传统实体店无法具备的销售方式,向消费者提供商品零售服务。就服装、服饰和家纺产品而言,最普遍的非店面零售方式是电子或互联网零售(也称网络零售 e-tailing),包括移动应用程序(即手机 App)、目录销售和电视销售等。此外,非店面零售还包括在家销售和自助售货机等方式。过去 20 年,非店面零售尤其是电子零售和移动应用程序的发展非常迅猛,时装品牌公司除了无店面销售商品之外,更在此基础上开发出丰富多样的附加功能:

● 帮助客户了解公司及产品系列的信息
● 为客户提供时尚引导和款式建议
● 搜集客户对相关产品的偏好信息
● 举办特别的促销活动
● 优化购物方式,让客户感到更大的购物方便和乐趣
● 通过个性化客户服务,与客户之间建立互动关系

不过,零售商采用非店面零售方式,也会面对不少困难。首先,在非店面零售方式下,客户无法对商品进行亲身体验,既不能实际触摸商品的面料,又不能亲自试穿一番,因此,作为零售商,如何在商品的尺码、面料、制作细节以及颜色选择等方面为客户提供详尽的商品信息和优质服务,便成为至关重要的一项挑战。为了因应这一挑战,也就产生了所谓的在线策略,譬如,在网上可以放大图片来呈现产品的制作细节;也可以变换图片角度,达到全方位展示产品的效果;还可以随意选择产品颜色,显示不同的颜色效果。此外,一般都还设有实时在线评论功能,保存客户评论并可随时调阅。不少无店面时装零售商甚至还设立在线"聊天室"或视频聊天功能,客户可借此同客服代表直接沟通。为了解决客户的在线"试穿"问题,现在还研发出一种"虚拟试衣间"技术,并已投入试验。

电子/互联网零售商

电子/互联网零售商(electronic internet retailers)通过电子商务方式同客户建立连接,简言之,就是通过互联网渠道销售商品。自 20 世纪 90 年代以来,很多时装零售商已将电子商务纳入分销战略之中,其中,一部分零售商只经营网络零售,另有一些则把网络零售与实体店或目录销售等形式融为一体,或者说,他们把网络零售作为一种

新增渠道,补充到他们的多渠道或全渠道分销策略中。

通过网络销售平台,客户可以借助台式或笔记本电脑、平板电脑和智能手机等方式浏览零售商网站。虽然网上购物一直保持增长趋势,但就服装零售业来说,网络销售在服装零售总额中的比例依然不到15％。不过,从实体店的情况来看,如果单以服装销售额计算,有网络渠道的实体店估计可占服装销售总额的60％以上,没有网络渠道的单纯实体店只占不到40％。事实上,就时装产品来说,同时拥有网络和实体的销售方式似乎更受欢迎。

一般来说,电子网络零售商属于下列一个或是多个零售类别:
- 完全网络零售商
- 增加零售网站的目录销售或电视销售商
- 增加零售网站的实体店和专卖店
- 服装、服饰和家纺产品制造商建立的网站
- 网络时装商场
- 在线拍卖和交易网站

完全网络零售商

完全网络零售商是只经营网络销售渠道的零售商。这些零售商主要包括下列几类:一是目标客户更偏好网购便利的零售商;二是某些专门产品或特殊产品的设计师或营销商,如有机棉产品;三是小微零售商,他们缺乏财力经营其他方式,只能经营网络销售。例如,backcountry.com 是一家专营运动服装和户外装备的完全在线零售商,虽然它的总部处于偏远的犹他州帕克城郊区,但客户却遍布全球。而且,在产品的丰富性、客户服务和在线社区等诸多方面,它也都已闯出名气。至于多数的时装品牌小微公司,它们主要借助 etsy.com 和 ebay.com 等网站,单纯经营网络销售。

增加网站的目录零售商

通过目录销售方式经营时装商品的品牌公司,如 L. L. Bean,Lands' End 和 Talbots 等公司,要把网络销售方式融合进来并不困难。从现状来看,不管是纸质目录还是在线目录,都能促进客户对实体店和网络销售的购物体验。

增加网站的百货公司和商店

多数大型的百货公司和专卖店在实行多渠道或全渠道的分销策略中都会增加电子商务渠道。

客户经常会通过零售商网站或移动应用程序来获取相关信息,对商品进行比较,然后再到实体店亲身试用一下商品。客户可以在网上购买商品,若不满意,则拿到实体店退货。可见,对零售商来说,是否采用有效的全渠道策略,具有重要意义。

时装品牌公司或生产商网站

现在,大多数全国品牌或国际品牌都已建有网站,他们通过在线方式直接向消费者出售商品。例如,在耐克网站(nike.com)上,可找到品种齐全的耐克商品,而且涵盖 Nike、Jordan 和 Hurley 三个品牌。不止如此,客户还能通过一种名为 NIKEid 的服务系统,在网上定制个性化鞋类。表 13-6 是几家经营大众产品、服装和服饰配件的最大网络零售商。

表 13-6　　2014 年美国最大网络零售商排名(按网络销售额排序,包括时装产品)

公司名称	业务类型
亚马逊(Amazon.com)	完全网络销售商
沃尔玛(Walmart.com)	折扣零售商
开市客(Costco.com)	仓储式零售商
塔吉特(Target.com)	折扣零售商
梅西百货(Macy's.com)	百货公司零售商

资料来源:PCTechguide.com(2014),2014 年美国网络百货公司排行榜。

在线时装商城

自 20 世纪 90 年代中期以来,在线时装商城以目标型网站的形式出现,聚沙成塔,将大量网上商店聚为一体,在同一个"商城"网站上经营在线零售。这样,消费者只需访问一个网站,就能购买多家公司的商品。著名的在线时装商城有亚马逊(amazon.com)、雅虎(yahoo.com)和 lyst.com(一家英国时装电商)。

在线拍卖或交易网站

以易贝网(ebay.com)为代表的一些网站,都在全球范围为人们提供服装、服饰和家纺产品的在线销售机会。早在 1995 年,易贝网就开始推出在线拍卖网站,现已发展成为全球最大的网站之一。世界各地的公司或个人都能通过易贝网销售服装和服饰产品,而且,既能销售全新产品,又能销售二手货物。

目录(或邮购)零售商

目录(或邮购)零售商(catalog retailers)采取发送商品目录、宣传册或广告等方式销售商品,再通过邮寄或其他物流方式将商品交付给消费者。在这种销售方式中,服装是最畅销的种类之一,客户可以通过邮件、电话、传真或互联网等各种途径进行订购。实际上,任何类型的零售商都能经营目录零售,而且,随着网络销售的迅速增长,几乎所有大型目录零售公司都设立了网站,消费者可以根据商品目录再上网浏览,一旦确定商品,即可直接在线订购。

电视/直播视频零售商

有些零售商通过电视购物频道或拍摄现场视频的方式销售服装、服饰和家纺产品,即电视/直播视频零售商(television/live video retailers)。他们用这些方式在电视以及所属网站和移动应用程序上展示商品,客户可以通过电话(一般是免费电话号码)、网络或移动设备等途径订购商品。完成订购之后,零售商会用邮寄或其他物流方式把商品交付给消费者。

足不出户的家庭式购物(home shopping),已经成为一个规模巨大的业务形态。最大的三家电视购物公司分别是QVC(见图13—12)、家庭购物网(HSN)和宅中店(Shop at Home)。在商品类别方面,电视购物也日益丰富,既有设计师产品线,又有各种其他产品类别。

事实表明,即便是那些由非零售商起家的公司,也能像零售商一样,成功运用全渠道策略而取得巨大发展。以QVC为例,除了电视频道之外,它在网站和移动应用程序的运营方面同样也很成功,此外,在宾夕法尼亚州的西切斯特(West Chester),QVC还开设了一家主题商店(QVC Studio Store),在宾夕法尼亚州和特拉华州,也开设了3家工厂直销式商店(QVC Outlet Store)。2014年,QVC的销售收入是88亿美元,其中的35亿美元来自电子商务。

直销零售商

直销零售商(direct sales retailers)运用的营销策略是亲自上门推销,或是通过快闪式商店方式直接向当地消费者出售商品。此外,直销方式还有两种形式:一是举办家庭式联欢活动,目的在于开展推销计划;另一种是举办非公开式的小型表演会,借此推销产品。在家庭式联欢活动的推销方式中,举办者一般都是产品销售人员,邀请对象则是相关的潜在客户。用这种方式推销的时尚类产品,比较常见的是服饰(如手袋和首饰)、新颖物品和女性内衣等。至于小型表演会的推销方式,既可以是造型设计师举办的家庭式聚会,又可以采取快闪式商店方式,目的都是向客户集中展销相关的系列产品。譬如,零售商唐卡斯特公司(Doncaster)每年都会举办四次联欢式表演会来推销它的商品系列。此外,它还培训很多专业的导售人员,冠以"造型设计师"的称谓,负责激发客户对产品的兴趣、跟进个性化销售服务等任务。现在,利用网络举办线上联欢聚会和朋友圈式的表演展示活动也快速流行起来,但根本目的与传统方式也实无两样。

自助售货机

在自助售货机(vending machines)上,消费者通过投入硬币或刷卡(信用卡和银行卡)的方式购买商品。自助售货机的常见场所,一般是在零售空间过于受限的地方,

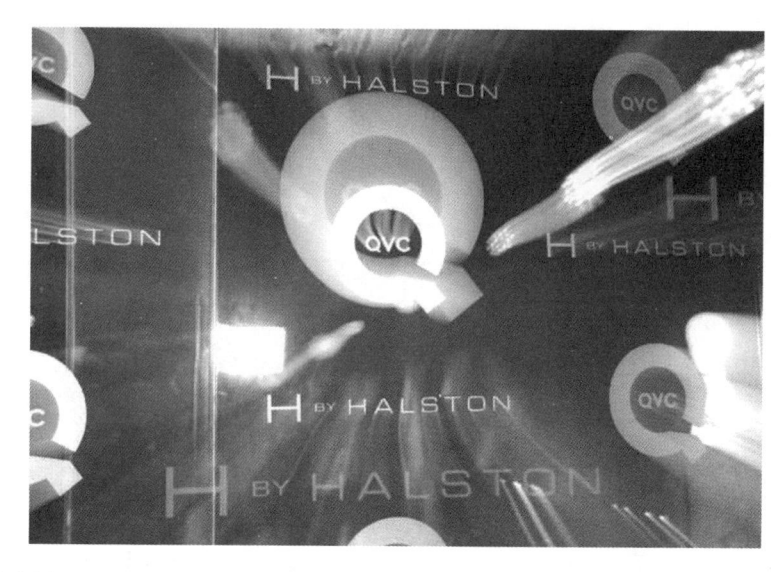

图片来源：David M. Benett / Dave Benett Getty Images for QVC.

图 13－12　2015 年，QVC 推出哈尔斯顿公司（Halston）的独家时尚品牌 H

或是其他零售方式打烊关门的时候。使用自助售货机销售服装产品的情况很少，不过仍会出售一些常用的小件商品，譬如袜子、T恤衫、内衣、女士平底鞋、墨镜，乃至男士正装衬衣之类。在机场、车站或游客休息区等场所，自助售货机最为常见。

全渠道分销策略：实体加网络

在零售商与消费者之间，可以建立多种多样的接触渠道（简称客户接触点，customer touch-points），如实体店、网站、目录、社交媒体平台、移动设备和数字广告等。不过，在面对众多购物渠道的时候，消费者都希望能有一种一站式的购物体验，意思是，即便消费者在实体店里，也能在线查询商品信息和存货状况，还能招呼客服人员进行详细咨询，或者在客服人员的协助下直接从网上完成购物，随即从店里取走商品，抑或是过后再到店里办理退货。

这种把实体店与非实体零售功能融为一体的策略，即全渠道分销策略的实体加网络系统（bricks－and－clicks），现在已经发展成为许多时装品牌公司和零售商的普遍做法。零售商实行多渠道融合方式，可以克服单一渠道的固有缺陷，享有网络渠道带来的便利，也能提高实体店的经营效益。此外，有了多渠道融合方式，零售商还能具体了解客户的购物习惯，有效改善客户服务。当然，采取多渠道策略也并非没有缺点，譬如，要在各种渠道之间保证稳定有效的品牌识别系统和商品分类的统一，就需要加大投入；另外，还需要扩充信息技术的基础设施，否则难以维护系统集成的运行通畅。

移动设备零售

移动设备和智能手机技术能够连接多种零售渠道,为零售商和消费者带来更多的方便和机会。从零售商方面来看,销售人员使用智能手机和平板电脑等移动设备作为销售辅助手段,可以迅速调取相关的商品信息和存货清单,查阅客户信息,而且,一边陪伴客户一边就能完成零售交易。从客户方面来看,他们也能通过智能手机查询商品信息,接收促销通知,连接社交媒体,购买相关商品。而且,客户的智能手机还能整合日积月累的购物行为,提高购物的便利性和乐趣。

使用智能手机的购物应用程序(shopping apps),消费者可以不断收到优惠券,也能"货比三家",还可以连接社交媒体,或者搜索购物中心或大型商店的导航地图。

虚拟显示器、魔镜和智能试衣间

在实体店的环境中,也开始运用各种技术,把消费者和虚拟世界联系在一起。在实体店里,客户不仅可以亲自挑选、触摸和试穿商品,还能利用一种"魔镜"(magic mirrors)和"智能试衣间"(smart fitting rooms),即时查看具体的商品信息。而且,只要试穿一件服装,就能透过"魔镜"变换几种颜色的服装效果。此外,客户虽然人在实体店,却依然可以上网完成购物。譬如,现在许多时装品牌都在商品上附有射频识别技术,与网上的商品信息相连接,消费者只要把商品放到店里的扫描仪上,扫描仪的屏幕立即就会显示这件商品的具体信息。

交互式营销策略

在全渠道策略基础上实施交互式营销策略(cross-merchandising strategies),能够增强时装品牌的形象展现力度,也能在不同的产品类别之间表现品牌的统一形象。例如,在巴黎的优衣库实体店里,产品类别的展示与网站相互一致,包括服装、鞋类和其他服饰产品(见图13—13)。

行为定位与个性化广告

行为定位(behavioral targeting)是对在线客户的行为活动进行数据收集和分析的一种做法。时装品牌公司据此投放个性化广告(personalized advertising),举办相关的促销活动。反过来说,时装品牌公司通过对客户的在线消费和在线浏览行为,以及对客户参加促销活动的情况等数据进行智能整合,在此基础上再进行市场调研,就能进一步提高个性化营销策略的实际效果。

不过,随着这种营销策略的日益普及,消费者也逐渐发现一个问题,这就是隐私保护问题。双方之间的这个矛盾,对既有法律的相关内容也形成挑战。也许,这迟早会涉及法律的修改问题。

图片来源:Leslie Burns.

图13-13 店内展示可以增强品牌形象,对时装品牌的交叉销售策略十分有效

行业协会与行业出版物

所有行业协会和行业出版物的基本宗旨都是为时装产业的从业人员提供服务。表13-7是美国部分零售行业协会的名录。

表13-7 美国部分零售商协会名录

组织名称	官方网站	说　明
A. R. E. | POPAI	www. shopassociation. org	设立研究和培训项目,举办行业活动和会议,设立最佳企业和最富创意企业等奖项,促进改善消费者的购物体验。
电子零售协会(Electronic Retailing Association)	www. retailing. org	直接面向消费者的主导性商业组织。
国际购物中心协会(International Council of Shopping Centers)	www. icsc. org	服务对象为全球性的零售业地产商。
全国零售联合会(National Retail Federation)	www. nrf. com	世界最大的零售商协会,代表全球零售商的权益。
全国零售联合会网络零售部(Shop. org of the NRF)	www. shop. org	美国全国零售联合会的网络零售部门。

续表

组织名称	官方网站	说明
全国鞋类零售商协会（National Shoe Retailers Association）	www.nsra.org	独立的鞋类零售商组织。
零售业领袖协会（Retail Industry Leaders Association）	www.rila.org	零售行业的主导性行业协会，服务重点集中在继续教育、倡导合作以及零售等领域。

注：2016年6月29日，A.R.E.｜POPAI已更名为"Shop!协会"。

全国零售联合会（NRF）是美国乃至全球最大的零售商行业协会，它的会员遍及45个国家以上（见https://nrf.com），既有大型零售商，又包括小型零售商。联合会为会员提供的服务内容很多，包括商店经营、全渠道策略、社会责任、技术、人力资源和损失预防等。

联合会的出版物除了《商店》(STORES)杂志之外，还有一份贸易月刊（纸质和数字版）和一份每周通讯，均以零售行业的从业人员为读者对象。此外，联合会还有一些其他的行业出版物，主要面向与分销和零售行业相关的读者。表13-8是部分专业出版物列表。

表13-8　　　　　　　　　　有关商业、分销和零售的部分出版物

出版物名称	官方网站	重点内容
《广告时代》(Advertising Age)	www.adage.com	广告、市场营销、媒体新闻及信息。
《彭博商业周刊》(Bloomberg Business Week)	www.businessweek.com	华尔街商业新闻、媒体和广告、国际商业、银行业务、汇率及股票、货币和基金。
《连锁店时代》(Chain Store Age)	www.chainstoreage.com	零售商总部管理层关注的趋势类和策略类信息，包括零售技术、商店建设、营销、物理支持系统、财务、安全、店面设计和视觉营销、电子零售、支付系统、人力资源和供应链等。
《多渠道商业》(Multichannel Merchant)	www.multichannelmerchant.com	侧重于多渠道销售（如电子商务、手机、社交和产品目录等渠道），可直达电子商务、管理、市场营销和业务运营的企业高层决策人员。

续表

出版物名称	官方网站	重点内容
《零售商》(Retail Merchandiser)	www.retail-merchandiser.com	以大宗商品、药品、俱乐部商品和专业零售商品等行业的高管和经理人员为对象,侧重商品推销和市场营销等内容,为企业提供零售环境中的有效思维和概念。
《当代零售网》(Retailing Today.com)	www.retailingtoday.com	大众市场的零售业务新闻、趋势和研究分析。
《商店》(STORES)	https://nrf.com/connect-us/stores-magazine	全国零售联合会出版,注重普通零售商关心的信息,主题包括零售技术、供应链和物流、信用和支付系统、在线零售、客户服务、防损、人力资源以及商店运营等。
《超市新闻》(Supermarket News)	www.supermarketnews.com	食品零售行业的贸易杂志,为企业高管提供行业新闻、趋势预测和产品特性等信息。许多大型食品零售商也销售精选服装、服饰和家纺产品。

时装零售的未来趋势

时装行业一个不变的常态就是"变化"。面对不断加剧的全球竞争,时装公司需要在设计、制造、营销等各个方面不断努力,为目标客户提供最好的时装产品。在过去 5 年中,消费者在购物和支付方式以及支付时间和地点等诸多方面都出现了巨大改变,而且从趋势来看,这种变化还会持续下去。对时装零售的未来趋势具有影响的因素,主要有下列几种:

- 品牌与生活方式体验
- 快闪式商店
- 可持续性
- 技术发展

通过社交媒体、体验式营销和品牌社区等方式,不仅能让时装品牌与客户之间建立关系,还能让志趣相投的客户建立群联系。这些客户群可以及时收到品牌产品的促销信息和活动信息。例如,生产牛仔裤的瑞典公司 Nudie Jeans(www.nudiejeans.com)通过多种方式增强品牌同客户之间的联系,不但方便客户了解它们的产品,还指导客户学习牛仔裤的修改、重复使用和回收等知识。这家公司还举办社会活动,如人权主题的T恤衫设计大赛等。另外,因为有了这些方式,公司与客户之间还展开了有效的个性化互动,请客户参与设计和个性化的产品定制等。

有些品牌拟在特定时间和地点举办临时活动,快闪式商店便是一种首选方式(见图13—14)。例如,2014年夏,优衣库公司在洛杉矶地区的商店正式开业之前,预先办了3家小型的快闪式商店,让客户了解和熟悉即将开业的优衣库究竟经营什么产品。对于新创品牌和主打网络品牌的公司来说,如果它们既想测试开设一家实体店的市场反应,却又不想贸然注入大笔投资,那么,先办一个快闪式商店就恰如所需。时装品牌公司如果开设快闪式商店,则必须考虑到店铺位置、租金水平、库存要求、营销效果以及营销过程中需要的技术支持等各种因素。但不管怎样,对许多时装品牌公司来说,在决定是否开设实体店之前,先办个为期一个月或时间更短的快闪式商店,用来测试一下市场反应,的确不失为一个可行方法。

图片来源:Kathy Mullet.

图13—14　品牌公司通过快闪式商店树立品牌认知度

与时装产品供应链的每个领域都一样,发展趋势中的可持续性问题始终都是零售业的一个重要课题。从零售业的角度看,可持续性问题除了商品本身之外,还涉及实体店设计、营业面积、能源供应以及店内的固定装置、人体模特和其他道具等各个方面。即便对非店面零售商来说,可持续问题同样也会涉及很多因素,譬如办公室的设计和计划使用的期限、产品目录的寄送和纸张保障,以及位置环境对发货的影响等。

随着全渠道零售策略的深入发展,零售业面对的另一个重要课题是将相关技术发展的成果不断融入零售业的运行之中。消费者都希望时装品牌公司能够建立多渠道系统,让购物方式变得更加灵活、便利。因此,对客户购物行为(包括客户服务和退货要求)的持续了解依然会是成功的关键要素之一。从最基本的意义上说,有效的全渠道销售策略至少要有这种操作能力,即商店销售人员随身配备平板电脑或移动终端,可随时通过销售时点信息系统,为客户查阅想要的信息,以及在各种销售渠道上同步提供的优惠券、礼品卡及促销活动等消息。进一步来说,全渠道销售策略还应包括下列系统:对所有渠道的库存进行整合的管理系统、对在线营销如何影响实体店销售量的追踪系统。如果是更先进的全渠道销售策略,则还要具备下列项目:创建智能试衣间,提供技术支持方案,便于客户及时追踪每一种渠道的购物流程。在为目标客户创造独特有效的购物体验方面,博柏利(Burberry)、优衣库和耐克等时尚品牌公司一直堪称引领创新的典范。

结　语

时装品牌公司可选择多种渠道将商品分销给最终消费者,但究竟选择哪些渠道,则取决于以下各种因素,即公司的营销渠道类型、目标客户的购物特点、产品以及品牌类型、客户的定制程度等。公司必须明确商品的分销范围,有些公司选择规模分销策略,有些会选择部分或独家分销策略。时装品牌公司分销商品的方式,既可以直接配送到零售终端单位,又可以通过配送中心再度分送。拥有多家店面的零售商也会把配送中心当作商品的配送枢纽。

产品生命周期管理和供应链管理策略在分销过程中非常重要,公司间的沟通联络系统对于各种策略能否达到目标具有重要意义。实施这些策略的一个基本前提是,在产品标签和运输包装箱上使用统一的产品代码(UPC)条形码,或在运输包装箱上使用 RFID 标签;供应商(制造商)必须把商品标签和价格信息附加到产品上,并且通过电子数据交换系统传送发票、装运预告通知以及其他消息。零售商方面若需补充供货,则也同样遵循这些操作规范。

零售的本质就是向最终消费者出售商品。零售商的分类可按照出售的商品性质来划分,即新商品还是二手货物;也可以根据实行的商品销售和经营策略来划分。如果按照后一种标准,可将零售商划分为以下类型:百货商店零售商,专卖店零售商,折扣零售商,平价零售商,超市和大型超市、便利店零售商,合同零售商,仓储式零售商,连锁店零售商。需要指明的是,不同的零售类型之间并不存在排斥关系。各种零售类型都可以经营时装品牌产品,其中最主要的是百货公司零售商、专卖店零售商和折扣零售商。

在所有的经营策略中,零售商也可以分为实体店零售商和非店面零售商两大类。多渠道零售商通过多种分销渠道进行商品销售,例如,可以同时运用实体店和非店面零售方式分销商品。其中,非店面零售的主要形式有:互联网零售商(也称电子零售商)、目录零售商、电视/视频零售商、直销零售商和自动售货机。全渠道零售策略为消费者提供同步衔接的跨渠道购物体验。借助移动技术和其他技术的发展,零售商能够有效整合多种分销策略,最大限度地满足客户需求。许多零售商业协会为会员提供各种资源,促进零售商运营水平的提高。零售业的未来趋势包括品牌和生活方式体验、快闪式商店、可持续发展和技术整合等方面。为了把商品分销给最终消费者,时装品牌公司可选择多种多样的分销渠道。

为了提高零售商的运营水平,很多零售商业协会都为会员提供各种资源。零售趋势包括品牌和生活方式体验、快闪式商店、可持续发展以及技术整合等内容。

问题讨论

1. 时装品牌公司分销中心的主要功能有哪些?分销中心怎样给商品带来增值?

2. 举出和介绍你最喜欢的 3 家零售商,并回答下列问题:他们各自适合经营何种产品类别?他们经营的产品类别都有哪些特点?这些零售商如何参与多渠道/全渠道营销?他们实行多渠道/全渠道策略都有哪些优势和劣势?

3. 浏览三个时装品牌零售商的网站,并回答下列问题:这些网站的共同特点有哪些?这些零售商采用什么策略向客户介绍产品的特点?每个时装品牌如何使用社交媒体与客户建立联系?

案例研究

创建有效的全渠道体验

全渠道零售策略旨在为顾客提供"集成而透明的购物体验,不论顾客的体验从哪里开始或结束。一般来说,全渠道商业模式要求零售商采用虚拟方式和实体方式,为客户提供线上和线下的接触点购物功能"(Naik 和 Venkatesan,2015)。

1. 查阅最近一年内发表的 3 篇有关全渠道零售的文章,并请务必引用所有的参考资料。

(1)概述全渠道零售的机遇和风险。

(2)概述客户通过哪些方式来表明对全渠道零售策略的期待或要求?

(3)以零售商的全渠道策略为背景,概述购物社交媒体的机会和风险。

2. 选择你最喜爱的两个经营零售的时装品牌公司(包括服装、服饰及家纺产品),并回答下列问题:

(1)每个公司的目标客户有哪些?

(2)说明这些公司用于创建客户接触点的多种渠道。

(3)这两个公司目前如何运用社交媒体?从他们现有的社交媒体网站上选择一个页面打印出来,具体说明他们如何通过社交媒体与客户进行联系。

3. 针对每个公司的全渠道体验和社交媒体的运用,对其效果进行评价。

4. 为每个公司至少确定三种新的全渠道和社交媒体策略,并逐一解释每种策略会为客户带来更佳购物体验的理由。

5. 请列出分析、评价和建议中所使用的参考资料。

求职机会

时装品牌零售提供许多就业机会:

- 部门营销经理
- 零售店经理类职位,包括助理经理、部门经理、商店经理
- 视觉营销专家
- 零售活动经理
- 零售产品开发人员

参考文献

Amazon. com. (2015). "Shop by Department:Clothing, Shoes, and Jewelry." http://www.amazon.com. (accessed March 17,2016).

Deloitte Touche Tohmatsu Ltd. (2015). "Global Powers of Retailing 2015: Embracing Innovation." http://www2.deloitte.com/global/en/pages/consumer-business/articles/global-powers-of-retailing.html(accessed March 17,2016).

eBay. (2015). "About eBay: Company Info". http://www.ebay.com(accessed March 17, 2016).

Home Shopping Network. (2015). Company Overview. http://www.hsn.com(accessed March 17,2016).

JCPenney. (2015). "About Us". http://www.jcpenney.com(accessed March 17,2016).

Macy's Inc. (2015). "About Us". http://macysinc.com(accessed March 17,2016).

Naik, Sundip, and Balaji R. Venkatesan. (2015, July 1). "Beyond Technology: 5 New Areas of

Focus for Omnichannel Readiness". *Apparel*, http://apparel. edgl. com/news/Beyond-Technology—5-New-Areas-of-Focus-for-Omnichannel-Readiness101049(accessed March 17,2016).

National Retail Federation. (2015). "Who We Are". http://www. nrf. com(accessed March 17, 2016).

Nike,Inc. (2015,June 26). "Nike Opens Its Largest Distribution Center Worldwide in Tennessee". http://news. nike. com/news/nike-opens-its-largest-distribution-center-worldwide-in-tennessee (accessed March 17,2016).

QVC. (2015). "About Us". http://www. qvc. com(accessed March 17,2016).

Schulz,David P. (2015,July). "Top 100 Retailers 2015". *STORES*, https://nrf. com/news/top-100-retailers-2015(accessed March 17,2016).

7-Eleven(2015). "About Us". http://corp. 7-eleven. com/corp/about(accessed March 17, 2016).

Target. (2015). "About Target". http://www. target. com(accessed March 17,2016).

Tuesday Morning. (2015). "Tuesday Morning Corporate Information". http://www. tuesdaymorning. com/corporate-information(accessed March 17,2016).

Walmart Corporation. (2015). "Distribution Center". http://careers. walmart. com/career-areas/transportation-logistics-group/distribution-center/(accessed March 17,2016).

词汇表

译后记

袁永平翻译第一至五章,夏申翻译第六至十一章,赵咏翻译第十二至十三章并校对全书。